Marketing de Guerrilha Para Leigos®

Observando um Local

Às vezes estar no lugar certo e na hora certa é o que importa. Uma das maneiras de se colocar no lugar certo é observar o seu local antes – escolhendo cuidadosamente. Aqui estão alguns elementos a serem considerados ao selecionar o lugar para a sua campanha de guerrilha:

- **Permissão**: Você tem – ou pode conseguir – permissão para ficar lá? Se não, você liga? (Se você estiver fazendo sua campanha no estilo guerrilha, não precisa de permissão – você só vai adaptar de acordo com a demanda da campanha).
- **Tempo**: Que horário do dia o seu alvo demográfico vai estar neste local?
- **Tráfego de pessoas**: Qual é trafego de pessoas ou visibilidade dos carros e ônibus? Se o seu objetivo é distribuir materiais aos consumidores, selecione um local onde vai estar cheio de pessoas para pegar seus itens. Se você está produzindo um evento, procure por um lugar onde você tenha um grande público em razão do fluxo natural dos consumidores pela área.
- **Visibilidade:** Se você decidir conseguir a permissão para usar um local, quais os benefícios adicionais para pré-promoção e as oportunidades de propaganda no local estão disponíveis? Você pode conseguir uma placa de sinalização? Colocar um vídeo no local?
- **Contingência**: O que você vai fazer quando chove no seu desfile? Você precisa criar um plano B. Talvez você possa recolocar o seu evento para dentro de algum lugar, ou usar capas de chuva para manter a equipe da rua e a distribuição de materiais secos.
- **Armazenamento e acesso**: Existe um lugar onde você possa armazenar e ter acesso fácil aos seus materiais? Se não, vai precisar criar essas oportunidades – você pode usar um carro para armazenar os materiais em uma solução rápida.
- **Custo**: Quanto você quer pagar pelo seu ponto? O custo para o seu ponto pode variar do totalmente gratuito a além de dez milhões de reais ou mais. Obviamente, dependendo do seu orçamento, o custo pode ser um grande – e decisivo – fator na escolha do local.

Questões para Perguntar quando Contratar uma Agência

Entrevistar uma agência é como ir a um encontro. Você precisa sentir a outra pessoa e determinar se é esta pessoa com que você quer passar um tempo. Nós eliminamos o mistério do jogo de namoro elaborando algumas questões para te ajudar a encontrar a sua agencia para casar:

- **Que tipo de experiência você tem?** Agências vêm de todas as formas e tamanhos – algumas se especializam em um aspecto do marketing de guerrilha ou outro. Embora muitas agências ofereçam uma gama de serviços, tente descobrir o que a agência tem de melhor e use isto para tomar sua decisão.
- **Quando custam os seus serviços?** Você pode cair de pernas pro ar por uma agência, mas quando entra, você pode não ser capaz de pagá-la. Nos primeiros passos, questione como eles fazem o pagamento dos serviços. Precisa pagar mensalmente para ter a inteligência deles? Ou o seu acordo financeiro pode ser baseado em uma base projeto por projeto?
- **Quais as campanhas similares tiveram sucesso?** Você deve descobrir informações sobre o que foi colocado no site da agência. Estudos do caso e imprensa podem te informar sobre as campanhas de êxito que já fez no passado.
- **Quem vai trabalhar na campanha?** Dia vem e dia vai e é provável que você tenha um contato direto com uma pessoa da agência. Tenha certeza de encontrar essa pessoa e certifique-se de que você está confortável com o contato que você vai conversar e trocar e-mails durante o andamento da sua campanha. Tenha certeza de que você vai conseguir trabalhar bem com esta pessoa e que vai ser um sucesso.

Para leigos: A série de livros para iniciantes que mais vende no mundo.

Marketing de Guerrilha Para Leigos®

Folha de Cola

Sua Lista de Eventos

Os eventos envolvem o movimento de muitas peças. Para te ajudar a manter essas peças movendo sem perceber, oferecemos a seguinte lista de itens para ter certeza de que você vai ter que lidar:

- **Equipe:** quando você está fazendo um evento, vai precisar depender de outras pessoas. Para te ajudar a dormir um pouco melhor à noite, faça uma seção de treinamento mostrando todas as responsabilidades e objetivos dos membros da equipe, e crie uma folha de contato que tenha o nome e o telefone de todos possam ficar em contato.

- **Local do evento:** Supondo que você tenha uma permissão para usar um local, certifique-se de ter o número do celular do contato direto para que você possa se estabelecer quando chegar ao lugar. Crie uma lista de todas as coisas que são exigidas pelo local (tais como segurança, eletricista e assim por diante), e certifique-se de ter feito a arrumação prévia.

- **Vendedores:** Nada espanta mais do que vendedores que não compareçem. Evite esta cena terrível pegando o contato dos seus vendedores, confirmando com antecedência de que eles estarão no dia do seu evento, e trazendo qualquer pagamento que é justo no dia do evento.

- **Materiais:** Se é uma distribuição de itens ou um painel 15 X 15metros, crie uma lista de materiais para que tudo que for necessário deixe seu escritório e chegue ao local.

- **Imprensa:** Se você confirmou a chegada da imprensa no local, crie uma lista para que eles possam ser confirmados em um acesso rápido para cobrir seu evento. Você também vai precisar de uma lista de pessoas para acompanhar na conclusão das suas atividades.

- **Tempo:** Dois ou três dias antes de começar a sua campanha, torne o meteorologista local o seu novo melhor amigo. O tempo é um mestre inconstante, mas a previsão de tempo local vai te ajudar a determinar como seus planos devem ser procedidos.

Preparando-se Para a Ideia Genial

Campanhas de guerrilha excepcionais começam com ideias ilustres. Para deixar você e sua equipe com o mesmo espírito, oferecemos as seguintes dicas para agitar sua equipe em um frenesi criativo:

- **Reúna um grupo apropriado.** Além da sua equipe imediata, selecione um grupo de pessoas com conhecimento íntimo do seu alvo – ou membros do seu próprio grupo alvo. Este grupo de pessoas vai te ajudar a formar e passas suas ideias.

- **Crie um ambiente positivo e convidativo.** Quais os elementos relativos ao meio você pode proporcionar para deixas as pessoas com um espírito criativo? Você pode querer oferecer um pouco de prática no tópico que estiver discutindo. Use imagens, vídeos ou amostras do produto se for apropriado. E não esqueça: todo mundo adora comida e bebida de graça!

- **Não julgue nenhuma ideia.** Dizer "Isto é idiotice" não torna as pessoas com vontade de contribuir com a conversa. Comentários ou atitudes com julgamentos nunca devem ser tolerados, porque no final das contas eles vão ser prejudiciais para a criação de ótimas ideias.

- **Aceite opiniões de ideias.** As ideias podem ser que nem bola de neve. Podem começar pequenas e insignificantes, mas quando todo mundo tem a chance de colocar alguma coisinha, ela pode crescer para se tornar uma força da natureza.

- **Escreva tudo.** Como você gosta de pensar que tem uma memória de elefante, ao menos que você escreva todas as ideias, algo bom pode ser deixado para traz. Muita coisa para escrever? Um gravador de fita ou uma câmera de vídeo também podem fazer o truque.

Para leigos: A série de livros para iniciantes que mais vende no mundo.

Marketing de Guerrilha

PARA

LEIGOS®

Marketing de Guerrilha PARA LEIGOS

por Jonathan Margolis e Patrick Garrigan

Prefácio por Jay Conrad Levinson
O Pai do Marketing de Guerrilha

ALTA BOOKS

Marketing de Guerrilha para Leigos

Guerrrilla merketing For Dummies English language edition Copyright © 2008 by Wiley Publishing, Inc. by Jonathan Margolis e Patrick Garrigan. All rights reserved including the right of reproduction in whole or in part in any form. This translation published by arrangement with Wiley Publishing, Inc Marketing de Guerrilha para Leigos Edição original em português Copyright © 2009 da Starlin Alta Con. Com. Ltda. Todos os direitos reservados incluindo o direito de reprodução total ou parcial, seja qual for a forma. A tradução publicada foi autorizada pela Wiley Publishing, Inc.

NOTA DESTA EDIÇÃO: OS PREÇOS APRESENTADOS NESTE LIVRO SE ENCONTRAM EM DÓLAR, PORTANTO, SUJEITOS A ALTERAÇÃO

Todos os direitos reservados e protegidos pela Lei 5988 de 14/12/73. Nenhuma parte deste livro, sem autorização prévia por escrito da editora, poderá ser reproduzida ou transmitida sejam quais forem os meios empregados: eletrônico, mecânico, fotográfico, gravação ou quaisquer outros. Todo o esforço foi feito para fornecer a mais completa e adequada informação, contudo a editora e o(s) autor(es) não assumem responsabilidade pelos resultados e usos da informação fornecida. Recomendamos aos leitores testar a informação, bem como tomar todos os cuidados necessários (como o backup), antes da efetiva utilização.

Erratas e atualizações: Sempre nos esforçamos para entregar a você, leitor, um livro livre de erros técnicos ou de conteúdo; porém, nem sempre isso é conseguido, seja por motivo de alteração de software, interpretação ou mesmo quando alguns deslizes constam na versão original de alguns livros que traduzimos. Sendo assim, criamos em nosso site, www.altabooks.com.br, a seção Erratas, onde relataremos, com a devida correção, qualquer erro encontrado em nossos livros.

Avisos e Renúncia de Direitos: Este livro é vendido como está, sem garantia de qualquer tipo, seja expressa ou implícita.

Marcas Registradas: Todos os termos mencionados e reconhecidos como Marca Registrada e/ou comercial são de responsabilidade de seus proprietários. A Editora informa não estar associada a nenhum produto e/ou fornecedor apresentado no livro. No decorrer da obra, imagens, nomes de produtos e fabricantes podem ter sido utilizados, e desde já a Editora informa que o uso é apenas ilustrativo e/ou educativo, não visando ao lucro, favorecimento ou desmerecimento do produto/fabricante.

Produção Editorial: Starlin Alta Con. Com. Ltda
Coordenação Editorial: Marcelo Utrine
Coordenador Administrativo e Contratação: Anderson Câmara
Tradução: Fábio Macedo Sooner
Revisão: Ricardo Savonich
Revisão Técnica: Maya Mann
Diagramação: Caroline Oliveira dos Santos
Fechamento: Angel Cabeza

Impresso no Brasil

O código de propriedade intelectual de 1º de Julho de 1992 proíbe expressamente o uso coletivo sem autorização dos detentores do direito autoral da obra, bem como a cópia ilegal do original. Esta prática generalizada nos estabelecimentos de ensino, provoca uma brutal baixa nas vendas dos livros a ponto de impossibilitar os autores de criarem novas obras.

ALTA BOOKS®

Rua Viúva Claudio, 291 - Bairro Industrial do Jacaré
Rio de Janeiro - RJ CEP 20970-031
Tel: 21 3278-8069 Fax: 21 3277-1253
www.altabooks.com.br
altabooks@altabooks.com.br
VOZES IMPRIMIU

Sobre os Autores

Jonathan Margolis: Nascido e criado em Long Island, Jonathan Margolis sabia desde cedo que ele pertencia ao mundo do marketing e das promoções.

Jonathan começou sua carreira em marketing na indústria teatral, lidando com programas para shows na Broadway e Off-Broadway. Em pouco tempo, Jonathan ouviu o mundo do cinema chamando e voltou sua atenção para a "telona".

A trajetória de Jonathan na indústria cinematográfica já dura mais de seis anos. Durante este tempo, ele foi responsável por implementar e supervisionar todos aspectos de diversas convenções da indústria cinematográfica nos Estados Unidos, Europa, e Ásia.

Após se unir a empresa de marketing que ajudou a dar uma grande arrancada no universo da guerrilha, Jonathan se uniu com um antigo sócio para lançar o Michael Alan Group, empresa dedicada a uma nova era e conhecida pelo marketing não tradicional. Com o passar dos anos, o grupo desenvolveu uma base sólida de clientes composta pelas principais marcas de entretenimento e estilo de vida, assim como muitas agências de propaganda e firmas de relações públicas. Também recebeu uma cobertura significativa da mídia nas publicações comerciais e para consumidores, assim como prêmios e reconhecimento – incluindo ser nomeado entre as 100 Melhores Agências de Marketing do país.

Jonathan tem contribuído com artigos para várias publicações comerciais e feito palestras em convenções e conferências pelo país. No nível social, ele oferece seu tempo e experiência a várias organizações sem fins lucrativos para ajudá-los em seus projetos e eventos de marketing.

Ele reside atualmente na cidade de Nova Iorque com sua esposa, Betsy, e seu filho, Ethan.

Patrick Garrigan: Patrick entra para a área de marketing de guerrilha vindo de um começo improvável: o mundo mágico do teatro musical! Após formar-se na Universidade Syracuse com bacharelado de belas artes em teatro musical, Patrick começou sua carreira ativamente viajando pelo país apresentando-se em teatros modestos e grandiosos, em shows como *A Bela e a Fera da Disney, Titanic, Cats,* e *Bat Boy: O Musical,* dentre muitos outros.

Em 2005, Patrick mudou ligeiramente seu foco no esforço de canalizar sua energia criativa (e desfrutar de um salário mais robusto). A expansão da área do marketing de guerrilha era um caminho natural, e a firma de marketing não tradicional do Michael Alan Group, o lar perfeito. Desde que entrou no grupo, Patrick tem usado seus talentos para conceituar e coordenar muitos dos empreendimentos teatrais da agência.

Atualmente, Patrick está a serviço do Michael Alan Group como gerente sênior de contas, liderando muitas das iniciativas inovadoras da agência. De fazer um desfile com dúzias de fadas pela Quinta Avenida até produzir performances de celebridades ao vivo, ele tem aproveitado o sucesso tanto profissionalmente quanto pessoalmente em prol do extenso rol de clientes de estilo de vida e entretenimento do Michael Alan Group.

Quando não está criando novos conceitos mirabolantes, Patrick mantém-se ocupado com um blog, é cantor, e admirador dos cachorros de outras pessoas. Ele reside na cidade de Nova Iorque.

Dedicatória

Jonathan Margolis: Para Ethan, meu pequeno "guerrilheiro," e para Betsy, cujo apoio significa mais para mim do que ela possa imaginar. E um agradecimento especial ao Patrick, cujos entusiasmo, dedicação, e profissionalismo ajudaram a fazer deste livro uma experiência verdadeiramente gratificante.

Patrick Garrigan: Para minha família — Dennis, Mary, Lisa, e Brian — e todas suas adoráveis excentricidades; e para os meus incríveis amigos cujo apoio eu pude contar desesperadamente e cujas piadas eu roubei sem pudor algum. Finalmente, para o Sr. Margolis, cujo aconselhamento, parceria, e amizade me fazem excepcionalmente grato.

Agradecimentos dos autores

Gostaríamos de começar agradecendo nossos clientes e parceiros que continuam confiando em nossa ajuda para projetar os mais exclusivos, divertidos, e educacionais programas para seus produtos e marcas. Somente através de sua confiança e apoio que os conceitos comunicados neste livro puderam ser testados em campo e aprovados na guerrilha.

Agradecemos ao Mike Baker, nosso primeiro contato com o pessoal da Editora Wiley. Desde o primeiro contato ao telefone, sabíamos que estávamos em boas mãos, e nós agradecemos toda a sua ajuda e apoio. Agradecemos também a Elizabeth Kuball, a editora do nosso projeto, por suas conferências improvisadas ao telefone, sua gentil orientação, e amigáveis e-mails de agradecimento após receber cada capítulo — agradecemos sinceramente e respeitamos a sua experiência e profissionalismo durante todo o processo.

Agradecemos ao Michael Joseloff, editor técnico do livro, por suas ideias e feedback durante a execução do livro.

Um agradecimento especial ao amigo de longa data Dennis Moore da dmstrategies.com por sua contribuição nos capítulos on-line, e igual reconhecimento a Dennis Garrigan e The Garrigan Group por seu auxílio com os aspectos relacionados às relações públicas deste livro.

Aos nossos colegas do Michael Alan Group, incluindo nossa equipe espalhada pelo país, que dirigem vans, vestem fantasias, e distribuem prêmios, tudo para fazer uma campanha perfeita. A experiência coletiva de todas estas pessoas cujo conhecimento tivemos sorte de aproveitar e compartilhar.

Finalmente, agradecemos a você que está lendo este livro neste momento — sim, você! Olá, obrigado por pegar este livro. Mesmo que você esteja apenas folheando no corredor de uma livraria porque gostou da capa, ou está lendo no conforto de sua casa e planejando sua revolução no marketing, nossa expectativa é que tanto quanto no marketing de guerrilha, você ache este livro divertido e educacional — o que, em retorno, possibilitará o crescimento do seu negócio e o alcance de seus objetivos em marketing sob aspectos que você nunca imaginou que fossem possíveis.

Agradecimentos do Editor

Estamos orgulhosos deste livro; por favor, nos envie seus comentários através de nosso site em www.altabooks.com.br

Sumário Resumido

Prefácio .... *xxv*

Introdução *1*

Parte I: Tem Uma Selva Lá Fora – Seja Um Guerrilheiro...... *9*

Capítulo 1: Entrando na Selva: Uma Introdução ao Marketing de Guerrilha................ 11

Capítulo 2: Examinando As Suas Opções 25

Capítulo 3: As Guerrilhas Planejam Também: Desenvolvendo Seu Plano De Marketing ... 35

Capítulo 4: Pensando Como um Guerrilheiro... 51

Capítulo 5: Trazendo o Armamento Pesado: Firmas de Marketing de Guerrilha 69

Parte II: Marketing nas Ruas................................... *83*

Capítulo 6: Indo às ruas com equipes de rua 85

Capítulo 7: As espetaculares acrobacias publicitárias................................ 103

Capítulo 8: Eventos e Experiências 127

Parte III: Oportunidades à Sua Volta: Mídia Não-Tradicional *147*

Capítulo 9: Ao Ar Livre 148

Capítulo 10: Entrando em Casa.. 161

Capítulo 11: Usando e Introduzindo Novas Mídias................................. 173

Parte IV: Levando para Casa: Da Rua Para o Seu Site *189*

Capítulo 12: Métodos Diferentes de Loucura Online................................ 191

Capítulo 13: Criando a Sua Presença Online...................................... 209

Capítulo 14: Socializando... 225

Parte V: Se uma Árvore Cai na Floresta... O Poder da Imprensa.. *239*

Capítulo 15: Identificando os Seus Veículos 241

Capítulo 16: Tornando-se uma Unidade de Relações Públicas de Uma Pessoa Só..... 253

Capítulo 17: Contratando Agentes Publicitários e Pessoal de Relações Públicas 265

Parte VI: Uma mão lava a outra 273

Capítulo 18: Encontro de Mentes Afins 275

Capítulo 19: Parcerias de Promoção Cruzada 285

Capítulo 20: Devolvendo à Comunidade: Incluindo
uma Campanha de Marketing Social 293

Parte VII: A Parte dos Dez Mais 305

Capítulo 21: Dez Campanhas Praticamente Perfeitas 307

Capítulo 22: Dez Razões Pelas Quais Nós Amamos o Marketing de Guerrilha
e Por que Você Amará Também! 319

Capítulo 23: Dez Obstáculos para se Evitar ao Ir para a Guerrilha........... 327

Índice 337

Sumário

Prefácio .... *xxv*

Introdução *1*

Sobre Este Livro 2

Convenções Usadas Neste Livro 3

O Que Você Não Precisa Ler 3

Suposições Tolas 3

Como Este Livro Está Organizado 4

Parte I: Tem Uma Selva Lá Fora – Seja Um Guerrilheiro 4

Parte II: Marketing na Rua 4

Parte III: Oportunidades a Sua Volta: Mídia Não Convencional 5

Parte IV: Voltando Para Casa: Das Ruas Para Seu Site 5

Parte V: Se Uma Árvore Cai na Floresta...O Poder da Imprensa 5

Parte VI: Você Coça Minhas Costas. 5

Parte VII: A Parte dos Dez 6

Ícones Usados Neste Livro 6

Para Onde Ir Daqui em Diante 7

Parte I: Tem Uma Selva Lá Fora – Seja Um Guerrilheiro 9

Capítulo 1: Entrando na Selva: Uma Introdução ao Marketing de Guerrilha 11

Marketing Um A Um 12

Voltando aos conceitos básicos da marca 15

Indo Para Guerrilha 15

O que é marketing de guerrilha? 16

Quem faz isto? 17

Por que eles fazem isto? 18

Pode funcionar para mim e para aminha marca? 19

Pegando a Estrada Menos Movimentada 20

Indo às ruas 20

Criando novas saídas 20

Dominando a tecnologia 21

Divulgando seus esforços 22

Encontrando parceiros 22

Marketing de Guerrilha Para Leigos

Colegas e amigos..22
Instituição Beneficente 23
Indústria 23
Agência 23

Capítulo 2: Examinando As Suas Opções 25

No Que A Guerrilha É Diferente?...26
Por Que A Guerrilha é Necessária?...28
Abastecendo seu Arsenal...30
Causando Uma Boa Impressão E Conhecendo Os Custos........31
O que é uma impressão? 31
O quanto eu tenho que pagar por isso?....................................32

Capítulo 3: As Guerrilhas Planejam Também: Desenvolvendo Seu Plano De Marketing.. 35

Estabelecendo Metas, Objetivos e Estratégias.........................36
Definindo as suas metas e objetivos...36
Aumentando a percepção da sua marca 37
Dirigindo o Tráfego: na Loja, Online, ou Ambos.................37
Criando burburinho...38
Atraindo a imprensa..38
Mantendo o custo baixo..39
Avaliando os seus ativos e usando o que você tem 39
Definindo O Seu Público-Alvo...40
Decidindo Quando E Onde Você Quer Atacar...........................43
Identificando e Superando Obstáculos 44
Preparando-se para o Imprevisto...45
Remoendo os Números...48

Capítulo 4: Pensando Como um Guerrilheiro 51

Mantendo-se criativo, envolvido e aberto a ideias 52
Criando o ambiente..52
Dispondo as ferramentas 53
Estabelecendo os parâmetros..54
Nomeando um escriba..55
Começando o desenvolvimento de ideias 56
Não julgue...56
Permita que carreguem outros nos ombros.........................56
Não tenha medo de ser literal...56

Explorando o Já Explorado e Refinando o Já Existente 57

Adotando campanhas que funcionaram no passado 59

Ajustando o que funciona à sua marca 60

Deixando Correr, Deixando Cozinhar e Compreendendo 61

Pondo os planos no papel 62

Fazendo um orçamento 63

Montando a sua equipe 64

Reunindo equipes de rua 65

Planejando um evento 65

Criando prêmios ou materiais de distribuição 65

Entrando online 66

Preparando-se para puxar o gatilho 66

Capítulo 5: Trazendo o Armamento Pesado: Firmas de Marketing de Guerrilha 69

Identificando A Hora Certa 70

Quando você não tem dinheiro para a grande mídia 70

Quando os métodos tradicionais não resolvem 71

Quando você tem que se mexer logo 72

Decidindo Quem Contratar 72

Identificando as agências e opções 72

Classificando os candidatos 74

Revistando os websites das agências 75

Emitindo uma solicitação de proposta 75

Pedindo referências 78

Voltando a Sua Atenção para a Grana 78

O que pagar 79

O que esperar em retorno 80

Dizendo Adeus 80

Parte II: Marketing nas Ruas 83

Capítulo 6: Indo às ruas com equipes de rua 85

Produzindo um orçamento 86

Montando uma equipe vencedora 87

Contratando o pessoal certo 87

Determinando o tamanho da sua equipe 89

Encontrando as roupas certas 89

Marketing de Guerrilha Para Leigos

Instruindo bem o seu pessoal 90
Criando a sua mensagem 93
Criando uma Peça de Distribuição 94
Mantendo a sua marca ou negócio em mente 94
Revisando as especificações cruciais da amostra 95
Certificando-se de que você não fique sem amostras 99
Identificando a melhor hora e lugar para a sua campanha 99
Mantendo a sua equipe longe de problemas e a sua imagem imaculada 100

Capítulo 7: As espetaculares acrobacias publicitárias 103

Definindo os elementos de uma acrobacia sensacional 103
Criando uma Acrobacia Coesiva 105
Escolhendo e planejando a sua acrobacia 105
Casando a acrobacia com a sua marca 106
Criando e cumprindo as regras 107
Selecionando o local para apresentar a sua obra-prima 108
O poder da imprensa: levando a mídia em consideração 108
Poder para o povo: levando o seu público em consideração 109
Lidando com autorizações e permissões 110
Permissão para usar o seu local 110
Autorizações adicionais 111
Encontrando o local que caiba na sua conta 112
E o local escolhido é... 113
Escolhendo a hora de atingir o seu alvo 114
Sinos e apitos: Elementos de produção e mais 114
Preparando o palco 115
Determinando os participantes 117
Casando os participantes com o seu público-alvo 117
Eu sei quem eu quero, agora, onde diabos eles estão? 118
Explorando o talento 119
Selecionando talento 121
Deixando uma impressão duradoura 122
Traga a originalidade, traga a mídia 122
Se você desenvolver isso, eles virão? Pré-promovendo o seu evento 123
Ganhando as ruas 123
Usando o computador 124
Obtendo um pouco mais do seu local 124
Quando boas acrobacias acabam mal 125

Capítulo 8: Eventos e Experiências.. 127

Sabendo o que faz um bom evento 128
Ser a única alternativa disponível.. 129
Facilitando as coisas para o seu público comparecer 130
Proporcionando uma experiência única... 131
Oferecendo um toque humano 131
Dando o tratamento VIP aos seus convidados 132
Envolvendo os seus convidados.. 133
Reunindo informações sobre os seus convidados 136
Recepções e Performances 137
Encontrando e cumprimentando... 138
Conseguindo convidados e oradores.. 138
Ter um plano claro de ataque 139
Tirando o máximo de proveito de uma oportunidade................... 140
Seleções de Elenco.. 141
Localizando o seu talento 142
Estruturando a sua seleção 142
Contratando a sua estrela 143
Eventos Ao Vivo 144
Entrando no ar.. 144
Sabendo o que fazer quando a imprensa chega............................. 146

Parte III: Oportunidades à Sua Volta: Mídia Não-Tradicional 147

Capítulo 9: Ao Ar Livre... 149

Comprando Espaço Externo: O Que Tem Lá Fora? 150
Divulgação desenfreada 150
Partindo para a guerrilha total: divulgação desenfreada sem permissão..... 150
O melhor de dois mundos: permissão para divulgar de modo desenfreado 151
Outdoors 153
Vivendo ostensivamente: Outdoors fixos 153
Uma experiência em movimento: Outdoors móveis................ 154
Projeções... 154
Táxis, estações de trem, cabines telefônicase outros 155
Um abrigo para a sua mensagem 156

xviii Marketing de Guerrilha Para Leigos

Viajando de ônibus por aí 156

Táxi! 156

Indo aos subterrâneos com o metrô e os trens 156

Carga pesada 157

Ligando para consumidores que se importam........................ 157

Pé na tábua... 157

Escolhendo a Forma Correta de Publicidade Externa para Você................... 157

Cantando Pneu na Estrada: Anunciando o Seu Negócio em Todo Lugar que Vai ... 159

Capítulo 10: Entrando em Casa 161

Obtendo o Máximo Proveito da Propaganda Interna........................ 162

Propaganda em bares, restaurantes e toaletes........................... 163

Aproximando-se do bar 163

Indo ao banheiro 164

Propaganda nos cinemas 166

Estações de transporte público e outros locais........................ 167

Terminal de transporte... 167

Academias desportivas 168

Supermercados.. 168

Shoppings centers 169

Escolhendo a Melhor Opção para Você.................................. 170

Produzindo Trabalhos de Arte Para Determinados Locais 171

Considerando os seus arredores.................................... 171

Reconhecendo o seu alvo.. 172

Ficando esperto.. 172

Capítulo 11: Usando e Introduzindo Novas Mídias.............................. 173

Mantendo-se Competitivo ao se Manter Acima da Média.................... 173

Deixando a Sua Marca em Mídia Já Existente 175

Tirando Proveito dos seus Arredores: Monopolizando Recursos Existentes ... 176

Imaginando e Comunicando a Sua Mensagem 177

Apelando às emoções 178

Voando abaixo do radar: Marketing invisível........................ 179

Na cara: Criando mensagens que os consumidores não têm como não notar. 180

Tocando uma variação do tema 180

Criando um Anúncio 181

Definindo a sua visão 181

Trabalhando com designers... 182

Descobrindo a Melhor Localização 182

Obtendo Exposição ao Inventar Novas Mídias.. 183

Protegendo a Sua Inovação 185

Parte IV: Levando para Casa: Da Rua Para o Seu Site 189

Capítulo 12: Métodos Diferentes de Loucura Online 191

Incluindo um Apelo à Ação Eficaz.. 192

Espalhando a Sua Mensagem Através de Diversos Métodos............................ 194

Otimizando o Seu Site para Ferramentas de Busca 196

Entendendo o que é a otimização para ferramentas de busca 196

Sabendo quando pedir ajuda 197

Maximizando a sua visibilidade por conta própria 198

Considerando a Infiltração Online.. 200

Chegando ao centro da questão 201

Mirando nos sites de maior impacto 203

Atingindo as pessoas influentes... 204

Evitando a fúria da Inter-plebe 205

Empunhando a Bandeira no Alto: Comprando Banners................................ 205

Selecionando sites aonde anunciar 206

Sabendo quando comprar e quando comercializar 207

Capítulo 13: Criando a Sua Presença Online.. 209

Estabelecendo as Metas do Seu Website... 209

Complementando o Seu Site com um Minisite.. 211

Organizando Endereços Web A Seu Favor.. 213

Brincando com Jogos Online 214

Jogar ou não jogar? Sabendo quando adicionar um jogo é uma boa ideia... 215

Entre e confira! Verificando os tipos de jogos que você pode oferecer..... 215

Dando às Pessoas a Chance de Entrar para Ganhar 217

Desenvolvendo uma competição.. 217

Esboçando as regras 218

Mandando os prêmios 220

Levando para o Lado Pessoal: Carregamento de Arquivos e Personalização.............221

Encontrando alguém para fazer o trabalho.. 222

Oferecendo algo único 223

Sendo cauteloso ao ceder controle 223

Exibindo e compartilhando conteúdo gerado por usuários 224

Marketing de Guerrilha Para Leigos

Capítulo 14: Socializando 225

Bem-vindo ao Mundo das Redes Sociais 226
Olhando Para as Suas Opções 227
  Facebook 228
    Os detalhes 228
    Como pôr o Facebook para trabalhar para você 229
  MySpace 231
    Os detalhes 232
    Como pôr o MySpace para trabalhar para você 232
  E além 234
    LinkedIn 235
    Twitter 235
    Friendster 236
    Second Life 236
Usando Sites Existentes para o Bem do Seu Produto 236
Avaliando se as Suas Habilidades Sociais Estão Funcionando 238

Parte V: Se uma Árvore Cai na Floresta... O Poder da Imprensa 239

Capítulo 15: Identificando os Seus Veículos 241

Às Vezes, É Uma Questão de Quem Você Conhece: Alavancando os Seus Contatos Já Existentes 242
  Folheando os Cartões de Visita: A sua rede pessoal de contatos 244
  Ligando para os amigos e a família 246
  Impulsionando a sua exposição com contatos comerciais 246
Entrando em Contato com os Setores 247
Examinando as Opções na Grande Mídia 249
  Local versus nacional 250
    A velha mídia impressa 251
    Televisão 251
    Rádio 252

Capítulo 16: Tornando-se uma Unidade de Relações Públicas de Uma Pessoa Só 253

Abraçando o seu Jornalista Interior 254
Escrevendo um Comunicado à Imprensa 255
  Estrutura e forma 255

Manchete 256

Data e local 256

Lide 257

Explicação quanto ao que motivou a notícia 257

Citação de apoio por uma entidade externa 257

Informação adicional sobre o produto ou serviço 257

Citação de um dirigente da companhia 258

Informação adicional sobre a linha de produtos ou serviços 258

Apresentação-padrão 258

Contexto e entrega 261

Bingo! A Hora da Abordagem 261

Frases de convencimento 263

Dando um gostinho a eles 263

Os Grandes Sucessos: Medindo a Reação da Mídia 264

Capítulo 17: Contratando Agentes Publicitários e Pessoal de Relações Públicas 265

Identificando o Que os Agentes Publicitários e as Equipes de Relações Públicas Podem Fazer por Você 266

Sabendo a Hora de Contratar Ajuda 268

Uni-duni-tê: Decidindo Que Pessoal Contratar 269

Parte VI: Uma Mão Lava a Outra *273*

Capítulo 18: Encontro de Mentes Afins 275

Estimulando um Fluxo Livre de Ideias Comerciais 275

Assinando Boletins Informativos 276

Comparecendo a Seminários, Conferências e Feiras Comerciais 277

Determinando o grau de participação 278

Tirando proveito das oportunidades de patrocínio 279

Conduzindo uma apresentação no evento 280

Estabelecendo Parcerias com Outras Empresas na Sua Região 281

Juntando-se a um grupo 282

Criando um grupo 282

Capítulo 19: Parcerias de Promoção Cruzada 285

Identificando e Alavancando Marcas Mutuamente Benéficas que Não Competem Entre Si 286

Você tem uma carroça e eu tenho um cavalo 287

Marketing de Guerrilha Para Leigos

Presença no local em troca de prêmios ou de promoção 287

Itens para sacolas de brindes 288

Conteúdo em um website 288

Estabelecimento ou local 289

Entrando em uma Parceria: Perguntas a Fazer 289

Agarrando as Oportunidades 291

Rádio e mídia impressa 291

Online e e-mail 291

Sorteios e competições 292

Capítulo 20: Devolvendo à Comunidade: Incluindo uma Campanha de Marketing Social 293

Considerando Campanhas de Marketing Social 294

Selecionando uma instituição de caridade 295

Descobrindo o que a organização precisa 297

Abordando a organização 297

Decidindo o que contribuir 298

Estabelecendo os parâmetros 299

Divida a riqueza 300

Levando o crédito por suas boas ações 301

Cultivando o relacionamento 302

Aliando um Produto de Qualidade com uma Causa Beneficente 303

Parte VII: A Parte dos Dez *305*

Capítulo 21: Dez Campanhas Praticamente Perfeitas 307

Vestindo-se para o Sucesso: Uma Loja de Roupas 308

Carregando nas Costas: Um Consultório Quiroprático 309

Surfando nas Vendas: Um Web Site com uma Loja Virtual 310

Delimitando as Faixas: Uma Gravadora 311

Marketing para o Bem Maior: Um Grupo Sem Fins Lucrativos 313

Pensando Grande em Nome de uma Companhia em Crescimento:
Um Pequeno Negócio 314

Preparando ao lado dos Melhores: Uma Cafeteria e Restaurante 315

Mirando as Estrelas: Um Cineasta Independente 316

Vivendo a Vida: Uma Marca de Entretenimento ou Estilo de Vida 317

Ganhando uns Trocados: Banco e Corporação 318

Sumário xxiii

Capítulo 22: Dez Razões Pelas Quais Nós Amamos o Marketing de Guerrilha – e Porque Você Amará Também! 319

A Guerrilha Tem a Ver com Atingir os Seus Consumidores Diretamente 319

Você Consegue Sair da Rotina de Escritório 320

O Marketing de Guerrilha Dá Dinheiro Com Juízo 320

Seu Nome Aparece no Jornal 321

Você Pode Canalizar o Seu Artista Interior 321

Você Consegue Acompanhar Todo o Caminho Até a Validação 322

A Guerrilha Está Ganhando o Seu Espaço 323

Ela Pode Funcionar em Qualquer Lugar, para Qualquer Marca 323

O Marketing de Guerrilha Casa Bem Com os Outros Tipos 324

Ele Causa uma Impressão Que Fica, Muito Depois de Ter Deixado o Recinto 324

Capítulo 23: Dez Obstáculos para se Evitar ao Ir para a Guerrilha 327

Falta de Dedicação Devida 327

Pedir Muito ao Consumidor 329

Perder o Foco 330

Preparar e Monitorar a Sua Equipe de Forma Negligente 330

Esquecer de Fazer um Orçamento 331

Negligenciar o Desenvolvimento de Ideias 332

Descartando Detalhes das Peças de Distribuição 333

Não Levar o Clima em Consideração 334

Esquecer de Documentar os Seus Esforços 334

Não Receber os Créditos 336

Índice Remissivo 337

Prefácio

Quando eu escrevi o primeiro Marketing de Guerrilha em l983, fiz para os meus alunos do curso de extensão na Universidade da Califórnia, Berkeley. Eram pessoas com grandes ideias, mas pouquíssimo capital. Eles buscavam alcançar as metas convencionais de lucro e saldo e alegria e realização, mas eles tinham que recorrer a meios nada convencionais para alcançá-los. O livro os ajudou a concretizar seus objetivos, em alguns casos gerando empresas de bilhões de dólares.

O marketing mudou muito desde quando escrevi o primeiro livro — e as 3 edições e 20 livros que se seguiram. Você deve saber de antemão que o marketing de guerrilha está se tornando rapidamente a corrente predominante. Tantas pessoas em tantos países atingiram tanto sucesso com o marketing de guerrilha enquanto investiam menos dinheiro no processo, que o marketing tradicional se tornou um marketing antiquado.

Ainda têm muitos princípios do marketing tradicional que continuam sendo válidos, mas você pode ter certeza que poucos deles têm algo a ver com a Internet, onde metade de todas as compras irá ocorrer este ano, mais no ano que vem e mais ainda no ano seguinte. A natureza humana permanecerá a mesma, mas os métodos para influenciá-la estarão totalmente diferentes do século passado.

Desde o início, o marketing de guerrilha veio preencher a necessidade de um marketing de visão. Foi criado por pessoas mais interessadas em expandir seus negócios do que aprender sobre marketing. Embora empresas grandiosas e consolidadas tenham descoberto o marketing de guerrilha, a alma e o espírito desta fera continuam sendo as pequenas empresas. A essência do marketing de guerrilha são as pequenas empresas.

Marketing de Guerrilha Para Leigos começa explicando exatamente o que é o marketing de guerrilha, em seguida os autores exploram todos os elementos necessários para criar uma campanha de marketing de guerrilha consistente. Jonathan e Patrick deixam bem claro que o marketing pode ser muito valorizado quando encanta, inclui e conecta com o público desejado. Eles mostram que você pode atingir seus objetivos de diversas maneiras — das equipes de rua com orçamento limitado até os eventos e campanhas altamente divulgadas.

Embora o marketing na Internet fosse apenas um vislumbre nos olhos dos marqueteiros quando escrevi meu primeiro livro, nós sabemos agora que o que você faz nas ruas pode ser multiplicado pelo o que você faz na Internet. É mais fácil do que você possa imaginar, e as oportunidades podem ser inesgotáveis e acessíveis. O fato é que você tem que estar na Web. Isso não é o suficiente, mas com certeza ajuda muito.

Marketing de Guerrilha Para Leigos

Marketing de Guerrilha Para Leigos, de qualquer maneira, também pode ajudar muito fora da Web, com dicas sobre como tirar maior proveito do seu empenho no marketing através da elaboração correta de um press release e sua distribuição para as pessoas certas. Os autores até explicam como contratar um publicitário para ajudar a atrair a atenção da mídia, o que pode encurtar o caminho para a realização dos seus objetivos.

Uma importante parte do marketing de guerrilha é o fusion marketing, onde você se associa a quem tenha os mesmos padrões e perspectivas que você. Este livro ajuda a determinar quem devem ser seus parceiros de fusão. E ainda indica os benefícios ao trabalhar com caridade para ajudar na divulgação da sua doação. Os autores finalizam com dicas e conselhos valiosos no capítulo A Parte dos Dez.

Os leitores irão tirar bastante proveito do livro *Marketing de Guerrilla Para Leigos* - informação que eles podem guardar, técnicas e táticas para travar e ganhar a batalha do marketing a despeito das diferenças, esclarecendo um assunto que parece complexo para os outros (mas na verdade é simples e direto), e dando um grande passo no conhecimento do marketing. Certamente, este livro dará uma contribuição primordial em seu resultado financeiro e no resultado de seus clientes.

Por funcionar tão bem, funcionar para empresas de todos os tamanhos, funcionar no mundo todo e ser tão simples, que o marketing de guerrilha tornou-se o estandarte de ouro para o marketing barato. E o melhor de tudo, é que agora, você tem as chaves para o sucesso em suas mãos com este livro.

Jay Conrad Levinson
O Pai do Marketing de Guerrilha
DeBary, Florida

Introdução

O bom marketing de guerrilha leva apenas um instante:

7:00h

Você levanta, abre o jornal e encontra um encarte especial no formato de um osso. O que você achou que podia ser um anúncio de comida para cachorro, na verdade é um anúncio de uma nova série de televisão intitulada apropriadamente como *O Melhor Amigo do Homem*.

8:00h – 8:45h

Enquanto você anda até o metrô, percebe dúzias de pôsteres espalhados na fachada próxima ao seu prédio. No fim das contas, sua banda favorita estará na cidade este mês. – bom saber. Assim que você sai do metrô, uma jovem simpática, atraente e extrovertida oferece-lhe uma amostra de caixa de cereais e deseja-lhe um bom dia.

13:30h

Durante um almoço de negócios você vai ao banheiro. Enquanto lava suas mãos, o anúncio na parede fala realmente com você, enfatizando sua boa aparência – e oh, como você deveria experimentar esta nova colônia, Attraction.

13:45h

No final do almoço, quando o garçom traz a conta, ele também deixa três pastilhas de hortelã embrulhadas individualmente com a marca escrita na lateral, levantando a dúvida, "Quem pagou a quem exatamente? O dono do restaurante comprou esta marca especificamente, ou a marca fez uma proposta ao dono com algum tipo de proposta em espécie? Hmm. . . ."

18:15h

Depois do trabalho, você vai a um bar com alguns amigos, e uma empresa de bebidas alcoólicas está dando várias coisas legais – camisetas, bonés e o seu preferido: bebidas grátis.

Talvez mesmo sem perceber, você deparou-se com seis pontos de contato com táticas de marketing de guerrilha. Surpreso? Não deveria. Assim como as marcas brigam como o filho do meio em busca de atenção, as táticas de guerrilha tornaram esta busca pessoal através de meios de contato direto e original. Neste livro, apresentamos este método de desenvolvimento constante de abordar os clientes em seus locais de residência, trabalho e lazer.

Sobre Este Livro

Estávamos considerando a ideia de escrever um livro sobre marketing de guerrilha. Primeiro, porque é uma atividade relativamente nova, empolgante, e em constante mudança, recheada de agências destemidas, projetos divertidos, e infinitas oportunidades. E mais, qual agência *não gostaria* de ter a chance de dizer que "escreveu um livro" no setor que trabalha?

Quando o editor destes conhecidos livros *Para Leigos* me perguntou se estaríamos interessados em escrever *Marketing de Guerrilha Para Leigos*, perguntamos na mesma hora, "Quando começamos?" Assim que mergulhamos no projeto, percebemos que estávamos produzindo algo muito maior do que uma coisa apenas para levantar nosso ego. Não era tanto para vangloriar-se e sim para servir como um bom recurso para qualquer pessoa interessada em conectar-se com os clientes de uma maneira inovadora, direcionada e de custo compensador.

Com este objetivo em mente, nós compilamos ferramentas, truques, ideias, e até mesmo alguns segredos profissionais, úteis para qualquer pessoa, de empreendedores a pequenas e médias organizações. Este livro fornece soluções atualizadas para alcançar o máximo de resultados em marketing utilizando o mínimo possível de recursos. Nós mostramos como – usando partes iguais de trabalho pesado e imaginação – você pode penetrar a chamada constante do marketing para atrair a atenção do seu público alvo e melhor posicionar seu produto ou serviço.

Confie no seu instinto e dom para o marketing, pegue as dicas e conselhos que fornecemos e parta para a ação. Ainda que fosse mais fácil dizermos simplesmente, "Ligue para a Agência do Fulano, e eles vão te ajudar," este tipo de solução com tudo pronto não será o mais proveitoso para você ao longo do caminho. Por quê? Porque você pode criar sozinho várias iniciativas de marketing que mencionamos neste livro, sem ter gastos com uma agência. E mesmo que você *decida* contratar uma agência de marketing, terá que identificar, abordar e avaliar a firma para ter certeza de que eles podem prover exatamente o que você está procurando. Não se preocupe – embora não forneçamos os nomes das agências para você entrar em contato, nós mostramos como você pode encontrá-las e também disponibilizamos uma lista de perguntas para você fazer às agências que estiver considerando trabalhar. Enfim, nós sabemos que você provavelmente tem uma lista de livros para ler e algumas revistas de sudoku para resolver.

Portanto, você não precisa ler este livro página por página. Não se preocupe, não levaremos a mal se você pular uma página ou outra. Na verdade, este livro é composto por módulos, o que significa que você pode ler apenas os capítulos de que precisa – não é necessário ler tudo que antecede para entender o que você está lendo agora. Nós correlacionamos as seções e capítulos, para que você possa encontrar mais informações sobre um assunto específico que esteja buscando.

Introdução **3**

Convenções Usadas Neste Livro

Não usamos muitas convenções neste livro, mas listamos algumas que você precisa saber:

- ✔ _Itálico_: Toda vez que apresentamos um termo novo que você possa se interessar, vamos colocá-lo em _itálico_ e defini-lo em seguida (geralmente entre parênteses).

- ✔ **Negrito:** Usamos negrito para as palavras chave e frases em listas com marcadores (como esta), como também para as partes de ação das listas numeradas.

- ✔ `Courier New`: Colocamos os sites e endereços de e-mails em fonte diferente para separá-los do resto do texto.

Quando este livro foi impresso, alguns sites tiveram que ser escritos em duas linhas separadas. Se isto acontecer, fique tranquilo que nós não colocamos nenhum caractere extra (como hífen, por exemplo) para indicar a separação. Então, quando for acessar algum destes sites, digite apenas o que você vê exatamente no livro, como se não houvesse nenhuma quebra de linha separando.

O Que Você Não Precisa Ler

Você não tem que ler este livro página por página. E você pode pular também os _sidebars_ textos em quadros cinzas. Os sidebars contêm coisas como estudos de caso que acreditamos ser inspiradores para você, mas se preferir pode ignorá-los sem se preocupar em estar perdendo alguma coisa essencial.

Você pode também pular tudo o que estiver marcado com o ícone Coisas Técnicas. (Para maiores informações sobre os ícones, veja a seção "Ícones Usados Neste Livro".)

Suposições Tolas

Para começo de conversa, o fato de você ter escolhido este livro significa que provavelmente você é uma pessoa curiosa, criativa, ávida para adotar – ou pelo menos tentar – os conceitos que a princípio podem parecer manjados. Nós temos certeza de que você está propenso a dizer, "Tá bom, isso parece meio bobo," mas irá tentar de qualquer modo. E nós já gostamos de você por isso!

Acreditamos que você tenha pelo menos algum contato com as formas tradicionais de mídia, tais como TV, rádio, e jornal e a proporção do custo de retorno. Mas mesmo que tenhamos exagerado um pouco na suposição, nós rapidamente revisamos estas saídas em capítulos relevantes para assegurarmos que estamos falando a mesma língua.

Afinal, nós o vemos como uma pessoa que talvez tivesse presenciado o esforço de alguém fazendo marketing de guerrilha e falou para si mesmo, "Eu posso fazer isto... talvez, até melhor!" A propósito, nós concordamos e estamos ansiosos para ver como você pode adotar estes princípios e fazê-los seus, assim você também pode contribuir para o campo de guerrilha e no final das contas, trazer benefícios para o seu negócio.

Como Este Livro Está Organizado

Cada uma das sete partes deste livro trata de uma etapa diferente do marketing de guerrilha. É como mudar-se para uma casa nova, nós queremos que você acomode-se e sinta-se confortável. Para ajudá-lo a acostumar-se com este ambiente, iremos familiarizá-lo com a linguagem e a situação do terreno. Daí em diante, trabalhamos cronologicamente ajudando a criar o seu plano partindo da estaca zero, implementando os primeiros passos, e monitorando o sucesso do programa. Aqui estão os detalhes do que iremos abordar em cada parte.

Parte I: Tem Uma Selva Lá Fora – Seja Um Guerrilheiro

Não resistindo a um bom homófono, começaremos indicando os parâmetros básicos do que é o marketing de guerrilha (e não gorila). Em seguida, abordaremos os elementos necessários para criar uma campanha de marketing de guerrilha consistente, seja através de insights de amigos e colegas numa sessão interna de brainstorm, seja chamando uma firma de marketing de guerrilha para ajudar com a criação e/ou execução.

Parte II: Marketing na Rua

Na Parte II, cobriremos algumas das mais comuns e divertidas iniciativas que o marketing de guerrilha tem para oferecer. Esta parte enfoca o fato de que o marketing pode ser mais efetivo quando encanta, inclui e conecta com o público desejado. Das equipes de rua com orçamento limitado até os eventos e campanhas altamente divulgadas, nós munimos você com todos os detalhes necessários para fazê-lo – e fazê-lo bem feito.

Parte III: Oportunidades a Sua Volta: Mídia Não Convencional

De acordo com o tema deste livro, os métodos de publicidade tão inovadores quanto as práticas usadas para promovê-los. Atualmente você pode ver propaganda em um edifício, dentro de um banheiro, até mesmo na testa de um indivíduo *usando* este banheiro! Nós cobriremos tudo, a parte interna e a externa.

Parte IV: Voltando Para Casa: Das Ruas Para Seu Site

Tão importante quanto o que você faz nas ruas é o que você faz na Internet. As oportunidades são infinitas – e potencialmente baratas. Se você quer alcançar as pessoas onde elas moram, trabalham e se divertem – que é o objetivo do marketing de guerrilha – você tem que estar na Web.

Parte V: Se Uma Árvore Cai na Floresta...O Poder da Imprensa

Nesta parte, nós o ajudaremos a tirar maior proveito do seu empenho no marketing através da divulgação para as pessoas que melhor podem ajudar a espalhar a notícia sobre o seu produto ou marca – a imprensa. Ensinaremos como elaborar o press release e deixar uma boa impressão quando tiver que impressionar quem realmente importa. Depois, acrescentaremos a contratação de um publicitário para ajudá-lo a ganhar o que for humanamente possível de atenção da mídia.

Parte VI: Você Coça Minhas Costas. . .

Identificar e aproximar-se de produtos ou marcas não competitivas, mas gratuitas podem ser de grande valia quando você está elaborando um plano de marketing. Nesta parte, ajudaremos a identificar quais marcas podem ser boas parceiras, mostrar como aproximar-se delas, e identificar as oportunidades disponíveis após estabelecer um relacionamento. Também discutiremos os benefícios de trabalhar-se com caridade quando estiver promovendo o seu produto ou marca.

Parte VII: A Parte dos Dez

A última parte inclui todos os tipos de dicas e conselhos. O Capítulo 21 traz os dez tipos mais comuns de marcas e serviços, e compara cada um com uma campanha de guerrilha multifacetada, usando muitas das práticas que definimos ao longo deste livro. O Capítulo 22 dá dez motivos pelos quais nós amamos o marketing de guerrilha, e porque achamos que você irá amá-lo também. E o Capítulo 23 aborda dez maneiras para você poder ir à guerrilha com qualquer orçamento.

Ícones Usados Neste Livro

Que tipo de livro *Para Leigos* seria este, se não tivesse os símbolos que ficam à margem, alertando você sobre informações valiosas e sábios conselhos? Um livro sem ícones, isso sim. Para sua sorte, incluímos ícones ao longo deste livro para sua referência. Aqui estão os seus significados:

Pegamos alguns toques de campanhas passadas que ajudaram a colocar os esforços típicos no marketing lá em cima – passando de bom para extraordinário. Para ajudá-lo a tirar o máximo de sua iniciativa, nós oferecemos alguns conselhos amigáveis.

Durante o planejamento de sua campanha de marketing de guerrilha, você tem que lidar com milhares de detalhes. O ícone de Lembrete o faz lembrar dos princípios básicos, assim você pode lidar com eles antecipadamente – de modo que eles não atrapalharão os seus planos in loco.

Alguns municípios não gostam muito do marketing de guerrilha. A sua campanha pode ser recebida com reações variadas – de algumas cabeças balançando negativamente em desaprovação até um tempo na prisão. Qualquer coisa marcada com o ícone de Aviso informa que você precisa prestar atenção no que está fazendo e considerar chamar um advogado, entrar em contato com a prefeitura ou descartar a ideia completamente.

Sabemos que provavelmente você tem um orçamento limitado e quando estiver executando as atividades de guerrilha, pode precisar ater-se aos princípios básicos. Quando você ver o ícone de Mais Dinheiro, estamos informando sobre alguns momentos em que seria bom adquirir um item que a princípio pode parecer de luxo – ou para tornar a sua carga mais leve ou para dar um brilho mais profissional em sua campanha.

Toda vez que o bichinho da informática aflora em nós e ficamos mais técnicos, marcamos o parágrafo com este ícone. Este é o tipo de coisa que você não *precisa* saber, mas vai deixar seus amigos boquiabertos quando falar sobre marketing.

Introdução **7**

Para Onde Ir Daqui em Diante

Queremos que você sinta-se completamente livre para começar quando quiser. Se você está curioso sobre algum aspecto específico do marketing de guerrilha, use o index ou sumário e confira!

Se você ainda não está acostumado com a ideia de usar o marketing de guerrilha para promover seu produto ou marca, comece com o Capítulo 1. Se você quer pegar algumas pessoas na rua este fim de semana para promover um evento próximo, consulte o Capítulo 6. Se você já tem a pré-promoção pronta, mas poderia usar algum conselho na produção do evento, o Capítulo 8 é o que você está procurando. Por fim, digamos que a comida já tenha sido pedida, a lista RSVP esteja lotada, mas agora você só precisa que a imprensa esteja presente – O Capítulo 16 é para você.

Use este livro do começo ao fim ou escolha a dedo o conteúdo que melhor se enquadra a você. Enquanto você tiver noção das opções disponíveis quando estiver preparando o plano, e tiver o domínio dos princípios básicos necessários para executar este plano em tempo hábil, de maneira eficiente e com um custo compensador, você está pronto!

8 Marketing de Guerrilha Para Leigos

Parte I
Tem Uma Selva Lá Fora – Seja Um Guerrilheiro

A 5ª Onda   por Rich Tennant

"Más notícias – Buddy capotou com o caminhão, derramando oito caixas de amostras na hora do rush. Boas notícias – o caminhão capotou com a marca virada para cima"

Nesta parte . . .

Após explicarmos para nossas famílias (que nunca compreenderam exatamente o que nós fazemos) que estamos escrevendo um livro sobre marketing de guerrilha, recebemos um massacre de piadas em graça:"Eu gosto de gorilas e tudo mais, mas é realmente necessário vender para eles?" Ou sarcasticamente,"É, eu venho tentando trazer mais gorilas para a minha loja — é provável que eu venha a precisar disso."

Eles podem fazer piadas as nossas custas, mas nós rimos por último quando começamos a fazer nossas perguntas:Você quer tirar maior proveito dos seus gastos com marketing? Você quer atingir seus clientes de uma maneira que eles nunca viram antes? Você gostaria de receber gratuitamente alguma divulgação para o seu negócio? Quando a resposta para todas estas perguntas é inevitavelmente sim, nós respondemos modestamente,"Então, compre o livro."

Felizmente, você comprou o livro! Nesta parte, nós colocamos você no assento do motorista, dando uma orientação cuidadosa, e preparando o caminho para a realização dos seus objetivos através do pensamento não tradicional. Iniciaremos esclarecendo qualquer confusão entre guerrilha/gorila e explicaremos o que é o marketing de guerrilha exatamente. A partir daí, olharemos as possibilidades disponíveis com os métodos de guerrilha e começaremos o processo de seleção tática. Depois de fazer algumas escolhas, apontaremos os melhores caminhos para fazer da sua campanha um sucesso, idealizando conceitos, expondo suas ideias, e localizando as pessoas que podem ajudá-lo a fazer do seu plano de marketing o melhor que ele pode ser.

Capítulo 1

Entrando na Selva: Uma Introdução ao Marketing de Guerrilha

Neste Capítulo

▶ Esclarecendo o que é marketing

▶ Entendendo como o marketing de guerrilha é diferente

▶ Aplicando as táticas de guerrilha para vender seu produto ou serviço

Seja bem vindo! Está na hora de começar os preparativos para entrar na selva da Guerrilha. Facão? Confere. Roupa camuflada com bolsos falsos? Confere. Plano de marketing não tradicional e estratégico? Hm ... Confere? Não tem motivos para preocupar-se, você tem o facão e as roupas surradas — nós o ajudaremos com o resto.

Você já ouviu falar, já leu a respeito — mas você sabe o que é marketing de guerrilha? Não tem certeza? Não se preocupe. Marketing de Guerrilha é um tipo de marketing que atinge os clientes de modo profundo e envolvente — o mais importante — inesperadamente. Muito além das inebriantes palavras da moda — anticonvencional, viral, e de base — guerrilha é usar sua própria criatividade e as ferramentas disponíveis para fazer uma verdadeira conexão com seus clientes (aqueles que você já tem e aqueles que espera atrair).

A melhor coisa sobre guerrilha é que, enquanto você faz um levantamento dos seus atuais recursos de marketing, é bem provável que descubra que já possui várias ferramentas para elaborar a campanha, de modo a colocá-lo em contato direto com seus clientes de uma maneira inigualável.

Estamos dando um passo à frente, mas isso já era esperado. Nós, marqueteiros de guerrilha, somos um grupo empolgante, e a medida que nos deparamos com os elementos para nos tornarmos marqueteiros de guerrilha bem sucedidos nas seções e capítulos a seguir, acreditamos que você irá concordar que temos muito com o que nos empolgar! Mas antes que você se jogue na selva da guerrilha, é importante que tenha um histórico sobre o que você está prestes a entrar exatamente.

Parte I: Tem Uma Selva lá Fora — Seja um Guerrilheiro

Antes que você dedique tempo precioso, energia, ou recursos para ir à guerrilha, você precisa saber o que fazer para ter um marketing de sucesso em geral. A partir daí, mostramos como você pode fazer o que bem quiser ou simplesmente ignorar estes conceitos básicos quando aplicá-los com a perspicácia de guerrilha.

Por último, nós exploramos algumas das saídas mais comuns, nas quais o marketing de guerrilha pode ser facilmente aplicado, e guiamos você pelo caminho de tornar-se um menino prodígio em marketing. Parece bom? Acreditamos que sim. Agora, só nos falta saber o que fazer com todo aquele equipamento de selva.

Marketing Um A Um

Marketing, publicidade, relações públicas — o que estes termos significam? Aqui entre nós, provavelmente têm pessoas que trabalham nessas áreas e não têm a menor ideia do que eles significam, então se você está um pouco confuso com estes detalhes, não se surpreenda. Embora nós pudéssemos elucidar estes termos em definições chatas de livros, achamos que o famoso humorista e profissional de marketing S. H. Simmons insere estes termos em um contexto mais descritivo através do prisma de namorar uma moça inteligente:

> Se um jovem rapaz diz para a menina que ele está paquerando que ela é inteligente, bonita e tem um ótimo papo, ele está dizendo as coisas certas para a pessoa certa, isto é marketing. Se um jovem rapaz diz para a menina que ele está paquerando o quanto ele é bonito, inteligente e bem sucedido, isto é publicidade. Se alguém diz para a menina o quanto o rapaz é bonito, inteligente e bem sucedido, isto é relações públicas.

Da mesma forma que se prepara um prato exótico, um plano de marketing eficaz deve incluir uma pitada de publicidade e um traço de relações públicas (ou mais dependendo do resultado desejado). Mas o marketing sozinho diz aos seus clientes que eles são inteligentes, bons de papo e bonitos, por assim dizer. Em outras palavras, o objetivo do *marketing* é comunicar a mensagem da marca para clientes alvo através do apelo direto de suas vontades e necessidades, com a intenção de motivá-los a comprar (literalmente ou de modo figurado) um produto ou opinião.

Quando estiver folheando as seções de negócios do seu jornal local enquanto procura as críticas de cinema e o caderno de esportes, você pode achar recortes de manchetes na sua busca periférica, "OmniCola lança campanha de marketing de plataforma cruzada no valor de \$5M", e você pensa com seus botões, "Por que eles estão gastando \$5 milhões em uma campanha de marketing? Se eu tivesse \$5 milhões para gastar, eu largaria meu trabalho, compraria uma lancha dourada, e escreveria um roteiro para o galã que eu sei que tenho dentro em mim." Ou talvez apenas nós pensamos assim.

Capítulo 1: Entrando na Selva: Uma Introdução ao Marketing de Guerrilha

Embora você gastasse $5 milhões de dólares, a questão do motivo que as empresas investem em marketing é muito boa. A resposta mais simples é que as empresas investem nos esforços em marketing *para fazer dinheiro*. Esta pode ser uma simplificação da questão, mas atinge a essência do problema. De microempresas com base familiar até corporações multinacionais, todas investem em marketing porque assim elas têm a oportunidade de atingir os seus clientes alvo, apelar para a sensibilidade dos seus clientes, e moldar a percepção dos clientes sobre seus produtos e serviços.

Por exemplo, apesar do fato de você não ter criado grandes músculos desde os tempos de escola, você se empenhou em criar a roupa de ginástica perfeita. Depois de passar aparentemente incontáveis horas estudando os atletas, brincando com os tecidos, e examinando as revistas de moda francesa, você criou uma revolução recreativa: Cupido & Psique, a melhor roupa de ginástica produzida por um homem. E agora?

De certa maneira, você esbarrou naquele velho provérbio "Se uma árvore cai na floresta e ninguém está lá para escutar, ela fez barulho"? Se você criou uma roupa de ginástica de lycra e algodão incrível que envolve as curvas do corpo, mas ninguém sabe a respeito, ela realmente existe? Bem, é claro que sim, mas provavelmente não vai ganhar o respeito que merece. É aí que o marketing entra. Marketing dá *vida* ao produto na forma de percepção pública e contato positivo do cliente.

Marketing pode ser usado para fazer as pessoas amarem o seu produto da mesma maneira que você ama. Como presidente da Cupido & Psique, uma tática que você pode usar é oferecer roupa para personalidades do esporte e outros patrocinadores ou influenciadores esportivos que o mero uso de suas roupas cria a percepção que suas vestimentas são a única coisa a ser usada se você leva a sério estar em excelente forma. A partir daí, você pode lançar uma série de anúncios atraentes e direcionados, mostrando casais com corpos definidos, vestidos com as roupas de ginástica e etiquetas simples dizendo "Você É uma Lenda."

Por que perder tempo fazendo isso? Porque marketing ajuda a criar a percepção de que seu produto ou serviço é essencial para os clientes. Além de levar os clientes a comprar, você está insinuando que não está oferecendo um excelente produto, você está oferecendo *o* excelente produto — o que irá com um pouco de sorte, perpetuar o sucesso do seu negócio.

Honestamente, todo mundo gosta de ser popular. Um flerte enquanto você está fazendo compras pode ganhar seu dia. A mesma forma é aplicada ao marketing, as marcas procuram meios de flertar com os clientes em potencial. Eles procuram ser atraentes o máximo possível enquanto estão no "mercado".

Você não tem que ser formado em marketing ou publicidade para criar ou implementar uma campanha de marketing. Entretanto conhecimento na área ajuda, pois assim você pode usar termos que impressionarão (a maioria pode ser inventada a seu critério e usada com confiança nos momentos apropriados) em reuniões, e a coisa que você precisa conhecer é a sua marca. Mas, além disso, você precisa de criatividade, ambição, e ousadia para criar métodos novos para apresentar sua empresa de um modo que deixe claro que você está no jogo.

Uma coisa que não cansamos de enfatizar é a criação do plano de marketing: Não se estresse. Criar uma estratégia é o ponto básico do seu negócio para ajudá-lo a traçar uma trajetória para os seus planos de marketing. Para começar, você precisa esmiuçar o seu negócio. Faça as seguintes perguntas para si mesmo:

- **Quem eu estou tentando abordar?** Quem são seus prováveis clientes? Para melhor posicionar-se, primeiro identifique quem poderia se beneficiar diretamente do seu produto e parta daí.

- **O que estou tentando dizer ou vender?** O que você quer? Você quer que eles comprem alguma coisa, visitem o site, falem com os amigos? Esclareça o que você quer comunicar para que possa criar sua mensagem adequadamente.

- **Qual é o melhor local para abordá-los?** Onde está este pessoal evasivo que você está tentando alcançar? Eventos esportivos? Corte e costura? Repetindo, olhe especificamente para onde os clientes mais fáceis de alcançar estão e amplie a sua busca a partir daí.

- **Qual é o melhor horário para abordá-los?** Digamos que o seu produto seja para ajudar a dormir. O horário da manhã provavelmente não é um bom horário para tentar abordar os seus clientes. Quando você tenta comunicar-se com seu público, quando eles estão dispostos a ouvir?

- **Por que eles se interessariam no meu produto, marca ou serviço?** O que você está trazendo que é diferente de qualquer outra coisa? A resposta para esta pergunta irá ajudá-lo a criar uma mensagem que seja persuasiva e efetiva.

- **Como posso fazer algo que se se sobressaia dos outros que também fazem?** Considere o que está sendo feito pelos concorrentes e tente descobrir uma maneira de fazer os seus esforços superarem os daqueles que estão atrás dos mesmos clientes.

Capítulo 1: Entrando na Selva: Uma Introdução ao Marketing de Guerrilha

Voltando aos conceitos básicos da marca

Imagine-se em uma área de arco e flecha. Você tem o coldre com as flechas e um arco longo. Se você gosta de um teatro, talvez tenha até trazido a sua fantasia de Robin Hood, mas isso não é um pré-requisito. Desajeitado, você se encaminha para a linha de tiro e coloca a flecha no arco e a bolsa na cabeça. Você gira três vezes e lança a sua flecha. Lançar uma campanha sem especificações tem provavelmente a mesma chance de acertar o alvo e pode ser perigoso para sua marca.

Considerando os fundamentos do que é o seu produto e serviço e quem você está tentando abordar, possibilita medir a direção do seu plano de marketing, mirar no seu alvo, e lançar uma estratégia direcionada e efetiva. Ter este tipo de foco coloca você e sua marca na posição de fazer escolhas inteligentes, o que possibilita alcançar suas metas através de um cuidadoso planejamento dos objetivos.

Grupos ambientais e pessoas engajadas pelo mundo todo têm trabalhado diligentemente para promover a consciência de evitar o desperdício. Ter um conhecimento objetivo da sua marca possibilita este mesmo tipo de frugalidade para seus próprios recursos naturais. Ter um entendimento sólido da sua empresa, o que você está oferecendo, e para quem está oferecendo, coloca você numa posição de cortar os gastos evitando desperdiçar tempo e recursos em pessoas que provavelmente não tem nada a ver com o seu produto.

Se você está vendendo carrinhos de bebê, terá um grande prejuízo se lançar a campanha de marketing tarde da noite em boates da cidade — o seu público alvo foi para a cama quatro horas antes, na esperança de que pudessem ter umas poucas horas de sono antes que tivessem que acordar no meio da noite para alimentar o bebê que estava chorando. Uma avaliação cuidadosa dos princípios básicos da marca possibilita que você encontre maneiras de atingir o seu alvo diretamente, enquanto evita cuidadosamente aqueles que não têm serventia para a sua oferta.

Indo Para Guerrilha

Antes que você entre no ringue com o marketing de guerrilha, é provável que você esteja cheio de dúvidas. "Será melhor seguir o caminho tradicional e simplesmente colocar um anúncio no jornal local?" Não podemos ter certeza. Mas o que podemos fazer é armá-lo com a informação necessária para ser um marqueteiro instruído.

Nesta seção, incluiremos a introdução básica do que ir para guerrilha envolve realmente. Começaremos o processo de familiarização explorando exatamente o que é este gancho exclusivo no marketing.

O que é marketing de guerrilha?

Marketing de Guerrilha é uma forma de marketing que leva a mensagem da arca e apresenta para os clientes em potencial de um modo envolvente e totalmente inesperado.

O termo *guerrilha* passa uma imagem de revolucionários barbudos e exército transitório. Embora talvez esteja faltando o charme moderno do Che Guevara, táticas não-tradicionais não estão tão distantes das raízes militares que frequentemente são relacionadas com o significado de guerrilha. Táticas de guerrilha, nos termos militares, foram criadas pelo exército que não tinha recursos para atingir os seus objetivos políticos e militares através dos métodos tradicionais. Por isso, eles tiveram que usar os recursos disponíveis e serem criativos na maneira como se aproximar e entrar em combate. Ou, se preferir, "Você tem limões? Então faça uma limonada." (Para mais informações sobre como as velhas táticas de guerrilha estão de volta, leia o Capítulo 2.)

Assim como usado nos períodos de Guerra, as estratégias de guerrilha envolvem a escolha de oportunidades onde o oponente não espera o ataque. Sob vários aspectos, estes são os princípios essenciais do marketing de guerrilha. As táticas seguem um plano básico similar de ataque:

1. **Identifique seu alvo (público).**

2. **Crie estratégias para saber onde eles estão e como você pode causar a impressão mais efetiva.**

3. **Atinja-os de uma maneira completamente inesperada e impactante.**

Para ter sucesso no marketing de guerrilha, você tem que inovar constantemente. Você não conseguirá impactar os clientes se toda vez que se aproximar do seu público estiver vestindo um smoking e fazendo uma apresentação de sapateado. A primeira vez que fizer isto, provavelmente receberá aplausos e elogios — mas se você não mudar sua apresentação, com o passar do tempo vai perceber que antes eles se divertiam, mas agora estarão revirando os olhos sarcasticamente.

As táticas de marketing de guerrilha são estimulantes, pois possibilitam todas as empresas a usarem o que elas têm para atrair os clientes de maneira exclusiva para sua marca. A menos que você trabalhe no departamento de marketing de uma grande empresa, provavelmente não tem milhões de dólares para gastar em um projeto. Mas isto não significa que você não deva fazer alguma coisa. Apenas significa que você tem que ser criativo na maneira de aplicar os recursos que têm. Como a definição de marketing sugerida na seção anterior, você tem que encontrar meios de moldar as opiniões dos clientes sobre o seu produto, mas tem que fazê-lo de modo que tenha impacto direto e motivacional em seus clientes.

_____ **Capítulo 1: Entrando na Selva: Uma Introdução ao Marketing de Guerrilha** **17**

Enquanto que o marketing tradicional usa métodos comprovados para abordar os clientes, o marketing de guerrilha vira de cabeça para baixo esta abordagem de modo a induzir os clientes a olharem o produto de um jeito diferente. Embora o marketing de guerrilha possa usar métodos tradicionais (tais como jornal, TV e rádio) para espalhar a notícia, o que o difere é que acaba com as expectativas tradicionais aplicando estas ferramentas de um modo diferente. O marketing de guerrilha proporciona ao cliente uma coisa tangível e experimental, algo mais intimista e significativo do que um anúncio qualquer.

Por exemplo, um marqueteiro de guerrilha pode comprar um outdoor ao lado de um edifício para promover sua marca, mas ele nunca ficará satisfeito o suficiente para parar por aí. Para um marqueteiro de guerrilha, este não é um anúncio de $5,000 ao mês — de jeito nenhum! Este outdoor é uma tela em branco. Ele tem que decidir como usará esta tela para produzir algo imperdível.

Talvez o outdoor se torne um display multimídia que fascina os clientes. Talvez o outdoor seja equipado com sensor de movimento com a capacidade de emitir cupons quando os clientes se aproximam dele. Ou talvez, seja simples como escrever no centro do outdoor um endereço de site que ficaria encolhido pelo espaço em volta, atraindo a atenção dos clientes, "Por que eles compraram este espaço todo para escrever um URL deste tamanho?"

Pela sua natureza, o marketing de guerrilha afeta os clientes de uma maneira profunda, mais do que o marketing tradicional ou a publicidade. O marketing de guerrilha também é conhecido como "marketing de relacionamento" ou "marketing de amor," devido à intimidade desejada nesta conexão. Embora não podemos garantir um bom casamento, com o tempo descobrimos que em uma sociedade exausta de receber ligações padronizadas e tudo automatizado, abordar os clientes como indivíduos é consistentemente bem aceito; engaja e permite o seu alvo a trabalhar não somente como clientes em potencial para sua marca, mas como defensores a espalhar o amor por você. E este é o *verdadeiro* poder do marketing de guerrilha.

Quem faz isto?

A propósito, quem faz este tipo de coisa? As bandinhas de garagem procurando aumentar a quantidade de espectadores em seus shows de rock? As maiores empresas procurando ganhar publicidade? A resposta para a pergunta "Quem está fazendo marketing de guerrilha?" é, "Todo mundo." Como as taxas de publicidade para a mídia tradicional estão na estratosfera, pequenas e grandes marcas estão procurando meios inovadores para alcançar seu público.

O que pode ter começado inicialmente como um básico empurrão para ajudar a espalhar a notícia sobre uma causa específica ou produto, cresceu na indústria do marketing como uma maneira aceitável e efetiva de vender para os clientes. As marcas estão começando a reconhecer o fato de que falar diretamente aos clientes de modo exclusivo e pessoal, viabiliza uma conexão sólida com o produto ou serviço e infunde um certo grau de lealdade à marca se estas conexões são positivas e consistentes.

18 Parte I: Tem Uma Selva lá Fora — Seja um Guerrilheiro

Embora pudéssemos citar inúmeras manchetes anunciando como a variedade de indústrias estão sacudindo sua abordagem de marketing para falar mais diretamente com seus clientes, não estaríamos contando nenhuma novidade. Considere a sua semana por exemplo. No seu caminho para o trabalho, você pode ter visto uma sorridente representante de uma marca distribuindo um cupom ou amostra com um forte slogan. Talvez durante o almoço você tenha acessado o seu site favorito e tenha entrado em um concurso para concorrer a um tratamento de beleza. Daí quando você chegou em casa, ligou a TV apenas para ver que na praça da cidade hoje 500 pessoas tiveram o corpo pintado e formaram uma escultura viva para promover a abertura do festival de artes locais.

Todos da indústria alimentícia até as de produtos eletrônicos estão recorrendo as iniciativas do marketing de guerrilha para ajudar a divulgar o seu produto ou marca. Mesmo grupos beneficentes e organizações sem fins lucrativos estão embarcando nessa, pois eles perceberam que o custo é compensador para produzir algo dinâmico de modo a conscientizar e estimular a assistência de pessoas que provavelmente seriam influenciadas pela sua mensagem.

Por que eles fazem isto?

Métodos tradicionais funcionam. Não iremos negar isto nem por um segundo. Por que seriam chamados de tradicionais? Se não funcionassem, seriam chamados de "métodos em um copo d'água" ou "moda passageira," mas a verdade é que, para espalhar sua mensagem para uma comunidade grande, o alcance instantâneo da TV, rádio, e jornal é impressionante. Entretanto, os clientes exigem mais customização e os altos custos operacionais para este tipo de mídia gera dor de cabeça para os publicitários.

Pegue os comerciais de TV, por exemplo. Temos certeza de que sem pensar muito você pode citar facilmente três dos seus comerciais de TV favoritos. Isto mostra claramente o impacto deste tipo de publicidade. O problema para as marcas e compradores de mídia tentando esticar o orçamento o máximo possível é que o custo para colocar estes comerciais de TV no ar pode ser muito caro.

O que você vê no ar é apenas parte do trabalho. Para produzir aquele comercial, a agência teve que contratar atores, diretores, autores, serviço de buffet, estúdio. Isto apenas para a produção. A partir daí, eles têm que pagar às redes de televisão enormes quantias de dinheiro para colocar o anúncio no ar. Está vendo os cifrões? As agências também. Inclua aparelhos DVR para a mixagem, e no final as agencias ainda estão se perguntando se os clientes estão assistindo a estes comerciais!

Depois tem a mídia impressa. Apesar de adorarmos ler o jornal enquanto tomamos nosso café da manhã, a maioria destas pessoas está preferindo pegar as notícias, o placar dos jogos, e as fofocas na Internet. A amplitude de informações e o fato de que a maior parte é gratuita torna esta uma escolha relativamente fácil para os clientes.

Capítulo 1: Entrando na Selva: Uma Introdução ao Marketing de Guerrilha

Estes obstáculos requerem inovação, e este é o motivo pelos quais as marcas estão abraçando as táticas de guerrilha — porque tem uma *necessidade* para isso. Os orçamentos de marketing variam de ano para ano, então ao invés de gastar tudo em um único anúncio, as marcas estão dispostas a esticar este dinheiro mais além, em pequenos estouros não tradicionais que têm um custo mais baixo, mas uma alta conexão com o cliente. Estes programas estão ganhando força por vários motivos:

- **Eles são exclusivos.** O grande objetivo da guerrilha é fazer algo que nunca tenha sido feito antes para ter uma incrível conexão com os clientes.

- **Eles são direcionados.** Ao invés de ficar gastando dinheiro onde não há necessidade, você estará abordando o seu público alvo diretamente onde eles vivem.

- **Eles têm custo compensador.** O dinheiro que você gasta é voltado especificamente para a criação do efeito desejado para um cliente específico, de um modo específico e no momento específico, assim o dinheiro é gasto com as pessoas que irão ter o melhor impacto sobre você.

- **Eles são dignos de comentários e frequentemente material para a imprensa.** Você faz algo genuinamente exclusivo, e está na mira de atrair atenção. Pode ser apenas entre o seu público alvo, mas se tiver sorte, pode ganhar uma exposição na mídia também!

Pode funcionar para mim e para a minha marca?

Em uma palavra, sim. Produzir uma campanha de marketing de guerrilha requer a elaboração de algo excitante e que conecte com seus clientes, desta forma, você deve encontrar um meio de usá-la para atender as necessidades da sua marca, produto, serviço ou site.

Nosso conselho: Não saia atirando. Sinta-se à vontade para testá-la. Muitas vezes, recebemos ligações de pessoas dizendo que embora não tivessem um orçamento de marketing por assim dizer, eles estavam dispostos a tentar para ver se funcionava. E se funcionasse, eles iriam fazer muito mais. Agora esta última parte deve ser apenas uma tática para nos "encorajar" a pegar leve na estimativa inicial. Independente disso, testar a água é sempre uma maneira inteligente antes de pular nela. (Para colocar os seus pés mais no fundo da água, verifique o Capítulo 4).

Nem toda empresa terá o mesmo retorno de investimento de uma campanha de guerrilha, mas isto não significa que você deva descartar toda esta coisa de marketing de guerrilha. Ao contrário, pode significar que você precise dar uma analisada nos seus métodos e refiná-los. Pode ser necessário redefinir o seu alvo demográfico e suas especificações de campanha, e depois atacar de um angulo diferente.

Pegando a Estrada Menos Movimentada

Talvez já disseram que você rema contra a maré — ou talvez você sempre quis ouvir isto. Se for assim, nós recebemos você de braços abertos na categoria de não tradicional. Marketing de guerrilha engloba uma ampla variedade de métodos para conectar com os clientes, e todos eles são mais bem executados quando feitos com criatividade impetuosa e ideias audaciosas (ainda que direcionadas).

Neste setor, exploraremos alguns dos métodos mais comuns que os marqueteiros de guerrilha usam para tocar os clientes de maneiras inesperadas. Abordaremos algumas iniciativas de rua, a criação de novas formas inovadoras de mídia, o poder da Internet, como expor na imprensa os seus feitos, e os vários parceiros que podem ajudá-lo a transformar os seus esforços em sucesso.

Indo às ruas

Aquele velho ditado "Você nunca fará amigos, se não colocar a cara para fora" é particularmente verdade quando se trata de atingir seu público-alvo. O objetivo dos esforços de rua é não apenas colocar sua marca no mercado, mas também fazer de você a pessoa mais cativante e divertida em qualquer festa. Você pode fazer isso dando aos seus clientes a chance de olhar, cheirar, tocar, e até mesmo provar o seu produto (supondo que ele é comestível).

Existe uma ampla variedade de métodos para fazer estas conexões exclusivas, um a um — uma campanha básica de distribuição e amostra feita pela equipe de rua (Capítulo 6), as táticas espetaculares de publicidade (Capítulo 7), e os eventos (Capítulo 8) para dar ao seu público alvo a oportunidade de experimentar seu produto de um modo organizado e pessoal.

Criando novas saídas

Você não gosta de equipes de rua? Outdoors são sem graça para você? Crie a sua própria saída! A melhor ideia de marketing é aquela que você ainda não criou. Em geral, a coisa mais estimulante sobre o marketing de guerrilha é que está constantemente evoluindo com novas plataformas criadas por empreendedores criativos.

A *perspicácia de guerrilha* é a ideia de que tudo o que você encontra pode se transformar em uma plataforma para atingir um específico grupo de clientes. É bem legal pensar que você pode ser a pessoa que inventou uma nova forma de marketing.

Capítulo 1: Entrando na Selva: Uma Introdução ao Marketing de Guerrilha

Apresentando o experimental, o teatral, modo ponto-com

Sentimos o gosto do marketing de guerrilha pela primeira vez na industria do teatro. Por que? Em primeiro lugar, os profissionais de teatro são geralmente intensos na paixão, mas não tão bons com capital. Os grupos de teatro de Nova Iorque estão constantemente tentando atrair um alto grupo demográfico — frequentemente são os turistas que perambulam pelas ruas de Midtown, e às vezes, um grupo mais específico (dependendo do show e seu apelo demográfico, entre outros fatores). Estas circunstâncias propiciaram grande treinamento de guerrilha.

Percebemos que o que fazíamos no teatro poderia ser usado com marcas mais comerciais, o que acabou ocorrendo no mesmo momento em que a era do ponto-com explodiu — um grupo de empreendedores que estavam tentando arrancar seus olhos. Ao invés de ser mais um cara comum, estes graduados em MBA resolveram tentar achar meios de colocar ordem na bagunça.

Este estilo independente deu chances para a comunidade de guerrilha usar suas habilidades (e dinheiro também). Podíamos propor o inimaginável, criar o inacreditável e com um pouco de sorte, fazer o impossível. Ser criativo era crucial para sobrevivência, porque o mercado estava simplesmente saturado e a concorrência era cruel.

Nós experimentamos, atrasamos e viajamos, distribuímos muitos brindes, ofertas e camisetas, mais do que você possa imaginar. Embora a maioria das empresas ponto-com tiveram que fechar (nenhuma devido aos nossos préstimos, com certeza), elas nos proporcionaram um dos mais destemidos estudos de caso ao levar o marketing experimental para as ruas, alguns casos mostraremos neste livro. Conseguimos usar as táticas de guerrilha no teatro, assim como as ideias da era ponto-com — e estamos confiantes que você irá encontrar aplicações para sua marca, também!

Como o seu público alvo se diverte? Onde eles se encontram? Sobre o que eles conversam? Analisando este tipo de coisa e procurando oportunidades disponíveis uma plataforma de marketing totalmente nova pode ser gerada através da qual você pode vender e aproveitar o lucro para aposentar-se em uma ilha tropical em algum lugar qualquer. (Para mais informações sobre como desenvolver novas saídas, leia o Capítulo 11.)

Dominando a tecnologia

As pessoas amam a super-auto estrada de informações. No início da Internet, uma das frases mais usadas era "É tão viciante. Um site leva a outro." Ultimamente isto só aumentou. Marqueteiros de guerrilha especialistas em tecnologia adotaram completamente a Internet e a tecnologia como um todo, sendo o último campo de batalha na luta para alcançar os clientes.

Adotar as atuais tendências e novas tecnologias na era digital funciona para conectar com clientes onde eles geralmente brincam — on-line. Isto pode ser tão simples como criar um site dinâmico ou tão envolvente quanto criar um jogo emocionante e personalizado para atrair seus clientes.

Além da Internet, outro método para conectar-se com sua base é ficar de olho nas inovações tecnológicas para divertir e informar. (Para conectar com seu público alvo, leia o Capítulo 13.) O que há disponível no momento que possa ser usado para atrair seus clientes? Talvez você queira usar anúncios que falam no banheiro, displays automáticos multimídia que são sensíveis aos movimentos dos clientes, ou cabines personalizáveis de vídeo com tela verde, que colocam os participantes na ação do seu filme ou vídeo game favorito. Observar coisas que estimulam e divertem é um outro modo de disparar o botão de "compra" dos clientes.

Divulgando seus esforços

Uma equipe de distribuição ou um espetáculo podem tocar centenas ou até mesmo milhares de clientes em potencial naquele instante, mas potencialize o poder da imprensa e você terá alcançado centenas de milhares ou até milhões! Para criar uma campanha de guerrilha efetiva tem que conectar com os clientes para moldar suas impressões, mas o outro lado do marketing de guerrilha é aplicar as técnicas para ajudar a divulgar sua marca.

Encontrando parceiros

Atenção, todos nós somos gente — gente... que precisa de gente. O que faz de você a pessoa mais sortuda do mundo é saber que você não tem que (e não deve) entrar em uma campanha de guerrilha sozinho. Dependendo do meio que você escolha para aplicar os seus esforços em marketing, é bem provável que necessite assistência de colegas de trabalho, da indústria, ou talvez até da ajuda de uma agência de marketing de guerrilha, de publicidade, ou agência de mídia. Aqui estão algumas das ligações que você deve considerar fazer.

Colegas e amigos

Provavelmente, você tem inúmeros colegas de trabalho, amigos, ou membros da família, talentosos e habilidosos — pessoas cujas habilidades sirvam exatamente para o que você está procurando para produzir uma campanha de guerrilha. Mesmo que seja persuadindo sua irmã Lisa para distribuir os materiais, ligando para seu grande amigo Lou para apresentar um evento, ou enviando um e-mail para seu cunhado Dan que escreve para o jornal local pedindo que escreva um anúncio, estes recursos imediatos devem ser sua primeira linha de ataque para uma atividade de guerrilha. Considerando métodos para monopolizar

Capítulo 1: Entrando na Selva: Uma Introdução ao Marketing de Guerrilha 23

seu círculo interno de habilidades, você pode perceber que tem todas as ferramentas necessárias disponíveis na sua reunião de família ou evento social!

Instituição Beneficente

Fazer uma boa ação só faz você se sentir bem. Fazer uma boa ação que sirva para trazer benefícios para a sua marca é ainda melhor. Se você resolver produzir um evento, deve considerar envolver uma instituição beneficente. Ligue para eles! Trazer um fator de caridade para a sua campanha ou plano não irá servir apenas ao bem da causa, mas também ajudará a trazer reconhecimento do seu produto ou marca por colocá-lo em um foco muito positivo.

Indústria

Dependendo da sua área e indústria, os recursos podem ser disponibilizados através da sua participação no negócio. Talvez, tenha uma revista da sua área, uma exposição, site, newsletter ou alguma associação relacionada ao seu produto ou serviço. Alguns podem ser gratuitos; outros podem custar algum dinheiro. No entanto, pode ser exatamente o que você precisa para continuar na frente do jogo e fazer alguns contatos importantes pelo caminho.

Agência

Você não é nenhum amador. Você quer ter certeza de que tudo que criou para divulgar sua marca combina com a imagem que você quer passar para a indústria e para os seus clientes. A medida que você examina os seus recursos, percebe que não pode fazer tudo sozinho — então por que não contar com a ajuda que precisa.

Mesmo que seja contratando uma agência para elaborar um plano de marketing completo ou apenas para executar um próximo evento, às vezes chamar as pessoas que têm experiência nesta área pode deixá-lo mais tranquilo com a certeza de que tudo correrá perfeitamente. Tais agências provavelmente têm a experiência, mão de obra e recursos para ajudá-lo a atingir suas metas de um modo eficiente e com um custo compensador.

Capítulo 2

Examinando As Suas Opções

Neste Capítulo

▶ Definindo marketing de guerrilha

▶ Compreendendo por que a guerrilha é necessária

▶ Entendendo o que é uma impressão e o quanto ela vai lhe custar

▶ Olhando para o futuro do marketing de guerrilha

Como consumidor, você tem uma arma muito poderosa: livre escolha. Todos os dias, barreiras globais desabam, a comunicação aumenta e as perspectivas dos consumidores mudam de "o que eu consigo obter?" para "o que eu não consigo obter?". Quando você tem o mundo em suas mãos, pode se dar ao luxo de ser exigente. É bom se sentir poderoso, não é?

Toda esta competição cria um desafio para que todos os negócios – dos titãs corporativos internacionais às lojas de esquina – se assegurem de que vão se destacar neste cenário de mudanças tão rápidas. À medida que as empresas usam suas garras para cavar seu recanto na mente do público, os métodos que usam para transmitir o ótimo valor de seus produtos, em conseqüência, devem mudar também. Para a maioria das empresas, a chave para mudar a seu favor aquela cobiçada escolha do consumidor está em pensar diferente, pensar em guerrilha.

Neste capítulo, nós atacamos o problema de frente. Iniciamos com a definição de como a guerrilha é diferente de algumas das ferramentas de marketing com as quais você pode ser abordado no dia-a-dia. Então, discutimos as origens da guerrilha e por que ela é necessária hoje em dia.

A partir daí, passamos para a medida de alcance de seus consumidores, conhecida como *impressões*, e o quanto você deve esperar gastar para ter a sua mensagem impregnada na cabeça dos clientes. Por fim, como o campo evolui rapidamente, você deve estar se perguntando "para onde todo este pensamento louco de guerrilha vai – e será que vai durar?". Nós gostamos de onde a sua mente vai e respondemos esta questão também.

No Que A Guerrilha É Diferente?

Você gosta de seguir regras e que lhe digam como fazer as coisas? Nem nós, e é por isso que o marketing de guerrilha é perfeito para pensadores livres e sem freios como nós. Todo marketing tem interesse em atingir consumidores. A diferença ocorre na maneira em que você alcança este objetivo. O *marketing tradicional* usa mídia mais tradicional – o que hoje inclui jornal, rádio e TV. O *marketing de guerrilha* consiste mais em marketing de eventos nas ruas, de publicidade exterior. O foco da guerrilha não está em "o quê", e sim em "como"; *como* você está abordando o consumidor? Guerrilha tem a ver com atingir a sua audiência de uma maneira excitante, inesperada e memorável. É esta atitude e abordagem que separam a guerrilha das outras formas de marketing.

Uma das formas principais, nas quais o marketing de guerrilha é diferente, é que ele não trabalha dentro de um conjunto estabelecido de parâmetros, como o marketing mais tradicional. O destemido marqueteiro de guerrilha sabe que as oportunidades não residem exclusivamente nas plataformas de mídia mais convencionais. Ao contrário, o marketing de guerrilha se concentra em atingir os consumidores por meio da criação de uma experiência exclusiva para o seu público-alvo.

Entretanto, assim como roupas mudam, saindo de moda para virar traje clássico-chique, a prática de re-imaginar maneiras de usar a mídia tradicional pode se tornar em algo não-tradicional. No cenário, "cada um por si" para ver quem consegue ser mais esperto, as agências e marcas se mantêm competitivas ao aparecer com formas de usar a mídia tradicional de maneira não-tradicional.

O espírito de guerrilha é a sua chance de aceitar completamente todas aquelas vezes em que você pensou que seria interessante, se tentasse fazer X para gerar interesse. O marketing de guerrilha o permite pegar estes impulsos – estas ideias "loucas" – e não apenas capitalizar a sua própria criatividade, mas também atingir o público de uma maneira sem paralelos. E esse é um subproduto muito agradável de abraçar a própria imaginação!

Ao longo deste livro, delineamos os termos essenciais do marketing de guerrilha, mas o "x" da questão é que estas definições são suscetíveis à passagem do tempo – o que é ser guerrilha muda em cada equipe de rua, atração, evento ou conceito ainda não-explorado que seja executado para promover um produto ou serviço. Este espírito pretensioso é a parte verdadeiramente emocionante de se criar e usar táticas de guerrilha. Há o senso de que, quer você tenha 100 dólares ou 100 milhões, a situação de jogo é relativamente parelha, já que a efetividade de sua mensagem é limitada apenas pela sua habilidade de apresentá-la de uma maneira diferente de tudo o que as pessoas viram antes.

Padronizando o "impadronizável"

A guerrilha se difere dos empenhos mais tradicionais principalmente no sentido de que não há uma ferramenta universal de medida e nenhuma tabela de preços a partir da qual todos os marqueteiros trabalham. Esta falta de estrutura pode ser frustrante se você é daquele tipo que precisa ser capaz de ver fatos e números definidos, mas achamos que, em última instância, ela permite uma maior personalização específica ao negócio. Se você quer atingir as pessoas de uma maneira única não prepararia uma campanha que já foi feita um milhão de vezes antes?

No passado, as pessoas tentaram definir de forma mais categórica os métodos e o retorno que os usuários poderiam ver. Na verdade, há pouco tempo, havia um movimento para trazer à tona uma ferramenta universal para medir as campanhas de marketing de eventos em particular.

Qual é a do "sistema", tentando demarcar a guerrilha? Bem, o apelo reside no simples fato de que abordar o público de forma diferente funciona, e as damas e cavalheiros espertos da Madison Avenue notaram isso. Com esta fascinação, vem a necessidade de definir-se em termos que possam ser facilmente empacotados e vendidos aos seus clientes.

Até mesmo a principal publicação na área de propaganda, a *Ad Age*, concorda que "as agências [estão] lutando para definir e medir um número crescente de formas não-tradicionais de mídia, que estão ganhando espaço regularmente na mistura de mídias". O problema, entretanto, reside no fato de que é difícil definir e classificar novas plataformas de mídia que estão evoluindo constantemente.

Na medida em que o tempo passa e mais agências de propaganda continuam a incorporar iniciativas de guerrilha em suas campanhas, podemos começar a ver definições "oficiais" para termos como "guerrilha", "de base" e "ação secreta". Talvez surja uma organização dominante que padronizará as táticas e campanhas de guerrilha e criará ferramentas precisas para se medir o sucesso delas – mas, francamente, esperamos que isso não aconteça.

Assim como as pessoas, achamos que são as excentricidades e peculiaridades que tornam o marketing de guerrilha algo tão cativante. O faro pessoal da maioria dos marqueteiros de guerrilha para a mudança e a estranheza provar-se-ão aptos a evitar que, algum dia, estabeleçamos um conjunto formal de regras e orientações. E é assim que os guerrilheiros gostam.

O marketing de guerrilha requer que as pessoas sejam produtos de seus próprios ambientes e circunstâncias. Para serem eficazes, os marqueteiros de guerrilha devem desafiar as convenções para chamar a atenção, porque é isso que faz um bom marketing. Se você pensar um pouco sobre isso, não foi a padronização do mundo da propaganda e do marketing que acarretou as táticas de guerrilha em primeiro lugar? Se formos todos iguais e padronizados, então como esperamos nos destacar?

Por Que A Guerrilha é Necessária?

Quando as pessoas ouvem falar de marketing de guerrilha pela primeira vez, uma reação comum é ouvir-se:"isso é *mesmo necessário*"? Alguns argumentam que você pode ser capaz de atingir a mesma efetividade do marketing de guerrilha com um anúncio padrão qualquer em um jornal comunitário. Em alguns casos, esta afirmação pode até estar correta. O problema com o anúncio padrão é que ele é apenas isso: padrão.

O marketing de guerrilha continua a partir do ponto em que os métodos mais básicos e tradicionais de alcançar os consumidores podem ser insuficientes. Eis alguns dos benefícios principais que o marketing de guerrilha oferece aos negócios:

- **É direcionada.** O marketing de guerrilha mira os consumidores específicos no local onde eles vivem, trabalham e se divertem, na hora em que eles estarão mais receptivos à sua mensagem. Em contraste com um grande outdoor que pode ou não atingir os seus consumidores, a guerrilha leva a sua mensagem diretamente à sua audiência. Ao dispor a sua marca na frente de seu grupo ideal em horários e locais direcionados (com a precisão de poder escolher a dedo o mercado, o local e até mesmo a esquina), você pode criar uma mensagem que é tanto ágil quanto efetiva.

- **Tem boa relação custo-benefício.** O Marketing de guerrilha permite-o criar iniciativas que façam o melhor uso possível de seus recursos. Imagine que você ganhe na loteria amanhã e, após comprar aquele busto de si mesmo feito de ouro sólido, decida que quer torrar o resto da sua fortuna na compra de horários ininterruptos na TV para anunciar a sua empresa. A sua mensagem definitivamente vai se espalhar. Porém, a maioria das pessoas (e a maioria das grandes marcas, a propósito) não tem os recursos necessários para atingir este tipo de saturação contínua. Em vez de acumular estes custos estúpidos, o marketing de guerrilha avalia os recursos disponíveis – financeiros, proprietários e criativos – e os usa para maximizar a qualidade da sua mensagem enquanto mantém os custos baixos.

- **Dá mídia.** O marketing de guerrilha tem a ver com a criação de experiências únicas que chamem a atenção da mídia, de modo que você ganhe exposição em massa mesmo com um orçamento local. Quer dizer que você não pode pagar por um grande anúncio na TV? Grande coisa. Por que não criar uma campanha tão incrível, tão extraordinária, que a imprensa seria tola de não cobrir? Este tipo de abordagem para conseguir exposição em massa pela porta dos fundos lhe dá a chance de manter a sua campanha peculiar mesmo enquanto ela recebe cobertura da mídia – cortesia da imprensa – para qualquer piada relacionada à marca que você conseguir inventar.

Além destas qualidades positivas, os desenvolvimentos tecnológicos têm justificado ainda mais a necessidade de novos métodos para se atingir os

Capítulo 2: Examinando As Suas Opções

consumidores. As pessoas estão ocupadas demais nos dias de hoje – há o trabalho, a aula de ioga e uma lista interminável de compromissos sociais. Por conta destes horários hiperativos, as pessoas estão muito seletivas a respeito de como elas passam seu tempo livre. Nos dias de hoje, os consumidores estão tentando chegar ao que realmente interessa. As pessoas pulam os comerciais com o TiVo, obtém notícias impressas a partir de diversas fontes e assinam rádio via satélite para evitar os comerciais. Com estas ameaças à sobrevivência das formas tradicionais de mídia, todos os tipos de marcas – tanto minúsculas quanto titânicas – estão procurando por alternativas para chegar ao consumidor de uma maneira direcionada e com boa relação custo-benefício. Mais e mais, os proprietários de empresas estão procurando por ferramentas de guerrilha para ajudá-los a atingir este objetivo.

Tudo que era velho é novo mais uma vez

Há um antigo ditado que diz: "não há nada de novo sob o sol". Até certo ponto, isto poderia ser dito do marketing de guerrilha. Muitos dos conceitos básicos de guerrilha apareceram antes do que fossem inventadas as formas de mídia de massa que apreciamos hoje.

Em especial, por volta da virada do século XX, homens de negócios tinham uma compreensão excepcional da ideia de que se eles quisessem fazer um bom dinheiro, precisariam transmitir a mensagem lá fora às pessoas que poderiam virar seus fregueses. Por exemplo, promotores de boxe faziam uso excepcional de pôsteres para ajudar a promover as suas lutas. Os pôsteres grandes e com cores vivas representando brutos de peito nu atraíam os consumidores para que viessem e apreciassem o esporte sangrento. Estes pôsteres antigos de boxe se transformaram no que hoje consideramos divulgação desenfreada (consulte o Capítulo 9).

Outro exemplo marcante são os pequenos jornaleiros de rua dos anos 1900. Espalhados por esquinas específicas para divulgar seus jornais e armados com manchetes ou assuntos chamativos, eles agiam como porta-vozes das publicações nas ruas. Estes mascotes de jornal falastrões deram seu lugar às equipes de rua modernas, vestidas com os trajes da marca para promover um produto selecionado (consulte o Capítulo 6).

Com a invenção da televisão, estas iniciativas de rua abriram caminho para a propaganda nas ondas de rádio. Com o tempo, a TV deixou de ser um brinquedo de última geração para os ricos e virou uma forma estabelecida de mídia.

Agora, à medida que a Internet continua a bombar, os marqueteiros estão desafiados a criar experiências únicas na Web. A Internet é o campo de batalha mais recente e oferece um terreno fértil em oportunidades criativas para que mais homens e mulheres de negócios espertos apresentem suas mensagens aos consumidores, onde quer que eles trabalhem e se divirtam (consulte o Capítulo 12).

À medida que o tempo passa, as técnicas centrais do marketing de guerrilha continuam essencialmente as mesmas; o que muda é a gama de opções disponíveis para apresentá-las.

Abastecendo Seu Arsenal

O que você acha de um bom bufê de saladas regado, estilo Las Vegas? As possibilidades são infinitas! Um pouco de alface romana, alguns pepinos, talvez um tanto destas anchovas peludas para os mais arrojados, um pouquinho de pedaços de bacon e croutons, um bocadinho disso, uma pitada daquilo, e *voilà*, você criou uma obra-prima.

Ao criar um plano de marketing, imagine que é o Rei de Las Vegas e dirija-se ao bufê para escolher a dedo os seus componentes. Ao misturar o tradicional e a guerrilha, você pode ajudar a moldar uma imagem para uma marca que deixará o seu prato cheio de negócios.

Analogia deliciosa à parte, está bem claro que, quando boas práticas de marketing são empregadas, deve haver pouca diferenciação entre campanhas tradicionais e de guerrilha. Um bom marketing é um bom marketing, quer ele consista de métodos tradicionais, de mídia não-tradicional e métodos de guerrilha ou de uma combinação dos dois.

Como sempre nos disseram, não deveríamos apostar tudo em uma coisa só. É bom ter isso em mente ao escolher como divulgar a sua presença. Após dar uma olhada introspectiva em sua companhia e para quem você quer vender, é hora de explorar as grandes questões:

- Que tipo de orçamento eu tenho?
- Onde é mais provável que os meus consumidores-alvos vejam a minha mensagem e lembrem-se dela?
- Quais tipos de mídia seriam mais atraentes para mim e representariam bem a minha marca?
- Que tipo de interação (se houver alguma) eu quero ter com os consumidores ao comunicar a minha mensagem?

Ao considerar estes pontos, você deve ter um bom senso de quais tipos de mídias e táticas suprirão melhor as suas necessidades. Após ter uma boa ideia do que beneficiará a sua marca, você pode fazer escolhas sobre as possibilidades que tornarão a sua mensagem clara (para saber mais sobre como escolher as melhores campanhas para a sua marca e obter mais inspirações, confira o Capítulo 21.).

Nunca ache que você tem que se encaixar em um formato ou outro. É possível e, frequentemente, bastante útil e benéfico se empenhar em táticas de guerrilha mesmo enquanto se usa a mídia mais tradicional e em voga.

Pense como seria impressionante para o seu público-alvo ver o seu anúncio quentíssimo no *Jornal do Metrô* e, ao sair da estação, ter a mensagem enfatizada por equipes de rua sorridentes distribuindo material da marca bem na porta de suas casas. A frequência e a variedade dos métodos são o que ajuda a gerar interesse rapidamente por sua marca.

Causando Uma Boa Impressão E Conhecendo Os Custos

Imagine o quanto a vida seria simples se tudo o que você tivesse que fazer fosse oferecer um produto ou serviço e, magicamente, os negócios viessem até você. Embora isso ocasionalmente aconteça, a realidade é que a maioria dos negócios precisa trabalhar duro, não apenas para produzir alguma coisa de qualidade, mas também para garantir que as pessoas a conheçam. Infelizmente, espalhar a notícia normalmente não sai de graça.

Nesta seção, nós o inteiramos sobre o que é uma impressão – você já deve ter ouvido este termo por aí – e o quanto isso vai lhe custar.

O que é uma impressão?

Felizmente para todos nós, as impressões do marketing e da propaganda não têm nada a ver com o primo Earl fazendo uma imitação bem fraca vinda de seu repertório de comédia. Quanto ao marketing, uma *impressão* é o número de vezes nas quais um anúncio é submetido à visualização – uma impressão é o equivalente a uma oportunidade de se ver um anúncio.

As impressões são calculadas com base em uma série de fatores. Alguns deles incluem o tráfego de pessoas que uma localidade em particular tem, quanto tempo os consumidores passam na frente do anúncio e outras considerações ambientais. O número de impressões estimadas normalmente é apresentado pelo vendedor da propaganda e é regulamentado de modo bem frouxo pelas tarifas atuais do mercado.

Nem todas as formas de mídia e marketing são capazes de lhe garantir uma medida específica de impressões. Especialmente no caso de campanhas que nunca foram feitas antes, o melhor que você pode esperar em termos de número de impressões é uma estimativa básica fundamentada no tráfego de pessoas naquela localidade, durante o tempo de sua iniciativa e/ou o número de pessoas que se espera que você atinja por meio dos seus elementos de distribuição (se tiver algum) e da possível cobertura da imprensa.

O quanto eu tenho que pagar por isso?

O custo de uma impressão é passado em termos de custo por milhar (CPM), que é o custo por mil impressões. O CPM é o que possibilita aos vendedores de mídia oferecer a seus clientes uma medida do que eles podem esperar de retorno pelos seus investimentos.

Muitas formas de mídia, especialmente a tumultuada indústria de anúncios online, usam a fixação de preços com CPM para calcular seus preços por anúncio. Usando este formato, digamos que você seja o proprietário da Loja de Bombons Dente Doce e decida que quer anunciar no portal *Açúcar Retorcido*, a primeira e última parada online para conferir as últimas fofocas da indústria de doces. Além disso, digamos que você tenha 5 mil dólares que quer dedicar a um ano de publicidade no site.

Você encontra a página de anúncios do *Açúcar Retorcido* (em um website, normalmente se trata de um link que diz "Anuncie conosco" ou algo nessa linha) e vê o seguinte:

$100-$500	**$500-$1.000**	**$1.000 ou mais**
$10 CPM	$5 CPM	$1 CPM

A quantidade de dinheiro que você decide gastar dita a tarifa de CPM. Então, o que isso significa? Bem, como você tem 5 mil para gastar, você está habilitado a obter a ninharia que é a tarifa de 1 dólar de CPM. Agora, que você garantiu uma tarifa de CPM, o quanto você vai pagar por cada impressão? Para descobrir, simplesmente divida a tarifa de CPM por mil (já que CPM significa custo por milhar).

$$\$1 \div 1.000 = \$0,001 \text{ por impressão}$$

Nada mal, hein? Agora que a tarifa e o custo por impressão estão decididos, você precisa elaborar o número de unidades de CPM ou de medidas específicas de mídia (como o número de meses nos quais o anúncio será veiculado, o número de vezes que o anúncio vai aparecer e assim por diante) que eles querem comprar. Você pode fazê-lo dividindo a quantidade total de dinheiro que está pensando em gastar pela sua tarifa de CPM.

$$\$5.000 \div \$1 = 5.000 \text{ unidades de CPM (ou série de anúncios, ou medida de mídia).}$$

Você pode até achar que está tudo indo muito bem, mas precisa ver quantas impressões pode esperar obter com esta compra de anúncios no valor de 5 mil dólares. Para descobrir, pegue o número de unidades de CPM e o multiplique por mil (já que CPM que dizer mil impressões).

$$5.000 \text{ unidades de CPM} \times 1.000 = 5.000.000 \text{ de impressões}$$

Capítulo 2: Examinando As Suas Opções 33

Considerando a natureza tão especializada e de nicho do mercado de bombons, 5 milhões de impressões em toda a duração da compra de anúncios por 5 mil dólares é uma maneira muito boa de gastar algum dinheiro.

Para efeito de ilustração, a tarifa de CPM obtida pela Dente Doce foi bem baixa. Porém, muitos fatores poderiam afetar esta tarifa de CPM:

- **Popularidade e tráfego da mídia:** Se você escolher um estabelecimento importante, como uma publicação internacional ou com certa notoriedade, pode esperar que a tarifa de CPM seja bem mais alta, já que o número de pessoas que o estabelecimento atinge será significativamente maior do que o seu jornal local.

- **A qualidade da interação:** Esta tarifa diz respeito ao envolvimento que o consumidor tem com o seu anúncio. Ele está logo na frente e no centro? Tem algum tipo de joguinho ou um ingrediente de competição? A inclusão ou a ausência destes elementos ditará o quanto você pagará por impressão no final das contas.

- **Quão direcionada é a mídia?** Quem apanha, capta ou sintoniza aquela mídia? São adolescentes de 16 anos sem mais o que fazer, ou proprietários de cinemas dedicados a filmes independentes? Compreender quem vê esta mídia ajudará a moldar quais estabelecimentos você selecionará e como decidirá usá-los.

- **Quanto tempo o consumidor fica exposto à mensagem:** Por quanto tempo os consumidores verão este anúncio? É um comercial de rádio de 30 segundos ou um cantinho em um jornal local para moças? Para armar-se completamente, observe os custos de diferentes mídias onde há uma audiência cativa (como propagandas em cinemas) em comparação com plataformas que são passageiras (como a lateral de um ônibus em movimento). Não apenas isso vai habilitá-lo a fazer uma escolha consciente como pode ajudá-lo a negociar a melhor tarifa possível.

Dependendo da mídia para a qual você tenda, é bom certificar-se de que ela se encaixa em seu orçamento. Para que possa começar, seguem algumas amostras de tarifas de CPM:

- **Outdoor:** $1 a $5 CPM
- **TV a cabo:** $5 a $8 CPM
- **Rádio:** $8 CPM
- **Online:** $5 a $30 CPM
- **TV local/de rede:** $20 CPM
- **Revista:** $10 a $30 CPM
- **Jornal:** $30 a $35 CPM
- **Mala direta:** $250 CPM

Muito da tarifação de CPM é criado com base nas formas mais tradicionais de mídia, como TV, rádio e impressos. O que isto significa para o marketing de guerrilha? O desafio reside no usuário. Como você pode iniciar empreitadas de guerrilha sob medida para fazer o melhor uso possível destes métodos e medidas mais tradicionais? O que você pode criar que seja novo e excitante e faça o melhor uso possível deste número definido de impressões? Você pode querer criar uma campanha ou competição que utilize o número concebido de pessoas que verão este anúncio. Por exemplo:

> 10.000 pessoas verão este anúncio. 5.000 clicarão no link. 1.000 ganharão um carro novo.

Como você usará os números a seu favor? Como você pode usar a informação recebida pelas medidas de CPM para criar a sua mensagem? Usar estas informações com sucesso é a marca registrada do marqueteiro de guerrilha.

Para onde tudo isso vai, e será que vai durar?

O mundo do marketing de guerrilha gera todo tipo de maneiras novas e interessantes de criar visibilidade e percepção para um produto ou marca. Enquanto examina estas páginas, você pode estar se perguntando "para onde tudo isso vai, e será que esta tendência de propaganda vai durar?".

A beleza do marketing de guerrilha está, definitivamente, no olhar do observador. Se estas formas alternativas de marketing continuarão ou não a se proliferar e prosperar depende de quem você pergunta.

Os céticos ainda são céticos. A natureza por vezes imensurável da fera desmotiva um monte de gente a tirar proveito completo do potencial – com o argumento totalmente aceitável de que "como posso justificar o gasto de 20 mil dólares em uma campanha regional se não posso garantir uma única venda?". 20 mil é um bocado de dinheiro; compreendemos a hesitação em se separar dele.

Do outro lado do espectro, porém, estão os negócios que desfrutam de grande sucesso ao implantarem táticas que não foram usadas repetidamente. Tirar vantagem de práticas únicas permite a estes marqueteiros de guerrilha desfrutar de um cantinho exclusivo no mercado.

O ponto essencial é o seguinte: as marcas usarão o que funcionar e, quando o que estão fazendo não funciona, encontrarão alguma outra coisa que funcione. Os consumidores informarão as marcas e, em retorno, as marcas informarão as agências se elas tiverem falhado na sua missão, com ambas as partes pagantes levando seus negócios para outro lugar. É o Darwinismo no marketing, o que ajudará a garantir o desenvolvimento de soluções inovadoras de marketing indefinidamente. É algo primitivo e frio, mas esta idéia de seleção natural possibilita a existência de uma indústria inconstante e em movimento que é eletrizante de se observar e, melhor ainda, de se participar (não importa o seu nível de envolvimento).

Capítulo 3

As Guerrilhas Planejam Também: Desenvolvendo Seu Plano De Marketing

Neste Capítulo

▶ Esboçando o mapa do caminho para uma campanha de sucesso

▶ Identificando quem você quer atingir

▶ Considerando o momento

▶ Identificando e evitando obstáculos

▶ Fazendo o orçamento do seu feito

O marketing de guerrilha pode ser selvagem e louco, mas, pelo menos, quando chega a hora de ir para a guerrilha, "selvagem e louco" ainda envolve ter um plano. Neste capítulo, exploramos alguns dos passos e técnicas necessárias para tramar uma campanha de guerrilha frutífera. Começamos ajudando-o a articular os seus objetivos, definir o que você quer fazer e modelar como vai fazê-lo com o mínimo possível de problemas. A partir daí, definimos o nosso público-alvo e traçamos a estratégia de como atingi-lo. A seguir, tratamos da Lei de Murphy e o ajudamos a antecipar aquelas pequenas desordens que podem surgir durante o curso de uma campanha. Por último, voltamos a nossa atenção àquelas planilhas eletrônicas por vezes desagradáveis e o ajudamos a criar um orçamento que reconheça as despesas para as quais você pode se planejar nos estágios iniciais da campanha.

Ter um plano não significa que você é maçante – significa que você está fazendo todo o possível para garantir que a sua campanha de guerrilha seja bem-sucedida.

Estabelecendo Metas, Objetivos e Estratégias

O marketing de guerrilha faz uso frugal dos recursos disponíveis para atingir os seus consumidores com precisão exata; um objetivo bastante grandioso, se você pensar um pouco. Uma maneira de evitar o pânico desta ambição um tanto opressiva é desenvolver um plano.

O fato de que a originalidade é o que forma e define a indústria de marketing de guerrilha oferece certos desafios. Implantações realmente únicas não surgem a partir de orientações existentes sobre como fazê-las. Isto significa que você tem que traçar uma estratégia muito cuidadosamente (em outras palavras, bolar um plano) antes de pôr o seu plano em ação.

Ao quebrar a cabeça para encontrar ideias para a sua campanha de guerrilha, comece se perguntando "por que estou fazendo isso?". A probabilidade maior é de que você não tenha um orçamento de marketing na casa dos milhões de dólares e, portanto, esclarecer o que quer realizar o ajudará a esticar ao máximo que você *realmente* tem. Está tentando gerar tráfego para o seu novo e esplêndido website? Criar burburinho na indústria? Ou simplesmente fazer com as pessoas entrem na sua porta da frente?

Após descobrir por que está preparando uma campanha de guerrilha e o que quer alcançar com ela, você pode começar a pensar como um general e traçar a estratégia para atingir estes objetivos.

Nas seções a seguir, o conduziremos pelo processo de definir as suas metas de guerrilha, assim como as maneiras de se atingir estas metas.

Definindo as suas metas e objetivos

O despertador toca e você pensa: "ufa, tenho mesmo que ir trabalhar hoje?". De uma maneira agressiva, meio "eu não tenho que fazer nada que não queira", a resposta a esta questão é: não, você não tem que ir trabalhar. Porém, você tem suas próprias metas – tirar aquelas férias dos sonhos, comprar uma casa, conhecer alguém deslumbrante – e o desejo profundo de não ouvir os seus pais mandando você procurar um emprego. Então, em nome da perseguição destes nobres ideais, você decide que gastar seu tempo e energia em um dia duro de trabalho é uma maneira bastante eficaz de chegar um pouco mais perto da realização destes objetivos. Como você já definiu as suas intenções de forma tão clara, ir para o trabalho se justifica por si só. Continuar dormindo vai simplesmente ter que esperar até sábado.

Levar adiante programas de guerrilha requer este mesmo tipo de clareza. Projetar claramente o que você espera atingir o ajudará a decidir o que quer fazer e como se ocupará para fazê-lo.

Capítulo 3: As Guerrilhas Planejam Também: Desenvolvendo Seu Plano De Marketing

Ninguém conhece as metas da sua campanha de guerrilha melhor do que você mesmo. Talvez a sua meta seja livrar-se de seus métodos normais com algo diferente, ou talvez seja bater aquele competidor irritantemente espalhafatoso com alguma coisa empolgante e única. Qualquer que seja a sua motivação pessoal, nas seções a seguir nós o deixaremos inteirado sobre algumas das razões mais populares pelas quais marcas e serviços consideram e/ou levam adiante campanhas de guerrilha para atingir os consumidores.

Aumentando a percepção da sua marca

Por que alguém comercializa produtos para consumidores? Bom, esta provavelmente é uma questão bem maior, a ser respondida por gente de cara séria e por estudantes de graduação escrevendo suas teses de MBA. Mas o ponto principal é que você comercializa para os consumidores porque quer vender o seu produto ou serviço. As pessoas não conseguem comprar o que você está vendendo se elas não conhecem o seu produto.

Quer você esteja abrindo um novo salão de cabeleireiros, quer esteja promovendo o próximo grande sucesso de Hollywood, a razão pela qual você publica aquele anúncio, embala aquele veículo, dá amostras do produto ou patrocina aquele evento é para que as pessoas saibam quem você é e pensem em você, e não naquele outro cara, na próxima vez que puder satisfazer uma necessidade delas.

O grau de ligação que você terá com os seus clientes em potencial varia de acordo com o tipo de campanha que você estabelece. Talvez o elo entre você e o consumidor dure apenas por uma fração de segundo. Mas aquela percepção da sua logo ou mensagem por uma fração de segundo pode se provar muito benéfica para você da próxima vez que compradores estiverem decidindo onde vão cortar o cabelo ou qual filme proporcionará o entretenimento daquela noite.

Dirigindo o Tráfego: na Loja, Online, ou Ambos

Talvez o seu lema pessoal seja "sempre feche a venda". Você é um mestre na arte de vender. Você pode nem se importar se é o número 1 no seu campo de atuação ou não. O que importa é que você veja pessoas entrando pelas suas portas – literalmente ou em seu website. A partir daí, você sabe que vai fechar negócio.

Um *apelo à ação* é um pedido por parte da companhia para que os consumidores façam algo *de verdade* – por exemplo, troquem um cupom por um prêmio em potencial ou simplesmente procurem informação adicional em uma vitrine ou website. Para ajudar a criar o seu apelo, considere incentivos, tais como ofertas especiais, recompensas (em troca de participação), descontos na loja ou cupons.

Este tipo de participação do consumidor, além da consciência básica da existência do produto, envolve pedir ao consumidor que gaste alguns momentos para manter contato com a sua marca. Seja realista com o que vai pedir. Considere a proporção entre responsabilidade e recompensa. Quais são as responsabilidades do consumidor em relação ao que você está disposto a recompensar? Se não os está recompensando favoravelmente, não pode deixá-los responsáveis por muito.

Por exemplo, se estiver pedindo aos consumidores que participem de uma desafiadora caçada por refugo através de toda a cidade que culmine em sua loja, é melhor proporcionar aos consumidores *alguma coisa* de acordo com o tempo e esforço que eles exercerão em seu favor. Pergunte-se: "será que *eu* ficaria empolgado em fazer "*x*" por esta recompensa?". Se for o caso, você está no caminho certo. Se não, arrume uma recompensa maior ou um apelo à ação menos exigente.

Criando burburinho

O *burburinho* não se trata apenas de fazer com que o consumidor veja e conheça a sua marca, mas que ele fale sobre ela também. Para gerar burburinho, você precisa apostar em uma campanha atrativa – algo que cause uma agitação, que grude na cabeça das pessoas, e que as faça conversar sobre isso no intervalo para o café na segunda-feira de manhã.

Hoje em dia, estudantes universitários e funcionários que se distraem facilmente desperdiçam horas em sites de compartilhamento de vídeos, que estão cheios de casos de vídeos virais que são tão histéricos, espirituosos ou provocadores que os viciados na web simplesmente não conseguem guardá-los para si mesmos. Os vídeos acabam sendo compartilhados em sites de redes sociais, enviados por e-mail para os amigos e – talvez os mais eficazes – comentados e recomendados pessoalmente por pessoas que já os viram. Esta falação – ou burburinho – é o mesmo tipo de coisa que pode ajudar a aumentar a visibilidade e o interesse por sua marca ou serviço.

Atraindo a imprensa

Outra grande vantagem de se conduzir uma campanha de guerrilha é que se a sua iniciativa for particularmente notável, você pode conseguir que a imprensa o ajude a espalhar a mensagem! Como uma pessoa do ramo dos negócios, você sabe que não importa o formato, boa tinta pode ser difícil de arranjar – e, quando isso acontece, é uma bênção. Quando estiver no estágio de planejamento da sua campanha de guerrilha, considere o quanto do foco de suas atividades se voltará a atrair a imprensa.

Com um pouco de sorte e trabalho duro, o seu empreendimento de guerrilha será tão emocionante que a imprensa seria tola de não cobri-lo (consulte o Capítulo 8). Isto dito, algumas iniciativas se prestam mais a atrair a atenção da imprensa do que outras. Um evento aberto básico pode ser mencionado em seu jornal de cidadezinha ou panfleto semanal gratuito, ao passo que uma enorme festança com celebridades, mascotes e pessoas saltando de para-quedas pode chegar à primeira página ou às notícias de TV.

Não estamos dizendo que um tipo de evento é melhor do que o outro – mas se a sua meta é conseguir um monte de atenção da imprensa, você precisa fazer algo que mereça cobertura (para ler mais sobre a imprensa, consulte o Capítulo 16).

Capítulo 3: As Guerrilhas Planejam Também: Desenvolvendo Seu Plano De Marketing

Mantendo o custo baixo

A meta de se manter dentro das restrições orçamentárias pode parecer um tanto óbvia, mas às vezes são as metas mais óbvias que nos iludem. O pensamento de guerrilha é libertador e revigorante, porque você pode vestir a camisa da criatividade e fazer loucuras com conceitos engenhosos e evocativos. Porém, quando se está cogitando todas essas ideias imaginativas, não é incomum que o realismo fique em segundo plano.

É ótimo que você dê voz ao seu visionário interior, mas você nunca deveria tentar conduzir uma campanha – de guerrilha ou não – que esteja além dos seus recursos. Você sabe muito bem que a sua companhia só obtém sucesso ao ter ciência do quanto se gasta e do quanto se recebe. O mesmo vale para executar uma operação de guerrilha. Desde o início, você tem que fazer o uso mais prudente possível de seus recursos por meio de um planejamento cuidadoso. Preparar o seu orçamento, estimar os custos e zelar por ambos, à medida que você gasta pode não ser particularmente sexy, mas vai garantir que, não importa o que faça, você seja capaz de se manter no orçamento com êxito.

Avaliando os seus ativos e usando o que você tem

Nos tempos de escola primária, nós tínhamos que fazer testes de aptidão para ajudar a avaliar os nossos pontos fortes e interesses. Perguntavam-nos se ficávamos mais à vontade com idiomas ou matemática, ginástica ou aula de arte, almoço ou intervalo, ervilhas ou cenoura. Então, com base nas respostas que demos, sugeriam-nos ocupações genéricas que poderiam bater conosco – como policial, ator, médico, advogado, bombeiro ou veterinário. Éramos encorajados a desenvolver e aprimorar estas habilidades para que, um dia, realizássemos nossos sonhos.

Planejar uma iniciativa de guerrilha pode não ser um sonho para a vida inteira, mas avaliar os seus pontos fortes e seus ativos presentes pode ajudar a tornar realidade o seu desejo de fazer uma campanha bem-sucedida. Estimar o que você já tem em mãos o ajudará a usar, estrategicamente, seus pontos fortes para atingir as suas metas.

Seguem algumas questões rápidas que o ajudarão a levar em conta os seus ativos presentes e pontos fortes:

- ✓ **O que você tem à sua disposição?** Faça um inventário interno do que está disponível para você. Que recursos você tem (ou pode arranjar facilmente) que podem ajudá-lo a realizar qualquer um, senão todos os seus objetivos e metas? Tem acesso a talentos? Grandes quantidades de amostras que pode distribuir a custo baixo ou sem custo? Um lugar onde possa realizar um evento ou produzir uma atração com um uso mínimo de recursos?

- **O que você pode fomentar sobre o produto ou serviço que está sendo promovido?** A opinião pública e as parcerias existentes podem ser particularmente úteis quando você está se ajustando para tirar o máximo de uma campanha de guerrilha. Qual tipo de valor colateral a sua marca tem? Trata-se de uma banda com uma base fiel de fãs? O seu produto é inteiramente feito de material reciclado? Quais qualidades inerentes você pode promover para aproveitar ao máximo a sua campanha?

- **Há algo sem igual em seu produto ou marca que você possa trabalhar na sua estratégia para tirar o máximo de sua campanha?** Talvez a sua companhia seja a única no mundo que faz violoncelos para canhotos. Se for o caso, então você deveria garantir que a comunidade de violoncelistas e os amantes de música em geral saibam que você é o único empreendimento na cidade no que diz respeito a canhotos à procura de instrumentos de cordas barítonos.

Se você oferece um produto ou serviço sem paralelos, criar ou reforçar a percepção de que você é o fornecedor padrão no que diz respeito à sua indústria deve ser uma consideração importante na sua estratégia.

Definindo O Seu Público-Alvo

Você provavelmente age na frente de seus pais de modo diferente do que na frente de suas namoradas ou seus amigos no bar. Você se comporta de forma diferente quando está perto de seu chefe do que quando está com sua família – bem, pelo menos, esperamos que sim... Odiaríamos vê-lo andar pelo escritório de cuecas.

O ponto principal: você escolhe as coisas que diz e faz baseado em com quem você está se comunicando e em como quer ser visto. Conhecer o seu público ajuda a determinar o tom, o local e o conteúdo de sua transmissão.

A mesma coisa vale para quando você está tentando vender o seu produto ou serviço. Você precisa definir o seu *público-alvo* (o conjunto claramente definido de consumidores que está tentando atingir por meio de sua campanha de marketing – as mesmas pessoas a quem você tenta vender seu produto ou serviço) de forma que possa saber que tipo de mensagem deve transmitir e como passar esta mensagem da melhor maneira.

Seguem algumas questões as quais você pode se perguntar para definir o seu público-alvo.

- **São homens ou mulheres?** Quem tem a maior probabilidade de usar o seu produto ou serviço? Se você estiver pensando em vender maquiagem cara com flocos reais de ouro – para aquele inegável brilho tênue – conduzir uma campanha de guerrilha que tem como alvo homens machões fãs de futebol americano não é o melhor uso dos seus recursos.

Capítulo 3: As Guerrilhas Planejam Também: Desenvolvendo Seu Plano De Marketing 41

Alguns produtos, entretanto, não estão exatamente classificados de antemão como neste cenário. Seu produto ou serviço pode não estar voltado inteiramente para homens ou para mulheres. Talvez, com base na sua pesquisa e em vendas passadas, você imagine que 45% do seu público-alvo são homens e os outros 55% são mulheres.

✔ **Qual a idade deles?** Embora esteja na moda dizer que as companhias são feitas para todos, na condição de marqueteiro de guerrilha, você precisa ser um pouquinho mais específico.

Embora a sua base de clientes possa se estender dos 18 aos 72 anos de idade, quem é o usuário principal de seu produto ou serviço? (Tipicamente, para as marcas de marketing de entretenimento, a faixa etária fica normalmente dentro do grupo entre 18 a 49 anos).

Se após considerações cuidadosas você ainda não conseguir definir a faixa etária específica de seu público-alvo, escolha uma faixa etária específica que gostaria de atingir com as suas campanhas específicas. Você pode ter uma variação de 50 anos nas idades das pessoas que usam o seu produto, mas no que diz respeito a esta campanha em especial, quem você quer atingir?

✔ **Onde eles vivem?** Atingir o seu público-alvo pode ser tão simples quanto saber onde ele está. Seus consumidores são moradores urbanos estressados, donas de casa suburbanas, ou rancheiros rurais? Saber onde o seu público vive ajudará a determinar onde e quando você deve tentar atingi-los.

✔ **Onde eles trabalham?** Se você fosse o proprietário da Loja de Ternos Finos do Alfaiate Alfredo e soubesse que a maioria de seus clientes é formada por executivos de Wall Street, você poderia costurar (com o perdão do trocadilho) as suas iniciativas para que elas atraiam este público-alvo onde eles trabalham – ali mesmo, na própria Wall Street.

✔ **Em qual tipo de lar você está mirando?** Famílias? Recém-casados? Pessoas solteiras que vivem sozinhas? Pais de primeira viagem? Se o seu produto for voltado a pais novatos, provavelmente não fará muito sentido encenar um evento às 9 da noite, perto de todos os bares do centro da cidade. E se o seu alvo são os solteiros, você provavelmente não vai querer promover um evento no parque de diversões local. O tipo de lar determina, em grande parte, o modo de vida das pessoas que vivem nele. Se você souber alguma coisa sobre o lar, você sabe algo sobre onde atingir os seus consumidores.

✔ **Qual é a renda familiar deles?** Pessoas com mais dinheiro pra gastar participam em atividades diferentes e têm hábitos de consumo diferentes daquelas que não têm o mesmo dinheiro e precisam vigiar as suas carteiras cuidadosamente.

Se você tiver uma ideia geral da renda familiar anual de seu público-alvo, esta informação pode influenciar onde você escolherá atingi-los e como apresentar a sua mensagem. Se você tiver uma marca de luxo voltada a pessoas com dinheiro para queimar, apresentar o seu produto como algo chique e na vanguarda pode ser o caminho a tomar. Se o seu alvo tem uma renda familiar mais baixa, você pode querer posicionar o seu produto como um desses itens essenciais que todo mundo "precisa" ter, algo que os permita economizar dinheiro em longo prazo.

Além disso, leve a renda em consideração quando estiver imaginando aonde promover um evento. Se o seu alvo são as famílias, e você sabe que quer atingir famílias com uma renda anual mais baixa, pode se sair melhor ao colocar as suas equipes de rua perto do parque de diversões local (e gratuito) do que em um salão de diversões fechado que cobre entrada.

✔ **Eles são escolarizados e, caso sejam, até que grau?** O histórico educacional de uma pessoa pode ter influência em suas experiências de vida, seus gostos e nas atividades nas quais ela participa.

Em grande parte, o que você está fazendo aqui é lidar com generalizações amplas sobre uma população – e generalizações garantem que você receba o máximo pelo seu dinheiro. Por exemplo, se o seu público-alvo for composto por gente rica com diplomas universitários avançados, é mais provável que você alcance um maior número deles no museu local ou em uma sinfonia do que alcançaria no jogo do time local. Isto significa que pessoas ricas e com diplomas universitários não vão a eventos esportivos? Não. E isto significa que pessoas sem diploma universitário não curtem Beethoven? Não. Isto apenas significa que é mais provável que você atinja uma porcentagem maior do seu público-alvo se você seguir adiante com as generalizações.

✔ **O que eles assistem, lêem e ouvem?** O seu público-alvo passa todo o tempo livre online, buscando por vídeos engraçados para enviar aos amigos? O seu público lê tablóides, romances ou livros sobre conserto de motocicletas? Os MP3 players deles estão cheios de músicas da Britney Spears ou do Radiohead?

Como a meta do marketing de guerrilha é estar sempre à frente da vanguarda, você tem que ficar ligado em como os consumidores se entretêm. As melhores campanhas de marketing de guerrilha têm sido aquelas nas quais os consumidores foram educados e entretidos simultaneamente. É quase impossível entreter os seus consumidores se você está por fora do que os diverte.

✔ **O que pode agradá-los?** Essa é a hora em que você chega ao âmago da questão: o que você pode fazer para atingir o seu alvo. O que os agradaria em um nível visceral? Humor? Apelo sexual? Um quebra-cabeça? A possibilidade de ganhar milhões? O que os fará parar e prestar atenção?

Suponha que você está mirando em pessoas que comparecem a conferências sobre histórias em quadrinhos. Você pode querer apelar para o super-herói interior destes entusiastas de quadrinhos e criar fantasias de super-herói exclusivas – com manta, capuz, utilidades relacionadas à marca e tudo o mais – e dá-los a oportunidade de tirar uma foto na frente de um cenário com a sua marca.

Capítulo 3: As Guerrilhas Planejam Também: Desenvolvendo Seu Plano De Marketing **43**

✔ **O que pode afastá-los?** Gostos e sensibilidades variam de acordo com a região e com a forma de pensar. Especialmente quando estiver tentando algo um pouco mais avançado, certifique-se de que não ofenderá a sensibilidade do seu público-alvo. Trazer algo engenhoso e diferente pode ser estimulante, mas se aquele conceito "engenhoso" e "diferente" afastar o seu público-alvo, ele pode ter o resultado exatamente contrário. Não estamos dizendo que você precisa censurar cada centímetro da sua vida, mas leve em conta quem vai ver a sua criação e, pelo menos, reconheça qualquer reação adversa em potencial. A partir daí, você pode decidir se é um risco que está disposto a correr ou se você precisa revisar os seus planos para deixá-los um pouco mais dóceis.

Decidindo Quando E Onde Você Quer Atacar

Após identificar o seu público-alvo e o que você quer transmitir a eles, é hora de vestir o capacete de general e começar a traçar estratégias. Cada campanha de guerrilha é única, mas aqui estão algumas das maiores questões a se considerar, quando você estiver selecionando, onde e quando vai abordar os seus consumidores-alvos:

✔ **Manhã, tarde ou noite?** Em que parte do dia você acha que os seus consumidores-alvos estarão mais receptivos à sua mensagem? Pela manhã, quando eles podem entrar em um site, assim que chegarem a seus computadores? Você está distribuindo amostras de mini-hambúrgueres que funcionários com pressa possam degustar nos seus intervalos de almoço? Ou o seu produto é algo como fazer uma viagem de cruzeiro, e o alvo terá que pegar as informações e discutir sobre elas com o seu cônjuge ou parceiro?

Um bom choque de realidade pode ser: se você fosse um consumidor e não soubesse nada sobre este produto ou campanha, a que hora do dia *você* estaria mais receptivo?

✔ **Dia útil ou fim de semana?** Você quer atingi-los durante a semana de trabalho, quando eles estão afiados e analíticos em relação à sua proposta? Ou você quer pegá-los no fim de semana, quando eles talvez estejam um pouco mais relaxados e de mente aberta? Talvez você queira contrastar a semana de trabalho analítico com algo bobo e frívolo? Escolher especificamente quando abordar o seu perfil demográfico pode influenciar também como você vai falar com eles.

✔ **Em que momento do ano?** Se estiver tentando fazer com que as pessoas comprem a sua nova linha de ceroulas confortáveis, mandar membros da equipe vestidos com elas para a rua no meio do janeiro não é uma boa ideia. Além do risco de parada cardíaca para os funcionários, não há muita gente no mercado que queira se manter quentinho no auge do verão. Em vez disso, você pode considerar o início do outono, quando as pessoas começam a sentir um friozinho no ar e estão no mercado de vestes aconchegantes.

Outro elemento para o qual se precisa estar ciente são os feriados e outros dias marcantes que estão associados a uma época do ano. Por exemplo, o seu produto repele os efeitos de alergias sazonais? O seu produto é algo que serve como presente em determinado feriado? Ou talvez a sua vitrine online com serviços completos permita aos compradores evitar completamente a loucura das compras de natal? Nesse caso, tenha estas questões em mente quando estiver planejando o momento certo para a sua grande investida de marketing.

Estas são apenas algumas das considerações principais a se levar em conta ao decidir seus horários e locais. Dependendo de suas metas, público-alvo e campanha, você pode descobrir que tem mais ou menos questões que precisa levar em conta. Nossa esperança, porém, é de que estes itens o ajudarão a fazer escolhas estratégicas no que diz respeito ao "onde" e ao "quando" de sua campanha.

Identificando e Superando Obstáculos

Há um velho ditado que diz que nada de bom vem de modo fácil. Isto é definitivamente verdadeiro na hora de conduzir campanhas de guerrilha. A chave para deixar as coisas um pouco mais fáceis para si mesmo está em antecipar os problemas maiores nos estágios de planejamento. No dia da sua campanha de guerrilha, você já terá bastantes pequenos incêndios para apagar (consulte a seção a seguir); portanto, se conseguir manejar os problemas mais amplos antes da hora, você será capaz de lidar com as coisas menores no local.

Entre alguns dos problemas que consideramos de grande escala, estão incluídos os seguintes:

- **Problemas com a marca:** Há algo inerente à sua marca que se presta a não funcionar sempre ou a não mostrar resultados, possivelmente visto como algo ofensivo? Há problemas internos específicos ou problemas de relações públicas anteriores que precisem ser reconhecidos para que você possa evitar um mau resultado?

- **Problemas com a mídia:** Parece que a imprensa tem algum "problema" com o produto ou serviço e, em razão disso, você tem dificuldade de conseguir cobertura? Nesse caso, o que você pode fazer para "ganhá-los"?

  Ou a sua campanha em si depende unicamente da presença e participação da imprensa para ser bem-sucedida? E se alguma notícia bombástica ofuscar a sua programação? Como você vai contra-atacar este desvio de atenção da imprensa?

  Uma maneira de evitar este resultado é documentar o evento você mesmo para assim ser capaz de mandar uma foto ou um vídeo para a imprensa após o fato e, possivelmente, ainda conseguir aquela cobertura, se por acaso encontrar este problema.

Capítulo 3: As Guerrilhas Planejam Também: Desenvolvendo Seu Plano De Marketing

- **Problemas para conseguir permissão:** Você tem todas as autorizações e permissões necessárias para encenar o seu show de circo? Pense no quanto seria terrível se você gastasse semanas e meses juntando todos os seus materiais extravagantes, com direito à iluminação e a gelo seco, apenas para ver o seu evento inteiro travado por um oficial de polícia cabeça-dura que está cancelando toda a operação, graças à falta de uma autorização para o uso do espaço público.

Se você estiver conduzindo um grande evento ou atração, contate as autoridades apropriadas e veja o que eles exigem em termos de autorizações. Por outro lado, se você estiver conduzindo uma iniciativa de rua realmente de guerrilha, você pode querer guardar os seus planos para si mesmo – simplesmente execute a programação e faça modificações de última hora na sua campanha se problemas surgirem (para mais informações sobre conseguir autorizações, confira o Capítulo 7).

- **Problemas com os consumidores:** De maneira similar aos problemas com a própria marca, há alguma coisa no produto ou no serviço que possa deixar os consumidores inicialmente alertas ou cautelosos? Você tem algum problema com certo setor da sua faixa demográfica alvo que parece resistente à sua marca? Nesse caso, há alguma maneira de reconhecer, evitar e/ou incorporar esta oposição ao seu plano de marketing de forma a possivelmente evitar qualquer confusão ou conflito?

Preparando-se para o Imprevisto

Atacar os grandes obstáculos o possibilitará evitar problemas que poderiam se mostrar fatais para os seus planos (veja a seção precedente), mas, no dia da sua campanha, pequenos problemas imprevistos brotarão. Na verdade, somos doentes o bastante para acreditar que são estas pequenas dificuldades incalculáveis no local – e a dose de resolução de problemas que elas requerem – que tornam este tipo de trabalho algo emocionante!

De acordo com as nossas experiências, seguem alguns dos imprevisíveis mais previsíveis e as nossas soluções para o problema:

- **Locações:** Em seus cálculos cuidadosos que levam à sua extravagância de guerrilha, você detalhou exatamente onde quer estar, onde quer se estabelecer e como tudo vai partir. Então, você chega lá no dia de sua campanha e descobre que a companhia de gás está fazendo reparos de emergência naquele quarteirão, ou que o piquete do sindicato local acaba de explodir um enorme rato inflável ao lado da sua locação.

  A solução imediata para isso é ver se você consegue esperar passar. Se a companhia de gás estiver prestes a terminar ou se os piqueteiros só têm permissão durante certas horas, você pode conseguir simplesmente atrasar sua campanha por 20 ou 30 minutos e botar tudo nos eixos. Se esse não for o caso, então é hora de usar o Plano B: altere sua campanha, indo para a locação de reserva (pré-examinada) ou optando por planos proporcionalmente reduzidos. Ter plano(s) de contingência o ajudará a evitar qualquer confusão no local se você de repente precisar realocar ou, por outro lado, alterar seu plano original.

Sempre tenha locações de reserva e planos de apoio prontos e certifique-se de que todo mundo sabe quais são. Se você ficar preso em um elevador e sem sinal de celular, e a sua equipe aparecer apenas para encontrar a companhia de gás no local, você vai querer ter certeza de que eles sabem qual é o Plano B, para que possam seguir adiante sem suas instruções.

✔ **Clima:** Você cria o evento perfeito, todo mundo chega na hora e você está em boa forma. De repente, os céus se abrem e você descobre que todos os seus planos estão molhados. Ninguém – agência ou qualquer outra coisa – pode garantir que faça bom tempo.

Se for chuva que está abafando a sua campanha, uma solução rápida é ter à mão tendas desdobráveis e capas de chuva para sua equipe usar. Se for vento forte, tenha um plano alternativo, como mudar-se para uma locação fechada ou adiar o evento para outra data.

A época do ano ditará muita coisa no plano de contingência. Se você estiver lançando uma campanha em Seattle em dezembro – o mês mais chuvoso na cidade – programe-se para ter a chuva como um fator. Se você estiver iniciando um evento na praia em Los Angeles em junho, programe-se para um dia nublado – a "sombra junina" é legendária no sul da Califórnia.

Se você for novato na área ou não considerar o Weather Channel entretenimento, faça sua pesquisa para descobrir como o clima tipicamente se manifesta na sua área naquela época do ano (consulte www.weather.com para todas as estatísticas que precisar, incluindo temperaturas e precipitações médias mensais). Além disso, fique de olho no clima na semana anterior à sua campanha, para que você e sua equipe estejam prontos para quase qualquer coisa.

✔ **Protestos:** Se você estiver fazendo algo que envolva animais, você pode virar alvo de um grupo pró-direitos dos animais. Vimos casos tão drásticos quanto pessoas protestando contra eventos na Times Square, porque achavam que isso seria comercializar o espaço!

Mantenha os ouvidos abertos e mande o seu pessoal o fazer também. Se você ouvir falar de algum protesto se formando, veja o que pode fazer para apaziguar os protestantes ou, pelo menos, tenha uma resposta clara para o problema que eles têm com as suas atividades. Por fim, se você estiver trabalhando com a cidade para produzir a sua campanha, use o apoio da cidade para minimizar, o quanto for possível, estes problemas. A grande idéia, neste caso, é certificar-se de que, não importa o que aconteça, o protesto não desvie a atenção de seus esforços.

✔ **Material protegido por direitos autorais:** Você tem todo o seu material impresso já produzido, com direito a logos e imagens, e a lista de atividades de seu evento toda tramada, apenas para descobrir que você não tem permissão para usar qualquer um destes materiais protegidos por direitos autorais.

Capítulo 3: As Guerrilhas Planejam Também: Desenvolvendo Seu Plano De Marketing

Seja honesto consigo. Você realmente precisa deste material protegido? Vale a pena usá-lo e depois ter que pagar honorários ou acabar no tribunal? As chances são de que a resposta seja não.

Você pode evitar que isso se torne um problema, ao obter as permissões necessárias com antecedência.

- **Legalidade questionável:** Marqueteiros de guerrilha, às vezes, se mantêm na linha e, outras, a cruzam descaradamente. Não somos do tipo que julgam os outros, então não vamos condenar aqueles que ferem a lei, mas recomendar uma abordagem mais cautelosa e conservadora, a fim de evitar este problema completamente. Se você decidir jogar a cautela no lixo, faça-o sabendo que pode encarar repercussões sérias – além da simples interrupção de sua campanha.

  Adicionalmente, leve em consideração as pessoas que estão conduzindo a sua campanha em seu nome. Se um membro de sua equipe de rua (confira o Capítulo 6) for pego fazendo algo ilegal, aquela pessoa é quem receberá o bilhete, a multa ou o tempo na prisão – não você. Os seus funcionários precisam estar cientes das repercussões em potencial, e você precisa ser capaz de viver consigo no dia seguinte. Não peça a seus empregados que façam qualquer coisa que você mesmo não faria.

- **Ausências:** Você pode ter contratado uma grande equipe – eles estão alegres, dispostos e prontos para começar. Dispostos como são, na noite anterior à sua campanha, eles podem acabar ficando na rua até um pouco tarde demais e, coincidentemente, o despertador deles pode "simplesmente não tocar". Tudo bem, talvez sejamos um pouco cínicos, e o alarme realmente não tocou – de qualquer maneira, de repente você está em um aperto.

  Tente ter sempre um *Ás* na manga. Se você tem uma equipe com cinco pessoas, uma pessoa pode não aparecer. Leve isso em conta e tenha um amigo ou substituto em espera (pague-os honorários modestos, é claro – quer você precise usá-los ou não).

  Se estiver trabalhando com uma agência de promotores, mantenha um número de contato para poder encontrar alguém do escritório no caso de um problema. Há uma boa chance de que eles tenham substitutos à espera ou possam utilizar o banco de dados deles para repor alguém muito mais rapidamente do que você seria capaz de fazer por conta própria.

- **Problemas com fornecedores e parceiros:** Este é duro. Você se encontra planejando um evento e tem poucas opções além de confiar em fornecedores ou parceiros seletos para ajudá-lo a ter sucesso. Às vezes, apesar de seus esforços, pôr o sucesso do seu evento nas mãos de outros nem sempre termina com o final feliz que você esperava.

Seja você uma peste – da maneira mais afetuosa possível, é claro. Repassar o plano de ação (e o Plano B) diversas vezes pode irritar os seus fornecedores e parceiros, mas preferimos ser irritantes a deixar os nossos parceiros no escuro sobre o que se espera deles. Adicionalmente, certifique-se de ter os números dos telefones celulares (e talvez até mesmo os números residenciais) dos seus fornecedores, para obter relatórios de progresso, caso alguém esteja atrasado. Desta forma, você também tem alguém para quem ligar caso algo saia dos trilhos.

Além disso, não pense que, só porque chegou ao local, você pode se ausentar. Ninguém conhece o seu plano tão bem quanto você. Fique nas redondezas para supervisionar. É fácil se autocorrigir, à medida que as coisas vão sendo preparadas, mas uma vez que elas estejam prontas, muitas vezes elas estão prontas para valer. Permanecer no local garante que elas ficarão prontas do jeito certo.

Remoendo os Números

Lá atrás, no começo do seu processo de planejamento, você estabeleceu a meta admirável de manter-se dentro do orçamento. Após considerar todos os elementos necessários para conduzir uma campanha de guerrilha, você precisa fazer algumas escolhas e calcular o quando pode gastar.

Segue uma lista simples com alguns dos itens que pode precisar incluir:

- **Equipe,** incluindo gerentes de evento, equipes de distribuição, peões de obra e talentos.

- **Autorizações e permissões,** incluindo autorizações da cidade (para som, uso do espaço público, estacionamento e assim por diante) e permissão para usar material protegido por direitos autorais.

- **Elementos de produção,** como toques audiovisuais e letreiros.

- **Prêmios, serviços impressos e aparato de distribuição.** Certifique-se de que sabe o que está dando aos consumidores e como eles vão recebê-lo.

- **Custos de transporte,** incluindo os veículos da produção e viagens para fora da cidade.

- **Taxas de locação.**

- **Vestuário e/ou fantasias.**

- **Custos de agentes publicitários ou de relações públicas (consulte o Capítulo 7).**

- **Atividades de marketing pré-promocional, como outdoors, banheiros, rádio ou outras compras de horário ou espaço em mídias mais tradicionais** (consulte os Capítulos 9 e 10 para formas mais tradicionais de compras de mídia).

- **Trabalho subcontratado,** como o de bufê ou outros serviços especializados.

- **Custos gerais ou fundos de contingência.**

Capítulo 3: As Guerrilhas Planejam Também: Desenvolvendo Seu Plano De Marketing *49*

Nem todos estes elementos serão necessários para todas as campanhas. Por exemplo, uma campanha com equipe de rua provavelmente não incorporará honorários para talentos e viagens para fora da cidade que um espetáculo em larga escala exige.

Após identificar os elementos dos quais vai precisar, você precisa montar um orçamento. A tabela 3-1 mostra um orçamento de equipe de rua como exemplo (*Lembre-se:* estes números são apenas estimativas, e eles não funcionam para todas as campanhas). Você pode montar o mesmo tipo de orçamento para qualquer tipo de campanha de marketing.

Tabela 3-1	Orçamento para Equipe de Rua com 8 Funcionários, 2 Dias e 4 Horas Por Dia			
Item	*Quantidade*	*Horas*	*Custo por*	*Total para o Cliente*
Gerente de evento	1	8	$35	$280
Equipe de distribuição	8	8	$35	$2.240
Peões de obra	2	8	$35	$560
Taxas de van/ gasolina/ estacionamento	1	1	$350	$350
Vestuário	8	1	$40	$320
Peças impressas	10.000	1	$0,10	$1.000
Prêmios	10.000	1	$0.50	$5.000
Diversos				$500
			Total	$10.250

Capítulo 4

Pensando Como um Guerrilheiro

Neste Capítulo

▶ Pensando nas possibilidades

▶ Explorando o que já foi feito antes e tornando-o algo próprio

▶ Juntando as suas ideias e pondo-as em ação

*F*azer arte é difícil. O marketing de guerrilha requer certa vocação artística de início e, por fim, na sua execução. Afinal, será que qualquer um poderia aparecer com a ideia de vestir 200 pessoas de salsicha alemã para promover uma marca de cachorro-quente durante a rodada de abertura do campeonato de beisebol? Ou pôr carros reais da NASCAR correndo, ao vivo, pela Main Street para celebrar a nova temporada? Ou atrelar pessoas ao lado de um arranha-céu para que pintem a logo de uma companhia em uma tela branca, pendurada exatamente para a ocasião? Não! Estas proezas exigem a sensibilidade de um artista – alguém que seja focado, pragmático e criativo.

Não importa em que negócio você esteja, ter ideias para táticas de guerrilha exige que você pegue todos aqueles pensamentos moderadamente psicodélicos que pipocam em sua mente, antes de cair no sono, todas as piadas internas que você já ouviu em seu escritório e todas as maluquices em geral para descobrir como pode renová-las de forma que funcionem especificamente para as suas marcas. Muitas pessoas consideram a virada para a guerrilha um dos momentos mais libertadores e informativos de suas vidas – um momento que não apenas proporcionou a oportunidade de surgir com ideias brilhantes e não-tradicionais, como também de ganhar uma compreensão maior da sua própria marca ao explorá-la a partir de diversos ângulos.

Neste capítulo, entramos no ringue e ficamos um pouco loucos. Andamos pelas táticas que o ajudam a explorar cada fresta de sua marca para minerar todas as pepitas criativas que possam ser usadas para beneficiar o seu negócio. Para dar o chute inicial, estabelecemos parâmetros básicos de pensamento livre para conseguir filtrar possibilidades. Quando tivermos estabelecido o tom para o seu pensamento em grupo, passamos para alguns disparadores de pensamento ao olhar para o que já foi feito antes, a título de inspiração. Quando você estiver com o vento conceitual a seu favor, reservamos um tempo para deixar as ideias em potencial assentarem, fazer uma escolha e tomar as providências necessárias para aprovar a sua bem-acabada iniciativa de marketing.

Mantendo-se criativo, envolvido e aberto a ideias

Ao longo do curso de sua vida de negócios, você tem que lidar com um monte de coisas que, francamente, são um porre. Clientes furiosos, prazos estourados, e a conta de cliente "a conta que não vai embora". Temos boas notícias: esta seção não tem nada a ver com isso – é divertida! Fazer uma sessão para desenvolver ideias de guerrilha lhe dá a chance de pegar todas as coisas que o excitam sobre a sua marca e brincar com elas, para ver que tipo de ideias de marketing você consegue produzir, quando maximiza o que há de bom sobre o que você faz e quaisquer recursos que tiver à mão (com frequência há comida durante este tipo de sessão, e isso é sempre um bônus).

Desenvolver ideias de guerrilha tem a ver com olhar para a sua marca de modo tanto cumulativo quanto modular. Tem a ver com observá-la por uma lente grande angular e seguir adiante com o que puder usar, e então dividir tudo em pedaços para ter certeza de que você esgotou todas as possibilidades. Depois de fazer isso, você se pergunta a seguinte questão: "o que eu posso fazer ou dizer que permitirá que eu me sobressaia entre todo o mundo?".

Para fazer isso, mostramos a você como criar um ambiente para ajudar a pôr todo mundo no clima – bem, não *aquele* tipo de clima (não queremos criar uma grande polêmica no escritório), mas o tipo de clima que põe todo mundo no papel de consultor criativo, livre para dizer praticamente qualquer coisa que ajude a criar uma campanha de guerrilha que faça todo o mundo bater na própria testa e declarar "é isso!". E quando isso acontece, é bem eletrizante.

Parece bom? Achamos que sim.

Criando o ambiente

Talvez, quando quer relaxar, você vá a um spa – onde deleitar-se em lama terapêutica, esfoliar-se com cremes faciais de morango e abacate e cochilar sob melodias de harpas New Age proporcionam o ambiente perfeito para se escapar do desgaste diário. Refúgios como estes dominaram um elemento que é essencial para as sessões de desenvolvimentos de ideias, assim como para o relaxamento: o contexto ambiental.

Os resorts fazem do contexto ambiental uma ciência. Cada aposento é pintado em suaves tons pastéis, há água disponível em todo lugar para refrescá-lo e revigorá-lo, uma equipe calma e alegre o conduz aos seus tratamentos de acupuntura e massagens, aromas podem até estar circulando nos purificadores de ar... Tudo acertado com uma reação emocional em vista: relaxamento.

Quando estiver se preparando para conduzir a sua sessão de desenvolvimento de ideias, você precisará criar um ambiente ajustado à *sua própria* reação desejada: criatividade.

Antes de começar a despejar sua loção pós-barba no ar-condicionado, considere o que ajudará a produzir um ambiente condutor de criatividade. A resposta vai variar de um grupo de pessoas a outro, portanto você precisa falar com a sua equipe e ver o que *eles* gostariam de ter como parte do processo. Às vezes se trata de pedir comida chinesa, tocar algumas músicas e estocar coquetéis à escolha. Talvez sejam bolinhos e café. Ou talvez eles queiram apenas um aposento limpo e quieto e alguns quadros brancos.

O que poderia ser divertido para uma equipe integrada e amigável pode ser inadmissível ou, no mínimo, embaraçoso, para um grupo reservado ou composto de desconhecidos – logo, faça uma sondagem antes de mergulhar em algo com o qual nem todo mundo se sentirá confortável.

Passe um pouco dos limites. Após medir o grupo e ter um senso do que deixará as pessoas confortáveis, apresente algo inesperado. Talvez isto seja entregar a todos um grande bloco de desenho, adicionar música ou uma breve apresentação ao vivo de alguém. Claro, isso pode gerar alguns olhares de desdém inicialmente, mas também pode ser um elemento ambiental que desperta uma revolução criativa!

No ponto de vista de algumas pessoas, uma reunião é uma reunião, e nada mais. Para facilitar o processo e encorajar a participação em tentativas futuras, recompense os participantes com um pequeno símbolo de sua gratidão. Um vale-presente da cafeteria local ou algum outro pequeno incentivo demonstra que você aprecia a presença e a participação deles.

Dispondo as ferramentas

Imagine que você está tentando conseguir ideias para comercializar a padeiros uma nova e deliciosa manteiga que deixa as pessoas mais magras, mas tudo com o que a sua equipe já trabalhou na vida foi promover azeite de oliva. Sempre diligente, a sua equipe está ávida para começar a criar ideias para os seus ingredientes baseados em azeite, mas simplesmente não conhecem este setor específico da manteiga. O que você pode fazer para que a sua equipe se mobilize em prol deste gênero alimentício que queima gordura?

Dê a eles as ferramentas para trabalhar por você:

- **Histórico:** Que produto você está considerando promover? O que há de único nele? A marca ou produto já tem algum empenho de marketing atual? Um mote? O que já existe sobre este produto que possa ser usado para gerar ideias?

- **Amostras:** Ofereça amostras do produto e dê às pessoas a chance de testá-lo. Dê à sua equipe a oportunidade de experimentar o seu produto. Se for comida, uma amostra. Se for um produto ou equipamento, uma demonstração ou roteiro. Se for entretenimento, uma olhadela rápida na peça. Isto pode tomar um pouco de tempo, mas você só pode conhecer algo até certo ponto, ao ver uma figura ou ouvir falar sobre. Dar à sua equipe uma visão em primeira mão do produto vai gerar bem mais pistas do que sequer imaginou.

- **Acesso à Internet:** Procure pelo website do produto para informações adicionais. Os websites têm deixado de serem páginas básicas de desembarque para se tornar miniperiódicos sobre os produtos. O site dará à sua equipe as respostas e a capacidade de ver como o produto está sendo apresentado atualmente.

- **Acesso aos especialistas:** Se você está procurando comercializar o produto a padeiros, traga um par de amassadores com toucas para o seu grupo de ideias, para que ajudem a gerar ideias e dar as suas opiniões. Convide parte do público-alvo para o seu círculo e observe como o retorno deles pode temperar as suas ideias.

Ter um par de membros do seu público-alvo à disposição pode ser uma boa ideia para ajudar a manter o diálogo inflamado, mas tente não extrapolar. Se sentir necessidade de envolver uma seção maior do seu público-alvo, você pode querer conduzir uma *discussão em grupo* à parte (uma reunião entre consumidores-alvos convidados, onde você apresenta uma série de perguntas predeterminadas e abre a conversação, com o propósito de ter um senso maior do que os agrada).

Estabelecendo os parâmetros

As preparações foram feitas, e agora é hora de dar vida à criatividade da sua equipe! Nesse momento, você provavelmente está se roendo para começar – mas tem só mais uma coisa, nós prometemos. Antes de pôr suas mentes imaginativas para trabalhar, exponha algumas *considerações* (parâmetros básicos que guiam e informam uma sessão de desenvolvimento de ideias):

- **Metas e objetivos:** Todo o mundo está se perguntando por que você os chamou aqui hoje. Conte-os. Quais são as metas e objetivos da sessão de desenvolvimento de ideias? O que você espera realizar com este encontro? São ideias para uma atração momentânea ou o início de um plano com duração de um ano?

- **Sua faixa demográfica alvo:** Amamos sapatos e não gostamos de gatos. Esta informação pode ser útil se você estiver considerando comercializar algo para nós, e completamente irrelevante se não estiver. Mostre para a sua equipe, de modo tão específico quanto possível, quem você está tentando atingir com esta campanha. Quem é o seu alvo? São garotas de 13 anos que amam música pop, ou homens acima dos 70 que apreciam pescaria? Esta precisão realmente vai gerar ideias mais específicas e tangíveis e informar melhor o que você escolher fazer.

- **Momento:** Você não vai querer deixar que o momento obstrua as suas ideias, mas pode ser útil para sugerir uma estrutura para os seus conceitos. Você está procurando por um par de boas ideias para serem implantadas ao longo do próximo ano? Dos próximos três meses? No verão ou no finalzinho do inverno?

- **Locações:** Não deixe que a locação o limite, mas como o local onde você está pensando em conduzir a sua campanha dá o tom dela? Se você espera produzir algo bem no meio do Texas, há chapéus e calças de vaqueiro em seu futuro? Se você está lançando uma campanha em Malibu, será que você precisa começar a olhar para lojas de surf para poder pegar uma onda gigantesca de ideias?

- **Principais atributos da marca:** Se algo já funcionou no passado, jogue-o no remix de ideias. Se há coisas que são sinônimas à marca – como slogans de campanha, mascotes, jingles ou outros ícones – considere como, ou se, elas devem ser incorporadas aos seus conceitos.

Nomeando um escriba

As considerações já foram mostradas para que todos as vejam e considerem, e você está a poucos segundos de abrir as comportas para o dilúvio de ideias. Porém, antes de fazê-lo, você precisa delegar um taquígrafo ou escriba para documentar o que, com certeza, será um dilúvio de grandes ideias.

Trabalhar o lado direito do cérebro explora a mente criativa, e muitas pessoas acham útil serem capazes de ver as ideias na frente delas, para visualizar melhor o que foi lançado por ali. Se houver alguns aprendizes visuais entre vocês, faça com que o seu escriba encarregado escreva estas ideias em um quadro-negro, quadro branco ou bloco de folhas destacáveis em um cavalete (isto também pode servir como um registro escrito do que foi dito, para que você não esqueça nenhuma sugestão potencialmente útil).

Para um cliente maldoso e irreverente da área da comédia, nós conduzimos uma sessão de desenvolvimento de ideias mais selvagem, e escrever tudo simplesmente não era uma opção viável. As ideias fluíam muito rapidamente, e não conseguimos encontrar alguém que pudéssemos amarrar ao papel de cuidar do quadro branco. Nesse caso, apenas pusemos um gravador de voz no centro da mesa e fomos para a corrida. Esta abordagem criou um clima bem mais razoável ao redor da mesa, enquanto provinha um registro ao qual poderíamos nos referir posteriormente. O efeito foi uma hora de ideias hilárias, que foram apresentadas a um cliente satisfeito.

Começando o desenvolvimento de ideias

O palco foi montado, as considerações foram dispostas à vista de todos e o seu método de registro foi estabelecido. Solte os bichos! À medida que as ideias surgem, seja em conta-gotas ou em uma enchente, tenha as seguintes sugestões em mente para aproveitar ao máximo o seu tempo.

Não julgue

"Acho que esta é uma ideia terrível".

Quando se está desenvolvendo ideias, esta sentença – ou qualquer variação dela – nunca deve ser proferida. Além disso, qualquer um responsável por tal declaração deve ser lambuzado em mel e largado no refúgio selvagem mais próximo para sobreviver por conta própria. Certo, talvez isso *seja* um pouco extremo, mas a questão é que este tipo de negatividade não tem lugar em sua sessão de desenvolvimento de ideias. É apenas por meio da criação do que os psicanalistas chamam de "espaço seguro" que você consegue produzir uma dinâmica de grupo que irá render os resultados positivos que deseja.

O que de repente surgiu como a coisa mais estúpida que você já ouviu na vida pode crescer e se tornar a campanha brilhante que ninguém imaginava. Pessoas podem vir com noções malucas que tiveram no caminho para o trabalho ou no chuveiro de manhã e, embora as ideias ainda não estejam bem formadas, é mais produtivo nutrir um pensamento do que descartá-lo imediatamente por causa de falhas superficiais.

Permita que carreguem outros nos ombros

Quando se está desenvolvendo ideias, uma forma eficiente de manter o processo em movimento e evoluindo em direção à ideia que você está procurando é *carregar nos ombros* (pegar o pensamento ou ideia de outra pessoa e adicionar o seu próprio acréscimo único ao conceito). Vocês podem usar esta técnica quando estiverem empacados, ou podem usá-la para construir algo a partir de uma ideia submetida previamente. Uma ideia decente pode inspirar alguém a adaptá-la ou aperfeiçoá-la, e partir daí é passada adiante até resultar na melhor da noite.

Não tenha medo de ser literal

Desenvolver as suas ideias necessita ser divertido, então por que tornar o trabalho ainda mais duro do que o necessário? Digamos que o mote da sua companhia seja "Nós o Levamos ao Alto", e que o seu chefe diga a você que quer levar os clientes para o alto *mesmo*. Leve-o ao pé da letra: produza um balão de ar quente com a sua marca e ofereça fotos e passeios gratuitos para cada compra. Você não conseguirá levar os clientes a uma altura muito maior do que 300 metros!

Capítulo 4: Pensando Como um Guerrilheiro **57**

> ## Tire-os da sala de conferência!
>
> Todo ano, as principais redes de televisão tomam as salas de conferência das grandes agências de propaganda para apresentar os motivos pelos quais a firma deve comprar horários comerciais em sua programação. Este período, conhecido de maneira um tanto infame como "Temporada de Ataque", normalmente envolve a apresentação de centenas de ofertas previsíveis em PowerPoint.
>
> Uma rede incumbiu o seu departamento de vendas com uma diretriz simples: tire-os da sala de conferência. A equipe reagiu literalmente – não apenas tirando os seus convidados da sala, mas para fora do edifício, fazendo a sua apresentação em um ônibus com a marca da rede que dava voltas no quarteirão, enquanto a oferta era feita. Tirar os compradores do escritório e apresentar a rede de uma maneira diferente deu à rede a oportunidade de causar um impacto sem paralelos. A campanha também foi reconhecida com um prêmio da indústria.

As campanhas são chamativas para a imprensa e conectam-se com os consumidores mais frequentemente quando a associação é simples de se fazer, se não for ostensivamente óbvia. Os consumidores são bombardeados com milhares de mensagens por dia; portanto, se puder fazer a sua associação imediatamente reconhecível, eles terão mais chances de perceber e reter a informação.

Veja como você poderia pegar o que parece a escolha mais dolorosamente óbvia para a sua marca e fazê-la funcionar de uma maneira que seja tanto esperta quanto eficiente. Confira o quadro lateral "Tire-os da sala de conferência!" para um exemplo de como ser literal.

Explorando o Já Explorado e Refinando o Já Existente

Há uma antiga canção chamada "Não Há Nada de Novo Sob o Sol" que defende a tese de que, essencialmente, já vimos tudo antes. Embora pudéssemos fazer o raciocínio mais animador de que o melhor ainda está por vir, há padrões de campanhas e tentativas anteriores que podem ser úteis para despertar ideias para as suas próprias campanhas.

Alguma vez você já viu uma iniciativa de marketing acontecendo e pensou "uau, por quê *eu* não pensei nisso"? Ou talvez tenha notado algo especial que achou que poderia aplicar à sua marca (como uma loja de bicicletas pintando as rodas de uma frota de bicicletas para espalhar a sua mensagem). Este é o seu momento de jogar ideias como essa no caldeirão. Talvez uma ou mais das ideias fique à margem, mas uma delas também pode acabar encontrando o caminho até o topo. Não descarte nada!

Nas seções seguintes, mostramos como você pode apropriar-se das campanhas do passado e fazê-las funcionar para a sua marca.

Por que ninguém pensou nisso antes?

O inverso de olhar para o passado e pensar "por que *eu* não pensei nisso?" é pensar "por que ninguém pensou *nisso* antes?". A nossa resposta: porque você é bom assim mesmo. Quem sabe? Podem existir diversos motivos pelos quais os itens que você levantou não foram feitos no passado:

✔ **A ideia é tão óbvia que ninguém pensou nela**. Você está com pressa para sair de casa, já está atrasado e, é claro, não consegue encontrar a chave! Freneticamente, você revira a sua casa apenas para descobrir que a chave estava no seu bolso o tempo todo – ou pior ainda, na própria porta! De modo semelhante, os conceitos mais perfeitos podem ter sido negligenciados simplesmente porque eram tão óbvios que ninguém sequer pensou que eles pudessem ser eficazes.

Para evitar este destino, não deixe de revirar nada. Ao explorar completamente *todas* as possibilidades – óbvias e abstratas – você pode encontrar uma ideia que deixará outra pessoa se perguntando por que ela não pensou nisso primeiro.

✔ **Talvez outra pessoa tenha pensado nisso, e apenas nunca achou que pudesse acontecer**. Pessoas "do contra" não têm lugar no marketing de guerrilha. Você simplesmente precisa enxergar tudo como uma possibilidade até que tenha 110% de certeza de que isso não tem como ou não vai funcionar. E francamente, quem gosta de pessoas "do contra", de qualquer forma?

Não caia na armadilha de dizer "não" antes de sua ideia sequer sair do chão. Especialmente na fase de desenvolvimento de ideias, considere *tudo* uma possibilidade! Viagem no tempo? Sem problema. Talvez você não *consiga* alterar o contínuo espaço-tempo, mas você pode criar ambientes com a sua marca que levem as pessoas ao futuro ou ao passado. Nesse ponto, o mundo é a sua ostra, portanto dê a tudo uma chance – você descobrirá como fazer isso *para valer* mais tarde.

✔ **Alguém tentou fazer isso funcionar antes, mas por algum motivo ou outro não conseguiu fazer acontecer**. Como se sabe, o mundo dos negócios está em constante mutação. Recursos financeiros aparentemente infinitos podem desaparecer de uma noite para outra, chefes executivos de criação podem renunciar ao cargo para escrever as suas memórias em uma cabana em algum lugar. A sua grande ideia pode ser *tão* grande que alguma outra pessoa compartilha de seu entusiasmo, mas ela simplesmente não é viável por algum motivo. Você pode usar estas perdas circunstanciais em seu benefício quando aparecer com alguma coisa super e fizer com que ela aconteça!

✔ **Alguém em algum lugar fez isso, mas você simplesmente nunca ouviu falar**. O mundo é um lugar enorme e belo, cheio de incontáveis pessoas criativas. Só porque você nunca ouviu a sua ideia sendo realizada antes, não quer dizer que ela nunca foi realizada. O lado bom é que, se *você* nunca ouviu falar dela, há boas chances de que mais ninguém na sua área tenha ouvido falar também. Portanto, tire proveito da notoriedade (regional, no mínimo) da sua marca.

Adotando campanhas que funcionaram no passado

Muitos métodos de marketing se provaram eficazes e foram usados *n* vezes – e não há nada de errado com isso. Na verdade, é essencial ter uma boa noção sobre o que já se mostrou bem-sucedido para se criar ideias inéditas e inovadoras. O desafio é reduzir ao essencial as ideias matadoras que funcionaram no passado e ver o que as fez se destacarem. Após definir os temas centrais que fizeram com que essas ideias repercutissem, você pode usá-las para trazer à tona as suas próprias ideias criativas.

Ao desdobrar porque uma campanha em particular funcionou no passado, tente resumir o seu sucesso em uma sentença central abrangente – por exemplo, "esta campanha funcionou porque os consumidores podiam receber um cupom e trocá-lo localmente e porque a marca pôde rastrear facilmente o seu sucesso".

Livre-se do desejo de amarrar as suas ideias diretamente à sua marca. Quais atividades, eventos, entretenimentos ou outros compromissos empíricos lhe deixaram uma forte impressão? Você foi a um show que teve aquele momento de "uau" que ajudou o artista a conectar-se com o público? O que esse momento teve de único? Quais ferramentas foram empregadas para causar este impacto? Use estas conexões viscerais de experiências aparentemente não-relacionadas para gerar ideias que possam ser posteriormente implantadas e trabalhadas sob medida, para tornar a *sua* campanha de guerrilha atraente.

Seja algo que você leu, viu ou fez você mesmo, não há nada de errado em usar aquela referência, conhecimento ou experiência para ajudá-lo a desenvolver a sua campanha mais recente. Não estamos sugerindo cópia ou plágio; porém, se construir uma gigantesca estrutura em uma área bem movimentada parece chamar a atenção de sua mídia-alvo, talvez valha a pena considerar algo semelhante (ainda assim, diferente o suficiente do que já foi feito no passado) para a sua atração mais recente. Ou então, se os consumidores parecem responder bem a receber materiais e informações em locais e eventos selecionados, talvez adicionar estes locais à sua agenda de distribuição seja uma medida inteligente.

A maneira mais vanguardista de usar os esforços passados de marketing a seu favor é pegar os elementos que se tornaram aceitos como tradicionais e virar o nariz a eles. Muitas das técnicas usadas por marqueteiros hoje em dia são facilmente reconhecidas pela maioria dos consumidores; logo, quando uma marca nada contra a corrente, zombando destas práticas aceitas ou não dando ouvidos a elas, tende a chamar bastante atenção. Há alguma coisa na sua indústria (um costume tolo do ramo, um ícone notável) que você possa parodiar ou apresentar de uma forma completamente diferente que chamará a atenção do seu público-alvo? (Para um exemplo de como chacoalhar o lugar-comum, consulte o quadro lateral "Cuidaremos de sua retaguarda", neste capítulo).

Cuidaremos de sua retaguarda

Às vezes, se quiser que as pessoas tomem conhecimento, você tem que sacudir um pouco as coisas. Em uma tentativa de obter uma cobiçada conta da Chrysler, o conhecido executivo de agência de publicidade e agora apresentador de TV, Donny Deutsch, decidiu desafiar a sabedoria convencional quando assumiu um cargo na empresa de propaganda de seu pai. Enquanto as outras agências estavam perdendo seu tempo com os métodos tradicionais para se obter uma conta, este camarada decidiu tentar algo com um pouco mais de bravata. Naturalmente, ele foi ao desmanche de peças e escolheu o para-choque da Chrysler mais enferrujado que conseguiu encontrar, empacotou-o com esmero e enviou-o ao seu cliente potencial. Quando os fabricantes de automóveis abriram a caixa, eles encontraram um para-choque com um adesivo que dizia: "cuidaremos da sua retaguarda". O lance foi sem-vergonha, com certeza, mas, no final das contas, a sua ousadia deu resultado, quando ele obteve a conta.

Ajustando o que funciona à sua marca

À medida que observa o que fez sucesso no passado, você pode encontrar campanhas – ou, no mínimo, denominadores comuns – que acha que teriam sido perfeitas para a sua marca... Se, pelo menos, você tivesse pensado nelas primeiro. Tudo bem, talvez você *não* tenha pensado nelas primeiro, mas talvez possa pegar o que deu frutos no passado e adicionar seus próprios toques de classe para produzir algo impressionante e (aparentemente) original.

Provavelmente, a sua cabeça está girando com as campanhas que amou no passado, e você está louco para pôr o selo de sua marca nelas. Você deve estar se perguntando, entretanto, se, ao remontar uma campanha, os detratores não vão apontar para você, dar risada e chamá-lo de afetado – um sentimento que não tinha desde que resolveu usar o corte de cabelo dos caras do A Flock of Seagulls, nos anos 80. Para evitar a fúria desse pessoal, siga estas dicas para pegar o programa e torná-lo algo próprio:

- ✔ **Mude o lugar onde foi feito.** Um dos programas de marketing de guerrilha que gostamos de fazer – basicamente, porque é divertido e gera cobertura da imprensa – são esculturas de areia personalizadas. Em alguns mercados, porém, esculturas de areia podem parecer antiquadas. Então, propusemos uma mudança de local. Digamos que você tenha uma companhia que venda iates de luxo. Ver uma escultura de areia personalizada na praia é uma escolha bem previsível para a sua marca. Logo, seja imprevisível! Mande entregar areia na sua vitrine ou em outro local onde seus barcos estarão em exposição, e faça a obra de arte ao vivo, no lugar. A criação e a apresentação do produto finalizado *em um cenário ímpar* pode se mostrar tão intrigante quando o trabalho em si.

- **Mude quem está participando.** As pessoas amam uma história de peixe fora d'água – é uma das nossas narrativas favoritas. Quer seja um peão de obra que tem que secar cabelos femininos, quer seja um figurão de Wall Street que de repente é forçado a capinar feno na fazenda, amamos as trapalhadas que são o resultado garantido de alguém experimentando algo pela primeira vez.

  - Se uma ideia previamente executada foi um claro sucesso, dê outra olhada nela e veja o que pode acontecer se você trocar os participantes e convidados originais por um grupo que fará a sua iniciativa se destacar. Talvez, isso signifique arranjar algumas celebridades locais, o coro da escola de ensino médio ou o seu centro local de idosos – tudo depende do que vai criar o contraste mais dinâmico com o que está sendo executado.

- **Aumente o tamanho usado ou o tempo que durou.** Mais alto, mais rápido, mais engraçado, maior, melhor, mais longo... Você gosta de um evento que teve 500 pessoas presentes? Bem, organize um evento que tem 5 mil! Ficou impressionado ao ver aquelas dançarinas estabelecerem um recorde ao dançar sem parar por 24 horas? Para bater isso, junte sua própria equipe de dança para requebrar por 72 duas horas diretas, enquanto levantam dinheiro para caridade! O marketing de guerrilha envolve certo grau de arrogância. Às vezes, a ideia não é negar a força de uma campanha – é superá-la de forma que as tentativas anteriores empalideçam na comparação direta. Além disso, mesmo que ninguém goste de um cara arrogante, é legal poder reivindicar o direito de gabar-se.

Imitação pode ser a forma mais elevada de bajulação, mas certifique-se de que não está bajulando os seus competidores. Pegar uma ideia e assumi-la pode ser a estratégia perfeita para fazer do seu programa um sucesso, mas tenha cuidado ao escolher o que vai aperfeiçoar. Reinventar algo que já foi feito antes só funciona se você fizer algo melhor. E isto é especialmente verdadeiro, quando se está tomando emprestada a gema de um conceito executado recentemente por um competidor direto.

Deixando Correr, Deixando Cozinhar e Compreendendo

Este é o estágio no seu processo criativo em que você maximiza os seus instintos paternos e maternos. Isso mesmo, estas ideias são os seus bebês e elas não deveriam ser apressadas além de seus ritmos – elas devem ser nutridas, afagadas e deixadas para florescer. Embora essas imagens possam fazê-lo encolher-se de repulsa, é fato que as ideias que produziu são preciosas e devem ter tempo para se formarem.

Após ter liberado as suas forças, vir com alguns ótimos novos conceitos, e explorar esforços bem-sucedidos do passado, distancie-se um pouco disso tudo. Dê às suas ideias uma chance de assentar. O processo criativo pode ser exaustivo, portanto dê a si mesmo e à sua tropa a oportunidade de tomar um fôlego coletivo.

Depois que você e sua equipe tiverem a oportunidade de cozinhar as ideias, então voltem e revisem as ideias principais, pesem seus prós e contras, façam uma escolha e comecem a mapear um plano para o seu sucesso. Quando se reagruparem, seguem algumas questões para vocês se perguntarem, a fim de selecionar o melhor programa:

- Qual conceito vai agradar melhor o seu público-alvo? Você está tentando atingir os consumidores ou a imprensa? Qual conceito o posiciona melhor para atingi-los efetivamente?
- Qual conceito é o mais inovador e original?
- Qual conceito representa melhor a marca?

Após ter revisto as ideias e levado em consideração estas indicações, é provável que uma ideia tenha se destacado das outras. A partir daí, você precisa refinar ainda mais o conceito escolhido, adicionando nuances e elementos que o deixarão tão poderoso quanto possível, e esboçar os planos necessários para transformar em realidade este conceito elaborado coletivamente.

Se, na conclusão do processo de desenvolvimento de ideias e seleção, você ainda não tiver um conceito que salta aos olhos, dê um tempo por um dia ou dois e repita o processo com uma perspectiva fresca. Ensaboe, enxágue e repita.

Pondo os planos no papel

Você pesquisou, desenvolveu ideias e decidiu o que quer fazer. Agora é hora de mobilizar o seu plano. Nesta fase, não deixe de contar a sua estratégia a todos na sua equipe e de dar a eles as ferramentas necessárias para ajudá-lo a transformar o seu plano em realidade.

Se você for uma empresa que está lançando um programa maior com muitas peças diferentes que se encaixam, você vai querer preparar o que nós chamamos de *síntese de projeto* (um documento que dispõe todos os detalhes do seu programa para que todos vejam). Independente do conceito que você escolher, sua síntese de projeto deve incluir os seguintes itens:

Capítulo 4: Pensando Como um Guerrilheiro **63**

- Data e momento da sua campanha

- Locações

- Toda a equipe envolvida e necessária

- Elementos de produção

- Detalhes do local (se apropriado)

- Condições de cada elemento (pendente, aprovado, guardado e assim por diante)

- Oportunidades ou considerações relativas à imprensa (se apropriado)

- Autorizações ou permissões requeridas (se apropriado)

Todos os envolvidos na campanha devem ter a chance de revisar o documento antes que ele seja finalizado, de forma que eles todos tenham a oportunidade de dar a sua opinião (imagine o quão frustrado você ficaria, se você estivesse trabalhando no departamento de Relações Públicas e de repente ficasse incumbido de divulgar para a imprensa uma iniciativa que você sabe que não tem nenhuma chance de receber cobertura). Além do mais, buscar o retorno de todo mundo envolvido o permitirá esclarecer o plano ainda mais e transformá-lo em algo que vai atingir as suas metas (afinal, se o pessoal de Relações Públicas sabe que a imprensa não vai cobrir o que você está planejando, você vai querer saber disso antes, e não depois). Receber opiniões de todo mundo também lhe dá chance de desatar os nós e limpar quaisquer problemas antes que eles se tornem obstáculos intransponíveis que derrubam seus planos (para ler mais sobre as partes que devem estar envolvidas, vá para "Montando a sua equipe", mais adiante neste capítulo).

Fazendo um orçamento

Você conduz um negócio de sucesso não ao dar a loja inteira de presente, mas ao monitorar cuidadosamente o que você está gastando em comparação ao que está produzindo. Especialmente se você tiver um orçamento de marketing limitado, pode ser doloroso se desfazer de cada um dos dólares. Para garantir que obtenha o máximo a partir do dinheiro que está gastando, você precisa fazer – e manter – um orçamento.

Neste livro, mostramos diversas despesas que estão geralmente associadas com tipos específicos de campanhas de marketing de guerrilha, mas independentemente do tipo de campanha que você escolher fazer, tirar um tempo para criar um orçamento é importante. A tabela 4-1 lhe dá um exemplo de orçamento básico.

Tabela 4-1		Um Orçamento Básico		
Item	*Quantidade*	*Orçado*	*Real*	*Observações*
Equipe	6	$250	$200	2 pessoas no evento, 4 na rua
Vestuário	6	$120	$120	
Materiais	500	$250	$225	Economizou nos custos de envio
Local	1	$5.000	$5.000	
Sinalização	4	$1.600	$1.200	Achou alternativa mais barata de sinalização
Diversos	1	$2.000	$1.225	
Relatório de Recapitulação	1	$50	$50	
	Totais	**$9.750**	**$8.020**	
	Total economizado	**$1.250**		

Especialmente se esta for a sua primeira campanha de marketing de guerrilha, você pode acabar estourando o orçamento em algumas áreas. Para ajudar a compensar estes custos extras, dê a si algum espaço de manobra incluindo uma categoria de "Diversos", para ajudar a cobrir custos imprevistos.

Dividir o seu orçamento em custos orçados e custos reais o ajudará a controlar onde você foi capaz de economizar dinheiro e onde gastou mais do que esperava. Dispor os seus orçamentos desta maneira o ajudará em sua próxima campanha.

Montando a sua equipe

Você colaborou com ideias, começou a fazer o orçamento, e agora é hora de selecionar os membros da sua equipe. Dependendo da natureza de sua campanha, isso pode envolver nada mais do que convencer o Rob do setor de Contas a Pagar de que ele precisa se vestir com uma fantasia de brócolis durante quatro horas. Ou pode significar que você precisa arranjar um especialista em Relações Públicas ou outro profissional de marketing para dar à sua campanha o acabamento que você está procurando.

Mais adiante neste livro, o inteiramos sobre os membros necessários para a equipe que estará envolvida em cada tipo de iniciativa. Porém, nas seções seguintes, oferecemos uma olhada rápida nas pessoas que você deve considerar.

Reunindo equipes de rua

Quando estiver montando uma equipe de rua, certifique-se de que você tem as seguintes pessoas antes de soltá-los às ruas:

- ✔ Um grupo de indivíduos amigáveis, atraentes e extrovertidos que possam representar você e a sua marca eficientemente na rua.

- ✔ Um gerente que possa ser o contato nas ruas entre você e as equipes – alguém que esteja de prontidão dia e noite, para que você possa ter o seu descanso reconfortante

Consulte o capítulo 6 para saber mais sobre equipes de rua.

Planejando um evento

Quer você esteja trazendo pessoas para um lanche e um vídeo de treinamento, quer esteja dando uma festa de lançamento VIP (consulte o Capítulo 8), há algumas pessoas que você vai querer ter ali no canto:

- ✔ Pessoas do ramo audiovisual para cuidar da iluminação e do som

- ✔ Um fornecedor de mantimentos que cuide da comida, da bebida, dos aluguéis e da decoração básica

- ✔ Alguma forma de entretenimento – uma banda, um DJ, ou talvez uma cartomante para entreter os seus convidados durante o evento

- ✔ Equipe de assistência a tudo, desde cumprimentar os convidados a encher bolsas com brindes e limpar o local quando a noite acabar

Para encontrar o grupo que fará do seu evento um sucesso, procure primeiro no local. Muitos estabelecimentos têm fornecedores internos ou recomendados que possam trabalhar para você. Se esse não for o caso, cheque recursos online de produção de eventos como o BizBash (www.bizbash.com) para ver opções e fornecedores em potencial.

Criando prêmios ou materiais de distribuição

Nunca subestime o poder do *brinde* – alguma forma de prêmio que os consumidores possam levar de seus eventos (consulte o Capítulo 20). Para ajudar a criar materiais que sejam profissionais e atraentes, você vai querer recrutar os serviços das seguintes equipes e fornecedores:

- ✔ **Alguém que cuide do layout e do design:** Com frequência, isto pode ser tão simples quanto contratar um designer gráfico para usar os talentos artísticos dele ou dela em conjunto com a sua orientação, para apresentar a sua logomarca de uma maneira empolgante. Se não tiver acesso a esses recursos, você pode tentar recorrer ao fornecedor que está produzindo as peças de distribuição e ver se eles podem ajudá-lo nisso.

✔ **Um fornecedor para a produção de elementos de distribuição:** A sua gráfica local pode ser capaz de lhe ajudar a imprimir cartões postais. Ou você pode ter que chamar uma companhia especializada em itens promocionais de marca que o assista com estas bolsas de transporte personalizadas.

✔ **Aparato de entrega:** Quer você esteja contratando uma empresa de distribuição (cujos serviços incluem recebimento, embalagem e entrega) para trabalhar a seu favor, quer esteja pensando em usar equipes de rua, você vai querer construir alguma maneira de pôr o que você criou nas mãos das pessoas que pretende persuadir.

Entrando online

Como discutimos nos Capítulos 12 e 13, a Internet é um terreno fértil para plantar as sementes da sua marca na mente dos seus consumidores. Para ajudá-lo a fazer isso de modo eficaz, você vai querer recrutar os seguintes inovadores da Internet:

✔ **Um web designer:** O site do seu negócio é muito importante para confiar em habilidades rudimentares de design na web. Certifique-se de que você arranjou um designer que o entenda e entenda a sua marca – e que possa apresentar ambos da maneira mais positiva.

✔ **Um webmaster:** Você vai querer certificar-se de que alguém está supervisionando o seu site e suas iniciativas na web.

Alguém deve ser responsável também por vigiar os pontos principais e rastrear quais esforços de marketing online funcionaram, e quais não funcionaram. Desta maneira, na próxima vez, você terá uma ideia ainda melhor de onde gastar o seu dinheiro suado.

Preparando-se para puxar o gatilho

Você nutriu a sua bela campanha de guerrilha desde o princípio criativo até os conflitos orçamentários e cercou-se com uma equipe de pessoas que estão tão comprometidas quanto você em tornar a campanha um sucesso. Você abraçou o processo completamente e, em resultado, tem um programa inteiramente formado e orientado a metas. Antes de lançar a sua campanha, não deixe de fazer o seguinte:

✔ **Confira novamente os detalhes:** Você pode ter compreendido o quadro maior, mas, às vezes, graças à natureza apressada e frenética do processo de se trazer campanhas à vida, alguns dos detalhes são negligenciados ou simplesmente ignorados. Portanto, antes de dar rumo

Capítulo 4: Pensando Como um Guerrilheiro **67**

próprio à campanha, cheque novamente as condições específicas – até mesmo as coisas mais simples, como data, hora, local, clima e assim por diante – e se assegure de que todo mundo na sua equipe está ciente destas especificidades também.

✔ **Reveja os materiais impressos.** Antes de levar quaisquer dos seus materiais para produção, exija uma prova de tudo para que possa ter certeza de que todos os detalhes estão corretos. Certifique-se de revisar todas as datas, horários, informações da marca, websites e outras especificidades – e não deixe de passar esta informação a todo mundo no escritório para que outros possam fazer o mesmo. Se estes elementos foram feitos para retirada, você vai querer certificar-se de que o seu público-alvo está levando a informação correta.

✔ **Cheque a sua equipe.** Para o bem e para o mal, você é uma pessoa apenas. Inevitavelmente, você precisará confiar nos talentos e habilidades dos outros para ajudá-lo a ver as suas iniciativas realizadas. Ainda assim, nunca dê como certo que todos saibam o que se espera que eles façam. Quando for apropriado, conduza sessões de treinamento. No dia anterior à sua campanha, faça com que a sua equipe ligue para confirmar que eles estarão lá. Certifique-se de que todo o mundo saiba as condições específicas da sua campanha.

✔ **Certifique-se de que você está pronto para pagar o local e os fornecedores.** Se estiver executando a sua grande ideia fora da sua propriedade ou utilizando fornecedores, cuja participação é crucial para o sucesso de sua campanha, confira se alguém exige pagamento na hora e tenha um talão de cheques à disposição. Saber disso com antecedência o ajudará a evitar problemas que poderiam arruinar um programa que de outra maneira seria perfeito. Além disso, certifique-se de que você tem algum dinheiro extra à mão para aquelas coisas de última hora, como itens emergenciais e gorjetas.

✔ **Registre tudo.** Quando as pessoas têm um bebê, elas registram todos os momentos – elas tiram fotos e gravam vídeos de cada momento. Claro, isso é uma campanha de marketing e não um ser humano, mas não há razão para não gravar todos os detalhes da sua entrada no mundo. Mantenha a sua câmera digital, câmera de vídeo, papel e caneta à disposição para registrar cada belo momento. Você também pode considerar contratar um fotógrafo profissional para cobrir o seu evento (consulte o Capítulo 8). Essa documentação não apenas oferecerá registros dos seus esforços, como também o ajudará posteriormente a analisar os sucessos e falhas da sua campanha.

Parte I: Tem Uma Selva lá Fora — Seja um Guerrilheiro

Capítulo 5

Trazendo o Armamento Pesado: Firmas de Marketing de Guerrilha

Neste Capítulo

▶ Identificando a hora de contratar uma agência de marketing

▶ Encontrando a agência perfeita para você

▶ Considerando o custo

▶ Sabendo a hora de dizer adeus

*V*ocê reservou tempo para sentar-se à mesa com as mentes mais brilhantes e criativas que você conseguiu reunir ou subornar com pizza, e criou um mix de marketing estratégico formado por eventos empolgantes, mídia não-tradicional, equipes de rua engenhosamente equipadas... Você até mesmo optou por dar a uma estrela o nome de sua companhia de quebra. Sim, o orgulho começa a crescer no seu peito – até que uma dessas mentes brilhantes entra na conversa: "como sequer faremos isso tudo?"

Não deixe que este inquisidor estrague a sua festa. Do jeito que esboçamos neste livro, muitos, se não todos os programas que você criou podem ser feitos por você mesmo. Porém, em alguns casos, você pode decidir que é hora de buscar alguma assistência e chamar a artilharia pesada. Aqui, procuramos tratar de como utilizar os recursos das firmas de marketing de guerrilha para ajudá-lo a mirar as estrelas – no sentido literal ou figurado – e transformar o seu plano em realidade.

Começamos lidando com a hora de buscar ajuda, pesando algumas das considerações comuns que levam companhias a buscar as competências de uma agência não-tradicional. A partir daí, sugerimos onde procurar por ajuda e, enfim, nós ajudamos a decidir quem contratar. Após ter selecionado as suas forças especiais de marketing, damos uma olhada no quanto esta colaboração irá lhe custar. Finalmente, falamos sobre separação – deixando-o ciente de quando é hora de encerrar o seu relacionamento e seguir em frente.

Identificando A Hora Certa

Você tem grandes planos. Você quer que eles sejam realizados por meio de uma execução sem defeitos. Após um inventário da companhia, você decide que a melhor maneira de alcançar essa execução sem igual é simplesmente ter outras pessoas para fazê-la. Bom para você. Ao ler todos estes livros de auto-ajuda, você aprendeu que um bom gerente é aquele que sabe quando delegar, descartar ou fazer – e você optou por delegar para que possa fazer.

Sabemos que trazer alguém que não se conhece para fazer algo que você nunca fez antes pode ser algo muito sério e um tanto opressor. A sua mente pode estar inquieta com todos os tipos de perguntas. Estou pronto para assumir este compromisso? Este é o melhor uso dos meus recursos? Há alguém por aí em quem eu possa confiar? Nós compreendemos perfeitamente.

Decidir que você quer usar táticas de guerrilha pode ser por si mesma uma decisão pioneira para algumas companhias. Naturalmente, você quer ter certeza de que é a decisão certa para você e para a sua marca. Com isso em mente, observamos algumas das razões mais típicas pelas quais os negócios olham para as firmas de marketing de guerrilha.

Quando você não tem dinheiro para a grande mídia

Você está no processo de mapear o seu plano de marketing e, de repente, percebeu que desenvolveu alguma espécie de perda de visão periférica, onde tudo o que você vê é interpretado em termos de como você pode promover o seu produto ou serviço. Isso chegou ao ponto em que começou a tomar conta da sua vida.

Em seu carro, no caminho para o trabalho, você vê o seu produto exibido em um grande quadro digital e jura que, se você pudesse ouvir o animado jingle da sua companhia gorjeando empertigado no rádio, aquele negócio decolaria. A obsessão não termina ali. Incapaz de dormir, você se pega assistindo àqueles infomerciais da madrugada e conclui que, se tivesse um desses números de telefone gratuitos e fáceis de decorar com equipes de operadoras atraentes "à disposição" para receber as chamadas dos seus consumidores, você não teria nunca mais que se preocupar com as mensalidades das futuras faculdades dos pequenos Timmy e Danielle.

Após ver estas estranhas miragens, você decide que é hora de começar a trabalhar e fazer algumas ligações para estas grandes formas de mídia. Mas não demora muita para descobrir que, se você gastar o seu dinheiro nestas formas de mídia, a única faculdade que os pequeninos vão conseguir frequentar vai ser a de circo. Agora você tem um problema: para onde ir?

Capítulo 5: Trazendo o Armamento Pesado: Firmas de Marketing de Guerrilha

Uma possibilidade é olhar para uma firma de marketing de guerrilha para ver que recursos atuais eles têm disponíveis. Uma das razões principais pelas quais as pessoas se voltam para a mídia não-tradicional é que ela pode ser usada habitualmente por menos dinheiro do que a maioria das formas tradicionais de mídia. Além do mais, muitas agências de guerrilha já oferecem uma estrutura pré-existente de serviços que você pode usar para pôr o seu produto lá fora por uma etiqueta de preço que se encaixa melhor dentro do seu orçamento.

Por exemplo, uma agência poderia conduzir uma campanha de rua simples (talvez com uma equipe atraente cantando aquele jingle que você tinha grudado na sua mente) por menos de $1.000. Ou você poderia fazer com que a agência produzisse um microsite simples e divertido (consulte o Capítulo 13) para criar uma presença online única. Esta forma relevante de mídia pode ser projetada profissionalmente por valores tão baixos quanto $2.500, dependendo do quão caprichoso você quiser ser.

Quando comparados com métodos mais tradicionais, que podem começar por volta de $10.000 e rapidamente disparar até várias centenas de milhares (dependendo da mídia), mais e mais negócios estão usando agências de guerrilha para ajudar a supri-los com opções que proporcionem um grande impacto por muito menos grana.

Quando os métodos tradicionais não resolvem

Expectativas são importantes quando se está gastando aqueles preciosos dólares em marketing. Talvez seja só a gente, mas se pagamos a alguém um monte de dinheiro para veicular um comercial de TV brilhante com dança, tesouras cortando preços e melodias grudentas e o comercial não produz aumento nas vendas ou mesmo alguns precedentes, achamos que é hora de descartar aquele comercial e pensar em alguma outra coisa. Um método alternativo pode ser contratar uma firma de guerrilha para arrebatar o seu público-alvo.

Outra forma pela qual as mídias tradicionais podem não representar a direção que você está pensando em tomar acontece quando os impressos, o rádio, os outdoors ou outras mídias de massa simplesmente não conseguem fazer o que você quer. Este é um problema excepcionalmente bom de ter! Por quê? Porque se você conceituou uma campanha que é tão estupenda de boa que estas mídias não são capazes de executá-la, há boas chances de que você criou algo verdadeiramente inesperado – ou, no mínimo, algo realmente guerrilheiro e merecedor de burburinho. Nestas situações, muitas marcas consideram útil contratar uma agência não-tradicional que possa auxiliar a dar forma à tentativa e garantir que ela ocorra da maneira que você a visualizou.

Quando você tem que se mexer logo

Quando você acorda e se dirige ao trabalho, provavelmente tem uma imagem mental de como o seu dia de trabalho vai se desenrolar: e-mails, propostas, ligações de acompanhamento, um horário de almoço estendido, quatro idas ao banheiro e assim por diante. Mais tarde, quando você se dirige para casa e reflete sobre as realizações do dia, pode se surpreender ao descobrir que o dia que você planejou e aquele que realmente experimentou têm poucas semelhanças entre si (com exceção do horário estendido de almoço – você se garantiu de que o conseguiria!). Negócios mudam rapidamente. O que era a prioridade maior de repente se encontra no lixo hoje, e aquele projeto menor tolo rapidamente toma o centro do palco.

Com estas prioridades inconstantes, muitas companhias descobrem que, quando finalmente amarram uma campanha, elas precisam engrenar a campanha imediatamente. Com um prazo apertado, elas podem não ter o tempo ou o suporte interno necessário para dar a partida na campanha. É aqui onde as firmas de guerrilha podem entrar e dar uma mão.

A maioria das firmas respeitáveis tem a experiência, os contatos, os materiais e a mão-de-obra já disponíveis para ajudá-lo a realizar o seu conceito e o seu cronograma. Tempo é dinheiro, portanto, embora estejamos sinceramente convencidos de que se você tivesse tempo seria capaz de imaginar tudo sozinho, optar pela busca dos serviços daqueles já preparados, quando se está no aperto, pode acabar economizando tanto tempo quanto dinheiro.

Decidindo Quem Contratar

No showbiz, há um ditado que diz: o verdadeiro trabalho de um filme está completo no processo de escolha dos atores. Se puser as pessoas que contam melhor a sua história nos papéis certos, você terá um sucesso. Isso não é apenas um bom conselho vindo de um produtor de Hollywood ávido por charutos – é uma boa regra geral ao selecionar a agência que vai contar a sua história para os consumidores.

Embora a contratação seja completamente subjetiva, você precisa garantir que a agência que você selecionar tenha os recursos certos e uma noção firme das suas necessidades. Nesta seção, jogamos alguma luz em quem está por aí, o que eles fazem e o que você pode esperar em retorno pelo seu dinheiro.

Identificando as agências e opções

Seja pelo dinheiro, pelas ideias, pelo cronograma ou outro fator decisivo, você determinou que é do seu maior interesse recrutar uma agência de guerrilha para tratar da sua campanha. Agora a questão se torna "para onde eu olho?".

Capítulo 5: Trazendo o Armamento Pesado: Firmas de Marketing de Guerrilha

Se não tem o tempo para sair por aí e pesquisar agências e autônomos, consultores ou até você podem começar esta busca. Estes consultores podem ajudá-lo a identificar qual é a agência certa para você e contratá-la para o serviço ou podem até serem capazes de tocar o trabalho. Normalmente, consultores são reservados para grandes companhias. Você pode encontrá-los ao fazer uma simples busca online por "marketing de guerrilha" ou pelo gênero específico de marketing de guerrilha, no qual você está interessado, como "amostragem de ruas", "turnês em shoppings" ou "marketing online". Além disso, estenda a mão aos recursos atuais do mercado.

As próprias agências existem em todas as formas e tamanhos. Algumas são tão pequenas a ponto de ter cinco pessoas; outras são tão grandes quanto uma rede de 500, além de funcionários nacionais ou internacionais. Algumas são de propriedade independente; outras são controladas por firmas maiores.

A chave para se encontrar a agência certa para você está em saber o que você precisa. A seguir temos alguns requerimentos comuns, junto com informações sobre quem você deveria estar procurando para ajudá-lo a satisfazer aquela necessidade:

- **Comprar e dispor mídia:** Se tudo o que você precisa é de alguém para ajudá-lo a comprar e dispor mídia, você pode não precisar contratar ninguém de toda forma. Em vez disso, você pode tratar diretamente com fornecedores. Esta abordagem oferece uma linha de comunicação mais direta e tem o benefício extra de cortar os seus custos gerais.

- **Lidar com a imprensa e tomar conta das relações públicas:** Se você já tem tudo alinhado para conduzir o seu evento e apenas precisa de uma mão com a imprensa e com as relações públicas, você pode não querer chamar uma firma de marketing de guerrilha. Em vez disso, você pode contratar um publicitário autônomo ou firma de relações públicas para ajudá-lo (para saber mais sobre contratar relações públicas, consulte o Capítulo 17).

- **Contratar uma equipe de rua:** Se você decidir que quer usar uma equipe de rua, você pode querer chamar uma agência de empregos para auxiliá-lo. Embora a agência possa não ter os recursos ou o histórico para ajudá-lo a dar forma a um plano de marketing mais abrangente, ela deve ter um banco de dados de pessoal disponível. Frequentemente, uma agência de empregos pode ajudar a encontrar pessoal que se encaixe nos seus critérios, assim como suprir fotografias de rosto e biografias curtas se você quiser ver quem eles estão colocando nas ruas em seu nome. Por exemplo, se você quiser que a sua equipe de rua pareça ter acabado de sair de um desfile em Milão, as agências de emprego vão trabalhar com você para ajudá-lo a encontrar o visual que está buscando.

Embora as agências de empregos ajudem-no a encontrar pessoas apropriadas que tenham experiência com trabalho promocional, se você estiver procurando por modelos de verdade pode querer pensar em trabalhar com agências de modelos. Apenas perceba que, quanto mais especializado for o pedido e as obrigações, mais cara fica a fatura.

- **Executar um plano intenso de marketing de guerrilha:** Se você decidiu ir direto ao que interessa no marketing de guerrilha – o que frequentemente envolve alguma variação de equipes de rua, acrobacias publicitárias, propaganda móvel e assim por diante (sobre os quais elaboramos mais na Parte II) – chegou a hora de chamar aqueles que se especializam em marketing de guerrilha "de raiz". Eles podem ajudá-lo a aparecer com uma estratégia e executá-la.

  Há boas notícias nesta linha de frente. Não existem tantas agências de guerrilha quanto há agências de publicidade tradicionais e estabelecimentos de compra de mídia, o que significa que você pode passar menos tempo classificando os candidatos e mais tempo trabalhando rumo a uma campanha bem-sucedida.

  Embora muitas agências ofereçam o mundo inteiro, algumas agências vão se especializar mais claramente em uma área em vez de outra. Por exemplo, uma agência pode se especializar em veículos ou acrobacias em turnê nacional, enquanto outra pode se sobressair em programas e parcerias online. Não deixe de perguntar à agência que estiver considerando no que ela se especializa.

É um mundo enorme lá fora. Não ache que você tem que usar uma agência localizada no final do quarteirão, simplesmente porque ela fica no final do quarteirão. Se você estiver comprando espaço na mídia local, você pode querer permanecer local – mas, quando se trata de ter um grupo de design e implantar ideias e campanhas em nível nacional, é bom olhar para além da praça da cidade em busca da agência certa.

Só porque você contratou uma firma do outro lado do país, não significa que não receberá atenção pessoal. A era digital permite aos clientes e agências que desfrutem de quanto contato o cliente precisar, seja muito ou pouco.

Ao dispor as agências em potencial, não julgue um escritório com base em seu tamanho. A natureza versátil da guerrilha pode levar a aparências enganadoras. Grupos menores já trabalharam para companhias bem maiores, e agências maiores às vezes pegam clientes bem menores.

Além disso, só porque a agência não conhece o seu negócio, não significa que você deva descartá-la. No seu dia-a-dia, você tem muitas discussões sobre assuntos em que você não tem um PhD, mas isso não torna a sua contribuição à conversa menos válida. Às vezes, trazer agências com outros focos pode ser um novo sopro de vida em tentativas já existentes – elas abordarão a sua marca de uma maneira que você pode não ter considerado antes.

Classificando os candidatos

Você está chegando perto de selecionar a agência que será a porta-bandeira da sua organização. Como você faz a seleção final? Assim como na hora de

Capítulo 5: Trazendo o Armamento Pesado: Firmas de Marketing de Guerrilha

comprar um carro, você deve conferir as calotas e conseguir todos os detalhes interiores interessantes com alguém que já esteve na mesma posição em que você se encontra agora. Há diversas maneiras universais de se fazer isso:

- Examine o website da agência e desenterre qualquer informação de mercado que puder encontrar.
- Emita uma solicitação de proposta e veja como eles reagem às suas necessidades.
- Peça referências de companhias que já trabalharam com eles no passado.

Logo, pegue as suas luvas de direção e vamos começar a classificar!

Revistando os websites das agências

Como discutimos no Capítulo 2, a maioria das firmas de marketing de guerrilha não tem um cartão estabelecido com tarifas. Logo, os websites das agências servem como cartões de visita excelentes para ajudar a dar-lhe uma noção de quais são os focos e competências da empresa.

Frequentemente, o website de uma agência vai conter estudos de casos de trabalhos passados conhecidos como o *portfólio* da agência. O site deve prover uma amostragem dos métodos de operação da agência. Entre as coisas para se procurar, estão incluídos os detalhes de campanhas passadas, os tipos de clientes com os quais a agência tem (ou teve) relacionamento, estudos detalhados de casos e reações dos clientes.

À medida que examina o site, considere a sua reação. Esta agência compartilha o tipo de visão que você tem para a sua companhia? Se a resposta for sim, envie um e-mail ou pegue o telefone para pedir mais informações.

Emitindo uma solicitação de proposta

Após obter as informações básicas, você precisa pôr a agência na estrada, por assim dizer, e ver como ela "manobra". Você pode começar emitindo uma *solicitação de proposta* (SdP), um documento preparado a fim de induzir ofertas de fornecedores em potencial para um produto ou serviço.

Não recomendamos a emissão de uma SdP para uma simples campanha de distribuição de rua, para conseguir ajuda com sinalização ou alguma outra campanha menor. Se estiver preparado para gastar tempo e dinheiro em uma campanha com um orçamento de mais de $50.000, entretanto, emitir uma SdP formal pode ajudá-lo a avaliar um punhado de agências que acreditem se adequarem a seus critérios.

Uma SdP leva algum tempo para ser preparada – e as agências precisarão de algum tempo para preparar as suas respostas. Eis algumas coisas a serem incluídas em sua SdP:

- **Informações específicas sobre os serviços que você está procurando, com o máximo possível de detalhes.**

- **Que informações você gostaria de receber sobre a agência enviando a oferta de negócio:** Por exemplo, você pode estar interessado no histórico da agência, no número de funcionários e em quem será designado para o projeto se eles receberem o negócio.

- **Quaisquer critérios de elegibilidade ou desqualificação do fornecedor:** Isto pode incluir trabalho com marcas competidoras, ter uma equipe grande o suficiente para adequar-se às suas necessidades e ter experiência em campanhas como a sua.

- **Datas relevantes:** Isto inclui a data final de inscrição, a data para a submissão de informações suplementares, as datas para quaisquer entrevistas ou reuniões abertas associadas, a data em que a decisão será tomada e o cronograma desejado para o projeto.

Algumas companhias implantam até mesmo um processo de qualificação para começar o processo de qualificação. Já recebemos no passado uma solicitação de qualificação (SdQ), um levantamento no qual as agências primeiro eram solicitadas a responder a uma série de perguntas e fornecer diversos estudos de caso, a fim de se qualificarem para receber a SdP em si.

Eis uma SdP de exemplo – você pode personalizá-la para que se adéque às suas próprias necessidades:

Cliente: Uma reconhecida rede de TV a cabo sobre música chamada Tunes.

Projeto: Criar uma estrutura presencial para a rede em um festival popular de música chamado MusicFest.

Histórico: A Tunes é uma rede que possibilita à sua audiência a descoberta de conteúdo, tecnologia, tendências e música em seu início. Como patrocinadora exclusiva de multimídia para o MusicFest desde 2006, a Tunes proporciona ao MusicFest conteúdo temático especial em todas as plataformas (ao vivo, online, móvel e vídeo sob demanda). Teremos acesso completo a recursos do MusicFest e queremos integrá-los completamente às nossas atividades presenciais, que incluem:

- Estrutura temática
- Embaixadores de marca treinados
- Materiais de distribuição
- Ingrediente de aquisição de e-mails
- Brindes com a marca

A Tunes também produz e transmite comerciais promocionais do MusicFest para promover a venda de ingressos (pré-venda e à venda). A Tunes também proporcionará ao MusicFest um microsite em www.tunes.com com conteúdo original e divertido.

Capítulo 5: Trazendo o Armamento Pesado: Firmas de Marketing de Guerrilha 77

Atribuição: Desenvolver e executar o patrocínio presencial da Tunes no MusicFest. A área da Tunes deve passar uma experiência que transmita aos presentes no festival o que é a marca Tunes e que também ofereça uma oportunidade de interagir com a nossa marca usando todos os sentidos. Nossa perícia técnica em marketing experimental deve ser usada para fazer com que a nossa marca ganhe vida de uma maneira que seja única e exclusiva à rede Tunes.

Objetivo:

- Intensificar a exposição da marca Tunes ao público do MusicFest
- Promover a sintonia à programação da Tunes
- Alavancar o conteúdo e os talentos da rede relevantes ao ajuste da demonstração

Perfil-alvo:

- Maioria no público do MusicFest: Adultos: Idades 15 a 22 anos
- Alvo da demonstração da Tunes: Adultos: Idades 16 a 34 anos
- 50% homens, 50% mulheres

Conceito:

- Ideia de conceito para uma presença única no local e de grande impacto
- Gerenciar todos os componentes promocionais (prêmios, pintura de veículos, coleta de dados e assim por diante)
- Criar e gerenciar cronogramas
- Trabalhar com o pessoal da Tunes para gerenciar o status do projeto e obter materiais relevantes, proporcionar direcionamento de design/cópia aos Serviços Criativos da Tunes e/ou a quaisquer agências externas em termos de design/produção
- Desenvolver e manter um orçamento que inclua todos os custos relacionados
- Proporcionar à Tunes atualizações semanais do andamento com fotos, assim como um relatório de recapitulação na conclusão do evento, mostrando medição de sucesso

Princípios de Ideias Adicionais

- Integrar tecnologias emergentes – a Tunes é multiplataforma (online, ao vivo, móvel).
- Deve ser experimental, interativo e criar um espetáculo.
- Os prêmios devem ser icônicos em sua natureza (gostaríamos de criar avisos ambulantes).
- A MusicFest está "virando verde" este ano. A Tunes gostaria de participar e dar o pontapé inicial em nossa campanha de consciência ambiental aqui, usando elementos da nossa presença

no local – por exemplo, ao usar prêmios e brindes benéficos ao meio ambiente.

Orçamento: O raio de ação fica entre $250.000 e $350.000, incluindo custos de transporte, prêmios e coleta de dados.

Apresente orçamentos com base nas seguintes conjunturas:

- Tudo, incluindo um ônibus de turnê pintado
- Tudo, incluindo algum método alternativo de transporte

Datas:

- 12 e 13 de abril: reuniões de apresentação das ofertas
- 19 de abril: Agência designada
- 28 de junho: O evento começa
- 30 de junho: o evento termina

Pedindo referências

Quer você tenha dedicado tempo a emitir uma SdP (veja a seção anterior), quer tenha simplesmente contatado diversas agências, quando tiver reduzido a sua lista para uma, duas ou três agências que forem escolhas viáveis para a sua campanha ou iniciativa, solicite referências de clientes atuais ou passados. Você vai querer falar com pessoas que possam falar sobre as competências, os serviços e as habilidades da agência.

Voltando a Sua Atenção para a Grana

Após toda a sua pesquisa, é hora de falar seriamente e ver quando este investimento vai lhe custar. Obviamente, os custos irão variar dependendo da complexidade do que você está pedindo à agência. Fazer alguém escalar um arranha-céu vestido com a sua marca sairá bem mais caro do que mandar as equipes de rua saírem com todo o pessoal usando camisetas com o logotipo de sua companhia.

A fim de ter certeza de que você e a sua agência estão falando a mesma língua, você precisa concordar com uma fatura de serviços e assinar um contrato de serviço antes do projeto começar. Estes contratos ajudarão a delinear os custos principais, assim como os custos adicionais – como serviços de mensageiro, remessa, encargos de instalação ou outros pequenos gastos que possam aparecer de repente no meio do caminho.

À medida que o lançamento da sua campanha se aproxima, os custos podem ser refinados ou diretamente modificados. Certifique-se de que você e a sua agência concordam com a maneira na qual estas "correções" serão tratadas, de forma que vocês possam tanto adaptar-se quanto produzir as melhores iniciativas possíveis.

Capítulo 5: Trazendo o Armamento Pesado: Firmas de Marketing de Guerrilha

O que pagar

O que você deveria pagar depende fundamentalmente do que você está pedindo. Se tudo o que você estiver procurando for a execução de um elemento de uma campanha de guerrilha, o custo será menor do que se você fizesse uma agência completar uma campanha com duração de um ano.

Duas das maneiras principais nas quais as agências de guerrilha são contratadas são com base em contrato de prestação de serviços ou por projeto:

- **Contrato de prestação de serviços:** Um *contrato de prestação de serviços* representa uma quantia mensal paga por bens ou serviços prestados. Os valores podem ser pequenos ou grandes, dependendo do alcance do projeto ou da campanha. Em contratos de prestação de serviço, você está pagando de fato para ter as ideias e os ouvidos da agência por um período estabelecido de tempo. *Custos diretos* – como comprar mídia ou executar campanhas – normalmente não são cobertos pelos honorários de prestação de serviços.

  A remuneração do contrato será afetada pelo número de horas que a agência planeja dedicar ao projeto, assim como pelos recursos que a agência precisa, a fim de completar o trabalho.

- **Por projeto:** Uma *conta baseada em projeto* consiste de um pagamento predeterminado para cobrir o projeto inteiro, do começo ao fim. Desde que nenhum item adicional tenha sido acrescentado ou retificado, é correto esperar que o preço acordado no início seja (e deve ser) o preço pago no final. Este é o método mais comum de pagar uma companhia de marketing de guerrilha. Este tipo de conta funciona bem para organizações menores em particular, porque você está pagando exatamente pelo que está usando e nada mais do que isso.

Dependendo do escopo do projeto e das práticas da agência, não é incomum pagar 25% ou mesmo 50% do total na assinatura do contrato. O saldo vence quando o projeto estiver completo ou 30 dias depois do projeto estar completo. A porcentagem que lhe será cobrada como adiantamento varia entre uma agência e outra, assim como o vencimento do pagamento final. Apenas certifique-se de que você e a agência estão seguros dos termos do pagamento antes de começar.

Como em tudo nos negócios, as agências e os clientes podem ser cautelosos ao trabalharem uns com os outros pela primeira vez. À medida que você desenvolve um relacionamento com uma agência, os termos podem ser negociados caso a caso, com menos formalidades e hesitações. Porém, em seus primeiros encontros, criar uma estrutura inflexível de pagamento ajudará a deixar ambas as partes um pouco mais à vontade.

O que esperar em retorno

Ao trazer uma agência para conduzir os seus esforços de guerrilha, você está dizendo essencialmente "eu confio em você para me fazer parecer brilhante!". Com um planejamento cuidadoso e coordenação com a sua agência, não há motivo pelo qual você não *deveria* parecer brilhante.

Alguns clientes que trabalham com uma agência pela primeira vez podem ficar incertos do que eles receberão. Certifique-se de que a sua agência de marketing de guerrilha lhe proporciona os seguintes componentes principais:

- **Quaisquer serviços vocês acordaram no princípio:** É por isto que ter tudo escrito é crucial.

- **Uma alternativa de pessoa de contato:** Você precisa disto, caso tenha que falar com alguém sobre a sua campanha ou iniciativa e o seu contato principal estiver fora do escritório.

- **Orientação e discernimento se solicitado e/ou necessário:** Perícia técnica interna e conselhos sobre como projetar e conduzir melhor a sua campanha. Coisas a se considerar podem incluir datas, locações, legalidade e obstáculos conhecidos a se evitar, o que ajudará a garantir uma campanha suave e bem-sucedida.

- **Relatório de recapitulação com documentações por escrito e com fotografias:** Isto o dá a oportunidade de revisar os destaques da sua campanha e as maneiras pelas quais ela pode ser aperfeiçoada no futuro. Isto deve incluir relatórios por escrito, fotografias coloridas e, em alguns casos, filmagem em vídeo.

Dizendo Adeus

As empresas se separam das agências de marketing de guerrilha por uma variedade de razões:

- **Custo:** Os dólares reservados para o marketing podem ser apertados e, portanto, uma das razões mais comuns para se separar de uma agência é que o dinheiro deixa de fluir. As agências sabem que assim é o mundo e, contanto que você seja direto sobre a situação, aguardarão com interesse a oportunidade de trabalhar com você de novo quando tiver dinheiro.

- **Insatisfação:** Outra razão para dizer *auf Wiedersehen* para a sua agência é que você está insatisfeito com a experiência. Embora a maioria das agências de guerrilha trabalhe cuidadosamente para deixar os seus clientes os mais felizes possíveis, às vezes as coisas simplesmente não funcionam. Você pode ter tudo: diferenças criativas, falhas de comunicação – qualquer que seja o caso, há outras agências lá fora, e outra delas pode ser mais apropriada para você e a sua marca.

Capítulo 5: Trazendo o Armamento Pesado: Firmas de Marketing de Guerrilha 81

✔ **Conclusão do projeto:** A razão mais comum para se dizer adeus pelo presente momento é que o projeto está concluído. Quando contratou uma agência por projeto, após ter conduzido a campanha, recebido o seu relatório de recapitulação e uma visita de encerramento pós-iniciativa (se vocês concordaram em fazer uma anteriormente), é o fim – por enquanto.

pela nossa experiência em agências, temos a esperança de que, após revisar o seu trabalho, você descubra que a experiência foi positiva e tenha um novo parceiro promocional!

Parte II
Marketing nas Ruas

A 5ª Onda   por Rich Tennant

"É uma campanha de Relações Públicas, certo?
Quer fantasia melhor pra se usar nas ruas para um
restaurante chamado Piantes?"

Nesta parte . . .

À s vezes, sozinho nas noites de sexta-feira e jogando
Caverna do Dragão online, um de nós (não diremos quem)
gosta de parar para um joguinho que ele gosta de chamar de
"Para o que eu pararia?" O jogo é relativamente simples: em
cidades entupidas de espetáculos, entretenimento e anúncios
visualmente estimulantes, você simplesmente tem que vir com
algo tão dinâmico, tão legal, que você teria realmente que parar
para notá-lo.

Se você escolhesse se juntar a esse jogo, quais seriam as suas
respostas? Como usaria este discernimento em benefício de sua
marca? Essencialmente, esta parte explora o jogo "Para o que
eu pararia?" no que diz respeito a equipes de rua, eventos de
marketing e acrobacias publicitárias. Nós detalhamos o essencial
para se projetar e conduzir perfeitamente cada uma destas vazões.

Capítulo 6

Indo às ruas com equipes de rua

Neste Capítulo

▶ Fazendo um orçamento

▶ Cercando-se das pessoas certas

▶ Passando a sua mensagem

▶ Escolhendo a hora e o lugar

▶ Mantendo-se longe de problemas

"Não tenho quase nenhum dinheiro para gastar, mas preciso muito divulgar. Ajude-me!". Este apelo é, frequentemente, ouvido aos gritos nos telhados (ou pelo menos gritados internamente, em desespero silencioso) de todo mundo, dos proprietários de pequenos negócios aos chefes de marketing. Às vezes, a resposta para as suas aflições de marketing pode ser resumida nas seguintes palavras: equipes de rua.

Equipes de rua são embaixadores de marca treinados que são dispostos em locais direcionados para cativar o seu público com a intenção de distribuir ou obter algo. Estes esforços, no nível das ruas, se mostraram bem eficientes para elevar a percepção de um produto ou serviço e para obter informações (como endereços de e-mail) que você possa usar para gerar negócios futuros. Elogiamos as equipes de rua com frequência, porque as equipes de rua possibilitam comunicação de pessoa para pessoa, a forma mais pura de marketing direto. Isso, *literalmente*, põe o seu produto, diretamente, nas mãos do consumidor, permitindo que o vejam, toquem, testem e até mesmo provem!

Quando as equipes de rua são usadas corretamente, você pode ter dificuldade em encontrar uma maneira melhor de falar com o seu público-alvo, transmitir uma mensagem de marketing de uma maneira inesperada ou em um lugar inusitado, evitar ou até mesmo eliminar o desperdício e esquivar-se de ser visto como importuno. Para um marqueteiro astuto, os métodos de equipe de rua são uma dádiva. E quando você os leva a sério e não abusa deles, eles podem proporcionar, de verdade, uma experiência mútua de marketing recompensadora, tanto para as marcas quanto para os consumidores.

Outra razão pela qual consideramos as equipes de rua uma ferramenta particularmente eficaz é que elas podem ser efetuadas dentro de quase

Parte II: Marketing nas Ruas

qualquer orçamento. Para donos de negócio engenhosos procurando por uma conexão genuína com os seus consumidores, as equipes de rua espalham a mensagem de uma maneira pessoal e direcionada.

Neste capítulo, cobrimos o básico para criar uma equipe de rua impressiva. Começamos ao dar-lhe algumas sugestões sobre como selecionar rostos brilhantes para entregar a sua mensagem. Quem eles são e o que eles dirão? A partir daí, discutimos peças de distribuição eficazes para dar asas à sua mensagem. E finalmente, como diz o ditado "tudo depende do momento", assim o inteiramos sobre momentos e locações para certificar-se de que está apresentando uma campanha que grude!

Produzindo um orçamento

Programas de rua podem ser escalados para se adequar em qualquer orçamento. Mas só porque eles funcionam mesmo quando você está com o cinto apertado, não significa que não tenha que dar uma bela olhada no quanto quer gastar. Antes de fechar a sua carteira, você precisa de um orçamento para o seguinte:

- **Pagamento de pessoal:** Se você usar uma agência de empregos, pode esperar gastar entre $25 e $40 por hora, por pessoa. Se contratar pessoal diretamente, você pode cortar este custo dramaticamente (consulte a seção "Contratando o pessoal certo", mais adiante neste capítulo).

  Não se esqueça de incluir uma hora extra, mais ou menos, para treinamento (confira a seção "Instruindo bem o seu pessoal", mais adiante neste capítulo).

  Coisas acontecem, portanto, fique preparado. Se tiver algum dinheiro extra, você pode querer considerar a contratação de um suplente para a sua equipe de rua. Na manhã da sua campanha, alguém pode estar doente, preso no trânsito ou vestido de modo inaceitável ao chegar ao local e ter alguém pronto para substituir aquela pessoa pode ser de grande ajuda.

- **Traje:** Para uma camiseta impressa básica e um chapéu ou boné sem marca, planeje gastar pelo menos $25 por pessoa. Se quiser que alguém vestido como o Frango de San Diego, você precisa orçar as penas extras (consulte a seção "Encontrando as roupas certas", mais adiante neste capítulo, para mais informações).

- **Materiais:** Dependendo do que você resolver distribuir, estes custos podem ser tão baixos quanto o de algumas folhas impressas em sua loja de reprodução local ou tão altos quanto o som de caixa registradora em prêmios de alto valor. Planeje gastar pelo menos $50 e, possivelmente, muito mais (consulte a seção "Criando a Peça de Distribuição Certa", mais adiante neste capítulo).

- **Gastos com transporte:** Se o pessoal vai viajar por uma grande distância ou requer um veículo para os propósitos da campanha, certifique-se de computar isso em suas finanças. Pode ser tão pouco quanto o custo do bilhete de metrô ou tanto quanto o custo de uma passagem de avião, dependendo da sua campanha. Além disso, leve o transporte dos seus prêmios em consideração. Você precisa de um carro, van, ou de espaço reservado de estacionamento para armazenar materiais, suprimentos ou pertences do pessoal?

- **Fundo de contingência:** Dependendo da complexidade da sua campanha, você deve deixar um pouco de dinheiro extra para custos inesperados, como o custo de remessa de materiais, custos de estacionamento ou de café para o seu pessoal. Reserve, pelo menos, $150 para isso ou ainda mais, se você tiver.

Você começou a fazer o seu orçamento e descobriu que os custos de pessoal serão um pouco maiores do que você gostaria de distribuir. Olhe para os produtos e serviços que o seu negócio oferece e veja se pode conseguir trocar os produtos e serviços de sua companhia por ações de rua. Por exemplo, digamos que você tenha um salão de bronzeamento artificial e queira distribuir cartões-postais para as pessoas no caminho de volta do trabalho para as suas casas, encorajando-as a tirar proveito de seus descontos especiais para bronzeamento, durante a happy hour. Por que não oferecer ao seu pessoal 30 minutos de bronzeamento para cada hora de trabalho? Desta maneira, a sua marca chega às mãos dos clientes em potencial e o seu pessoal consegue preservar os bronzeados dourados e encantadores deles.

Montando uma equipe vencedora

Você decidiu montar a sua própria equipe classe A para espalhar a sua mensagem, mas está sobrecarregado e tenso. De quantas pessoas você precisa? O que você precisa dizer a elas ao encontrá-las? E, talvez o mais intimidante, quanto todo este tumulto vai lhe custar?

Nesta seção, respondemos todas estas questões. Aqui, você descobre como selecionar, treinar e vestir o seu pessoal de modo tão completo que acabará dizendo: "Eu adoro quando um plano fecha!".

Contratando o pessoal certo

Quando estiver selecionando pessoal para uma campanha de rua, pergunte-se: "Eu iria querer receber alguma coisa desta pessoa?". Você não precisa apenas de um corpo quente em pé na rua, personalidade e aparência importam. Monte a sua equipe sob medida, para projetar a imagem da mensagem que você está tentando transmitir.

Ao selecionar o seu pessoal, você vai querer escolher membros para a equipe de rua que se assemelhem ao seu público-alvo. Não importa que produto ou serviço comercialize, você vai querer se certificar se o pessoal que você contratar para retransmitir a sua mensagem aos consumidores tem credibilidade e é respeitado pelo público que está tentando atingir. Se estiver promovendo a abertura de um novo parque para skatistas e estiver tentando alcançar adolescentes rumo ao half-pipe, a sua equipe, provavelmente, não deverá ser composta por quarentões vestidos com camisas e calças sociais. Além de assustar os seus skatistas, a chance destes quarentões serem capazes de estabelecer relações com os seus garotos skatistas de vanguarda é, excepcionalmente, baixa.

Frequentemente, as equipes de rua são montadas com atores, modelos e estudantes universitários em busca de alguma grana extra. Atores e modelos, em particular, são recursos excelentes, porque normalmente eles já estão treinados para se projetar a uma plateia e se apresentar ao olhar do público de modo apropriado. Com estas vantagens, entretanto, vêm uma série de temperamentos, desde a pequena jovem ingênua à diva entediada que "está acima disso", portanto, esteja ciente de quem você está adicionando à sua equipe.

Quando entrevistar candidatos, gaste bastante tempo falando com eles e formando uma noção dos seus comportamentos. Se não conseguir exatamente fazer uma leitura de alguém (ou não gostar da leitura que obteve), há boas chances de que os seus consumidores também não conseguirão, e que você, provavelmente, deverá passar aquela pessoa adiante. Se a pessoa for amigável e se comunicar de uma maneira agradável e articulada, eis uma para se manter! Tomar um bom tempo para contratar as pessoas certas pode ser o alicerce de uma campanha bem-sucedida. Lembre-se: Eles são os seus porta-vozes quando você não está lá.

Você deve estar apto a dizer o seguinte sobre cada pessoa que contratar:

- Esta pessoa me parece ser amigável, atraente e extrovertida.
- Esta pessoa consegue repetir a minha mensagem de modo confiante e articulado.
- O comportamento e a atitude desta pessoa estão alinhados com a imagem da minha marca e companhia.
- Consigo imaginar o meu público-alvo gastando alguns minutos de papo com esta pessoa na rua.
- Esta pessoa compreende os elementos da minha campanha e sente-se confortável com o que foi solicitado.

As pessoas que você contratar para as suas equipes de rua representarão a sua marca para os consumidores. A forma que elas se apresentam na sua entrevista lhe dará um bom discernimento de como elas apresentarão a sua mensagem.

Você é uma pessoa ocupada. Você tem compras a fazer, vendas a solidificar e relatórios de gastos a serem preenchidos. Como você não pode estar em todo lugar ao mesmo tempo, considere a contratação de um gerente de projeto para supervisionar a execução da sua campanha. O gerente de projeto garantirá que todo mundo esteja na mesma página, tirará fotos para documentar os seus esforços e agirá como seus olhos e ouvidos. Mesmo se contratar um gerente de projeto, confira as coisas, sempre que possível, não se trata de gerenciar tudo nos mínimos detalhes, e sim de ser responsável e se envolver.

Determinando o tamanho da sua equipe

À medida que se reúne com pessoas e começa a ver algumas que lhe satisfaçam você, provavelmente se descobrirá cada vez mais empolgado com a campanha, tanto que vai querer mandar lá para fora um exército de pessoas para ajudar a espalhar a mensagem. Até que você comece a olhar para os custos.

Embora contratar um grande número de distribuidores para "tomar a cidade" soe como um grande plano, a maioria das campanhas não justifica este tipo de conquista. Em vez disso, dê uma olhada nos locais que você acha mais importante cobrir primeiro (consulte a seção "Identificando a Melhor Hora e Lugar para a Sua Campanha", mais adiante neste capítulo).

Após selecionar algumas locações provisórias, crie uma dupla para cada locação escolhida. Descobrimos que equipes de dois funcionam bem por diversas razões:

- Pessoas ficam mais energéticas e extrovertidas quando outra pessoa junto a elas compartilha do entusiasmo pelo produto ou marca que estão promovendo.

- Uma dupla dá credibilidade instantânea a uma campanha, especialmente se comparado à alma solitária parada na esquina do outro lado da rua.

- Ter uma segunda pessoa garante que você sempre terá alguém por lá fazendo a distribuição e dá, a cada pessoa, a chance de uma parada ou uma saidinha por um minuto.

Encontrando as roupas certas

As roupas (ou a falta delas) podem ser o elemento que constrói a campanha. As pessoas geralmente serão receptivas a campanhas de distribuição se elas puderem ver onde elas estão pisando antes de parar no meio da campanha. Vestir a sua equipe em apetrechos com a marca pode proporcionar credibilidade e associação instantânea com o que elas estão promovendo.

Chapéus e camisetas com a marca são relativamente baratos e podem fazer sucesso na hora de pôr um acabamento elegante na sua campanha de guerrilha. Eles também lhe dão uma chance de causar uma boa impressão em consumidores que podem não estar interessados em pegar uma peça de distribuição, mas ainda assim percebem o nome da sua companhia ou endereço da web, à medida que passam por ali.

Se você tiver um pouquinho de dinheiro extra e quiser amplificar as suas equipes de rua, faça-os vestirem-se de coelhinhos! Tudo bem, talvez não coelhinhos, mas você pode querer tentar alguma fantasia relacionada à marca. Para encorajar consumidores a navegar em um cruzeiro, a organização comercial da indústria nacional de cruzeiros vestiu diversos embaixadores de marca de capitães de navio e os despachou por toda a cidade de Nova Iorque. Esta reviravolta única em uma campanha de distribuição não apenas deu um acabamento profissional à campanha como fez com que os consumidores abordassem a equipe por conta própria. Isto levou a questões, interações e, por fim, a viagens para Fiji!

Não os assuste: uma dose saudável de ceticismo por parte do público é compreensível. Logo, não faça escolhas de fantasias que transformem um cético em um adversário direto. Mantenha as suas fantasias as mais próximas possíveis da sua marca e de acordo com os gostos locais. Se estiver usando fantasias que cobrem os rostos do seu pessoal, ponha outro membro da equipe lá com a sua marca para tranquilizar os consumidores quanto à legitimidade da campanha, enquanto, ao mesmo tempo, mantém seguro o seu cara fantasiado de dínamo!

Instruindo bem o seu pessoal

Após ter a sua equipe montada, é hora de treiná-los para ir a campo! Dedicar tempo para treinar o seu grupo pode tornar extraordinária uma campanha apenas "interessante".

A maneira mais eficiente de garantir que as suas metas sejam transmitidas de modo eficaz para o seu pessoal é organizar uma seção de treinamento. Para que a sua seção de treinamento seja eficaz, você precisa se preparar para ela e planejar uma pauta. Aqui estão os passos principais que você vai querer incluir em sua apresentação:

1. **Comece apresentando todos os membros da equipe.**
2. **Distribua os apetrechos com a marca e os materiais de amostra.**
3. **Transmita as metas do programa.**
4. **Se for possível, dê aos membros da equipe a oportunidade de provar o produto ou serviço que eles estão promovendo.**

Capítulo 6: Indo às Ruas com Equipes de Rua **91**

5. **Passe aos membros da equipe as frases de convencimento e as perguntas frequentes sobre o seu produto ou serviço, para que saibam o que dizer e como você quer que digam.**

   Inclua informações adicionais, como um website ou vídeo, que informarão melhor a sua equipe. Certifique-se de levar o tempo necessário para instruir a sua equipe de uma maneira direta e descomplicada sobre como o material deve ser apresentado.

   Meramente dizer "Bom dia!" já vai longe! Especialmente quando justaposto com algum chato desgrenhado, inexpressivo e imóvel, tentando distribuir itens semelhantes.

6. **Delegue obrigações individuais.**

7. **Explique, detalhadamente, as datas e horários da campanha.**

   Certifique-se de incluir intervalos nos seus horários. Fazê-lo, ajudará a manter a sua equipe focada, energizada e eficaz.

8. **Chame a atenção sobre o que o pessoal deve fazer se houver problemas ou percalços na campanha.**

9. **Dê espaço para perguntas ou esclarecimentos.**

10. **Proporcione e revise um sumário de uma página (uma única folha distribuída à equipe, que inclui toda a informação acima mencionada; veja a Figura 6-1).**

    Não se esqueça dos nomes e números de telefone de todos os envolvidos (gerentes, equipe, motoristas de van e quaisquer fornecedores que possam estar envolvidos). Certifique-se de que você pode entrar em contato facilmente com os seus gerentes, via celular, para manter um fluxo constante de comunicação.

Tomar o tempo necessário para conduzir esta sessão de treinamento ajudará tudo a sair exatamente como você visualizou. Isto lhe dá a chance de garantir que eles saibam como se espera que eles se vistam, quem eles devem abordar, o que eles dirão, como se espera que eles digam e uma compreensão clara de todos estes pontos é crucial para, efetivamente, espalhar a sua mensagem lá fora.

Muffins caseiros da Vovó Selma

Sumário de uma página para a distribuição de cartões-postais

Contatos

Gerente	Benny Salvatore – 555-5555
Equipe	Stew Frankenfurter – 555-5555
	Margo Magarigold – 555-5555

Data/Horário do Evento: 8 de junho; 12h-16h

Local de Encontro: Vovó Selma
Rua Saborosa, nº 42

Trajes:

Gerente	Calça social e camisa pólo
Equipe	Camiseta da Vovó Selma e jeans

Obrigações
- Estar apresentável, o tempo todo.
- Comportamento apropriado frente a consumidores e convidados, o tempo todo.
- Distribuir cartões-postais.
- Comunicar reações, comentários e problemas ao gerente.

Cronograma

11h30	Chegar ao local, vestido e pronto para começar.
11h45	Pegar cartões postais da Vovó Selma.
12h00	Começar a distribuição.
14h00	Intervalo do Membro da Equipe 1 (15 min).
14h15	Intervalo do Membro da Equipe 2 (15 min).
15h45	Pôr materiais em ordem e preparar para fechar.
15h00	Conclusão do evento – FIM DO DIA.

Frases de Convencimento:
- Ganhe um muffin DE GRAÇA hoje, somente com o cupom!
- Prove os novos sabores tropicais da Vovó Selma!

Figura 6-1: Um sumário de uma página preparado e distribuído para a equipe ajuda a deixar todo mundo na mesma linha

Criando a sua mensagem

Zzzzz-bang! O som que você não está ouvindo é a transmissão de mensagens de marcas passando em volta de seus ouvidos! Todos os dias, as pessoas são bombardeadas por milhões de sugestões de compra. Há boas chances de que, ao se sentar e olhar ao redor do seu escritório, você consiga encontrar dez marcas olhando-o de volta e isso sem se esforçar! Com toda essa saturação de marcas, é ainda mais desafiador deixar uma impressão duradoura.

O segredo para criar uma ótima transmissão de mensagem com equipes de rua é manter as coisas simples. Dar ao seu pessoal todas as informações sobre o seu produto ou marca é ótimo, mas não espere que eles compartilhem cada detalhe com todos os consumidores. Mantenha as suas frases de convencimento claras, concisas e intrigantes.

Você tem menos de 15 segundos, faça-os valer a pena! Nada acaba com uma campanha de rua mais rapidamente do que frases de convencimento detalhadas ou diluídas. A seguinte mensagem:

> Boa tarde! Prove uma *amostra grátis* do novo sabor do energético Tritura-Crânio, DOR!

É bem mais intrigante do que:

> Olá, espero que esteja tendo um ótimo dia. A Energéticos Tritura-Crânio, fabricante de bebidas cafeinadas de alta qualidade desde 1986, tem sido, há tempos, uma empresa inovadora no ramo de estímulo pessoal. As nossas técnicas têm sido imitadas com frequência, mas nunca duplicadas. Bem, nós inovamos de novo com o nosso novo sabor, DOR, à venda hoje, aqui na loja de Artigos Esportivos do Sal. Por favor, faça uma visita rápida e peça por uma lata de DOR!

A segunda mensagem é altamente informativa, mas no ponto em que a sua equipe de rua começa a falar sobre estímulo pessoal, o consumidor já entrou na loja de conveniência para pegar Red Bull. Nesse meio tempo, eles poderiam ter experimentado o seu produto de graça!

Se todo mundo lhe diz que você deveria ser um comediante ou escrever uma comédia de costumes para a TV, por quê não tentar algum texto inteligente para a sua equipe de rua? Às vezes, uma frase engraçada pode sacudir um passageiro matutino da rotina tão rapidamente quanto uma lata de Energético Tritura-Crânio! Porém, seja cauteloso: só porque você acha que é engraçado, não significa que o público também achará. Quando estiver em dúvida, passe alguns bordões por um colega ou amigo e, como sempre, mantenha-os curtos e atraentes.

Criando uma Peça de Distribuição

Você monta uma equipe de craques em distribuição. Todos eles estão com a mensagem em mente. Agora, o que eles oferecerão? Embora o seu pessoal bem-treinado vá, sem dúvida, causar uma primeira impressão retumbante no seu público-alvo, a peça de distribuição é o que o consumidor leva embora da experiência.

A coisa mais empolgante do marketing de guerrilha é que não há regras, somente criatividade e sensibilidade! Se conseguir criar uma peça de distribuição relacionada à marca, que seja esperta, divertida e talvez um pouquinho chocante, você pode ter criado não apenas uma campanha de distribuição bem-sucedida, mas também uma oportunidade de cobertura na imprensa também (para um exemplo de peça de distribuição que, a princípio, se encaixa em todos os três critérios: esperta, divertida, e chocante; consulte o quadro lateral "Saquinho de vômito, alguém?" neste capítulo).

Não há regras inflexíveis para se criar peças de distribuição, porque cada campanha deve ser única. Porém, nesta seção mostramos a você algumas coisas a se considerar antes de gastar centenas ou até mesmo milhares de dólares em itens que, no final das contas, podem não produzir efeito.

Mantendo a sua marca ou negócio em mente

Você trabalha duro para produzir um produto de qualidade. Todos os dias, conscientemente ou inconscientemente, você toma, diligentemente, inúmeras decisões que talharão a percepção do seu produto. Ao escolher a sua peça de distribuição, você precisa manter este mesmo senso de integridade da marca.

Digamos que você ache um chaveiro que fala e imagine que ele daria uma peça de distribuição incrível. Porém, ao pôr a ideia em prática para promover a sua floricultura de luxo, o apelo e a relação com a sua marca pode ter escapado à atenção da sua clientela mais abastada. Não apenas isso vai lhe custar $5 por rebento com o chaveiro, mas isso poderia custar negócios em potencial também.

Saquinho de vômito, alguém?

Um blog irreverente sobre moda distribuiu recentemente aos consumidores, saquinhos de enjoo aéreo com a sua marca no lado de fora das tendas de luxo da Semana de Moda de Nova York, fazendo questão de oferecê-las às modelos emaciadas quando estas chegavam ao evento. Mau gosto? Pode ser, mas as peças eram pequenas, de ótimo custo-benefício e itens de distribuição bastante únicos, que divertiram a maioria dos nova-iorquinos o suficiente para que eles as pegassem e compartilhassem com os seus colegas de trabalho, enquanto isso, deixando uma imagem bem clara do que o blog se tratava e gerando uma cobertura ampla da imprensa pelo caminho.

Ao invés, talvez você deva ir atrás de uma moeda personalizada de meio dólar, que possa ser trocada, na sua loja, por uma de suas rosas premiadas. Esta peça de marca mais elegante é um sinônimo mais evidente da sua loja chique. No fim das contas, este prêmio melhor relacionado não apenas reforça a imagem da sua marca, como também pode trazer novos fregueses masculinos abonados, pensando em bancar o Casanova ou tentando deixar de dormir no sofá da sala.

Mesmo que você não tenha dinheiro para um chaveiro extravagante, certifique-se de que cada componente que selecionar reflita de modo positivo e conecte-se, diretamente, com a sua marca. Leve isso em consideração para todos os elementos da peça que criar, quer seja um prêmio de alto valor ou uma peça impressa. Desde as imagens selecionadas ao tom do texto, passando pela qualidade do produto finalizado, certifique-se de que o resultado final grite "esta é a minha marca!".

Revisando as especificações cruciais da amostra

O que quer que faça, certifique-se de que é relacionado à marca, pequeno, de bom custo-benefício e tenha um prazo de validade. De outra maneira, você encontrará funcionários da limpeza sanitária urbana amaldiçoando o nome da sua companhia à medida que materiais indesejados atravancam as ruas deles.

Que tipo de amostra *você* pegaria de uma equipe de rua? Talvez você não pegue material de pessoas na rua normalmente, mas no outro dia se viu aceitando graciosamente a barra de suplementação de café da manhã com um pequeno cupom anexado. O que foi que o intrigou, o empolgou, ou acendeu o seu interesse? Há boas chances de que foi uma das coisas a seguir, senão todas:

- **O tamanho da peça:** No que diz respeito a amostras (e algumas poucas outras coisas na vida), o tamanho importa *sim*. Quanto menor for, mais fácil será pôr no bolso ou em uma bolsa. Não temos como dizer a quantidade de vezes que vimos pessoas tentando distribuir folhetos em pleno papel branco tamanho carta, apenas para ficarem chocadas porque ninguém os estava pegando!

  Em um dia comum, uma pessoa carrega consigo chaves, uma carteira, um celular, canetas, hidratante labial e uma série de outras coisas. Não há muito espaço para levar qualquer bagagem adicional a não ser que o item seja simples de guardar e interessante o suficiente não apenas para se manter por perto, mas também para usar e compartilhar com outras pessoas.

- **O custo da peça:** Só porque você quer fazer um estardalhaço com os consumidores, não significa que você precise hipotecar a sua casa de praia em Maui ou não pagar o aluguel da sua quitinete este mês. Dê uma olhada no seu orçamento e seja criativo! Quer você tenha menos que um dólar ou mais que cinco para gastar com cada prêmio, há uma riqueza de oportunidades de amostragem que não quebrarão a banca. Desde itens de baixo custo como canetas, chaveiros e imãs de refrigerador até prêmios mais elevados como flash drives, camisetas e toalhas de praia, quase sempre há um prêmio e preço que casarão com o seu produto ou marca.

✔ **O prazo de validade da peça:** Por que distribuir algo que não dá à pessoa nenhum motivo para mantê-lo? Com pessoas em cada esquina distribuindo *alguma coisa* nos dias de hoje, é crucial fazer com que a sua peça de distribuição seja algo que eles possam realmente *querer* e algo que eles possam compartilhar com um amigo ou colega.

Para tornar as coisas um pouco mais interessantes, você pode querer criar uma oferta especial ou apresentar algum componente do tipo "entre para ganhar". Ou crie um item que será útil para os consumidores por meses ou até mesmo anos. Uma peça do tipo que gostamos é o *Z-card* (uma peça do tamanho de um cartão de crédito que se desdobra em uma página inteira, tamanho carta). Quando totalmente desdobrado, um lado é usado para a mensagem da marca ou de marketing e o outro lado é algo funcional, como um mapa da cidade ou do metrô, dessa maneira, dando aos receptores uma razão para mantê-lo.

Na tabela 6-1, colocamos estas três categorias para funcionar em relação a peças de distribuição comuns. Use este tipo de lista de checagem ao avaliar as suas próprias ideias. Atingir pelo menos dois destes três qualificadores o deixará no caminho certo.

Tabela 6-1	Selecionando uma Peça de Distribuição eficaz			
Item	*Pequeno?*	*Bom custo-benefício?*	*Prazo de validade longo?*	*Uma boa Peça de Distribuição?*
Cartões-postais	X	X		**Sim**! Estes prêmios baratos são simples de pôr no bolso ou bolsa e o papel mais grosso os mantém inteiros por mais tempo do que um pedaço de papel normal. Uma competição do tipo "entre para ganhar" ou informações úteis ajudarão a dar ao seu cartão-postal uma vida útil maior.

Capítulo 6: Indo às Ruas com Equipes de Rua   97

Tabela 6-1				Selecionando uma Peça de Distribuição eficaz
Item	*Pequeno?*	*Bom custo-benefício?*	*Prazo de validade longo?*	*Uma boa Peça de Distribuição?*
Grandes bichos de pelúcia			X	**Não**. Embora as pessoas amem ganhar o velho, grande e bom bicho de pelúcia nas feiras e quermesses, não é algo prático para o dia-a-dia. Melhor guardar este montante de dinheiro para incentivos aos consumidores que tenham comprado o seu produto ou gasto tempo visitando a sua loja.
Mapas dobráveis	X	X	X	**Sim**! Rápidos e simples de pegar, estes prêmios são úteis tanto para turistas quando para nativos!
Chocolates	X			Não. A maioria das pessoas ama chocolate, mas as suas propriedades o tornam uma peça de distribuição temperamental. Tamanho também é uma preocupação, se for pequeno demais, ele some e se for grande demais, vira uma bagunça incômoda de chocolate derretido.
Buttons	X	X	X	**Sim**! Passe a sua mensagem de forma rápida e barata com um prêmio que pode viver dentro ou fora das mochilas, jaquetas ou quadros de avisos de seu público-alvo.

Parte II: Marketing nas Ruas

Tabela 6-1				Selecionando uma Peça de Distribuição eficaz
Item	*Pequeno?*	*Bom custo-benefício?*	*Prazo de validade longo?*	*Uma boa Peça de Distribuição?*
Pôsteres				**Não**. A não ser que as pessoas estejam procurando pegar alguma coisa para acompanhar os pôsteres do *Whitesnake* delas, a maioria das pessoas não fica empolgada em receber um grande pedaço de papel. O tamanho largo deixa-o grande demais para se carregar e, como resultado, as suas energias criativas (e dólares de distribuição) acabam no lixo.
Raspadinhas	X	X	X	**Sim**! Quantas vezes você já comprou um bilhete de loteria instantânea só por causa da parte da raspadinha? Pequenas e de bom custo-benefício, quando emparelhadas com incentivos de prêmio, estas pequenas peças funcionam às mil maravilhas quando o assunto é gerar tráfego a um website ou vitrine para a troca do prêmio.

Se ainda estiver desnorteado quanto ao que você quer distribuir, procure por fornecedores de itens promocionais. Para entrar em contato com eles, comece falando com colegas e contatos da indústria para conseguir orientações. Há boas chances de que alguém já tenha tido algo produzido antes. Senão, uma rápida busca online por "[nome do produto] de marca" (chaveiro de marca ou bolsas de marca, por exemplo) o ajudará a localizar aqueles que se especializam no produto que você está procurando ou em provedores de prêmios em geral. Muitos fornecedores estão ansiosos para trabalhar com você e o seu orçamento para ajudar a criar algumas grandes ideias. E a melhor parte? As ideias são de graça!

Certificando-se de que você não fique sem amostras

Evite ficar sem materiais, planeje com antecedência! Em um local com alto tráfego (como um shopping, terminal de transporte ou ponto turístico), você consegue distribuir 200 prêmios de alto valor por pessoa e por hora, e/ou 125 peças de papel impresso por pessoa e por hora.

Se você já fez os seus cálculos e ainda assim os materiais estão chegando ao fim, é hora de jogar sujo! Vá até a sua xérox mais próxima e tire quatro cópias coloridas da sua peça em papel brilhante. Alguns poucos vai-véns da guilhotina de papel e você estará pronto de novo. Claro, não vai ter o mesmo acabamento dos seus cartões postais polidos e gloriosos, mas é melhor do que deixar o seu pessoal com as mãos paradas.

Identificando a melhor hora e lugar para a sua campanha

O contexto em que você apresenta a sua mensagem às massas pode tornar uma iniciativa bem-sucedida ou uma falha completa. Quando você quer algo de um ente querido, você sabe que não dá certo fazer o seu "pedido" quando ele acabou de se jogar no sofá para assistir *The Golden Girls*. A mesma coisa acontece com os seus consumidores em potencial. Seja inteligente quanto a onde e quando vai resolver se aconchegar e pedir pela sua bicicleta, por assim dizer. Os seus empenhos de distribuição podem (e devem) variar de acordo com o produto ou marca que esteja promovendo.

Antes de despachar aquele pessoal extrovertido, atraente e amigável vestido e treinado com a sua marca, faça a si mesmo as seguintes perguntas:

- Quem é o meu público-alvo?
- Onde eles vivem, trabalham e se divertem?
- Quando é a melhor hora para falar com eles?

Por exemplo, talvez você tenha acabado de criar uma ostra de cor violeta que ensina o abecedário a crianças de 2 a 5 anos. Depois de passar pela lista acima, você decidiu o seguinte:

- Seus consumidores-alvos são mães entre os 30 e os 50 anos.
- Elas se congregam em parquinhos de diversões, shoppings centers e museus de ciência.
- Normalmente eles estão andando por aí às 10 da manhã e de volta ao lar às 4 da tarde para a hora do cochilo.

Ao responder estas questões, você tem toda a informação necessária para encenar a sua investida estratégica de pessoal. Você sabe que não vai chegar a lugar algum ao pôr as suas equipes de rua perto do parque de diversões local entre 5 da tarde e 8 da noite, e que, também, não vai chegar a lugar algum disponibilizando equipes de rua à frente da Câmara Municipal das 10 da manhã a 1 da tarde, pelo menos não com este público-alvo.

As manhãs são, frequentemente, melhores para um apelo à ação do que a Internet de banda larga, já que os consumidores estão se dirigindo ao trabalho, onde eles terão acesso à rede (e tempo livre) para fazer login e visitar o seu site. A hora do rush, no fim do dia, é a melhor hora para produtos ou serviços que exijam conversação e uma decisão dos cônjuges ou parceiros.

Mantendo a sua equipe longe de problemas e a sua imagem imaculada

Todos os dias, literalmente, centenas de campanhas de rua estão sendo conduzidas para promover uma variedade de iniciativas. Infelizmente, as que você normalmente ouve falar são aquelas em que uma companhia, "pensando fora dos padrões", enviou equipes de rua vestidas em alguma fantasia horripilante e assustou uma velha senhora até a morte. É este tipo de cobertura da imprensa que dá uma má reputação às equipes de rua.

O fato é que a maioria das campanhas, quando são executadas de maneira consciente, atinge as metas da marca sem nenhum incidente. Ainda assim, conduzir uma campanha eficaz envolve moderar a criatividade com discrição. Eis algumas dicas para manter você e o seu pessoal longe de problemas:

- **Fique de olho no seu pessoal:** É o seu nome que eles estão usando nas camisetas. Certifique-se de que o seu pessoal está apresentando o material especificamente como você solicitou. Pessoas que sejam rudes ou ajam de forma inapropriada em torno de consumidores, fumando, praguejando, falando ao celular ou fazendo qualquer coisa inapropriada devem ser retiradas imediatamente. Uma boa propaganda boca a boca pode ajudar o seu negócio a pegar fogo, mas um boca a boca contrário, causado por equipes rudes, vai "queimá-lo".

- **Seja seguro e sensato.** Certifique-se de que os elementos da sua campanha são seguros para todos os envolvidos. Não distribua quaisquer materiais que possam ser tóxicos ou perigosos aos consumidores. Certifique-se de que as peças que esteja distribuindo sejam de acordo com os padrões de gosto local. Mantenha-se distante de itens que tratem diretamente de sexo, religião ou política, isso ajudará a prevenir ligações furiosas e imprensa negativa.

- **Esteja ciente dos seus arredores.** Distribuir materiais é permitido na maioria dos locais, pela maioria das cidades, mas evite propriedades privadas, assim como prédios municipais e governamentais e estações de transporte. Distribuir material dentro de estações de trem e terminais de ônibus sem uma autorização é ilegal e a pessoa fazendo a distribuição (não a companhia para quem ela trabalha) muito provavelmente será multada por fazê-lo, confie em nós.

- **Saiba quando dizer quando.** Se proprietários de negócio ou agentes locais da lei e da ordem lhe disserem que você não pode distribuir material em um determinado local, não tente ganhar deles no grito. Não vale a pena.

    A melhor maneira de lidar com esse tipo de situação é dar uma parada breve e reagrupar a sua equipe. Se não o tiver feito antes do lançamento da sua campanha, selecione uma locação alternativa e introduza lá o seu empenho.

Como um astuto marqueteiro de guerrilha, faça amizade com pessoas do local. Se estiver entregando uma amostra desejável ou uma peça de distribuição interessante, dê-se ao trabalho de fazer amizade com os poderes constituídos próximos da sua locação. Ao assediá-los com produto e charme, você aumenta as possibilidades de que a sua campanha continuará sem interrupções e pode até mesmo arranjar alguns novos consumidores pelo caminho.

102 Parte II: Marketing nas Ruas

Capítulo 7

As espetaculares acrobacias publicitárias

Neste Capítulo

▶ Conhecendo o que faz uma acrobacia bem-sucedida

▶ Certificando-se de que todas as peças se encaixem

▶ Espalhando o rumor sobre a sua acrobacia, antes que ela aconteça

▶ Focando as suas finanças

▶ Certificando-se de que não cometa alguns erros comuns nas acrobacias

*N*a virada do século XX, homens de espetáculo, como Harry Houdini e P.T. Barnum, alcançaram grande sucesso, todo ele construído a partir de sua compreensão perspicaz do poder da acrobacia publicitária. Hoje em dia, as acrobacias podem ter se tornado mais grandiosas e, em alguns casos, mais caras, mas alguns ideais centrais continuam os mesmos. Ao aplicar a sua própria criatividade e desenvoltura, você pode produzir uma acrobacia publicitária que cria um pouco de mágica para o seu produto, uma acrobacia que deixaria Houdini e Barnum orgulhosos.

Neste capítulo, damos a você as ferramentas de que precisa para criar uma acrobacia publicitária que os faça clamar por mais. Começamos detalhando as partes que vão ser usadas na criação de uma acrobacia estelar. A partir daí, o mostramos como projetar e montar o seu próprio golpe de relações públicas, causando uma impressão colossal ao preço de um chope. Então, o ajudamos a pôr o pessoal da imprensa lá, para ajudar a espalhar a mensagem. Por fim, olhamos para as cenas excluídas para mostrá-lo algumas acrobacias que deram errado e contá-lo como fazer para evitar um destino semelhante.

Definindo os elementos de uma acrobacia sensacional

Você é grande. Você sabe disso, nós sabemos disso, e criar uma acrobacia publicitária lhe dá a oportunidade dos *consumidores* saberem disso, de uma maneira grandiosa. *Acrobacias publicitárias* são espetáculos altamente visíveis, relacionados a uma marca, criados para promover um produto ou serviço, por meio da cobertura concentrada da imprensa e da elevação da percepção do consumidor. As acrobacias são, possivelmente, um dos utensílios mais divertidos e empolgantes na caixa de ferramentas do guerrilheiro, porque elas lhe dão a oportunidade de alcançar vários consumidores de uma só vez e de uma maneira fantasticamente teatral.

Quer você esteja ousando escapar de uma camisa de força ou tentando estabelecer o recorde para a Maior Escultura Feita de Latas de Feijoada do Mundo, alguns elementos básicos são os alicerces de uma acrobacia bem-sucedida:

- **Mensagem:** Todo o sangue, suor e lágrimas que for usado na criação de uma acrobacia impressiva terá sido em vão a não ser que você seja capaz de responder à simples questão: "O que eu quero que os consumidores levem desta experiência?". Em outras palavras, qual é a mensagem que você quer passar? Você está procurando fregueses para um novo produto ou serviço, declarando a sua dominação em certo mercado? Qualquer que seja o caso, certifique-se de que os seus esforços transmitam esta mensagem de forma eficaz. Há muita coisa envolvida na criação de uma acrobacia para não ter uma declaração final clara e concisa.

- **Locação, locação, locação:** Sim, sim, talvez isto não seja a afirmação mais profunda e esperta jamais proferida, mas selecionar uma locação de primeira para a sua acrobacia pode fazer a diferença entre ter pessoas assistindo-a ou não. Certifique-se de garantir um local que esteja de acordo com a sua marca, seja simples para a imprensa chegar e também para os consumidores experimentarem.

- **Momento:** Além da manhã, da tarde e da noite, há diversas variáveis de tempo a serem consideradas quando estiver preparando uma acrobacia de marketing impressiva. Se estiver criando uma enorme escultura de gelo no coração da cidade, você, provavelmente, não vai querer fazê-lo em Phoenix, no meio do verão. Bom senso pode dar esta dica a você, mas outras considerações de momento (como aquelas relacionadas à sua escolha de local e público-alvo) podem não ser tão óbvias. A locação que você escolheu tem horários de pico no tráfego de pedestres que possam ser usados em seu benefício? O seu público-alvo só sai em certo horário do dia? Você precisa levar todos estes fatores em consideração.

- **Arte de encenar:** Este elemento envolve agir como um diretor e estabelecer a cena. Você o faz ao modelar uma acrobacia que seja tanto visualmente emocionante quanto capaz de ser, instantaneamente, associada à sua marca.

Imagine a sua acrobacia através das lentes de uma câmera. Instantaneamente, você sabe sobre o que o evento tratava? Para que serviu? Se não souber, então a imprensa também pode não saber e aquele instantâneo nunca vai chegar à capa do *The New York Times* ou da circular municipal.

- **Pessoas:** Após fantasiar a sua obra-prima, você precisa identificar as pessoas envolvidas com a sua acrobacia. Às vezes, o "quem" é tão intrigante quanto o "quê". Quem está participando? Quem é o mestre de cerimônias? Quem está julgando? Fazer aquela ligação para uma ex-estrela de reality show, para que ela seja jurada em seu concurso de

Capítulo 7: As Espetaculares Acrobacias Publicitárias 105

consumo de tortas, pode ser justamente o gancho que a imprensa precisa para cobrir o que seria um evento ignorado de outra maneira.

✔ **Brindes:** Criar algum tipo de recompensa, seja para ganho pessoal ou altruístico, ajuda a pôr um belo acabamento em seu espetáculo (consulte "Deixando uma impressão duradoura", mais adiante, neste capítulo).

✔ **Imprensa:** Chamar a atenção da imprensa é a razão principal por trás da produção de uma acrobacia publicitária. Uma acrobacia realmente bem-sucedida chama a imprensa, cultiva a sua participação e, quando apropriado, segue-a de perto para garantir que a acrobacia receba as manchetes que os seus dólares de marketing pagaram para ter.

Conhecer os fatores essenciais em andamento o ajudará a cobrir as suas bases e projetar uma acrobacia que não apenas seja inesquecível, como continue a viver muito após você ter limpado toda a sujeira deixada pela sua escultura de latas de feijoada.

Criando uma Acrobacia Coesiva

Você decidiu que está pronto para fazer algo extraordinário. Você tentou os métodos tradicionais, e talvez até mesmo alguns poucos não-tradicionais, para atrair atenção ao seu produto e, por uma razão ou outra, ela simplesmente não está colando (em retrospecto, talvez transformar a sua avó em marca não foi uma ideia tão boa). Esta é a sua oportunidade de capitalizar a sua criatividade sem limites e, finalmente, aplicar o conhecimento que acumulou assistindo todos aqueles reality shows para projetar uma acrobacia publicitária excepcional.

Produzir uma acrobacia pode ser um tanto intimidante, porque uma acrobacia tem tantas peças a se encaixar. Porém, ao tomar o tempo necessário para considerar cada peça, o quebra-cabeça à sua frente começa a fazer sentido.

Escolhendo e planejando a sua acrobacia

Conduzir um elefante usando roupa rosa de bailarina pelo centro da cidade pode ser uma visão engraçada, mas se o seu negócio não tem nada a ver com elefantes ou com balé, essa é uma risada bastante cara. Ao passar o tempo necessário para considerar a sua marca e o tipo de impressão que quer causar, você se põe em posição de ser notado de uma maneira que o fará ir rindo durante todo o caminho até o banco.

Casando a acrobacia com a sua marca

Projetar uma acrobacia começa na mesa de desenvolvimento de ideias. Logo, apanhe um grande bule de café ou outro vício à escolha, reúna alguns colegas de trabalho e aqueles amigos malucos que mantém justamente para ocasiões como essa e seja criativo. Comece com um quadro branco ou um grande bloco de papel e faça a si mesmo algumas perguntas:

- **Quais são os símbolos ou associações imediatas que os consumidores possam fazer com a sua marca?** Deixe a sua imaginação voar e escreva cada associação que vir à sua cabeça. Por exemplo, digamos que você seja o proprietário da Loja de Pneus Hércules. À medida que as rodas giram, você as enche: pneus, borracha, deuses, asas, estradas, força sobre-humana, viagens de carro e baladas de rock. O principal neste ponto é não julgar nada. Faça com que seja bizarro, ridículo e desordenado, mas continue sempre pensando na marca.

- **Entre estas associações, o que eu posso levar ao extremo ou pôr em grande escala?** Pegue um punhado de associações que você goste mais e leve-as a extremos. Por exemplo, se o seu negócio for papel para cópia, que tal produzir um "campo aéreo" personalizado? Convide o público e a imprensa para participarem de uma competição de aviões de papel e ver quem consegue fazer um aviãozinho que voe mais longe.

Não julgue ainda qualquer uma das suas ideias excêntricas e desvairadas. Anote todas as acrobacias malucas que puder imaginar baseadas nas suas associações. Alguns conceitos podem parecer bizarros demais para se executar inteiramente, mas o que você está fazendo é criar um bufê virtual onde você possa depois pegar as melhores peças para montar um banquete delicioso.

Você pode querer considerar o estabelecimento ou a quebra de um recorde mundial, porque eles normalmente são cobertos pela imprensa. Um conselho: estabelecer um recorde é mais fácil do que quebrá-lo. Se estiver estabelecendo-o, tudo o que tem que fazer é completar a tarefa (e checar com a Guinness World Records para certificar-se de que ela cubra a categoria). Se estiver tentando quebrar um recorde, você tem que preparar algo acima da acrobacia inicial antes de alcançar a sua grandeza!

Para quebrar ou estabelecer um Recorde Mundial Guinness, você precisa se inscrever. Se tiver mais tempo do que dinheiro, pode esperar entre quatro e seis semanas (ou mais), o tempo que a Guinness leva para responder a inscrições normais, livres de cobrança. Se tiver mais dinheiro do que tempo, você pode enviar uma inscrição do tipo Fast Track, pagar aproximadamente $ 600 (o preço oficial é de ₤ 300) e receber uma resposta em apenas *três dias*. Para mais informações, vá ao endereço `www.guinnessworldrecords.com/member/how_to_become_a_record_breaker.aspx` (ou simplesmente `www.guinessworldrecords.com/default.aspx` e clique em Quebre um Recorde Mundial).

- **Entre estes conceitos em larga escala, qual é o mais atraente em termos visuais e o mais claramente indicativo da minha marca?** À medida que examina os seus conceitos, um ou dois saltarão aos olhos na

Capítulo 7: As Espetaculares Acrobacias Publicitárias 107

hora. Este é um daqueles momentos do tipo "siga seus instintos". Se puder visualizar um conceito tornando-se sinônimo da sua marca, essa é a ideia que você vai querer adotar.

Se estiver indeciso e/ou obsessivo-compulsivo (ou seja, se for como a gente), você provavelmente passou horas incontáveis desenvolvendo ideias e, francamente, está um pouco impressionado consigo mesmo. Você tem algumas ideias que são os seus bebês. Nesse ponto, é hora de descartar os seus instintos paternais e pensar sobre as suas ideias de um modo mais crítico. Banque o advogado do diabo com cada acrobacia. Você pode fazê-lo ao certificar-se de que a sua acrobacia *realmente*, tenha relação com o seu negócio. Uma acrobacia o possibilita compartilhar a mensagem da sua marca com os seus consumidores e com a imprensa que comparecer. Tire um instantâneo mental deste evento. É assim que você quer que sua companhia seja vista pela imprensa, pelo comércio e (se tiver sorte) pelo mundo?

Desenvolver e refinar as suas ideias permite-o pensar grande em relação ao escopo da sua acrobacia, enquanto mantém a sua marca e a mensagem que está procurando passar tão focadas e precisas quanto possível. Posto de maneira simples, é o clarão e o dinamismo que os chamam, mas o que você quer que eles levem embora é aquela mensagem nítida.

Criando e cumprindo as regras

Na maioria das acrobacias, especialmente as competições e os recordes mundiais, tudo tem a ver com as regras. Criar regras definitivas para a acrobacia ajudará a abrandar os gritos de "não é justo" ou, pior ainda, "nos vemos no tribunal!".

As palavras "bem, eu não sabia disso" nunca devem ser proferidas no decorrer da sua acrobacia. Mude para a sua personalidade focada, classe A, e crie regras para cada conjuntura possível. Eis algumas perguntas para deixá-lo no caminho certo para proteger o seu traseiro:

- ✔ Quem pode participar?
- ✔ Qual é o objetivo da acrobacia? Como você saberá quando ela estiver completa?
- ✔ O que pode excluir a participação de uma pessoa?
- ✔ Há um tempo limite?
- ✔ E se alguma coisa der errado? O que acontece?
- ✔ Se houver um prêmio, quando ele será entregue? E se houver um empate?
- ✔ Quem tem a palavra final?

Ao responder estas questões, você terá uma noção mais clara das características específicas da sua acrobacia. Faça como Milton Bradley e descreva estas regras minuciosamente. Seja tão específico quanto possível. Quanto mais clara a compreensão que tiver de como o evento deve prosseguir, mais à prova de falhas a sua acrobacia pode se tornar.

As suas regras estão feitas e agora é hora de ganhar um pouco de esperteza legal. Você precisa planejar-se para o pior, de forma que possa desfrutar do melhor. Após dar a todos os participantes a chance de ler as suas regras, eles precisam entrar em um contrato pelas suas vidas. Você precisa que eles assinem um documento dizendo que seguirão as regras da competição; que concordam em não transferir a responsabilidade para você, seus fornecedores ou qualquer outra pessoa se algo der errado; e que reconhecem que a decisão dos juízes de sua competição é definitiva.

Especialmente quando houver premiação em dinheiro ou quando os participantes estiverem se engajando em atividades potencialmente perigosas, é de suma importância fazer com que os participantes assinem todos os seus documentos, certificando de que eles entenderam tudo e estão dispostos a jogar de acordo com as suas regras. O autógrafo deles em todos os documentos deve ser um requisito de participação, sem exceções.

Se a ideia de esboçar regras e redigir documentos de renúncia o deixa nervoso, há uma alternativa: contrate um advogado para aliviar este estresse. Fazer uma primeira tentativa ajudará o seu escudeiro a começar, e, com sorte, reduzir um pouco os custos. Se o seu representante não se sentir confortável com a criação de regras (isto seria algo raro), há companhias que lidam exclusivamente com criação e cumprimento de regras de competições, mas é melhor estar preparado para pagar um bom dinheiro pelos seus serviços.

Selecionando o local para apresentar a sua obra-prima

A essa altura, você já está bem adiantado no caminho para produzir um trabalho artístico nada tradicional. Agora é hora de selecionar a parede na qual o seu trabalho será, metaforicamente, exposto.

Ao escolher o seu local, duas considerações precisam estar no topo da sua lista: a imprensa e o público. O foco primário está em certificar-se de que você selecione uma locação que seja atraente e simples de cobrir para a imprensa. Além disso, você vai querer selecionar um local que seja atrativo para os consumidores que estejam, por acaso, zanzando por ali quando a sua acrobacia estiver acontecendo.

Sempre que for possível, se esforce para fazer com que a sua acrobacia não seja apenas um *visual* empolgante, e, sim, algo que os observadores possam *experimentar* também. Ao considerar ambos estes elementos, você estará no caminho certo para encenar algo extraordinário.

O poder da imprensa: levando a mídia em consideração

Pense no seu dia. Você dirige até o trabalho e engole, rapidamente, um parfait de iogurte e granola e bebe um pouco de café. Você escuta as suas mensagens, decide quais ignorará de maneira passivo-agressiva e quais você terá que responder pra valer. Então, você olha para a sua agenda apenas para descobrir que tem uma reunião do outro lado da cidade. Você lança uma série de exclamações porque sabe que aquela reunião do outro lado da cidade vai, com certeza, tomar a maior parte do seu dia. Agora, imagine que você tenha de três a cinco reuniões do outro lado da cidade naquele dia. *Assim* é um dia na vida da imprensa.

Por que não deixar as coisas mais *fáceis* para a imprensa? Ao considerar o seu local, tome nota das formas de mídia que quer alcançar. Se houver um lugar central onde a maior parte da imprensa trabalhe, dirija-se para lá e faça um reconhecimento do local (a farda camuflada e a pintura facial são opcionais). Ande ao redor da área. Há algum estacionamento, parque ou vitrine abandonada que funcione para os seus propósitos? Descobrir um novo local ou reinventar uma locação já existente pode se tornar mais um gancho na sua história. Tire fotos e faça uma lista de locações em potencial ao redor da área, certificando-se de anotar números de telefone para ligar depois. Estas anotações e fotos o darão algo ao qual se referir e deixarão a sua decisão mais fácil.

O verdadeiro propósito de produzir uma acrobacia publicitária é atrair a imprensa e, como consequência, elevar a percepção de seu produto ou marca. O primeiro passo para se conseguir que a imprensa cubra o seu evento é escolher um local que eles possam cobrir após pôr o pé para fora de suas portas.

Poder para o povo: levando o seu público em consideração

Fazer com que a sua acrobacia acabe no noticiário das cinco da tarde e espalhada ao redor da Internet é algo maravilhoso, mas nunca subestime o poder da propaganda boca a boca.

Enquanto viajava de Houston para Nova Iorque, um eminente marqueteiro de guerrilha se engajou na tarefa delicada de explicar a uma estranha o quê exatamente ele fazia: "Bom, fazemos uma ampla gama de coisas, desde produzir acrobacias publicitárias até enviar equipes de rua para promover uma série de produtos e marcas".

De repente, os ouvidos da interlocutora se aguçaram: "Quer dizer, tipo vestir pessoas de zumbi e fazer elas invadirem a cidade?".

Surpreso, o marqueteiro respondeu que ele tinha trabalhado naquela exata campanha e perguntou como ela tinha ouvido falar daquele exemplo em particular. A interlocutora disse: "Minha irmã, por acaso, estava visitando Nova Iorque naquele dia e tirou uma foto com um dos zumbis. Ela ganhou o dia! Ela se divertiu tanto que mandou a foto por e-mail para todo mundo que conhecia!".

E é assim que o boca a boca funciona. Pense em maneiras pelas quais possa maximizar este tipo de exposição. Isto pode ser feito por meio de infiltração online (consulte o Capítulo 12) ou por esforços de distribuição no local (consulte o Capítulo 6). Independentemente do caminho que escolher, certifique-se de que está tirando proveito de todas as oportunidades para fazer o seu público falar. Ter a imprensa em seu evento é crucial, mas você não vai querer negligenciar o público. O boca a boca pode facilitar o sucesso, especialmente quando os consumidores transmitem a sua mensagem em comum acordo com os esforços de mídia.

Assim como no reconhecimento de locações voltado à imprensa (consulte a seção anterior), dê uma volta na cidade novamente, mas desta vez procure por locações de alto tráfego. Na maioria das cidades, uma ou duas localidades centrais estão constantemente movimentadas. Pode ser a praça central, o cinema multiplex ou o cabeleireiro. Enquanto estiver reconhecendo a área, liste quaisquer locações que serviriam como uma boa plataforma para produzir a sua acrobacia. Tire algumas fotos e faça anotações para referência posterior.

Além disso, esteja atento para problemas em potencial em torno do local, como um trem passando a cada 30 minutos, postes de luz que não se apagam à noite, uma área pública dentro do seu local, que possa devastar a sua acrobacia. Quaisquer elementos ambientais que possam causar problemas devem ser levados em conta na sua decisão.

Lidando com autorizações e permissões

Quando estiver conduzindo um evento de guerrilha, como uma acrobacia, não fique surpreso se alguma pessoa intrometida decidir que é o dever dela passear por ali para "descobrir quem está no comando" e apresentar a pergunta: "Você tem autorização para tudo isso?". Quando isso acontecer, dê-lhe um chute na canela e saia correndo.

Tudo bem, talvez este não seja o melhor rumo a seguir, mas ele é uma opção. A *melhor* opção é buscar e obter permissão e autorizações.

Ao contrário de outras atividades delineadas neste livro, onde a permissão é opcional, quando se está produzindo uma acrobacia de relações públicas, você precisa seguir as regras. Há coisas demais envolvidas para correr o risco de ter que cancelar a sua acrobacia porque você não tem permissão para construir uma escultura de gelo no centro da Main Street.

Permissão para usar o seu local

Dependendo do local que selecionou, você pode apenas precisar falar com a pessoa encarregada pelo próprio local. Porém, se estiver conduzindo um evento externo, mais algumas pessoas podem estar envolvidas. Por exemplo, o uso de propriedade municipal normalmente é aprovado pela câmara municipal ou pela prefeitura e os parques são dirigidos por agências florestais locais, estaduais ou federais. Descubra quem tem jurisdição sobre o seu local antes de começar a dar telefonemas.

Independentemente do seu evento ser interno ou externo, seja completamente honesto sobre o que estiver pensando em fazer. Certifique-se de que todo mundo para quem você está pedindo permissão tenha o seu cronograma de montagem, um plano completo das atividades do dia e o horário em que você sairá. Nada azeda as festividades do dia mais rapidamente do que ter a tomada puxada antes do clímax emocionante do seu evento. Garantir que todo mundo esteja em sintonia o ajudará a evitar surpresas.

E se você já tiver feito algumas ligações e os locais que tinha em mente simplesmente não lhe derem permissão para conduzir o evento? Que audácia! Por que não trazer a sua acrobacia para casa? Decretos locais variam de estado para estado e de cidade para cidade, mas se você é dono de uma propriedade (ou puder persuadir seu senhorio a lhe dar permissão), normalmente você é dono dos primeiros metros de calçada da sua propriedade. Tipicamente, estes incluem os 2 primeiros metros a partir do seu edifício em direção à rua, a quantidade perfeita de espaço para uma acrobacia menor.

Embora conduzir a sua acrobacia em sua casa possa ser uma bela maneira de driblar a necessidade de permissão, certifique-se de checar novamente os seus oficiais municipais locais para garantir que isto é permitido em sua área. De outra maneira, você poderia se encontrar em uma situação complicada.

Autorizações adicionais

Se você já conseguiu permissão para conduzir a sua acrobacia no local, a sua busca por permissões pode não terminar inteiramente ali. Dependendo do quanto a sua cidade é restrita e de quantos extras estiver incluindo, você pode querer checar se precisa de uma ou mais entre as seguintes autorizações (tenha em mente que os custos variam de cidade em cidade, partindo de taxas de inscrição de $ 25 a autorizações custando acima de $ 1.000):

- **Autorização de som:** Se estiver produzindo qualquer forma de som amplificado, você deve checar se uma autorização de som é necessária. Se estiver organizando uma acrobacia chamada O Pior Cantor de Karaokê do Mundo, conte com a necessidade de uma autorização.

- **Autorização para estacionar:** Só porque você conseguiu permissão para estar em um local, isso não significa que um policial de trânsito, fazendo a sua ronda, não multará o seu carro enquanto você está carregando e descarregando o seu veículo.

- **Autorização para ações de rua:** Em muitas acrobacias menores, você pode descobrir que quer estabelecer o seu espetáculo justamente na rua ou na calçada. Bem, a cidade pode ter outras ídeias quanto a isso. Se estiver planejando conduzir o seu evento na rua ou na calçada, cheque com a câmara municipal para ver se precisa de uma autorização para atividade de rua e cheque com antecedência! Escritórios de autorização geralmente não têm o mesmo senso de oportunidade que *você* pode ter e, portanto, você vai querer cuidar disso o mais rápido possível.

- **Autorização para uso de água e eletricidade:** Se estiver planejando usar o fornecimento de água e energia da cidade, não é algo tão simples quanto ligar para o seu Tio Sal, o eletricista aposentado, e ligar tudo. Você vai precisar do sinal verde da cidade.

> **Sendo legal**
>
> De acordo com o velho ditado, "quem não chora não mama". Já nós dizemos "dê de mamar antes que comece a chorar". Ser legal com os vizinhos é crucial para o sucesso de uma acrobacia. Traga-os ao evento e faça-os se sentirem especiais.
>
> Se você tiver um setor VIP separado por cordões de isolamento, dê a eles os melhores lugares. Se estiver oferecendo um bufê leve, certifique-se de trazê-los um donut e um copo de café. Se tiver uma celebridade a bordo, consiga um autógrafo para eles. Bom, você entendeu.
>
> Este tipo de projeção local é muito importante para manter boas relações. Quando a sua acrobacia for um sucesso inacreditável, você pode querer fazê-la de novo no ano seguinte. Se tiver irritado os vizinhos, uma campanha básica de envio de cartas exigindo que você nunca retorne pode derrubar, rapidamente, aqueles planos.

Encontrando o local que caiba na sua conta

Assim como aquele pedaço de lama que você comprou no pantanal, gastar dinheiro para alugar um imóvel para a sua acrobacia pode gerar uma boa dose de remorso, especialmente quando o preço é de dezenas ou até mesmo centenas de milhares de dólares. Embora o local seja essencial para atrair a imprensa, você não deve gastar tanto dinheiro garantindo o local a ponto de não conseguir mais bancar qualquer outra coisa.

Enquanto faz a sua pesquisa, você descobrirá que a variação de custo é enorme, dependendo de onde estiver pensando em ir. Se puder encenar a sua acrobacia em um parque público, isso pode ser tão barato quanto simplesmente pagar as tarifas de autorização. Por outro lado, se quiser a visibilidade inigualável do centro de Manhattan ou do Hollywood Boulevard, você pode precisar pagar dezenas de milhares de dólares.

Se você olhou nos seus livros-caixa e percebeu que gastar milhares de dólares em um local simplesmente não vai acontecer, considere os recursos ao seu redor. O seu irmão tem uma vitrine vaga? Você tem acesso a uma grande bancada acima de uma área de tráfego intenso? Às vezes, o local certo é aquele que não custa nada. Cortar esta despesa pode liberar a grana necessária para comprar mais gatos que pulam no meio de bambolês em chamas, que é o essencial.

E se, após ter vistoriado os locais, você descobrir que não consegue bancar um lugar para encenar a sua acrobacia ou que não gostou dos lugares que encontrou? A resposta: encontre a religião. Desde que elas não desaprovem o conteúdo da sua acrobacia, as casas de adoração estão ocasionalmente abertas para aceitar um donativo em troca do uso de seu estacionamento em um dia em que estiver livre.

E o local escolhido é...

Ao completar as suas excursões secretas de reconhecimento, você deve ter duas listas de locais: uma que é ótima para a imprensa, e outra que é ótima para os transeuntes. Assim como o seu próprio diagrama de Venn pessoal, quando você arranja estas duas listas lado a lado, com sorte, um ou dois locais vão se sobrepor. Locais que estão em ambas as listas devem ser trazidos ao topo para a sua consideração.

Se não tiver nenhum local que esteja em ambas as listas, olhe para elas e veja quais locações podem servir melhor a ambas as considerações, dando um pouquinho mais de valor à acessibilidade da imprensa. Após ter reduzido as suas opções, pegue as três primeiras e comece a fazer ligações para os poderes constituídos. Você pode querer ver se algum deles pode adicionar algo extra para tornar a coisa mais agradável (consulte a seção "Obtendo um pouco mais do seu local", mais adiante neste capítulo). Este será o momento em que você equilibrará os seus desejos, a disponibilidade de local e o seu orçamento, e então fará a sua escolha.

Enquanto estiver sob o meu teto...

Como hóspede na casa de alguém, você não vai entrando, troca todos os móveis de lugar, cria uma balbúrdia e deixa a bagunça pra trás, certo? É claro que não. O mesmo vale para organizar a sua acrobacia em um local selecionado.

Muitas pessoas que gerenciam estabelecimentos supervisionam as suas locações com um senso inerente de orgulho e confiança. Eles estão oferecendo-lhe a oportunidade de entrar em seus "lares" e organizar loucas travessuras. Você precisa respeitar isso e manter-se de acordo com as regras estabelecidas pelo local. Você pagou para estar lá, sem dúvida. Mas para que aquele ponto seja bem-sucedido, eles precisam ser capazes de organizar muitos outros eventos ali por muito tempo depois de você levantar a barraca.

Tenha em mente que pode haver alguns gastos extras associados com a sua estadia. Adiantamentos e taxas de seguro pelo tempo ocupado não são incomuns e, portanto, esteja preparado se isso aparecer em conversas e contratos.

Lembre-se: Seguir as regras do local pode ajudar a cortar custos ou permitir que você consiga o estabelecimento gratuitamente em eventos futuros.

Escolhendo a hora de atingir o seu alvo

Produzir uma acrobacia publicitária é algo, primariamente, voltado a conseguir que a imprensa cubra o seu evento e espalhe a mensagem para você. Se agendar a sua acrobacia em uma hora que seja simples para a imprensa cobrir, você se põe na posição certa para obter a maior quantidade de cobertura possível.

Dois horários são particularmente bem-sucedidos quando se busca atrair a imprensa:

- ✔ Entre as 7 e 9 da manhã, para cobertura em programas matutinos e da mídia impressa.
- ✔ De noite, tradicionalmente entre as 5 e 7 da noite, a fim de conseguir que o canal entre ao vivo durante a previsão do tempo.

Normalmente, optamos pelo momento mais cedo, porque assim você tem a noite anterior inteira para se estabelecer e apagar qualquer incêndio que possa aparecer antes do lançamento. Além disso, você tem duas chances de exposição, mesmo que uma rede ou outra forma de mídia não seja capaz de fazer uma sequência ao vivo, eles provavelmente poderão enviar alguém para fazer alguma filmagem, tirar um par de fotos ou entrevistar participantes. Estes olhares e sons capturados podem então ser lançados mais tarde naquele dia.

Quando você estiver pensando em atingir os consumidores em geral, um conjunto de regras ligeiramente diferente se aplica. A maioria das pessoas trabalha o dia todo durante a semana e quando elas chegam em casa, querem descansar. Pense no fim de semana, então. Se você tiver algo a ver conosco, você usa o fim de semana para dormir até mais tarde, resolver problemas domésticos pendentes e limpar a sua imaculada coleção de bonecos de ação. Todas estas coisas tomam tempo, logo, se você estiver se preparando para atingir o público no fim de semana, mire no início da tarde, a maioria do seu público estará dando uma volta por aí.

Sinos e apitos: Elementos de produção e mais

Os elementos de produção são todas as coisas extras que adicionam um acabamento profissional à sua acrobacia. Aqui, delineamos alguns dos componentes que podem ajudar a fortificar a sua presença. Alguns deles são indispensáveis, e alguns são apenas pequenos toques de classe que ajudam a chamar atenção para a sua acrobacia. Na maioria dos casos, a acrobacia que selecionar ajudará a ditar aos ornamentos de que precisa e de quais não precisa.

No dia do evento, não se esqueça de levar algum bufê leve. Proporcionar café e donuts para os vizinhos que ajudaram a descarregar o seu retrato gigante do caminhão ou para o oficial municipal local que concordou em fazer uma visita como oportunidade de tirar uma foto não apenas servirá para deixar todo mundo feliz, mas aumentará a probabilidade de que eles ajudem novamente no futuro.

Capítulo 7: As Espetaculares Acrobacias Publicitárias **115**

Preparando o palco

Você escolhe elementos de produção para montar o seu espetáculo a partir da lista a seguir. Portanto, pegue um babador e comece!

A figura 7-1 ilustra muitos destes elementos de palco. *Lembre-se:* Você não precisar usar todos, pode escolher de quais precisa.

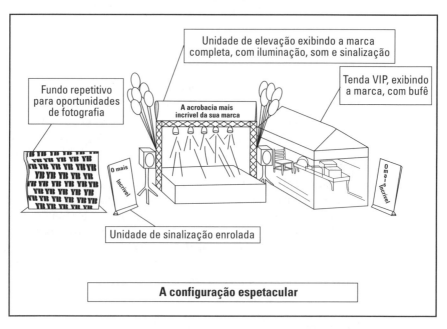

Figura 7-1: Encenar envolve diversos elementos, mas você pode escolher aqueles de que precisa e esquecer aqueles de que não precisa

Independentemente de quais elementos escolher, você está gastando dinheiro para produzir uma acrobacia e precisa documentar todos os elementos dela, desde o primeiro caminhão chegando, até a última sacola de lixo entrando na lata. No caso de orçamento apertado, você pode fazê-lo usando a câmera ou filmadora da sua família.

Se tiver um pouco de ganhos extras, você pode querer considerar a contratação de um fotógrafo e/ou cinegrafista profissional, assim, conseguirá uma filmagem e fotos de melhor qualidade, além de que estes profissionais frequentemente têm contatos na mídia para lançar os materiais diretamente para a imprensa.
Os preços dos fotógrafos podem variar de cidade a cidade, mas você pode esperar pagar algo entre $ 500 e $ 1.000 por um trabalho de quatro horas. Espere que um cinegrafista cobre acima de $ 1.500 para filmar um evento e fazer algumas edições para ajudar a transformar a filmagem bruta em algo que você possa mostrar no piquenique da companhia.

Algumas pessoas podem, de forma compreensível, se chatear se a imagem delas for usada sem a sua permissão. Se estiver fazendo filmagens em vídeo (após receber autorização do local para fazê-lo, é claro), exiba diversos cartazes com termos de responsabilidade, afirmando claramente que, ao estarem presentes, eles entendem que a sua imagem possa ser capturada e usada para propósitos comerciais.

Um palco para o evento principal

"Preparar o palco" não fica mais literal do que construir um palco de verdade (confira a Figura 7-1). Se nós aprendemos alguma coisa da luta livre profissional, foi que elevar a sua acrobacia aumenta a visibilidade e intensifica o drama da exibição. Você pode alugar palcos junto à maioria das companhias de produção audiovisual. Ou, se for particularmente hábil, construir um palco personalizado usando estacas de madeira, compensados e rodapés de palco. Além disso, não se esqueça das escadas.

Luz e som

Nada relembra o showbiz como um pouco de luz e som! Você não precisa contratar os ajudantes de palco dos Rolling Stones, mas pode querer considerar elementos que ajudarão o seu evento a estourar, coisas como um microfone para o seu mestre de cerimônias, alto-falantes para tocar música durante o tempo de espera, e luzes para projetar alguma cor no seu palco e ajudar a dizer ao público "Ei, temos alguma coisa acontecendo aqui!" (confira a Figura 7-1).

Tendas

Você pode planejar e planejar até o fim dos tempos, mas se tem uma coisa que não conseguirá controlar é o clima. Se o seu evento for externo, planeje para o pior clima possível e torça pelo melhor. Capas de chuva comuns para uma equipe usando roupas com a sua marca ou capas com a sua marca para a equipe que não esteja usando-a podem criar um porto seguro no meio da escuridão da tempestade. Para evitar ter que cancelar o evento, tente ter uma tenda ou lona à mão (confira a Figura 7-1). Além disso, tenha uma tenda "de guerra" onde você e a sua equipe possam se congregar, afinal, você tem que guardar o café em algum lugar.

Sinalização

A sinalização (confira a Figura 7-1) é um ingrediente crucial de qualquer acrobacia. Você pode criar a acrobacia mais emocionante, histérica, esperta e desordenada de todos os tempos, mas se não houver nenhuma marca vinculada a ela, ela é apenas uma acrobacia emocionante, histérica, esperta e desordenada. Você está gastando dinheiro demais para deixar que isso aconteça. Ao invés disso, pesquise oportunidades de sinalização. Algumas opções incluem:

- **Fundo repetitivo:** Isto é uma cortina de fundo, normalmente medindo cerca de 2,44 metros de altura por 3,1 metros de comprimento, que simplesmente exibe o seu logo (e os logos de copatrocinadores ou de parceiros, se for apropriado) repetido sem parar. Esta configuração garante que quando os fotógrafos retratarem seu evento, não haja como deixar escapar a sua marca (para um exemplo deste tipo de sinalização em ação, confira a foto no quadro lateral "Arrebanhando as manhosas", mais adiante neste capítulo

- **Banners:** Estes são feitos normalmente de vinil ou malha e contém mensagens do evento. Eles normalmente são pendurados horizontalmente por todo o evento em anéis metálicos rebitados em seus cantos.

- **Galhardetes:** Estes são unidades independentes, tipicamente medindo 2 metros de comprimento por 3 metros de altura, contendo sinalização no fundo. Um mastro extensível é postado na base e a sinalização é desenrolada e presa no alto do mastro, mais ou menos como um mapa-múndi dos seus tempos de escola primária, só que invertido.

- **Bexigas e balões:** Bexigas de gás hélio e minibalões amplamente visíveis e relativamente baratos, em geral. Funcionam na hora de pôr a sua marca diretamente à altura dos olhos das pessoas. Além do mais, as bexigas são um brinde apropriado para as crianças.

Barreiras para controle do público
Se há algum potencial de que os consumidores se machuquem, use barreiras do tipo policial para isolar a sua acrobacia. Isso também ajudará a definir o seu espaço e deter a visita de um advogado zeloso demais.

Se você tiver uma acrobacia que possa ser potencialmente perigosa ou nociva a transeuntes, certifique-se de incluir avisos e outros sinais preventivos em torno do local. Mesmo que tenha trabalhado, diligentemente, com a segurança em consideração, estes sinais ajudarão a protegê-lo caso surjam problemas.

Determinando os participantes

Imagine a si mesmo de volta ao ensino médio, só que com uma pele mais grossa. Agora, nessa cultura de ver e ser visto, você é convidado a uma festa ou grande evento por alguém que não faz parte da sua turma. Qual é a primeira coisa que você pergunta? "Assim, quem vai estar lá?".

De certa forma, a imprensa e o público em geral mantêm um pouco desta mentalidade de turma de escola no que diz respeito a atender e cobrir acrobacias publicitárias. Quem vai estar lá é uma consideração plausível, porque o teor dos participantes ajuda a informar o tom e o propósito geral do evento. Em uma era obcecada em bancar o voyeur, os competidores que carregarão as suas ideias simplórias podem ter tanto impacto e serem tão informativos ao público quanto a própria atividade. Nesta seção, contamos a você como determinar quem deve participar e onde você pode ir para encontrá-los.

Casando os participantes com o seu público-alvo

Você criou a sua acrobacia e está determinado a torná-la surpreendente! A única coisa que está faltando é a identidade própria, que dará um toque humano ao seu espetáculo. Se estiver disposto, você sempre pode tirar a poeira daquela velha cópia da *Poética* de Aristóteles que tem usado como apoio para o seu sofá e ir para o capítulo sobre conhecer o seu público, porque conhecer o seu público é essencial para encontrar os participantes certos.

Para dar ao seu evento aquele toque pessoal, você precisa ter uma noção afiada de quem você está tentando atingir ao executar a sua acrobacia. Por exemplo, se estiver tentando estabelecer relações com o grupo de aposentados sulistas donos de iates, selecionar skatistas radicais para participarem de sua acrobacia provavelmente não será o rumo que você vai querer tomar. Ao invés, selecione participantes que têm mais a ver com eles ou reflitam o que eles mais gostariam de ser.

A acrobacia vai despertar mais excitação e será um sucesso maior, se o seu público conseguir imaginar *eles mesmos* como participantes do evento ou atividade.

Eu sei quem eu quero, agora, onde diabos eles estão?

Você considerou seu público-alvo e decidiu quem você quer que participe. Só tem um problema: você não conhece ninguém que se encaixe no perfil. O que fazer?

Este é um daqueles momentos que você precisa trocar de personalidade do guru logístico para o mentor guerrilheiro e usar os instrumentos disponíveis para ajudar a rastrear as suas cobaias de laboratório, quer dizer, participantes. Eis algumas maneiras pelas quais você pode ser capaz de trazer os seus participantes até você:

- **Mande um e-mail em massa:** Então, talvez você não conheça nenhum palhaço de rodeio para que ele participe da sua acrobacia. Sabe quem conhece? A sua tia Rita, ela mesma. Por que não mandar algumas linhas para ela?

  Você pode ter conexões importantes com pessoas que são fáceis de ignorar à primeira vista. Tente mandar um e-mail em massa para todos os seus amigos, sua família e seus sócios, resumindo quem você está procurando. Você pode se surpreender com a resposta.

  Inclua a quantidade de informação sobre participação que for confortável para você divulgar antes do evento. Não esqueça de incluir os benefícios da participação (notoriedade internacional, prêmio em dinheiro, suprimento de graxa de sapato por toda a vida e assim por diante). Embora as pessoas possam não estar dispostas inicialmente a escalar uma corda de academia só de cuecas, elas podem mudar de disposição se houver $ 25.000 na outra ponta daquela corda.

- **Leve a coisa para a Internet.** Nesta época em que as pessoas estão praticamente grudadas a seus computadores, atingir um público seleto online é mais fácil do que nunca. Ao postar boletins e criar grupos online, você pode atrair os seus participantes rapidamente e diretamente (para saber mais sobre mirar websites, criar postagens e desenvolver comunidades online, consulte o Capítulo 12).

- **Desenvolva uma competição para a participação.** Faça do seu evento algo no qual o seu público clame por participar, criando uma competição para selecionar os candidatos da sua acrobacia. Isto pode ser algo tão simples quanto produzir um ingrediente do tipo "entre para ganhar", onde cada concorrente deve explicar porque ela é a pessoa ideal para participar. Mais uma vez, ter um prêmio monetário ou de alto valor em potencial é o suficiente para angariar inscrições.

  Assegurar um patrocinador de mídia, como um veículo local impresso, de TV ou de rádio, pode ser um ótimo instrumento para estender o alcance da competição. Sabemos o que você está pensando agora: "Mídia de massa? Caro". Não necessariamente. Primeiro, veja o que você pode ser capaz de permutar para criar uma parceria, talvez você possa dar ao veículo de mídia acesso exclusivo aos seus participantes, oferecer uma presença direta no local, dar crédito em todos os materiais impressos e sinalizações e assim por diante. Se não perguntar, não vai saber. Se não puder negociar com a mídia e conseguir cobertura gratuita da sua competição, você pode querer considerar a quebra do porquinho de moedas para uma pequena compra de espaço na mídia.

Arrebanhando as manhosas

Uma grande rede de TV, a WE TV, estava procurando por mais ou menos uma dúzia de prima-donas que estivessem noivando, para participar de uma competição de comilança de bolos, na Times Square, e, assim, promover o seu programa sobre noivas difíceis de lidar. Para recrutar estas participantes exigentes, a rede fez uma parceria com um veículo local de rádio, que encorajou os seus ouvintes a fazer com que damas meticulosas enviassem, por e-mail, as maneiras nas quais elas tinham "fortes opiniões" no que dizia respeito ao planejamento de suas núpcias. A resposta foi extraordinária. A rede foi capaz de assegurar algumas moças com uma abundância de histórias passadas sobre exigências, que foram usadas em materiais impressos, além de adicionar outra faceta para o que acabou se tornando uma acrobacia incrivelmente bem-sucedida (e desordenada). Os $ 50.000 do prêmio em dinheiro não fizeram mal, também.

Explorando o talento

Admita: quando está na fila do supermercado, você dá uma olhada de leve nas revistas de fofoca para ver quem está saindo com quem ou quem acabou de dar o nome de um pedaço de fruta ao seu bebê. Nós amamos celebridades! Você pode depreciar a obsessão da cultura com as celebridades o dia inteiro, ou você pode fazer com que ela funcione a seu favor. Dependendo da sua acrobacia, você pode querer adicionar uma celebridade local ou nacional para ajudar a aumentar a visibilidade das suas atividades.

Antes de começar a ligar para agentes em Los Angeles, considere quem você quer selecionar e como estas pessoas contribuirão para o seu evento. Você quer que elas sejam juradas de alguma parte? Quer que elas sejam mestres de cerimônias? O que elas estarão fazendo durante o transcorrer do evento? Responder estas perguntas o ajudará a dirigir-se a quem você quiser e o permitirá explicá-los, ou aos seus representantes, o que você quer exatamente que eles façam. Clareza nestes estágios iniciais ajuda a evitar falhas de comunicação que possam arranhar o acabamento da sua sofisticada obra.

Pensando grande: Talento Nacional
Em diversas ocasiões, tivemos clientes que nos ligaram e perguntaram: "Você consegue o fulano para participar de nossa iniciativa?". A resposta curta é: "Claro, nós podemos conseguir o fulano". A grande questão é: "Você consegue *bancar* o fulano?". Não importa como você olhe para a questão, uma pessoa talentosa

não sai barato. Os cachês de talentos nacionais para programas de duas horas podem começar em torno de $ 10.000 e ir além, dependendo de quem você seleciona. Saber disso de saída o ajudará a fazer escolhas razoáveis.

Se decidir que quer seguir este rumo, é hora de fazer algumas chamadas e mandar alguns e-mails de modo seleto. É surpreendente (ou alarmante, dependendo da forma como você encarar isso) como é fácil rastrear pessoas talentosas e/ou seus representantes. Muitas vezes, você pode simplesmente fazer uma busca na Internet por "representação para *[insira estrela em ascensão aqui]*" e o contato da agência de talentos daquela pessoa pipocará.

Se uma busca simples na Internet não der resultado, vá até o Internet Movie Database (www.imdb.com), assine o plano IMDb Pro (que, no momento desta escrita, oferece um teste gratuito por 14 dias) ou whorepresents.com (que cobra uma taxa de filiação) e procure pela pessoa à sua escolha. Na listagem daquela pessoa, você encontrará a representação dela e, na maioria dos casos, uma linha direta com o agente.

Então você tem o número do agente da sua primeira escolha rabiscado em um pedaço de papel, bem-guardado em suas mãos úmidas. Fique calmo, baby. Se nunca fez nada desse tipo, lembre-se: como qualquer outra coisa, talento e entretenimento são negócios. Resumir, claramente, para o agente o que você está pensando em fazer, o que a participação do cliente dele vai envolver, e o que está preparado para oferecer ajudarão a apressar a negociação e a conquista.

Fazer com que pessoas talentosas apareçam em sua acrobacia é algo que nem sempre se resolve assim que se preenche o cheque com o cachê. Os talentos nacionais podem ter cláusulas, que podem incluir algumas das seguintes regalias que você deve levar em consideração ao ajustar o seu orçamento:

- **Viagem:** Se a sua acrobacia ocorrer fora da região de origem do seu talento (normalmente Nova York ou Los Angeles, a não ser que esteja trazendo Demi Moore de Idaho), a maioria dos agentes insistem em viagens de ida e volta na primeira classe, além de serviços de limusine para o aeroporto. Se o seu evento estiver sendo conduzido na cidade de origem do seu talento, você pode contar com o transporte de sua estrela para lá e para cá, por meio de um serviço de limusine de primeira ou outra forma confortável de transporte.

- **Acomodações em hotel:** Mais uma vez, prepare-se para gastar uns bons trocados, porque o seu talento vai pensar em acomodações de primeira classe, não uma noite em um motel qualquer.

- **Diária:** *Diária* é uma remuneração paga para cobrir despesas diversas (como alimentação e entretenimento) quando uma pessoa está fora da sua cidade. Certifique-se de que ambas as partes estão cientes do que você vai pagar e do que não vai.

- **Taxa do agente:** A parte corrente para os agentes é de 10% do cachê. Normalmente, o talento pagará a taxa do agente da sua parte no negócio, mas em alguns casos os agentes pedirão por "mais 10", o que significa que você pagará 10% *adicionais* ao valor total. Evite isso se puder.

- **Equipe:** Algumas estrelas viajam com equipes de assistentes, estilistas, maquiadores, babás caninos e outros. Certifique-se de que ambas as partes estão cientes de quem vai pagar por tudo isso, e se você for o responsável, certifique-se de que sabe pelo que está pagando e quanto custará.

Não tem orçamento suficiente para um talento nacional? Você pode arranjar aquele apelo de celebridade ao encarar a realidade: os reality shows, quer dizer. Com reality shows pipocando como ervas daninhas, há uma grande safra de talentos que são mais baratos de se assegurar para um evento do que um grande nome nacional. E eles ainda trazem consigo um reconhecimento respeitável.

Pensando localmente

Viagem? Diária? Agentes? Não foi isso que você contratou! Tudo bem... É hora de pensar localmente. Com frequência, há ótimas oportunidades de talento até mesmo na porta vizinha. Toda cidade tem celebridades locais que parecem ter o dom da lábia: o prefeito que conhece cada eleitor, o homem da previsão do tempo local, a estrela do teatro comunitário local ou o DJ da moda no rádio. Olhe ao ser redor e capitalize as estrelas do seu dia-a-dia.

Selecionando talento

Às vezes, assegurar um talento é um gasto que você pode não querer incorrer. É hora de fazer alguma autocrítica. Embora seja divertido bajular a sua estrela de cinema favorita por algumas horas, a sua acrobacia pode não precisar disso. Você consegue executar esta acrobacia e conseguir uma boa cobertura da imprensa sem a estrela? Se a resposta for sim, descarte a ideia e risque a tarefa de assegurar um talento da inevitavelmente longa lista de coisas a fazer.

Se decidir que ter o First Action Hero ocupando posição de destaque nas suas festividades é algo essencial, certifique-se de explorar isso ao máximo. Durante as negociações, certifique-se de obter permissão para usar o nome do talento, a sua imagem e, se possível, o seu endosso para as atividades pré-promocionais. Estes recursos precisam ser explorados da melhor maneira que suas habilidades desavergonhadas de autopromoção conseguirem. Empregar talentos é um investimento na sua acrobacia, a sua obrigação é garantir que este investimento retorne dividendos na forma de cobertura da mídia e burburinho.

Tivemos bastante sucesso usando personalidades do rádio como anfitriões ou jurados em acrobacias. Elas funcionam bem porque o público sente certa confiança nelas e porque são excepcionalmente habilidosas com narração e "encheção de linguiça", quando necessário, afinal de contas, elas passaram anos conduzindo conversas unilaterais no rádio. Para aqueles preocupados com o orçamento, personalidades locais de rádio também são bem menos custosas do que talento nacional e você pode ser capaz de alavancar o envolvimento delas com menções no ar para ajudar a pré-promover o seu evento também.

Deixando uma impressão duradoura

Se você quiser fazer do seu evento um marco, considere a inclusão de:

- **Brindes:** São itens pequenos, frequentemente relacionados à marca, que são distribuídos àqueles que comparecem ao evento. Eles funcionam muito bem como lembranças, de forma que, quando as pessoas cheguem ao trabalho, elas possam compartilhar o seu brinde com um colega e dizer:"Você nem imagina o que eu vi hoje".

- **Grandes prêmios:** Você pode considerar ter um vencedor ou algum tipo de prêmio que seja entregue na conclusão de sua acrobacia. O vencedor pode ganhar $ 1 milhão ou você pode doar certa quantia a uma instituição de caridade. Criar algum tipo de recompensa, seja para ganho pessoal ou altruísta, ajudar a pôr um belo acabamento ao seu espetáculo.

Embora elas não sejam sempre essenciais para o sucesso de uma acrobacia, se estiver criando algum tipo de competição ela será um acréscimo impressionante (e potencialmente digno de cobertura da imprensa) para a atividade.

Mostre-nos as suas mãos

Uma revendedora de carros, ansiosa para aumentar a sua visibilidade, decidiu produzir uma acrobacia. O que a revendedora tinha à disposição para usar de prêmio? Um caminhão. Usando esta centelha criativa, a revendedora produziu um evento onde os competidores tinham que manter as suas mãos no veículo o tempo todo, sem apoiar-se no caminhão. O participante que conseguisse manter as suas mãos por mais tempo sem cair ganharia o veículo. O drama humano da resistência instigou a imaginação da imprensa durante todo o transcorrer da competição e até mesmo inspirou um documentário, Hands on a Hard Body.

Traga a originalidade, traga a mídia

A imprensa adora cobrir coisas que nunca foram feitas antes, portanto, sempre que for possível, faça algo único ou original ou dê uma guinada única e original a algo que já foi feito.

Acrobacias publicitárias podem ser populares em mercados maiores, como Nova Iorque, Los Angeles e Chicago, mas elas ainda não são comuns na maioria dos mercados menores. Se acrobacias são algo raro onde você vive, certifique-se de amplificar este fato para a imprensa. Apresentar uma acrobacia "que nunca foi vista na área antes" pode ajudar a persuadir a imprensa a vir para o evento.

Entenda, porém, que embora você possa pensar que ninguém esteja fazendo nada mais legal do que você no momento, há um mundo inteiro lá fora e a sua acrobacia não seria a primeira a colidir com coisas um pouco mais notáveis para os jornais.

Capítulo 7: As Espetaculares Acrobacias Publicitárias

Prepare uma base sólida com os seus veículos de mídia direcionados para tirar o máximo da sua acrobacia. Para fazer isso, identifique os veículos de mídia que ajudarão a transmitir a sua mensagem (consulte o Capítulo 15). Então, tire o máximo proveito dos fundamentos que criou até então, colocando a sua destreza em relações públicas para funcionar (consulte o Capítulo 16) e confie na mídia para cobrir o seu evento e ajudar a propagar a sua mensagem.

Se você desenvolver isso, eles virão? Pré-promovendo o seu evento

Após todos os seus sonhos, planos e esquemas, não seria terrível se ninguém fosse ver as suas façanhas? Sim, seria terrível. Aqui, falamos sobre algumas ferramentas à sua disposição, a maioria delas barata ou gratuita, para ajudar a espalhar a mensagem sobre seu evento e atrair a imprensa e os consumidores a ele.

A esta altura, tudo está em seu lugar para causar uma bela impressão e é a hora de soltar a notícia! Esta é a sua oportunidade de estender a mão à imprensa e ao seu público-alvo, deixá-los saber o que você tem tramado e convidá-los a comparecer.

Ganhando as ruas

Nos dias anteriores à sua acrobacia, vá as ruas e espalhe a mensagem por meio de equipes de rua. É hora de cobrar os favores daqueles amigos que você ajudou a se mudarem, dos membros da família que lhe devem dinheiro e fazê-los ajudar a bater papo nos locais em torno da área.

Nada atrai tanto uma multidão quanto outra multidão e, portanto, você precisa atrair as massas para a sua acrobacia e orçar tudo de acordo. Como se diz por aí, você pode produzir a obra-prima mais surpreendente já feita, mas se ninguém ouvir falar dela, os seus esforços foram em vão. Além disso, quando a sua imprensa *finalmente* chegar, você definitivamente vai querer multidões de espectadores no fundo da sua foto ou cobertura ao vivo.

Se tiver dinheiro para tanto, imprima alguns folhetos que possa distribuir aos consumidores na rua e no comércio local (para uma visão geral mais detalhada de como organizar e conduzir equipes de rua, confira o Capítulo 6). Muitas lojas como barbearias, lavanderias e afins têm quadros de avisos comunitários em seus estabelecimentos. Peça com educação e, se você for gentil o suficiente, o seu folheto pode parar em todos os quadros da cidade.

Tudo bem, eu tenho um ingresso

Você está pronto para espalhar materiais na rua, mas não quer distribuir folhetos apenas. Então não o faça. Seja criativo, tente apresentar um ingresso em vez disso. A criação de um ingresso gera uma noção de exclusividade. Encoraje os consumidores a trazer o ingresso no local para poder entrar. Sim, tecnicamente você não precisa de ingresso para assistir um evento público, mas provavelmente você perceberá que a percepção de que um ingresso é necessário vai gerar um pouco mais de interesse. E, como bônus, o ingresso pode ser usado como marcador de páginas posteriormente, dando a ele uma vida útil maior!

Usando o computador

A maioria das pessoas gasta diversas horas por dia em seus computadores checando os e-mails e sites de relacionamentos sociais e você pode utilizar este entendimento para capturar o seu público onde eles se divertem:online.

Envie e-mails em massa para todo mundo que você conhece, dizendo:"Você não vai querer perder este evento!", e encoraje-os a repassar a mensagem aos amigos deles. Entre em sites de relacionamento social, como o MySpace (www.myspace.com), o Facebook (www.facebook.com) e o Orkut (www.orkut.com), e publique boletins e convites para o evento neles também.

O seu jornal local tem um fórum comunitário ou você tem um quadro de avisos comunitário? Se houver, o seu evento deve estar todo espalhado nele. Você pode até mesmo tentar fazer uma provocação de bom gosto. Há maneiras nas quais você possa provocar e despertar o interesse das pessoas nestes formatos? "O Cara Parece Mulherzinha: no dia 03 de julho, às 9 da manhã, na Duffy Square, veja roupas femininas como nunca viu antes".

Para saber mais sobre espalhar a sua mensagem online, conecte-se ao Capítulo 12.

Obtendo um pouco mais do seu local

Se estiver conduzindo o seu evento em um local do qual não seja proprietário, você provavelmente terá que pagar ou permutar algo por isso. Tire o melhor proveito possível! Nos estágios iniciais, quando estiver negociando o que vai pagar e o que vai receber, peça por alguma publicidade no local, por parte do estabelecimento. Algumas coisas ótimas a se pedir antes do seu evento incluem:

- Sinalização dentro e ao redor do local
- Menções na marquise do local (se apropriado)

- Acesso à lista de e-mails do local para enviar um e-mail em massa
- A oportunidade de distribuir materiais no local em eventos anteriores ao seu

Quando boas acrobacias acabam mal

Coisas acontecem. Ao executar uma acrobacia, há boas chances de que você esteja fazendo algo que nunca foi feito antes, então não há uma trilha óbvia a ser seguida para evitar problemas. Pequenos problemas e obstáculos inesperados , com certeza, aparecerão no dia do seu evento. Considere a antecipação a problemas uma responsabilidade pessoal, de forma que possa rapidamente identificá-los e resolvê-los no grande dia.

Antes de se lançar à produção daquilo que vê como a campanha publicitária mais genial já feita, pese com cuidado as ramificações das suas ações. Será que o que você está fazendo pode ser visto como perigoso ou de mau gosto? Embora seja excelente obter extensa cobertura local e nacional, se a cobertura fizer que seu público-alvo apanhe forcados e tochas ou inicie um boicote, você se pegará desejando que toda aquela estupenda publicidade simplesmente desapareça.

Talvez um dos exemplos mais evidentes desta situação seja um caso da história bem recente. Uma rede de TV a cabo, em uma tentativa de promover a sua programação de desenhos animados adultos e masculinos, decidiu que queria chamar a atenção pendurando pequenas caixas de luz, retratando um dos personagens do programa, em diversos locais dos maiores mercados americanos.

Durante semanas, estas pequenas caixas de luz ficaram em suas posições sem serem perturbadas ou notadas. Quando elas finalmente *foram* notadas, não foi pelo público selecionado e sim pelo Esquadrão Anti-Bomba de Boston. Estas simples caixas de luz tiveram poder suficiente para parar a cidade inteira por várias horas e resultaram em cerca de $ 2 milhões em multas e o mesmo tanto de dedos médios levantados, assim como o do personagem do desenho.

Acrobacias publicitárias podem ser vistas como uma faca de dois gumes. Ao executar estas iniciativas, você quer desafiar a si mesmo a fazer coisas que nunca foram feitas antes porque é isso que as pessoas (e a imprensa) querem ver! Entretanto, como a acrobacia não foi feita antes, é simplesmente impossível estar preparado para tudo o que possa dar errado. Por exemplo, um grande vendedor de bebidas refrescantes e delícias congeladas decidiu que quebraria o recorde de Picolé Mais Alto do Mundo, um recorde que, àquela altura, era de 7 metros. Antes que o doce pudesse ser levantado, o calor de 27° entrou em ação, derretendo o interior do picolé. Quando estava sendo descarregado do caminhão, ele se quebrou e inundou as ruas com fluido sabor kiwi e morango. Em vez da foto de primeira página mostrar mais de 8 metros de deleite congelado, ela mostrava os bombeiros jogando água em ruas rosadas e pedestres fugindo do local. Não exatamente a impressão que você quer deixar.

Será que existe má publicidade?

"Eu não me importo com o que os jornais dizem de mim, contanto que eles escrevam meu nome direito".

Estranhamente, esta citação tem sido atribuída a P. T. Barnum, Mae West, George M. Cohan, Will Rodgers e W. C. Fields, todos mestres da acrobacia publicitária. Mesmo hoje em dia, o debate sobre a existência ou não de má publicidade continua aberto. No que diz respeito aos exemplos da seção "Quando boas acrobacias acabam mal", neste capítulo, você poderia argumentar que mesmo a má publicidade atribuída a cada uma destas acrobacias ajudou a espalhar a notícia sobre o produto ou marca que elas pretendiam promover.

No transcorrer da afronta das caixas de luz, a rede envolvida teve o seu nome e trechos de seu programa transmitidos em todos os principais veículos de mídia. Certo, as coisas que estavam sendo associadas à marca não eram exatamente positivas, mas quem sabe dizer o que os consumidores absorveram? Será que eles lembrariam que todo mundo estava falando da marca, ou que ela estava ligada a uma ameaça de bomba? Ademais, será que a afronta dos oficiais municipais e de outras autoridades na verdade não atrai o público-alvo de homens mais provocadores, ao ilustrar ainda mais como: "Meus pais não sacam a parada, cara?".

Não temos respostas simples para esta questão. Na verdade, nós brigamos um com o outro sempre que o tópico vem à tona.

Pegue o seu plano, desmonte-o, e tenha uma estratégia para cada coisa que possa azedar. O que poderia, possivelmente, dar errado? E se alguém não aparecer? Toda a sua equipe e os seus materiais de produção estão preparados para cumprir as obrigações a que foram designados? Você planejou o papel que o clima pode ter?

Após ter analisado, minuciosamente, os seus planos e cogitado todas as possíveis situações, prepare um roteiro de contingência para cada uma dessas situações. Se os seus colegas estão ajudando-o a conduzir o programa, deixe-os a par do plano também. Um plano que somente você conhece não será muito útil se ninguém mais puder ajudar a executá-lo.

Anteriormente, nos estágios de planejamento, você compartilhou com o estabelecimento o plano completo para o seu dia. Faça o mesmo com todo mundo envolvido. Certifique-se de que cada pessoa da equipe, do bufê e do teatro de marionetes conheça o cronograma e o seu envolvimento nele. Se trouxer fornecedores externos para ajudar na sua acrobacia, lembre-se de que eles basearam seu dia em função das suas atividades. Respeite o horário deles, assim como quer que eles respeitem o seu.

Capítulo 8

Eventos e Experiências

Neste Capítulo

▶ Conduzindo um evento bem-sucedido

▶ Produzindo recepções e performances

▶ Conduzindo uma seleção de elenco

▶ Levando às ondas de transmissão

*"E*ntão escute...Veja bem, eu queria dar aos consumidores a oportunidade de experimentar o meu produto de uma forma diferente, sabe? Não quero só colar alguns pôsteres, quero alguma coisa de primeira, capice? Muito bem, gênio do marketing, vá"..

Nem todos os proprietários de negócios soam como mafiosos dos anos 20 (embora tenhamos tido uma boa cota de alguns que soam), mas em muitos casos, o desejo é o mesmo. Como você dá ao público, seja ele de massa ou direcionado, uma maneira excitante de não apenas ver, ouvir ou provar o seu produto, mas de *experimentá-lo* também? Uma maneira de fazer isso é produzindo um evento.

Um *evento*, no que diz respeito ao marketing de guerrilha, envolve estender a mão ao seu público consumidor, produzindo uma experiência que seja complexa, educacional e divertida. Para os propósitos de organização deste livro, estamos lidando com acrobacias publicitárias (consulte o Capítulo 7) como espetáculos mais voltados a atrair a cobertura da mídia e neste capítulo, um evento tem como foco primário atrair consumidores e dar a eles um compromisso pessoal e experimental com a sua marca. Mas nós reconhecemos que haverá algum cruzamento entre os dois conceitos. Ei, se você produzir um ótimo evento que os consumidores amem, por quê ele não deveria ter alguma cobertura da imprensa?

De volta ao assunto, quando nos referimos a eventos, estamos pensando em tratar de coisas como uma grande inauguração de um spa ou salão de beleza; inscrições abertas ao público em uma academia ou degustação de vinhos após o horário comercial na loja de bebidas local. Estas são experiências relacionas à marca que podem ser talhadas para dar aos consumidores a oportunidade de serem apresentados ou receberem melhores informações sobre o produto ou serviço que estiver oferecendo.

Este capítulo resume exatamente o que se faz na condução de um evento e como a sua marca pode extrair o máximo possível ao fazê-lo. Para começar, enumeramos as peças essenciais que ajudarão a tornar um evento uma experiência única para os seus consumidores. Enquanto a sua capacidade criativa ajuda a motivá-lo rumo à construção do seu evento, nós explicamos alguns eventos populares como recepções, performances, seleção de elenco e eventos ao vivo e investigamos como cada um desses conceitos pode ser ajustado para beneficiar o seu negócio.

"Então, se você tem a coragem, de pôr a tua cachola pra funcionar, vai logo subir na organização, *capice*?"

Sabendo o que faz um bom evento

Se a ideia de conduzir um evento lhe parece um tanto exótica, não se preocupe: há boas chances de que você tenha mais experiência em planejar um evento do que pode imaginar. Por exemplo, digamos que o seu aniversário está chegando e, parabéns!, você está fazendo [cof, cof] anos! Que boa notícia! Com esta idade chega uma nova alvorada em sua vida e você decidiu fazer as coisas por conta própria e planejar a sua festa de aniversário perfeita, algo que tenha a ver com a sua personalidade de modo único, o que fará que seus amigos comentem, por anos, como aquela festa de aniversário foi, inegavelmente, "a sua cara".

Para começar, você põe no papel uma lista de pessoas que simplesmente *têm* que estar lá. Após revisar a sua lista, você escolhe um restaurante que seja próximo de onde todos os seus amigos moram e que seja famoso por aquele prato que, é notório, sempre escolhe, você sabe qual... Então, vamos ao entretenimento. Reconhecido entre os seus amigos por iniciar o dia com algum hino de rock clássico cantado a plenos pulmões, é imprescindível ver uma banda de cabeludos fazendo tributo aos anos 80, com pista de dança e show pirotécnico. Como toque final, em exibição na mesa de presentes, você dispõe fotos suas tamanho 20x25 com autógrafo, para que seus convidados possam levar para casa e marcar esta noite mágica como a melhor festa de aniversário já feita ou pelo menos uma que seja a sua cara.

Se você fosse um produto ou serviço, teria acabado de preparar um evento básico (ainda que talvez um tanto narcisista) relacionado à marca. Como começou a produzir tal experiência centrada na marca?

- **Você fez algo específico para o público:** Embora outros fregueses na festa de aniversário possam apreciar o que você criou e contar aos amigos o que eles viram na sexta-feira à noite, você mirou no seu círculo social imediato em primeiro lugar e proporcionou-lhes uma experiência sem paralelos, o que garantiu que o seu nome estivesse na boca das pessoas que te importam.

Capítulo 8: Eventos e Experiências **129**

 Esta é a oportunidade de utilizar as suas habilidades guerrilheiras de mira. Comece a partir da entrada: decida quem são os frequentadores ideais do evento e construa o resto a partir daí.

Você ocupou e entreteve os seus convidados: No que diz respeito ao seu gosto por bandas de tributo aos anos 80, você criou algo que foi espalhafatoso e divertido, e que dá uma ideia de quem és. O grau de participação dos seus convidados aqui pode ser mínimo, como revirar os olhos ao perceber a calça de spandex do cantor ou bem maior, com gente dançando "Rock the Casbah" sem parar na pista de dança. De qualquer maneira, você apresentou alguma coisa um pouco diferente.

Quando estiver planejando o evento para o seu produto ou marca, pense no que você possa fazer que envolva experiência direta e informe os seus convidados sobre o seu produto ou marca. O que você pode oferecer a eles para que venham ao seu campo? Qual será o grau do envolvimento deles, assim que chegarem lá?

 Você proporcionou uma lembrança clara: Embora distribuir fotos da sua cara em sua própria festa de aniversário possa ser considerado um movimento ousado, você o fez com a intenção certa e pôs um sorriso no rosto dos seus convidados. Além disso, deu a eles uma lembrança de uma festa verdadeiramente extraordinária e, no seu caso, de uma pessoa incrível.

O que o seu público vai levar do evento de seu produto ou marca? Eles irão embora com uma amostra do seu produto, uma peça impressa ou simplesmente uma mensagem clara e concentrada?

Estes três elementos: escolher o seu público, ocupar e entreter os seus convidados, e proporcionar uma lembrança, ajudarão a dar uma estrutura onde se pode começar a trabalhar no tipo de evento que você gostaria de realizar, porém, você pode esclarecer seu evento ainda mais ao levar alguns outros itens em consideração.

Ser a única alternativa disponível

Quando você escuta histórias de negócios prósperos, frequentemente a explicação simples para o sucesso inicial deles é a de que, naquela época, eles eram a única alternativa disponível. Para que o seu evento tenha um bom público e para que obtenha o valor máximo pelo seu empenho, você vai querer se colocar na mesma posição. Faça um favor a si mesmo e mantenha-se longe de conflitos em potencial que possam fazer que seus consumidores digam "oh, eu iria com certeza se não fosse por...".

Dê uma volta pelo seu calendário anual inteiro e tome nota dos feriados nacionais próximos da data planejada para o seu evento. Se um feriado importante (como o Ano Novo) ou grande evento (como as eleições) monopolizará a atenção dos seus consumidores, consequentemente você pode querer mudar a sua data.

Em âmbito local, você pode evitar ser ofuscado ao fazer algum trabalho de campo e verificar o que tem agitado a sua vizinhança. Descubra os recursos na sua comunidade que o ajudarão a conectar-se com a vibração da sua área. Comece checando os calendários locais, os jornais de bairro, os quadros de avisos comunitários e os websites.

Após ter feito a sua varredura superficial inicial, é hora de mergulhar um pouco mais fundo. Faça algumas ligações para diversas organizações cívicas como se fosse um "cidadão curioso" ou um turista procurando por mais informações, querendo saber, casualmente, o que vai acontecer na semana da data planejada para o seu evento. Estabelecimentos que podem ser especialmente úteis nesta esfera incluem birôs de congressos e visitas turísticas, distritos de melhoria dos negócios locais e escritórios de recreação e manutenção de parques. A maioria destas organizações tem departamentos de Relações Públicas, cuja única ocupação é certificar-se de que o público esteja ciente dos eventos vindouros.

Sondar os competidores também é uma ótima ideia. Se você é o proprietário do Centro Comercial Automotivo do Otto e quer organizar um evento em sua revendedora, dê uma olhada em volta e veja o que os outros estabelecimentos de venda de carros estão fazendo. Se descobrir que a sua rival, a Carros do Carlos Maluco, marcou a Liquidação Uma Vez Por Milênio de 50% de Desconto para o mesmo dia em que estava planejando conduzir o seu evento, você pode querer considerar uma nova data ou intensificar os seus planos para garantir que o seu evento supere Carlos Maluco, com a "Liquidação Duas Vezes Por Milênio de 75% de Desconto"!

Fazer toda esta pesquisa por conflito de data pode não parecer muito divertido. O que é pior mesmo, porém, é gastar todo aquele tempo e dinheiro para produzir o seu evento apenas para ter o espetáculo roubado pela festival local da pipoca, um erro que poderia ter evitado ao fazer algumas ligações e uma rápida pesquisa online.

Facilitando as coisas para o seu público comparecer

Digamos que você tenha uma loja de vinhos e queira entrar em contato com trintões em ascensão social para transformá-los em clientes regulares. Para fazer isso, você decide organizar uma série de divertidos e modernos eventos de degustação de vinhos, apresentando um *sommelier* famoso na área e um DJ local tocando algumas faixas atmosféricas, criando um ambiente que seja divertido e educacional, sem ser pretensioso.

Você tem um plano e sabe quais consumidores gostaria de atingir. Agora, precisa abrir caminho para que os seus consumidores ideais participem. O que pode fazer para facilitar o tanto quanto possível o comparecimento do seu público-alvo? Comece colocando-se no lugar deles e considerando qual dia da semana funciona melhor para eles. Estas pessoas são ocupadas e você sabe que não será capaz de pegá-los no início da semana. Eles têm prazos a cumprir. Logo,

Capítulo 8: Eventos e Experiências **131**

tente mais tarde, talvez na quarta ou na quinta-feira. Seu evento pode ser um pouco elegante demais para uma loucura de fim de semana, mas na medida para ajudá-los a saudar o final da semana de trabalho.

Agora que tem uma boa noção do dia em que quer realizar o seu evento, é hora de escolher uma hora. Antes de fechar um horário de vez, considere o seu público-alvo e faça algumas propostas iniciais (conduza uma pesquisa informal) para ver se ele funciona para o seu público. Se a resposta esmagadora ao seu horário proposto for "não", pergunte a este grupo representativo que horário funcionaria melhor para eles.

Fale com os seus amigos trintões e talvez descubra que eles apreciam um bom happy hour após um longo dia de trabalho. Mais tarde, à noite, os planos podem envolver um jantar, uma ida ao cinema ou algum evento esportivo, logo após o trabalho, digamos, de 5 a 7 da noite, eles estão disponíveis.

Por fim, deixe a janela de participação tão ampla quanto for apropriado. Alguns não apareceriam em um evento se, ao chegarem 10 ou 15 minutos atrasados, eles perdessem a maior parte da experiência. É mais provável que eles apareçam se houver duas ou três horas durante as quais eles possam zanzar. Tente tanto quanto for possível organizar o seu evento de maneira que os convidados que chegarem lá no início, no meio ou no fim, tenham a mesma experiência.

Proporcionando uma experiência única

O clichê de que você tem apenas uma chance de causar uma boa impressão inicial tem uma razão de existir. Quando liga a TV para assistir às notícias, tudo o que vê são matérias sobre como as pessoas estão mais ocupadas e mais produtivas do que nunca. Com tudo o que estas pessoas têm à disposição nos dias de hoje, recai sobre você a responsabilidade de produzir algo único, algo que deixará os seus convidados felizes por terem perdido tempo dando uma passada ali. Quer você realize um evento para dez pessoas ou para mil, torne-o divertido e pessoal. Nas seções a seguir, nós mostraremos como.

Oferecendo um toque humano

"Eles só estão fazendo isso para ganhar um troco!". Às vezes, o público vê iniciativas de marketing como algo insincero, fabricado e até mesmo manipulativo e às vezes elas são. Logo, faça tudo em seu poder para provar que eles estão errados! Qualquer coisa que puder fazer para superar esta luz desfavorável e dar um toque humano ao seu evento é de seu pleno interesse.

Coisas pequenas podem fazer uma grande diferença. Algo tão simples quanto ter uma pessoa atraente e sorridente cumprimentando os convidados à medida que eles chegam é mais eficaz do que a maioria das pessoas percebe. Você e sua equipe devem apresentar-se (o primeiro nome apenas, para escapar dos malucos) e conversar com os convidados. Os consumidores podem não ler o seu material impresso quando chegarem em casa naquela noite, mas uma conversação prazerosa com você e o seu pessoal vai ser lembrada.

Além disso, faça tudo o que puder, dentro dos limites éticos e cabíveis, para deixar os seus convidados confortáveis e felizes enquanto eles estiverem "na sua casa". Todos os dias, os consumidores têm que lidar com um monte de chateações (nada de bom na TV, trânsito, impostos), portanto, quando eles chegarem ao seu evento, você deve deixá-los satisfeitos por terem arranjado uma babá para poder comparecer.

Dando o tratamento VIP aos seus convidados

A maioria dos seus consumidores provavelmente não está nas listas "classe A" de Hollywood, mas não há motivo para não tratá-los como se estivessem por algumas horas. Entrar em contato e satisfazer os seus consumidores é ótimo, mas ainda melhor é dar a eles uma experiência que os faça sentirem-se do outro lado das divisórias.

Entre outros toques de classe que os farão dizer "uh-la-lá!", os seguintes podem estar incluídos:

- **Hors d'oeuvres leves:** Não deixe que o francês o engane, isto pode ser tão simples quanto uma bandeja de queijos, um sortimento de pequenos sanduíches ou um prato de cookies. Para aquele *je ne sais quoi* extra, por quê não recrutar alguém para servir as suas delícias culinárias aos convidados?

- **Drinques:** Comparecer a um evento de alta classe como o que você está organizando, pode deixar os seus convidados com a boca seca. Mate a sede deles deixando água, café, chá ou outra bebida apropriada ao evento por perto.

Embora não seja apropriado para todos os tipos de negócios, se a sua marca for voltada a adultos, você pode cogitar acrescentar um patrocinador de comida ou bebida. Esta é uma grande oportunidade de formar uma parceria com uma marca complementar, que não seja sua competidora, em troca da presença no local e do acesso aos presentes. Ela ganha visibilidade e você e seus convidados ganham um forte valor agregado. Todos ganham!

- **Música:** Já esteve em uma reunião de pessoas completamente desconhecidas e notou como o silêncio era simplesmente assustador? Preencha o vácuo com um pouco de música. Considere o tom de seu encontro e encha o seu MP3 player com todas as canções certas, uma semana ou duas antes do evento.

- **Fotógrafo:** Ter um fotógrafo perambulando e tirando fotos dos seus convidados pode dar a impressão nítida de um grande evento. Sim, as fotos podem ser somente para um jornal local ou o "fotógrafo" pode ser apenas o primo Ed vestindo um terno preto especial. Ninguém precisa saber, eles ainda vão parar e sorrir, nós prometemos. De qualquer maneira, as pessoas sentem-se admiradas pela imprensa e você terá ótimas fotos para documentar a experiência!

- **Brindes:** Sempre que você sintoniza o *Entertainment Tonight*, eles adoram mostrar a você todas as coisas boas que as celebridades ganham de lembrança nos diversos eventos que elas atendem. Provavelmente, você não tem 10 milhas para torrar em cada bolsinha de brindes, mas o que você tem à disposição? Você consegue oferecer amostras ou produtos da marca como agradecimento pela presença? Se puder, junte isso a um cupom ou peça impressa, dentro de uma bolsa de brindes com a sua marca, para um belo toque de classe.

✔ **Decoração:** O ingrediente final que vai querer considerar é a decoração. O que pode ser acrescentado ao seu evento que ajudará as pessoas a sentirem-se mais confortáveis ou envolvidas, enquanto elas estão por ali? Será que algum móvel, iluminação ou vegetação adicional deixaria o local mais agradável? Talvez um cenário com a sua marca para o primo Ed usar quando estiver tirando fotos dos seus convidados recém-chegados?

Você decidiu que, em seu evento, quer dar às pessoas a oportunidade de andar, com estilo, no tapete vermelho. Você pode querer trocar isso e substituir o "tapete vermelho" fora do seu evento por algo que tenha relação com a sua marca, como grama artificial com a marca, no caso de um bar de esportes ou carpete de lã trançada laranja fluorescente, no caso de um evento baseado nos anos 70.

Envolvendo os seus convidados

Envolvimento ou compromisso é o grau de participação exigido aos seus convidados a fim de que experimentem a sua marca. O quanto vai pedir a eles? Quando eles derem uma passada, estarão aptos a, simplesmente, apreciar a atmosfera ou serão solicitados a fazer a dança do pintinho? Não importando em que direção você vá, nas seções seguintes oferecemos algumas sugestões para tirar o máximo proveito disso.

Envolvimento limitado

Se o seu evento requer apenas um envolvimento limitado, tudo o que você vai pedir aos seus convidados é que eles compareçam e deem uma olhada no local. A ideia é que quando eles chegarem ali, ficarão impressionados com o que você oferecer e desejarão procurá-lo para satisfazer suaas necessidades.

Enquanto os convidados estiverem no seu evento, devem ter a oportunidade de ver o seu ambiente, experimentar o produto e fazer perguntas sobre você e sua equipe. Um evento de envolvimento limitado é mais relaxado, é uma oportunidade que você tem de dizer "É isso o que somos. Temos algumas coisas ótimas rolando por aqui. Dê uma checada".

Mesmo que não esteja pedindo nada ou quase nada aos seus convidados, isso não significa que você deva fazer vista grossa para qualquer oportunidade de reiterar quem você é e o que você faz. Tente empregar alguns complementos baratos que ajudarão a sua marca a ficar na cabeça dos convidados:

✔ **Repetição em PowerPoint:** Uma repetição em PowerPoint é apenas uma apresentação rápida, exibida em um computador ou telas de TV ao redor do seu estabelecimento, que resume o seu negócio e possa ser repetida indefinidamente durante o transcorrer do evento, de modo que, uma vez que a apresentação acabe, ela reinicie automaticamente.

Muitas pessoas quando pensam em apresentações em PowerPoint imaginam salas de reunião asfixiantes e quadros monótonos e cheios de texto sobre os ganhos da companhia. Para os propósitos do seu evento, você vai querer virar esta associação de cabeça para baixo. A sua repetição deve ser tão exibida quanto o clima do seu evento permitir. Inclua tantas fotos coloridas e intrigantes do seu negócio quanto possível.

Tente alguma animação. Apimente-a fazendo com o que seu logotipo se aproxime da tela. Se escolher ir nessa direção, faça-o de forma moderada. Já quanto ao texto, ponha apenas os fatos! O que você faz? Como você faz? O que a sua companhia tem de única? Páginas e páginas de texto nunca serão lidas e deixarão os seus convidados com imagens de bajuladores rondando as suas mentes, uma associação não muito positiva.

✔ **Repetição em vídeo:** Uma repetição em vídeo é uma sequência de filmagem que dá aos seus convidados a chance de ver o que você faz. Se tiver cenas que resumem o seu processo, os seus serviços e pontos únicos sobre a companhia, esta é a chance de compartilhá-las! Você pode achar fascinante a história de como o seu tataravô começou a companhia em 1919, teve um adorável setter irlandês chamado Julião e era um grande fã de colecionar borboletas e enquadrá-las na parede, mas se toda esta informação não tiver nada a ver com o gesso que está vendendo, os consumidores seguirão adiante. Mantenha o seu conteúdo breve, sucinto e, mais uma vez, tão exibido quanto a sua marca permitir, para que ele se sobressaia.

✔ **Fotografias ampliadas:** Fotos ampliadas são grandes instrumentos para ajudar a reafirmar a sua marca no local. Se uma imagem vale por mil palavras, quantas palavras uma imagem realmente grande vale? Ampliar fotos do seu logotipo, dos seus produtos e das imagens associadas à marca, além de acrescentar uma atmosfera ao seu evento, dá outra oportunidade de transmitir o seu negócio aos presentes. Você pode pendurar estas imagens na parede ou pô-las em molduras (disponíveis em qualquer loja de artigos de escritório).

Ao produzir estas fotos, leve a sua marca em consideração. Há maneiras diferentes de apresentar estas fotos que sejam únicas para a sua marca? Se você for particularmente artístico pode querer apresentá-las em preto e branco ou sépia, inverter as cores ou criar uma colagem de imagens. Pergunte-se como pode querer ajustar estas fotos de modo que seus consumidores deem uma segunda olhada nelas.

Se tiver alguns trocados extras, você pode querer trazer um artista gráfico por algumas horas para criar algumas opções de layout. Trabalhar com um designer para produzir estes conceitos pode fazer uma grande diferença para que algo pareça legítimo e profissional, o que por sua vez vai repercutir muito bem para a sua marca.

Envolvimento maior

Você decidiu que quer envolver os convidados no seu evento, não quer que eles simplesmente passem por ali, comam a sua gororoba e voltem pra casa. Você quer que eles realmente participem do evento. Tomar este rumo exige um nível maior de envolvimento. Isso significa que você tem que criar algo que seja singular, e se esse algo não se encaixar na definição, é melhor que os recompense bem por participarem da brincadeira.

Quando você estava na escola e o professor pedia que um voluntário fosse ao quadro-negro e explicasse o Teorema de Pitágoras, a maioria das pessoas olhava para baixo e evitava encarar o professor, certo? Por que os garotos não clamavam para participar? Simplesmente porque ninguém quer parecer estúpido na frente de um grande grupo de pessoas. Sabendo disso, qualquer forma de envolvimento que você escolher, seja algum tipo de competição, jogo, dança ou o que for, certifique-se de que você e a sua equipe apóiem os presentes tanto quanto possível. Você já está pedindo mais a eles do que comparecer apenas, logo, não os faça sentirem-se, além de tudo, ridículos.

Quanto mais pedir aos seus convidados, mais precisará estar preparado para compensá-los pelo seu envolvimento. Se o seu evento envolve fazer com que os convidados venham ao palco e paguem mico, é melhor que eles ganhem mais do que uma caneta com a sua marca por conta disso. Calcule o que seria necessário para que *você* participasse no que estiver propondo aos seus convidados. Você precisaria de um vale-presente de $ 15 ou de um suprimento vitalício do produto? Se for especialmente extrovertido, você pode querer perguntar aos seus amigos menos expansivos, para certificar-se de que a recompensa está adequada ao feito (para saber mais sobre recompensar os seus consumidores, confira o quadro lateral "Levando a participação em conta" neste capítulo).

Para evitar a possibilidade de voluntários tímidos (ou inexistentes), você pode querer ter alguns amigos no meio da multidão servindo como "espiões" a quem se possa apelar para dar o pontapé inicial, se necessário. Os consumidores podem acabar aprendendo tanto sobre o seu produto ao assistir outra pessoa participando entusiasticamente das atividades quanto eles aprenderiam se fossem os participantes.

Levando a participação em conta

Uma grande instituição financeira criou um programa de fidelidade único, onde consumidores recebiam recompensas mais tangíveis por usarem suas contas bancárias. As recompensas incluíam coisas como cestas de basquetebol, consoles de videogame, câmeras digitais, equipamento de golfe e vales-presente. O desafio era criar um evento que desse aos convidados a oportunidade de experimentar esses prêmios diversos, na esperança de que eles abrissem uma conta na instituição.

A solução do banco foi criar um evento que engajasse os consumidores em uma série de atividades envolvendo os itens de recompensa em troca de prêmios de alto valor, como vales-presente. Para fazê-lo, eles criaram um grande show que perguntava coisas sobre o programa para os consumidores, um percurso de golfe em miniatura, uma estação de videogames, uma cabine fotográfica e uma decisão de tiros livres de basquete. Cada uma das estações foi produzida usando as diversas recompensas disponíveis, dando aos consumidores uma experiência direta com cada um dos itens que eles poderiam receber por meio do programa de fidelidade.

Este engajamento dos convidados resultou em um recorde de registros no banco no transcorrer dos três dias do evento. Mesmo que os convidados ficassem ali por um minuto ou por uma hora, eles ainda seriam capazes de viver a mesma experiência por terem comparecido. O programa foi tão bem-sucedido que foi para a estrada, para dar aos consumidores, em todo o país, a oportunidade de experimentá-lo!

Reunindo informações sobre os seus convidados

Em troca de tudo o que está fazendo e oferecendo em seu evento, é normal esperar alguma coisa em retorno. Isso pode incluir reservar um momento em seu evento para fazer o seu discurso ou simplesmente pedir aos presentes informações de contato para mantê-los atualizados sobre o seu negócio.

Acrescentar um ingrediente "entre para ganhar" pode ser uma bela maneira de conseguir as informações de contato dos presentes enquanto se adiciona um elemento empolgante extra ao seu evento. Um ingrediente "entre para ganhar" é uma oportunidade de seus convidados ganharem um prêmio ao inscreverem seus nomes e informações de contato e é bem mais fácil de executar do que você poderia imaginar.

Em primeiro lugar, olhe para o seu negócio. Há algum prêmio relacionado à marca ou ao serviço que você possa oferecer aos convidados? Entre os bons prêmios estão incluídas recompensas em produtos ou serviços por um mês (ou mais). Quando estiver decidindo o que você vai distribuir, esteja ciente de que, quando maior o valor do prêmio, maior o número de prováveis participantes.

Seja cuidadoso com quaisquer termos técnicos legais que você possa precisar associar com suas apostas ou competições. Certifique-se de articular, claramente e apropriadamente, coisas como regras, elegibilidade e datas de inscrição. Com frequência, organizações maiores se voltam para seus departamentos legais internos, mas você pode fazer a mesma coisa ao procurar uma agência de promoções ou um grupo que se especialize nesta área.

A seguir, temos um passeio na loja local de artigos de escritório. Aqui, você vai querer pegar uma caixa de sugestões de acrílico transparente ou um alimentador de inscrições, algumas pilhas de fichas multicoloridas, só porque ficam bonitas no alimentador, algumas caixas de canetas e alguma quantidade de papel. Agora, você tem as ferramentas de que precisa para começar.

No local, prepare o alimentador, as canetas e as fichas em branco em uma mesa portátil coberta. Inclua uma ficha já preenchida ao lado da sua pilha de formulários de inscrição em tecnicolor, de forma que os consumidores possam ver a informação que você está pedindo a eles. Sugerimos o seguinte:

- Nome
- Endereço
- Telefone
- E-mail
- Como você ficou sabendo do evento?
- Podemos entrar em contato com você para mais notícias e atualizações?

Informe, gentilmente aos seus convidados, seja na ficha ou verbalmente, que inscrições incompletas não serão elegíveis ao prêmio. Incluir estes elementos vai garantir que você obtenha todos estes detalhes importantes que poderá usar para e-mails direcionados ou e-mails em massa no futuro. A última pergunta lhe dará a oportunidade de fazer um acompanhamento após o evento e desenvolver uma mala direta útil.

Como uma oportunidade adicional de angariar mais atenção à sua competição, você também pode querer montar algumas sinalizações ao lado do alimentador de inscrições para mostrar o prêmio e descrever detalhes. Certifique-se de que esta mesa seja tripulada por uma pessoa animada e extrovertida, cujo trabalho será encorajar a participação, responder perguntas e certificar-se de que os seus consumidores deem todos aqueles pequenos e importantes detalhes que você está buscando.

Você revirou o seu negócio e, tirando alguns queijos caseiros duvidosos que a sua avó continua lhe mandando, não encontrou nada para dar de prêmio. Se este for o caso, corte inteiramente o "entre para ganhar" e em vez disso opte por um livro de visitas. Livros de visitas podem ser vistos como uma maneira mais refinada e conhecida de documentar todos aqueles que estiveram presentes. Apenas certifique-se de que haja linhas suficientes para toda a informação que estiver buscando para produzir o seu banco de dados mais tarde.

Recepções e Performances

A Paisagens, uma empresa de paisagismo de luxo, está abrindo a sua sala de exibição para revelar a sua nova oferta: arte em gramado, entalhes em grama que se parecem com os membros de sua família e muito mais! Ver bustos da sua família esculpidos em seu próprio gramado é bem impressionante, mas o povo da Paisagens não quer se arriscar. Como eles podem garantir que o público venha à sua festa de lançamento? Uma opção pode ser conseguir um convidado para uma recepção, alguém que conheça o setor. O mestre responsável pelo gramado do campo de golfe local pode ser a pessoa certa a se ter no evento.

Se estiver preparando uma recepção ou performance para o seu evento, você vai querer encontrar performers ou celebridades que sejam relevantes para a marca e que agreguem valor ao evento ou à experiência. A frase crucial aqui é *relevante para a marca*. Conseguir que o famoso lançador do time amador local de beisebol apareça em seu evento é legal, de certa forma, mas se a sua marca não tem nada a ver com beisebol ou com esportes, a presença dele pode parecer artificial e no final das contas confundir o seu público.

Antes de acrescentar uma recepção ou performance ao seu evento, você precisa avaliar o que a celebridade ou performer vai contribuir para os seus planos. Será que acrescentar este elemento vai tornar o seu evento mais atraente? Fazer com que as pessoas fiquem mais tempo? Se após avaliar o seu evento, você decidir que sim, você precisa pensar em quem deve conseguir que apareça.

Encontrando e cumprimentando

O que vale a pena, para você, gastar tempo livre do seu dia para ir ver? Um painel sobre horticultura? Uma entrevista com o principal torrador de café do mundo? Recepções são instrumentos efetivos para transmitir a sua mensagem e proporcionar aos consumidores uma experiência que pode ser fora do comum.

Tais eventos são instrumentos empolgantes, mas não são para todos. Eis algumas questões para ajudá-lo a decidir se este instrumento pode ser útil para você:

- **O convidado tem algo de útil para compartilhar com os meus consumidores?** Se a pessoa estiver falando para entusiastas de café e não consegue distinguir café Arábica do Blue Hawaiian, há boas chances de que a sua presença não se mostrará relevante para os seus convidados.

- **Há algum item ou produto de interesse na sua vitrine que possa ser badalado, promovido ou vendido em conjunção com a visita do seu convidado para gerar um impulso nas vendas?** O poder de associar um rosto apropriado com a marca pode ter peso e influência em consumidores rigorosos. Por exemplo, quando a sua mãe foi à loja de eletrodomésticos para uma recepção com o inventor de um novo aspirador de pó turbinado, ela pode ter ficado tão intrigada ou impressionada à medida que ele mostrava as características do produto que ela imediatamente comprou um, a despeito do fato de que há apenas um carpete na casa dela.

- **Ter esta pessoa falando em seu evento pode possivelmente interessar à imprensa?** Será que ter uma pessoa de reputação nacional ou um profissional altamente respeitado na indústria falando no seu evento vai gerar cobertura da imprensa segmentada, local ou nacional?

Conseguindo convidados e oradores

Após reduzir a sua lista de convidados especiais em potencial, você começa a fazer ligações. A não ser que tenha os bolsos cheios, entre em contato com as estrelas locais mais relevantes primeiro. Você terá contato direto e as possibilidades do que será capaz de conduzir em seu evento serão maiores também.

Uma forma de pensar é trazer alguém que possa se beneficiar do comparecimento ou da fala tanto quanto você vai se beneficiar de tê-lo ali. Há algum autor local que tenha uma base de fãs locais que o cultuam? Talvez, em troca da aparição em seu evento, ele possa ter a oportunidade de vender os seus livros no local. Deixar claros os benefícios da participação dele pode colocá-lo em posição de lucrar com a presença dele a custo mínimo ou zero.

Talvez você olhe para a sua lista de candidatos e decida: "Sabe, eu realmente preciso conseguir aquele cozinheiro famoso com o bordão encantador para que ele prepare uma sobremesa Baked Alaska (sobremesa conhecida internacionalmente) em meu evento". Se for o caso, comece a fazer ligações e pesquisar pelo seu representante (para saber mais sobre como rastrear celebridades elusivas, consulte o Capítulo 7).

Seja claro sobre o grau de participação que você precisa da celebridade. Além disso, identifique quaisquer vantagens adicionais (como estar apto a expor a sua mercadoria em seu evento) que você possa oferecer para justificar o envolvimento dela. Muito provavelmente, terá que pagar um cachê ou fazer uma doação à instituição de caridade favorita daquela celebridade em troca da presença dela em seu evento.

Se a sua celebridade e/ou performer está vindo de fora da cidade, certifique-se de que fechou acordo sobre quem vai cobrir estas despesas. Imagine o seu horror quando você determina um preço pela sua presença apenas para ter que pagar três vezes mais pelo hotel quatro estrelas!

A família, os amigos e os associados são recursos incríveis e, habitualmente, inexplorados. Deixe-os saber o que você está procurando em termos de convidados. Às vezes, conseguir o orador ou a performance perfeita é tão simples quanto ver um amigo ligando para um antigo colega de faculdade que é "justamente o que você está procurando".

Ter um plano claro de ataque

Você não entraria em uma batalha sem um plano e não deveria começar o seu evento sem um também. Talvez esta analogia seja um pouco intensa demais, mas ter um plano com certeza é útil! O acréscimo do convidado especial como ingrediente adiciona uma camada extra ao seu evento. Não se estresse muito com isso, mas o convidado é outro fator sobre o qual você precisa planejar. Você precisa aparecer com um *roteiro do show* (uma folha de papel detalhando as informações de contato, obrigações/responsabilidades e o cronograma do evento) e dá-lo ao seu convidado e às outras partes envolvidas. Este documento deve incluir o seguinte:

- Nomes de contato e números de telefone de todos os participantes
- As obrigações, responsabilidades e quaisquer outras solicitações especiais ao convidado
- O horário da chegada do convidado no local e o modo de transporte
- O cronograma para a aparição do convidado em seu evento
- O horário de partida do convidado
- Frases de convencimento para o seu convidado, caso ele tenha a oportunidade de falar com a imprensa

Um luxo divertido é ser levado para lá e para cá de motorista, como na sitcom *Silver Spoons*. Se tiver um dinheiro extra, arrume um serviço de motorista para entregar o seu convidado no local. Além de ser um toque refinado que fará o seu convidado se sentir uma estrela do rock, você será capaz de garantir que ele estará lá na hora em que você precisar dele.

Para complementar o seu detalhado roteiro do show, prepare uma *síntese de produção*, uma lista com todas as peças de produção necessárias para a aparição do seu convidado (mesa, toalha de mesa, microfone, uma caixa de água mineral Evian, cadeira confortável e assim por diante). Você também pode querer incluir um esboço simples descrevendo onde tudo vai ser disposto naquele espaço.

Tirando o máximo de proveito de uma oportunidade

Você esclareceu os detalhes em um nível interno e resumiu para todo mundo como eles se encaixam no plano. Agora, você precisa fazer uma agenda pública de eventos baseada nos fundamentos do roteiro do show e espalhar a notícia! Publique a sua programação em qualquer lugar onde o seu público-alvo poderá vê-la. Pregue placas em volta do local, identifique locais que estão na moda e seu público frequenta, ponha anúncios em quadros de avisos comunitários, passe algum tempo online, você sabe, as coisas de sempre.

Aproveite as oportunidades adicionais de tirar o máximo desta atração, tanto no dia do seu evento quanto nas semanas e meses posteriores. Eis como fazê-lo:

- **Ofereça acesso VIP antes do evento:** A maioria dos negócios está procurando constantemente por oportunidades baratas de agradecer os seus consumidores pelo seu apoio. Por que não organizar uma festa VIP de lançamento antes do evento em si? Se tiver assegurado uma celebridade, esta é uma oportunidade para que os seus melhores consumidores ganhem autógrafos e tirem fotos com os seus convidados. Dar atenção especial aos seus consumidores especiais é uma forma de tirar o chapéu que, com sorte, retornará para você, na forma de negócios contínuos ou elevados.

- **Quando o seu convidado especial estiver fazendo a grande entrada, faça com que sua aparição seja tão acessível quanto possível:** Certifique-se de que todos os presentes possam ver e ouvir o que você criou. Desta maneira, você, com certeza, conseguirá o burburinho boca a boca que procura.

  Se estiver organizando uma recepção, dê bastante tempo para autógrafos e fotografias. Se tiver conseguido uma grande estrela, 30 minutos apenas não será satisfatório. A última coisa que você quer fazer é desapontar os fãs ardorosos dela e culpando-o por isso! Ao negociar o contrato com o convidado, certifique-se de esclarecer por quanto tempo a pessoa ficará dando autógrafos e deixe isso claro aos presentes. Achamos que, geralmente, uma hora basta.

- **Arrume alguma coisa para se trabalhar depois.** Ter VIPs felizes e massas impressionadas é ótimo, mas por que não posicionar-se para colher os resultados da aparição do seu convidado muito depois dele deixar o local? Eis alguns exemplos:

Capítulo 8: Eventos e Experiências **141**

- Fotos: Você deve ser capaz de sair dali com fotos excepcionais do seu convidado ao seu lado, ao lado da marca, e dos seus convidados. Se for possível, obtenha a permissão do seu convidado para usar a imagem dele em materiais de marketing futuros. Acordos verbais para fazê-lo podem ser legalmente válidos, mas certifique-se de consegui-los por escrito, também.

- Vídeo: Isto pode ser tão simples quanto pegar a câmera de vídeo da família e gravar o evento. A filmagem pode parar no canto do seu armário, ou você pode decidir que quer lançar o vídeo nos veículos de mídia, publicá-lo em seu website ou entrar no reino dos sites de compartilhamento de vídeos. Deixar de capturar este momento quando você teve a chance o fará bater a mão na testa posteriormente.

- Itens autografados: Conseguir que o seu convidado autografe alguns itens extras pode se mostrar proveitoso no futuro. Fotos tamanho 20x25 em papel brilhante são uma oportunidade única para que o seu convidado crie um brinde personalizado para os presentes. O convidado pode ser capaz de providenciá-las ou você pode produzi-las facilmente na sua loja local de fotografia. Você pode enquadrá-las e colocá-las em um lugar de honra no seu negócio ou doar os itens autografados para um leilão de caridade. No mínimo, elas servirão como uma lembrança pessoal da experiência.

Seleções de Elenco

Procurando por uma voz ou cara nova para representar a sua marca? Todo o mundo quer se sentir uma estrela, logo, dê aos seus consumidores a oportunidade de ir ao centro do palco organizando uma seleção de elenco.

Uma *seleção de elenco* é, geralmente, usada pelos profissionais em busca de assegurar talentos para coisas como comerciais, episódios-piloto para a TV e longas-metragens. Porém, para os nossos propósitos, uma seleção de elenco também pode ser usada como um evento de marketing em si mesmo quando for direcionada aos consumidores. Pense nisso: quando ela acontece em uma fachada de loja, uma seleção de elenco pode, rapidamente, levar a burburinho multidões e talvez até mesmo a um aumento no trânsito de pedestres e nas vendas, todos os ingredientes cruciais para um evento bem-sucedido.

Quando realizada corretamente, os benefícios de organizar uma seleção de elenco são duplos:

- Você tem a oportunidade de encontrar ótimos talentos para representar a sua marca.

- Você pode encontrar e agradar os seus clientes e consumidores em potencial.

Localizando o seu talento

Há muita gente talentosa por aí. Quem sabe você pode até descobrir a próxima grande estrela em sua seleção!

Ao começar a procura, tenha em mente o seguinte:

- **Tenha uma definição clara de quem você está procurando:** Você está buscando uma dona de casa quarentona ou um motoqueiro sessentão?

- **Deixe claro o que eles vão ganhar com isso:** Ao participar eles receberão um contrato de $ 10.000 para serem seus porta-vozes? Um suprimento vitalício do seu produto? Ou simplesmente o privilégio de representá-lo? Quanto mais puder oferecer em termos pessoais ou financeiros, maior será o número de pessoas presentes que conseguirá.

Pense onde o seu público-alvo mora e trabalha e espalhe a notícia. Não se esqueça de contar a eles os benefícios da participação!

Estruturando a sua seleção

Que a busca comece! Agora que você sabe o que está procurando, é hora de estruturar a sua seleção. Eis as chaves que precisa ter em mente:

- **Escolha um local para a sua seleção de elenco:** Se tiver espaço, você pode cogitar trazer o público para a sua porta ao organizar as audições no seu local de negócios. Se não tiver, você pode facilmente agendar um horário em um estúdio de dança, centro de recreação ou lugar de veneração nas proximidades.

- **Proporcione uma mesa de inscrição:** Quando as pessoas chegarem, elas podem estar nervosas. Deixe-as mais calmas colocando uma equipe sorridente para cumprimentá-las, distribuir uma ficha de audição (como demonstrado na Figura 8-1) e, se possível, uma amostra do produto com tanta informação sobre ele quanto for possível.

- **Determine a ordem das audições:** A ordem deve ser decidida com base na ordem de chegada.

- **Dê um texto a eles:** Como parte da audição, dê a eles uma linha rápida que inclua o nome da sua marca, por exemplo: "O frango da Fricassê me faz voltar aqui para comer mais!"

- **Grave os concorrentes:** Quando os talentos vierem para as audições, filme-os ou tire uma polaróide e prenda em suas fichas de audição. Se você gostar de alguma pessoa, vai querer ligar o nome à pessoa posteriormente.

- **Agradeça-os por comparecer:** Vir à seleção já exigiu muita coragem. Incentive-os e agradeça-os, excepcionalmente, por terem comparecido. Isto também cria um contato positivo com a sua marca, de forma que

Capítulo 8: Eventos e Experiências *143*

mesmo que eles não sejam selecionados eles olhem para você e sua marca com carinho.

No ramo de entretenimento, o diretor de elenco é o guarda da porta que se abre para o ator. Mas quando se fala de selecionar elenco em eventos de marketing, um diretor de elenco acrescenta autenticidade à coisa (sem falar na oportunidade inestimável para os presentes de ficar frente a frente com um profissional), o que pode levar a números maiores. A maioria dos diretores de elenco também tem recursos disponíveis para ajudar a gerar interesse, ao prestar auxílio em seu benefício.

Figura 8-1:
Quem nós temos aqui? Faça uma ficha de audição para ficar de olho nos seus talentos

---

À procura de uma nova cara para a Fricassê

Nome: _____
Endereço: _____
Telefone: _____
Altura: _____ Peso: _____ Cor do cabelo: _____ Cor dos olhos: _____
Filiação a Sindicato (SAG, AEA, AFTRA etc.):
_____

Experiência:

Conflitos de Horário:

Ao realizar as suas audições, você precisa saber se o seu talento é membro de um dos diversos sindicatos de atores e modelos, como a Guilda dos Atores de Filmes (SAG), a Associação dos Direitos de Equidade dos Atores (AEA) ou a Federação dos Artistas de Rádio & Televisão da América (AFTRA). Se ele for membro, não é o fim do mundo. Apenas significa que você pode ter despesas adicionais, como seguro, pensão e outros pagamentos, além do cachê do seu talento.

Se estiver procurando por talento com menos de 18 anos ou qualquer que seja a maioridade em sua área, certifique-se de que os pais deem seu consentimento por escrito, permitindo que as suas crianças participem e sejam fotografadas.

Contratando a sua estrela

Ao longo de sua busca exaustiva, você teve a oportunidade de apresentar a sua marca a dezenas, centenas ou até mesmo milhares de pessoas. Porém, indo direto ao ponto, você limitou as suas escolhas e, esperançosamente, encontrou a sua estrela! Isto é ótimo, mas antes de coroá-lo ou coroá-la como a sua cara nova, tenha a devida dedicação para proteger a si mesmo (e a sua marca).

Você só quer certificar-se de que não há nada sobre o passado recente da pessoa que possa causar embaraço a você ou ao seu produto. Embora todos nós tenhamos segredos, solicitar referências pessoais e profissionais e contratar um investigador profissional (se o orçamento permitir) para checar antecedentes são instrumentos úteis para descobrir tudo sobre o seu talento. Se tudo se confirmar, contate o seu talento e avise-o que ele está nas finais, mas que você gostaria de algumas referências. Ligue para as referências e certifique-se de que aprova o quadro que eles pintarem da pessoa que você selecionou. Se tudo isso bater, chame o seu talento, certifique-se de que ele se sente confortável com todos os aspectos da sua campanha e dê-lhe a boa notícia!

Eventos Ao Vivo

Eventos são voltados, primariamente, ao engajamento dos *consumidores,* em vez de engajar a mídia. Isso dito, se você puder conseguir que uma TV local ou estação de rádio apareça e faça uma transmissão ao vivo do seu evento, ou se puder encontrar uma maneira de ser entrevistado ao vivo sobre o seu evento... Bem, isso não é nada mau, também.

Entrando no ar

Conseguir aquela publicidade ao vivo para atingir os seus consumidores, seja durante a preparação ou durante o evento, pode ser uma proposta complicada. Se não estiver fazendo alguma coisa acrobática (consulte o Capítulo 7), pode ser difícil estimular o interesse em suas atividades. Ainda assim, há maneiras de ajudar a instigar um pouco de publicidade gratuita para o seu evento:

- **Apresente-se como um especialista.** A melhor forma de anunciar é aquela pela qual você não precisa pagar. Uma maneira gratuita de possivelmente entrar ao vivo é apresentar-se como um especialista em algum tópico que esteja programado para discussão. Se houver um show ao vivo de TV ou rádio relacionado ao seu ramo de atuação, a sua experiência e presença poderiam ajudar a levar você (e o seu negócio) longe. Elas poderiam permitir uma propaganda ao vivo dos seus serviços ou evento ou pelo menos uma menção ao seu website ou ao local da sua fachada.

- **Ofereça prêmios.** Estações de rádio em especial estão, constantemente, procurando por ideias de prêmios e competições que elas possam oferecer aos seus ouvintes como valor agregado para que as sintonizem. Há apenas um certo número de oportunidades para distribuir ingressos gratuitos para a sua feira agrícola. A necessidade deles de oferecer alguma coisa empolgante

Capítulo 8: Eventos e Experiências **145**

pode ser o tíquete de que _você_ precisa para ajudar a promover o seu evento. Você pode contribuir com produtos ou serviços como parte de um pacote maior de prêmios ou talvez com algo grande o suficiente para se sustentar sozinho? Se puder aparecer com alguma coisa de valor, é provável que consiga menções ao vivo quando a competição for anunciada.

✔ **Crie um evento que eles não podem perder.** Embora as ideias anteriores sejam maneiras de esgueirar-se para entrar ao vivo e promover o seu evento, conseguir transmissão de rádio no local sem comprar mídia é um desafio. Se puder proporcionar um evento único à faixa demográfica da estação, oferecer prêmios que a estação possa distribuir como parte de uma competição e dar alguma coisinha para que o DJ atue como anfitrião, mestre de cerimônias ou mesmo como o diretor de elenco do seu evento, aí talvez, nós dissemos talvez, você não apenas consiga que eles venham ao seu evento como esbarre em todas as menções ao vivo que o seu coração deseja.

Se apesar de todo o seu trabalho duro você _ainda_ não conseguir que a mídia venha ao seu evento, talvez seja hora de levar o seu evento, ou parte dele, à mídia. Para mais sobre como levar as coisas a eles, confira o quadro lateral "Pensei em dar uma passadinha...", neste capítulo.

Pensei em dar uma passadinha...

Um famoso remédio imunoestimulante queria agarrar um pouco mais de atenção da mídia para o seu produto. Então, naturalmente, eles vestiram um ator com uma roupa baseada em seu germe icônico e levaram-no de estação em estação de rádio carregando cestas de brinde cheias de produto. Um lunático qualquer pedindo para entrar no ar pode ser facilmente enxotado, mas um germe de passagem por ali trazendo brindes é algo quase impossível de se mandar embora. O visitante incomum, acompanhado de um encarregado da marca, foi recebido em quase todas as estações que eles foram, encontrando os funcionários e personalidades do rádio, resultando, no final das contas, em assunto para a hora do cafezinho e no grande prêmio: menções ao vivo atestando a visita e os brindes que eles trouxeram.

Sabendo o que fazer quando a imprensa chega

Você conseguiu, caramba! Graças à sua tenacidade e engenhosidade, você conseguiu trazer a imprensa e a mídia ao local para cobrir o seu evento. Agora, você precisa tirar o maior proveito possível da presença deles.

Assim que a mídia chegar ao seu evento, você precisa fazer tudo o que puder para deixar uma impressão positiva do seu evento e da sua marca. Eis alguns indicadores do que fazer:

- **Apresente-se imediatamente e ofereça-os materiais do evento (conhecidos como kit de mídia ou pacote da imprensa):** Para certificar-se de que a imprensa está recebendo a mensagem do jeito que você quer que ela seja representada, certifique-se de que o seu kit de mídia inclui um comunicado à imprensa (consulte o Capítulo 16), biografias de todas as partes envolvidas, fotografias em alta resolução (tanto em cópias impressas quanto em CD) e, se for relevante, uma amostra do produto sendo apresentado no evento, tudo contido de modo organizado em uma pasta com a sua marca e informações de contato em lugar bem visível.

- **Tenha alguém bem informado sobre o seu evento (um amigo, membro da família ou colega de trabalho) disponível para responder perguntas, mostrar a estrutura e facilitar entrevistas com qualquer talento no local.**

- **Não se amontoe com eles, mas mantenha-se acessível caso eles tenham alguma pergunta ou precisem de assistência:** Eles, provavelmente, não vão ficar por muito tempo, portanto, você vai querer maximizar cada momento que tiver com eles.

- **Dê a eles o melhor lugar na casa:** Proporcionar a melhor visão e/ou acesso os ajudará a experimentar o evento da melhor maneira possível, o que, espera-se, levará a nada além de cobertura positiva.

Enquanto a mídia estiver apreciando o melhor que o seu evento tem a oferecer, por que não dar a ela algo exclusivo? Um bufê leve e uma bolsa de guloseimas divertidas podem ajudar a causar uma melhor impressão. Cobertura editorial positiva não pode ser comprada, mas, com certeza, pode ser influenciada.

Parte III

Oportunidades à Sua Volta: Mídia Não-Tradicional

Nesta parte . . .

Marqueteiros vivem uma vida encantadora. Em séculos anteriores, os métodos de transmissão de mensagens eram limitados ao alcance dos pombos-correios. Nos dias de hoje, o mundo do marketing se escancarou em opções ilimitadas – não apenas para comunicar, mas para conectar-se de maneiras diretas e direcionadas. Muitas destas opções estão prontamente disponíveis, esperando que você as selecione e deixe a sua marca exclusiva no cenário do marketing.

As oportunidades de mídia disponíveis hoje em dia permitem que marcas alcancem os consumidores tanto dentro de casa quanto fora. Os capítulos desta parte descrevem e debatem algumas das plataformas populares e reconhecíveis, esculpem maneiras de fazer com que a sua mensagem se sobressaia e proporcionam amostras de compra de espaço de mídia e os custos associados com cada uma delas.

Embora plataformas não-tradicionais já existentes com certeza o deixarão intrigado, o seu revolucionário interno nunca ficaria satisfeito parando por aí. Talvez um dos elementos mais imaginativos e empolgantes do marketing de guerrilha seja a criação de uma nova mídia. Quando estiver buscando se sobressair na abundância de mensagens de marketing, você precisa estar à frente do seu tempo e criar novas plataformas para apresentar a sua marca. Nesta parte, discutimos a importância de usar a sua própria criatividade para descobrir e usar recursos inexplorados à sua volta para compartilhar a sua mensagem de modo eficaz – e talvez acumular alguma receita passiva no processo.

Capítulo 9

Ao Ar Livre

. . . .

Neste Capítulo

▶ Começando a sua busca por anúncios em outdoor

▶ Escolhendo a melhor opção para você

▶ Entrando em contato com os vendedores

▶ Criando os seus anúncios

▶ Levando a sua marca para a estrada

. . . .

*V*ocê caminha até o trabalho e vê anúncios colados em andaimes. Pega o ônibus e os vê embaixo da cobertura do ponto, enquanto espera. Dirige até o shopping e passa por diversos outdoors enormes ao longo da estrada. Chama um táxi com um anúncio no topo. Toma o metrô e vê anúncios no alto. Fica preso no trânsito ao lado de um caminhão em que foi colado um anúncio.

Se tiver até mesmo um fiapo de dúvida quanto a anúncios externos, anote cada anúncio que vir no caminho para o trabalho, durante uma manhã. Este pequeno exercício é toda a prova que você precisa de que os anunciantes estão tentando atingi-lo em todo e qualquer lugar – e que o *seu* negócio pode participar da festa.

De acordo com o Censo americano, o americano médio gasta 100 horas por ano, indo de casa para o trabalho. Nós não somos muito bons em matemática, mas se você multiplicar estas 100 horas pelas 300 milhões de pessoas vivendo no país, isso dá... Bem, um número enorme de oportunidades de espalhar a sua mensagem.

O modo de vida em constante atividade dos dias de hoje pode deixar as pessoas estressadas e movidas a café, mas, para o marqueteiro perspicaz, ele apresenta uma ampla gama de oportunidades para atingir consumidores externos, fora de suas casas. Você pode selecionar a mídia que vai possibilitar a melhor maneira de transmitir a sua mensagem para a faixa demográfica-alvo de forma direta e amplamente visível.

Neste capítulo, exploramos uma variedade de opções para atingir consumidores ao ar livre. Detalhamos um panorama básico com alguns dos métodos mais populares, assim como os benefícios e ruínas de cada um. A partir daí, entramos na esfera da identificação e contato com as pessoas que vão ajudá-lo a espalhar a sua mensagem e a criar o seu anúncio. Por fim, mostramos como pôr a sua mensagem na estrada, quer você tenha um orçamento apertado ou opere em uma escala mais grandiosa.

Quer você seja um proprietário de um pequeno negócio ou um diretor de marketing para uma organização maior, se estiver pensando em levar a sua mensagem lá fora, você pode estar se perguntando "por onde eu começo?". Nossa resposta é: por este capítulo.

Comprando Espaço Externo: O Que Tem Lá Fora?

Levar a sua mensagem ao ar livre pode ser uma ótima jogada; porém, você tem um monte de opções para escolher e precisa descobrir qual delas é a certa para a sua marca. Aqui, nós o deixamos a par das opções mais populares disponíveis e oferecemos as nossas sugestões sobre o que comprar, como comprar e de quem comprar. Com estas informações, você pode tomar decisões inteligentes sobre as melhores opções para o seu negócio e como usar estas opções para espalhar a sua mensagem.

Divulgação desenfreada

No que diz respeito ao marketing e à propaganda, divulgação desenfreada é o instrumento mais desconexo do guerrilheiro. *Divulgação desenfreada*, também conhecida como *marketing de emboscada* e *pôsteres de guerrilha*, consiste em pôsteres colados em qualquer parede ou superfície lisa – e, em alguns casos, em postes de luz ou de rua também.

A técnica em si não tem nada de novo. Na verdade, ela está presente há séculos, usada para promover de tudo, desde shows de vaudeville até lutas de boxe. Talvez a sua aplicação mais icônica seja o onipresente pôster de "Procurado". Apesar de seu início humilde, ao longo dos anos, a divulgação desenfreada se tornou um método popular e um tanto polêmico para marcas nacionais pensando em elevar a percepção no mercado de consumidores externos. Também tem sido uma maneira das bandas locais aumentarem a venda de ingressos, estimularem o comparecimento e arranjarem tietes.

A divulgação desenfreada pode ser executada de várias maneiras diferentes – de pôsteres em grande escala a pequenos folhetos repetidos ao longo do espaço. Indiferentemente do tamanho e do conteúdo dos pôsteres, porém, as duas categorias principais nas quais todas as divulgações desenfreadas podem ser divididas são: com permissão ou sem.

Partindo para a guerrilha total: divulgação desenfreada sem permissão

Embora aprovemos a mídia, nem sempre defendemos o método. Se decidir tomar o rumo de não pedir permissão, tome cuidado: embora colar pôsteres sem permissão seja uma atitude guerrilheira até dizer chega, este método pode deixá-lo com a caixa postal cheia de multas elevadas e algumas cartas com termos fortes. Algumas municipalidades têm regras bem estritas restringindo e, às vezes, proibindo completamente a divulgação desenfreada. Em algumas cidades, a divulgação desenfreada é amontoada na mesma categoria das "violações de qualidade de vida" (como na cidade de Nova Iorque) ou até mesmo vandalismo, especialmente quando executada em propriedade privada ou governamental. Como isso varia de cidade em cidade, a sua melhor aposta é começar investigando o assunto em uma agência ou vendedora de pôsteres e, então, procurar pelos departamentos de polícia e da gestão urbana para ver quais são as suas opções e tomar uma decisão esclarecida a partir daí.

Nós defendemos que se procure um vendedor, pelas razões enumeradas na seção anterior. Embora estejamos bem familiarizados com a expressão "às vezes é mais fácil pedir perdão do que conseguir permissão", se você agir por conta própria, note que você pode ter que passar por alguma humilhação se as suas atividades forem pegas pelas autoridades. Multas e tarifas podem resultar daí.

O melhor de dois mundos: permissão para divulgar de modo desenfreado

Se estiver interessado em adotar esta mídia com permissão, nós recomendamos fortemente que trabalhe com uma agência ou vendedor que esteja familiarizada com divulgação desenfreada e que possa ajudá-lo a pesar as suas opções quanto ao local, à duração e ao preço que deve pagar por sua compra. Trabalhar com vendedores de pôsteres tem diversas vantagens:

- **Eles podem fornecer locais pré-assegurados que se espera que estejam disponíveis no período em que você está pensando comprar.** A maioria dos locais pré-assegurados está em propriedade privada – lugares como muros de obras, cercas em estacionamentos, e, às vezes, até mesmo lojas e edifícios que arrendam espaço na parede de frente para uma esquina ou interseção movimentada – o que o livra de ter que pagar aquelas multas tão desagradáveis.

- **Elas podem auxiliar com a produção dos pôsteres.** Os custos de produção, entretanto, ainda estão sob sua responsabilidade.

- **Elas lidam com a instalação e a manutenção dos pôsteres.** Isso varia de agência para agência, mas a maioria vai reparar ou substituir os seus pôsteres se eles forrem rasgados ou destruídos durante o transcorrer da sua compra de mídia.

- **Eles vão (ou deveriam) fornecer checking fotográfico ao final da campanha.** Embora você possa tirar o dia livre para dar uma volta na cidade e ver os seus fabulosos pôsteres, você não tem como ir a todos os lugares. Em consideração a esse fato, peça ao seu vendedor que forneça checking fotográfico. Isso lhe dará uma prova de que os seus pôsteres foram realmente colados, além de proporcionar um registro da sua compra.

Sinceramente, embora nós encorajemos fortemente o espírito faça-você-mesmo, os vendedores de pôsteres já têm os contatos e os recursos para tornar esta abordagem a mais simples possível para você. Além disso, com a ajuda de um vendedor, você pode até mesmo conseguir fazer isso de forma mais barata do que se fosse às ruas por conta própria.

Use a Internet e os seus colegas para encontrar agências que incluam este serviço na sua lista de habilidades e recursos. Tenha em mente que a mídia é chamada de *divulgação desenfreada*, *pôsteres de rua* e *marketing de emboscada*. Quando encontrar algumas agências que lhe interessarem, pergunte-as como elas cuidam da execução da mídia e decida qual rumo é o correto para você, a sua marca e o seu orçamento.

Quando estiver falando com um vendedor de pôsteres, certifique-se de:

- **Explicar quem você está tentando atingir.**

- **Ter alguns locais sugeridos em mente.** Uma coisa bacana nos pôsteres de guerrilha é que, se o local estiver disponível, você pode muito bem selecionar os lugares de colagem que quiser dentro de um raio de dez quarteirões.

  Se estiver trabalhando com um vendedor, eles lhe mostrarão o inventário atual deles de locais disponíveis dentro do mercado, as considerações demográficas e os custos para cada local (se eles variarem de acordo com a disposição dos pôsteres e o momento). Por fim, eles podem lhe dar alguma orientação quanto à seleção de locais, baseado em suas necessidades e seu orçamento.

- **Fale ao vendedor por quanto tempo você quer que os seus pôsteres apareçam.** A maioria dos vendedores oferece opções que variam de uma semana a vários meses. Você pode trabalhar com o vendedor para ajustar a sua campanha, a fim de satisfazer as suas necessidades de propaganda e o seu orçamento.

- **Escolha a sua "tela".** Divulgação desenfreada é algo tradicionalmente vendido em três sistemas diferentes:

  - Exibição única: Geralmente consiste de dois pôsteres por local.
  - Exibição dupla: Geralmente consiste de quatro pôsteres por local.
  - Painel dedicado: Domínio completo do espaço, dando uma aparição digna de outdoor por uma fração do preço.

Faça o seu próprio mosaico desordenado. Se tiver dois ou quatro pôsteres diferentes, faça uma competição entre os dois alternando o seu posicionamento. Uma disposição semelhante a um tabuleiro de damas ou qualquer outro layout estimulante ajudar a dar uma presença mais dinâmica.

A maioria dos vendedores quer o seu programa seja bem-sucedido tanto quanto *você* quer, portanto certifique-se de pedir – e prestar atenção – a opinião deles sobre o que já foi eficaz para os clientes deles no passado.

Uma Nova Iorque Única

Para fazer uma crítica aos apartamentos notoriamente apertados de Nova Iorque, a vodka Absolut fez uma parceria com a rede de móveis sueca Ikea para criar um apartamento real visto de cima. O espaço do anúncio usava móveis de verdade afixados ao "chão", que era o espaço de um outdoor no formato da garrafa-padrão de Absolut – proporcionando um uso dinâmico do outdoor e a promoção das duas marcas participantes. (http://images.businessweek.com/ss/06/08/guerrilla_ads/image/10_ikea.jpg)

Em uma cidade em que olhar para cima é um pecado capital (só os turistas fazem isso), aquela visão incomum deixou os nova-iorquinos admirados, enquanto coçavam a cabeça e se perguntavam "como aquela cama não cai dali?".

Aqui, duas marcas trabalharam juntas, a fim de acumular uma quantidade significativa de visibilidade, exposição e cobertura da imprensa usando outdoors de uma maneira que realmente chama a atenção quando posta ao lado de usos mais tradicionais desta plataforma. Também é um ótimo exemplo de parceria mutuamente benéfica e de promoção cruzada (consulte o Capítulo 19).

Outdoors

Você provavelmente os vê em todo lugar que vai. E mesmo que viva em uma cidade que os baniu (como o nosso editor), se você já viajou de carro alguma vez, já viu dúzias deles. O que eles são? Outdoors. Há dois tipos principais de outdoors, e nós tratamos deles nas seções a seguir.

Vivendo ostensivamente: Outdoors fixos

O primo mais sofisticado da divulgação desenfreada é o outdoor. *Outdoors fixos* são largas paredes com vistas ou estruturas auto-suficientes, tradicionalmente medindo em torno de 4,26m x 14,63m. Eles são usados para apresentar a mensagem e o trabalho decorativo de uma marca de uma maneira amplamente visível e sem obstruções.

Outdoors também são um método mais tradicional de anunciar do que, digamos, divulgação desenfreada (veja a seção anterior). Eles são uma maneira muito eficiente de exibir a sua mensagem para grupos específicos de consumidores, especialmente em áreas municipais e suburbanas, onde eles desfrutam de público cativo à medida que as pessoas ficam sentadas no trânsito parado da auto-estrada. Por meio de posicionamento direcionado, os outdoors o permitem atingir um público amplo. É claro que com esta maior visibilidade vem uma etiqueta com um preço maior.

A postura do guerrilheiro é olhar para um método testado e aprovado e fazê-lo com alguma reviravolta. Em outras palavras, se você está pensando em um outdoor, pergunte a si mesmo o que pode fazer para tornar esta presença (mais dispendiosa) se sobressair. Por exemplo, você pode ser capaz de acrescentar iluminação especial, vídeo ou relevo tridimensional para servir de contraste total ao outdoor daquele restaurante fast-food na rampa 13 (para um exemplo de outdoor ousado, confira o quadro lateral "Uma Nova Iorque Única" neste capítulo).

Uma experiência em movimento: Outdoors móveis

Quando você inventa alguma coisa realmente mágica para o seu outdoor, a progressão natural no pensamento não-tradicional é de levar aquilo para a estrada! É aqui que os outdoors móveis entram. *Outdoors móveis* são caminhões-plataforma modificados com grandes unidades de sinalização no lugar da caçamba, onde anúncios personalizados podem ser exibidos.

Você não quer que a sua mensagem passe zunindo a 120 km/h – ela passaria completamente despercebida pelos consumidores. Logo, você precisa ser esperto ao escolher onde os seus cartazes vão viajar. Para a exposição mais efetiva possível, mire em locais concentrados (como áreas urbanas ou locais amplos e movimentados) onde você possa se deslocar mais devagar e dar às pessoas a chance de captar a sua campanha.

Se estiver interessado em outdoors móveis, fale com as agências na sua área para descobrir uma que tenha esta arma no arsenal dela. Procure as agências tradicionais de venda de outdoors e veja se elas incluem este serviço nas suas ofertas. Se não o fizerem, procure online usando palavras-chave como *caminhão outdoor, outdoor móvel* e *outdoor em movimento* para achar alguns indícios. Pergunte como eles executam os programas e como eles provam ou documentam o desempenho; então, analise os valores e custos.

Entre em contato com os distritos policiais para descobrir mais sobre as regulamentações locais sobre som e, se possível, acrescente um componente sonoro ao seu outdoor móvel. Acredite ou não, algumas pessoas podem não reparar em um cartaz de 3 m x 6 m, mas se elas ouvirem algo antes pode ser exatamente o que você precisava para virar algumas cabeças na sua direção.

Se o seu outdoor for viajar a uma área concentrada onde você sabe que quer mirar em locais específicos, você pode querer cogitar emparelhar a sua sinalização sobre rodas com embaixadores da marca, usando o outdoor como um pano de fundo para as suas atividades de rua (para saber mais sobre embaixadores de marca, equipes de rua e sobre como ocupar as ruas, vá ao Capítulo 6).

Projeções

Ao procurar por diferentes métodos de exibir a sua mensagem, algumas marcas viram um momento iluminado ao considerar projeções. As *projeções* utilizam um facho de luz poderoso para projetar o conteúdo ou logotipos de uma marca contra paredes ou outras superfícies lisas. Elas são uma maneira versátil e chamativa de se apresentar mensagens após o anoitecer.

Na maioria dos casos, as projeções são executadas em estilo guerrilheiro por uma agência que tenha o equipamento necessário:

- Um projetor com a capacidade de projetar uma imagem por 6 a 9 metros de distância.
 - Um laptop com o conteúdo que você vai projetar.
 - Um gerador auxiliar fornecendo energia para a estrutura na esquina ou em um veículo.

Embora o efeito das projeções deixe os consumidores hipnotizados, os moradores ao redor das projeções podem ficar descontentes com o que eles veem como "propaganda intrusiva". Geralmente o barulho de um gerador não ajuda muito a acalmar estas relações, também.

Recentemente, vimos uma maneira esperta e mais compacta de obter resultados semelhantes: projetores portáteis, incluindo o PixProjector. Um computador e uma bateria recarregável são acomodados na mochila usada por um membro da equipe de rua, e ele segura uma unidade de projeção portátil que joga imagens e vídeos selecionados nas paredes. Esta estratégia permite às marcas que atinjam uma variedade de locais que interajam com os consumidores e sigam em frente se um morador local vier atrás delas com uma vassoura na mão! As unidades PixProjector ainda não estão disponíveis para venda, mas você pode alugá-las para as suas equipes de rua. Vá até www.pixman-usa.com/affiliates.html para encontrar agências locais autorizadas a alugar as unidades.

Se por acaso não tiver um projetor poderoso para sair por aí perambulado pelas ruas, você pode querer trazer as suas projeções à loja. Um projetor simples, do tipo usado em apresentações, pode ser montado dentro da sua loja ou escritório em uma parede livre (ou apontado pela janela em direção à calçada durante a noite) para transmitir a sua mensagem na velocidade da luz!

Táxis, estações de trem, cabines telefônicas e outros

Anteriormente, neste capítulo, nós cobrimos muitas das formas principais de mídia para apresentar a sua mensagem externamente; porém, para o pensador não-tradicional, o mundo é pequeno demais – ou o espaço de anúncio é vasto. Nas seções a seguir, proporcionamos uma visão geral de alguns outros veículos populares para atingir o seu público-alvo, quando ele estiver andando por aí.

Há diversas maneiras de se empreender propaganda nestes locais. Na maioria dos casos, a agência que tem os direitos de anúncio vai marcar claramente a estrutura que suporta o anúncio com o nome da companhia, o seu logotipo e talvez até mesmo o seu endereço na Internet. Se não for o caso, então uma simples busca online que inclua a plataforma específica de propaganda na qual você está interessado vai, com certeza, render um montão de resultados e oportunidades.

Só porque não há propaganda em alguma coisa, não significa que não possa haver. Isso pode apenas significar que ninguém pegou o telefone e perguntou sobre isso antes. Se você vir algum lugar na cidade que seria perfeito para apresentar a sua mensagem, procure a pessoa a quem o lugar pertence e veja se consegue fazer um acordo. Quem sabe? Você pode acabar criando uma nova mídia (para saber mais sobre a criação de novas mídias, confira o Capítulo 11)!

Um abrigo para a sua mensagem

A *propaganda em ponto de ônibus* é composta geralmente por anúncios em grande escala publicados em coberturas de pontos de ônibus em locais selecionados para se atingir certo público de acordo com o lugar. Anúncios em pontos de ônibus são eficazes para atingir consumidores por causa de sua grande visibilidade. Além do mais, a duração do envolvimento com o público em espera é maior, permitindo que você inclua um pouco mais de texto publicitário na sua mensagem.

Viajando de ônibus por aí

Outra maneira de pôr a sua mensagem para rodar é anunciar nas laterais dos ônibus. *Propaganda em ônibus* é feita ao se posicionar a marca ou a sinalização no exterior dos ônibus que viajam por rotas direcionadas. Em especial nas áreas densamente populosas, a propaganda em ônibus é um instrumento eficaz para compartilhar a sua mensagem, porque o anúncio está nas ruas enquanto o ônibus estiver em funcionamento, dando à sua marca uma exposição que se repete à medida que ele dá a volta em torno da cidade.

Táxi!

Durante a hora do rush, de madrugada e quando o tempo está ruim, todos os olhos se voltam para o topo dos táxis para ver quais estão ocupados e quais estão disponíveis. Com toda esta atenção, os topos dos táxis se tornam superfícies ideais para anunciar. A *propaganda no topo dos táxis* é composta por sinalização de duas faces paralela ao comprimento do teto do táxi. Disponível na maioria dos mercados, os topos dos táxis podem ser adornados com ilustrações cativantes, iluminação e vídeo e som digital (uma característica adicionada recentemente). Embora os percursos não sejam tão direcionados quanto os dos ônibus – já que o táxi é obrigado a ir onde o passageiro solicitar – ainda assim é garantido que a sua marca esteja em constante movimento.

Indo aos subterrâneos com o metrô e os trens

Propaganda em trens e metrôs é definida de forma livre como anunciar a marca dentro de terminais de trem e de metrô. Dependendo das regras estabelecidas pelas autoridades locais de trânsito, se você puder pagar, você pode anunciar. Eis alguns exemplos de propaganda em terminais:

- **Plataformas de trem e de metrô:** Anúncios podem ser colocados nas paredes ou colunas na plataforma onde os passageiros esperam pelo trem.
- **Anúncio interno nos vagões:** Isso pode ser tão simples quanto posicionar estrategicamente uma sinalização ou anunciar completamente o interior de

Capítulo 9: Ao Ar Livre 157

> um vagão de trem, criando uma ilustração personalizada que vai de parede a parede (ou do chão ao teto) e é aplicada no interior do vagão.

- **"Posse" do terminal:** Não tão definitivo quanto parece, isso envolve anunciar completamente nas seções de terminais de trem. Isso inclui – mas não se limita a – bancos de espera, ilustrações no chão, pilares, todas as sinalizações tradicionais em um terminal selecionado e assim por diante.

Carga pesada

A *propaganda em lateral de caminhão*, como o nome diz, envolve anunciar nas laterais de caminhões com caçamba grande. Embora você possa fazer estas compras por meio de agências de mídia, cada vez mais proprietários independentes (como companhias de mudanças) oferecem espaço para anúncio em suas frotas de caminhões como fonte adicional de receita.

Se notar que certa companhia parece ter seus caminhões passando frequentemente na vizinhança do seu público-alvo, você pode querer fazer uma ligação e ver se eles podem carregar a sua mensagem enquanto isso.

Ligando para consumidores que se importam

Embora a maioria dos americanos pareça confiar em seus celulares como a sua forma principal de comunicação com o mundo, cabines telefônicas ainda são vistas frequentemente nas esquinas das cidades. Esta presença nas ruas oferece uma oportunidade ideal para atingir consumidores. A propaganda em cabines telefônicas usa os painéis que formam a "cabine" como superfície para apresentar a mensagem de uma marca.

Pé na tábua

Com a maior percepção recente quanto a questões ambientais, muitos negócios estão buscando opções ecológicas para atingir as suas fatias demográficas. Bicitáxis com marcas estampadas e sinalizações em bicicletas preenchem esta necessidade. *Bicitáxis*, também conhecidos como *riquixás*, são táxis movidos a pedal, cuja "cabine" pode ser completamente envolta com marcas personalizadas. *Sinalização em bicicletas* consiste de uma estrutura de triciclo que puxa um painel de 1,5m de altura e largura; você pode fazer com que o ciclista se direcione a locais selecionados. Os bicitáxis estão em circulação por conta própria e carregam o seu anúncio como uma fonte adicional de receita; a sinalização em bicicletas é algo que existe somente para exibir anúncios.

Escolhendo a Forma Correta de Publicidade Externa para Você

Você fez as ligações, já tem as informações e está ciente dos custos. Qual forma de publicidade externa deve escolher? Após considerar todas as suas opções e deixar de lado as suas primeiras impressões, é hora de fazer uma rápida lista de controle guerrilheiro:

- **Alguma forma de publicidade externa diz respeito a sua marca mais do que as outras?** Por exemplo, se a sua marca estiver especialmente alinhada com iniciativas ecológicas, usar publicidade em bicitáxis reforça o seu compromisso com o meio ambiente. Ou, se a sua fachada de loja requer que os seus consumidores tomem um ônibus de integração ou um trem para que possam lhe visitar, anunciar em uma destas formas de transporte é uma escolha óbvia.

- **Alguma das formas de publicidade externa funciona melhor do que as outras para exibir a sua mensagem já existente?** Você precisa selecionar a mídia que lhe dê o tamanho e o escopo para transmitir a sua mensagem da melhor maneira. Algumas formas de publicidade concedem um nível de personalização que simplesmente não está disponível em outras plataformas. Por exemplo, se você quiser apresentar a sua mensagem usando luzes ou aprimoramentos (consulte o quadro lateral "Uma Nova Iorque Única", anteriormente neste capítulo), um outdoor provavelmente será mais apropriado do que um vagão de metrô lotado.

- **Há alguma forma de publicidade externa em particular que reforçará a percepção da marca dentro de uma vizinhança selecionada ou região geográfica?** Por exemplo, você pode querer cogitar anunciar em ônibus com rotas que você sabe que atingem bairros direcionados e faixas demográficas em horários selecionados.

- **Talvez a questão mais importante: O que você pode realmente pagar?** No final das contas, o que você escolheu provavelmente caracteriza-se pela etiqueta de preço. Não veja o seu orçamento como um obstáculo – veja-o como uma oportunidade de ser criativo com as plataformas que você *pode* arcar. Por exemplo, talvez você não consiga arcar com aquele enorme outdoor, mas *possa* pagar por divulgação desenfreada em painel dedicado, ocupando todo o quintal da sua fatia demográfica. Talvez não consiga arcar com a lateral de um ônibus municipal, mas *possa* pagar por alguns adesivos colados no bicitáxi local.

A grande questão é: "O que você quer realizar?". E a resposta está em encontrar maneiras de chegar lá mantendo a boa relação custo-benefício.

Recomendamos que você desenvolva o que nós chamamos de *mix de mídia estratégica*, onde você combina iniciativas selecionadas com um evento ou campanha de distribuição nas ruas de forma a pegar o alcance que estas compras de mídia proporcionam e transformá-lo em uma interação mais pessoal, olho no olho, com o seu consumidor.

Você pode usar diversas plataformas de mídia para atingir o público desejado ou meta geral. Por exemplo, digamos que você tenha comprado um espaço em outdoor que você sabe que será visto por certo grupo de pessoas, mas que não vai atingir outro grupo. Que outra forma de mídia você pode usar para pegar aqueles que podem ter passado ao largo da sua compra de outdoor? Para desenvolver o *mix* de mídia apropriado para você, vá ao Capítulo 21.

Capítulo 9: Ao Ar Livre **159**

Cantando Pneu na Estrada: Anunciando o Seu Negócio em Todo Lugar que Vai

Ligar o motor e cair na estrada com a sua mensagem pode tomar diversas formas. Pode ser tão abrangente quanto cobrir uma frota inteira de veículos de luxo com a marca ou tão simples quanto pregar um adesivo na minivan da família. De qualquer maneira, o marketing móvel lhe dá mais uma oportunidade de atingir um grande número de consumidores em potencial enquanto você conduz os seus assuntos diários. Nas seções a seguir, cobrimos diversas formas de marketing móvel e como tirar o máximo proveito destas oportunidades.

Antes de gastar dezenas de milhares de dólares na compra daquele enorme carro esporte que você deseja faz tempo, primeiro dê uma olhada no potencial dos veículos já disponíveis. Você tem um carro da companhia disponível que seja sinônimo da sua marca? Uma van de carga? Uma perua? Um trailer? Um caminhão de entrega? Melhor ainda, uma frota (de três ou mais) de qualquer um deles? Se for o caso, você pode ter uma plataforma para apresentar a sua marca por meio de recursos de negócio já existentes.

Sempre olhe para os recursos que você tem à mão antes de pensar em gastar mais dinheiro.

Se você olhou para os seus veículos existentes e o velho calhambeque simplesmente não representa como você quer ser visto, tudo certo – ele lhe serviu muito bem. Neste momento, considere que veículo possa ser apropriado para você e como você gostaria de pôr a sua marca nele.

Certifique-se de que seu modelo case com a sua mensagem. Se tiver recursos, trabalhe para adaptar da melhor maneira possível o seu modo de transporte com a mensagem da sua marca. Por exemplo, se você dirige uma fazenda de tomates orgânicos, usar uma perua híbrida ou um veículo movido a biocombustível para transportar os seus vegetais ao mercado manterá a sua mensagem de marca consistente e talvez até mesmo crie algo que se tornará imediatamente identificável com a sua marca.

Após ter decidido quais tipos de veículo usará, você precisa selecionar a forma de marcá-los. A forma mais popular de pôr uma marca em um veículo é chamada de *embalagem*. Embalar um veículo envolve a criação de películas de vinil que são coladas a seções do veículo ou em todo o veículo. Dependendo se você possui o veículo ou não, esta embalagem pode ser permanente ou temporária para uma campanha específica. E se você tiver uma campanha na qual quer fazer alguma coisa especial, você pode querer cogitar o aluguel de um veículo exclusivo e embalá-lo especialmente para a ocasião.

Se você for embalar um veículo alugado, você vai querer se certificar de que o seu fornecedor possa tirar a embalagem quando a campanha estiver terminada.

Se ele puder, certifique-se de que tanto a agência de aluguel de carros quanto o fornecedor da embalagem saibam de suas intenções. Nem todas as companhias de aluguel de carros aprovam a embalagem de veículos – mesmo que a embalagem seja completamente removível.

Se você decidir embalar os seus veículos, você precisa contratar um profissional de embalagem para gerar um molde, projetar o trabalho decorativo, imprimir e produzir os materiais, e aplicar tudo em seu veículo (contate uma agência não-tradicional [consulte o Capítulo 5] ou faça uma busca online simples por embalagem de veículos para encontrar alguém que possa ajudá-lo com isso). Você pode esperar gastar $ 5.000 ou mais por veículo por embalagens completas, dependendo do tamanho do veículo.

Embalar pode ser proibitivo em termos de custos e, em algumas situações, nada prático. Se embalar um veículo não vai funcionar no seu caso, você pode querer verificar ímãs, decalques ou adereços de teto personalizados, que são bem mais baratos de se produzir e podem ser removidos quando chegar a hora das férias familiares ao longo do país. A sua gráfica local deve ser capaz de fazer isso para você ou, pelo menos, de pô-lo em contato com alguém que possa.

A estranheza viajante: Ambientes sobre rodas

Claro, embalar veículos e adicionar ímãs é legal, mas e se você quiser algo fora de série? Se tiver o dinheiro para realizar algo, você só está limitado pela sua imaginação e leis rodoviárias locais (como a altura máxima permitida para viagens interestaduais e outras considerações de segurança).

No passado, as ruas viram restaurantes temáticos sobre filmes de terror passeando pela cidade em carros funerários decorados com zumbis, caminhões enormes com ambientes personalizados contidos em suas caçambas de vidro, e grandes caminhões com enormes telas de LCD rodando conteúdo da marca.

Alguns destes itens são alugados e alterados, e alguns deles são trabalhos personalizados produzidos por diversas companhias. Embora existam fabricantes que produzem estas unidades sob medida, você pode ficar na dianteira ao ligar para um amigo que tenha uma oficina de carros e seja habilidoso com a solda.

Em todo caso, quanto mais único o veículo for, maior é a probabilidade de ele chamar a atenção e, quem sabe, atrair a imprensa durante o caminho.

Capítulo 10

Entrando em Casa

Neste Capítulo
▶ Levando a sua mensagem lá dentro
▶ Escolhendo a melhor opção para você
▶ Ajustando os seus materiais para que combinem com o local

*V*ocê vai ao cinema com alguém especial e vê anúncios antes dos trailers começarem. Você sai para tomar umas com um amigo e vê um anúncio no banheiro. Vai à academia para malhar um pouco e visualiza anúncios na tela da tevê da escada rolante. Compra mantimentos para a festa de sexta-feira e observa um anúncio no carrinho de supermercado.

Para atingir o seu público, você precisa saber quem eles são, o que eles fazem e onde fazem. O marketing em recintos fechados lhe dá a oportunidade de selecionar locais específicos sob medida para atingir os seus consumidores – e, se você for esperto, pode fazê-lo de uma maneira inovadora.

O marketing e as mídias não-tradicionais nos levaram da propaganda no exterior de um edifício até a propaganda dentro do banheiro daquele edifício. Não somente você é capaz de mostrar um comercial na televisão de alguém, como também pode mostrar o mesmo comercial no elevador do lugar de trabalho daquela pessoa e na tela do cinema local. Você pode selecionar as melhores entre as diversas formas de mídia interna (talvez complementada com a mídia externa – consulte o Capítulo 9) para criar um *mix de mídia estratégica* (a combinação de diversas formas de mídia disponíveis para atingir o seu público-alvo, onde eles vivem, trabalham e se divertem).

Neste capítulo, identificamos algumas das opções mais populares de marketing em recintos fechados disponíveis e o inteiramos quanto à sua eficácia em atingir diversas faixas demográficas. Então, tratamos dos métodos para desenvolver o seu merchandising e torná-lo tão específico e focado quanto possível.

Obtendo o Máximo Proveito da Propaganda Interna

Atingi-los onde eles vivem, trabalham e se divertem não consiste na metade do negócio no que diz respeito à publicidade em recintos fechados. Ao contrário da propaganda externa, que pode ser vista apenas de passagem, a publicidade interna frequentemente tem o benefício de um público imóvel e cativo.

Pense nisso: você está sentado na praça de alimentação do seu shopping local e não consegue deixar de ler aquelas tendinhas em cima da mesa, enquanto come correndo o seu frango chinês empanado. Você lê esses anúncios porque precisa realmente saber sobre um evento iminente no shopping? Não, você os lê porque estão bem à sua frente e, no momento, está em busca de ler *alguma coisa*. A natureza cativa deste encontro permite ao anunciante formar uma conexão mais duradoura com o seu alvo e a oportunidade de demonstrar informações mais detalhadas a ele.

Sabe esses dias em que você diz para si "estou estressado, preciso ir fazer compras" ou "cara, preciso dar umas risadas – vou ao cinema"? O poder destes impulsos é bem mais efetivo do que a maioria das pessoas percebe. Você pode atingir consumidores quando estão no espírito para comprar coisas ou quando estão mais relaxados, e alavancar os seus estados de espírito para promover o seu produto ou serviço, ao ganhar a atenção dos consumidores em um espaço único.

O estabelecimento cria um estado de espírito no consumidor. Fazer compras em um shopping, socializar em um bar, apreciar conteúdo voltado ao entretenimento em um cinema – simplesmente estar nestes espaços desperta certas associações nas mentes dos consumidores. Use esta informação para apresentar o seu produto da maneira mais eficaz.

Quando estiver pensando em atingir consumidores em recintos fechados, você pode fazê-lo de diversas formas. Cada uma dessas plataformas de propaganda interna corresponde à outra ferramenta no seu cinto de utilidades de marketing. Precisa atingir os adolescentes? Tire um pequeno anúncio em shopping do seu cinto. Precisa mesmo atingir executivos ocupados? Então é hora de sacar aquele anúncio útil de elevador para alojar a sua mensagem e mandá-la a caminho.

Nas seções a seguir, cobrimos os métodos principais de publicidade em recintos fechados, de forma que você tenha as informações necessárias para decidir quais métodos são os melhores para você.

Capítulo 10: Entrando em Casa **163**

Propaganda em bares, restaurantes e toaletes

Outra semana estressante chega ao fim, e você decidiu regalar-se com uma noitada na cidade. Então, você liga para o pessoal de sempre para que eles se encontrem com você no bar local. Enquanto você espera na recepção, o seu drinque é servido em um descanso de copo com uma marca; você pega o misturador – que tem outra marca – e o põe em um guardanapo de coquetel com um logotipo; e o garçom usa uma camiseta promovendo uma marca que não compete com o bar. Ao sentir a natureza chamando, você se dirige ao banheiro. Assim que chega ao toalete, você vê um grande pôster exibindo um povo atraente se divertindo tanto que parece irreal.

Estas são apenas algumas das maneiras nas quais o mundo do marketing escolheu entrar em contato com você – o consumidor – enquanto estava se divertindo no seu bar local.

Anunciar em bares, restaurantes e toaletes não tem nada de novo. Antigamente, vendedores experientes deixavam jornais gratuitos em cima dos mictórios, abertos bem na página onde estavam seus anúncios. Ao longo dos anos, a mídia evoluiu – agora, estes mesmos anúncios falam, borrifam água de colônia e distribuem amostras.

Nas seções a seguir, o inteiramos quanto à miríade de formas nas quais você pode atingir o seu público-alvo em bares, restaurantes e toaletes.

Aproximando-se do bar

Atingir consumidores em bares e restaurantes é uma forma única de contato, porque os convidados geralmente estão relaxados e com ânimo para se divertirem. Quando se está pensando em produzir materiais de marketing, esta atmosfera oferece mais liberdade para se explorar uma variedade de possibilidades no local e de textos publicitários que podem não ser tão bem recebidos em outros lugares.

Seguem algumas das formas mais populares de conseguir ser notado:

- **Descansos de copo:** Descansos de copo são peças de papel grosso ou de papelão com duas faces que você pode enfeitar com um logotipo ou marca. Estas peças baratas são uma ótima maneira de pôr a sua marca bem aonde o seu público-alvo põe os olhos – no drinque.

- **Guardanapos de coquetel:** Guardanapos de coquetel são guardanapos de papel fino, geralmente de tamanho 12 cm x 12 cm (quando dobrados), nos quais você pode estampar o logotipo de uma companhia ou texto publicitário.

- **Agitadores de drinque:** Estas varetas de plástico usadas para mexer os drinques geralmente têm um amuleto ou espaço livre no topo que você pode usar para compartilhar o seu logotipo.

- **Pôsteres:** A proeminência dos pôsteres tem crescido recentemente a tal ponto que eles são exibidos como parte da decoração do bar ou do toalete. O espaço para anúncio geralmente é o de um pôster de 60 cm x 91 cm, vendido ao longo de uma rede de restaurantes ou bares.

- **Tendas de mesa:** Tendas de mesa são cartões de duas faces pequenos, de 7,6 cm x 12,5 cm, posicionados em cima de mesas (parecido com um cartão comemorativo aberto e colocado de lado). Os consumidores sentam na frente deles por um bom período de tempo, logo você pode usar um pouco mais de texto publicitário neles do que poderia em algumas das outras mídias.

Tendas de mesa geralmente não estão disponíveis em locais mais sofisticados, portanto, tenha isso em mente se estiver tentando atingir um público-alvo mais abonado.

- **Brindes gratuitos:** Usados predominantemente pelas companhias de bebida, envolvem ter embaixadores da marca nos bares distribuindo prêmios (como chapéus, toalhas ou camisetas) e até mesmo cupons de drinques gratuitos em uma tentativa de aumentar as vendas de um produto em particular (para saber mais sobre embaixadores de marca e equipes de rua, confira o Capítulo 6).

Após imprimir os seus descansos de copo, guardanapos de coquetel ou agitadores de drinque, você deve estar apto a negociar com bares e restaurantes para que eles os usem sem custo adicional, já que é uma coisa a menos pela qual eles têm que pagar.

Embora estas sejam ótimas ideias para levar a sua marca às mentes dos consumidores, você pode querer pensar em outras oportunidades de complementar o seu anúncio. Por exemplo, você pode querer criar um jogo em torno da marca que possa ser conduzido em bares e restaurantes, ou pode querer dispor alguns brindes nestes estabelecimentos. Ou talvez amarrar tudo com iniciativas já presentes em bares, como competições de trivia, noites de jogos ou outras atividades temáticas noturnas. Bares em especial são mais abertos a estes tipos de iniciativas, desde que elas não prejudiquem o negócio e sejam agradáveis para os fregueses.

Indo ao banheiro

Uma pessoa comum passa algo em torno de 40 minutos por dia no banheiro. É compreensível que o toalete seja um lugar ideal no qual anunciar.

De acordo com um estudo conduzido pela Audits & Surveys Worldwide publicado na *Media Life* (28 de abril de 2003), 78% dos consumidores (em 14 locais de quatro grandes cidades americanas) lembraram de um ou mais anúncios em toaletes, 75% achavam que propaganda em toaletes era uma "boa ideia", 75% achavam que o anúncio era mais visível, ou tanto quanto, do que outras formas de mídia, e 24% viam a marca de forma mais positiva após ver um anúncio de toalete.

Eis alguns lugares para promover o seu negócio enquanto seus consumidores estão fazendo os negócios deles:

Capítulo 10: Entrando em Casa

165

- **Cabines:** Anúncios em cabines são exatamente o que parecem: publicidade posicionada dentro das cabines de um banheiro. Embora você possa apreciar o seu jornaleco tablóide favorito enquanto senta no trono em casa, quando os consumidores estiverem andando por aí, eles estarão procurando por algo para ler. Por que não dá-los o seu logo e a sua mensagem?

- **Mictórios:** Anúncios em mictórios são placas posicionadas na altura dos olhos acima dos mictórios.

  Marc Miller, ex-presidente da empresa nova-iorquina Insite Advertising, explicou melhor: "Em um banheiro, você é nosso por um a três minutos. É arriscado olhar para a esquerda ou para a direita em um mictório".

- **Cápsula desinfetante:** Sim, você pode pôr a sua marca até mesmo nelas. São armações de plástico com a sua marca que protegem os desinfetantes dentro de mictórios. As armações podem até mesmo ser fabricadas para "falar" quando molhadas ou quando ativadas por um sensor de movimento, o que proporciona uma oportunidade de compartilhar a sua mensagem em áudio.

- **Pôsteres:** Estes têm tamanho de 60 cm x 91 cm e são geralmente posicionados ao lado da pia do banheiro. Você precisa lavar as mãos e ajeitar a juba, o que concede mais uma oportunidade de apresentar a sua marca aos consumidores.

A maioria (senão todas) das diversas mídias tratadas nesta seção é intermediada por uma agência de mídia que tem acordos exclusivos com uma rede de bares e restaurantes. A melhor coisa a se fazer é escolher alguns bares e restaurantes aonde você gostaria de anunciar e conferir quais são as oportunidades existentes neles. Uma maneira de fazê-lo é abordar o estabelecimento diretamente para ver se as suas oportunidades desejadas estão disponíveis; se estiverem, pergunte se você pode trabalhar diretamente com eles ou se tem que passar pelo parceiro de mídia pré-existente deles.

Embarque imediato: sua mensagem

Um restaurante temático sobre aviões criou uma nova forma de propaganda em banheiros para ajudar os anunciantes a decolar. À medida que os fregueses do bar entravam no banheiro (onde cabia apenas uma pessoa), ativavam um sensor de movimento que começava a tocar um anúncio em áudio imitando uma demonstração de procedimentos de segurança. A declaração vinha completa, com som de turbina de avião, gracejos dos pilotos e anúncios engenhosamente inseridos: "ao olhar à sua esquerda, você encontrará a pia; e se olhar para as suas necessidades de moda, você encontrará as roupas da Marca Tal". Os anúncios em áudio eram divertidos e únicos, criando a oportunidade de pôr a pulga atrás da orelha dos fregueses, mesmo que eles não levassem um travesseirinho e amendoins salgados do negócio todo.

Propaganda nos cinemas

A propaganda nos cinemas dá-se na inserção de anúncios dentro de cinemas e é usada para promover qualquer coisa, desde o novo filme de um grande estúdio ao novo celular de um provedor de telecomunicações. Em um nível mais local, esta mídia é especialmente atraente para negócios que estão tentando atingir as suas vizinhanças. Corretores de imóveis, restaurantes e provedores de serviços locais têm sido bastante eficazes no uso deste formato para alcançar o público local.

De forma inteligente, os cinemas encontraram uma maneira de vender praticamente todos os centímetros dos seus espaços. Eles perceberam que têm uma audiência cativa e que podem oferecer oportunidades de propaganda para os seus consumidores sem infringir ou comprometer a experiência de ir assistir a um filme.

Um estudo recente da Arbitron Cinema Advertising descobriu que a maioria dos espectadores não se importa com a propaganda exibida no cinema antes do filme começar.

Alguns dos formatos populares de atingir cinéfilos são os seguintes:

- **Sacos de pipoca e concessões:** O que seria do cinema sem um balde de pipoca, um tonel de refrigerante e a sua marca! Embora seja custoso, você pode anunciar em copos de refrigerante ou sacos de pipoca. As tiragens mínimas são bastante altas, logo, esta técnica é geralmente usada por estúdios de cinema e outros grandes esbanjadores.

- **Telas no saguão de espera:** Cinemas têm uma ampla gama de oportunidades de propaganda nos seus saguões – tudo, desde cartazes de papelão a banners, passando por urnas de inscrição em sorteios.

- **Quadros e vídeos na tela:** Quer seja um quadro antes do filme anunciado um serviço local ou um rápido trailer, a propaganda na tela proporciona um público cativo para a sua marca.

As marcas gostam de propaganda nos cinemas por uma série de razões. Você pode atingir a vizinhança que quer e, dependendo do estilo do cinema, é bem fácil ver se a faixa demográfica ali é compatível com a marca ou produto que você está promovendo.

Saber quem você precisa contatar varia de acordo com o cinema no qual quer anunciar. Muitas das cadeias maiores têm suas próprias equipes de vendas internas, enquanto algumas das cadeias menores ou cinemas independentes trabalham com uma variedade de fornecedores ou lidam com as vendas internamente. A primeira parada é visitar o website do cinema e contatar o departamento de marketing. Você será capaz de descobrir logo se pode trabalhar diretamente com o estabelecimento ou precisa falar com a agência de mídia deles.

Você pode querer fazer uma conexão com a propaganda no cinema. Por exemplo, digamos que você seja proprietário de um belo restaurante italiano a alguns quarteirões de um cinema consagrado. Você pode querer criar sua própria campanha "um filme e um jantar", onde o seu anúncio informa aos consumidores que, se eles mostrarem o canhoto do ingresso, eles ganharão uma taça de vinho de graça em seus jantares. Acrescentar este apelo à ação também proporciona uma oportunidade de medir a sua campanha e ver o quão eficaz o seu anúncio realmente é (para saber mais sobre apelos à ação, vá ao Capítulo 6).

Estações de transporte público e outros locais

Quando estiver pensando em captar o viajante a negócios ou a mãe ocupada, conferir locais onde estas pessoas passam o seu tempo pode ser a chave para o sucesso de uma campanha de publicidade interna.

Terminal de transporte

Terminais de viagem frequentemente são locais perfeitos para atingir a sua faixa demográfica alvo. Por quê? Alguns motivos:

- **Especificidade:** Você já sabe se a sua mensagem vai ser eficaz ou não em sua área, porque você sabe o destino deles. Se quiser atingir pessoas que estão indo para uma área suburbana específica, por exemplo, simplesmente escolha espaços para anúncio no terminal que leva os passageiros até aquele local.

- **Frequência:** Uma destas palavras bestas de marketing que as pessoas adoram falar a torto e a direito, *frequência* é o número de vezes que a sua mensagem vai ser apresentada aos consumidores. Se estiver apresentando a sua mensagem em um terminal, pode apostar no fato de que os consumidores vão experimentar a sua marca pelo menos duas vezes por dia, na ida e na volta. Multiplique isso pelo número de meses que o seu anúncio está de pé. Assim, você causou uma grande impressão.

- **Compromisso:** Com os atrasos, integrações e assim por diante, o período de tempo que os consumidores têm disponível para experimentar a sua marca é maior. Durante todo este tempo, você tem a sua plateia cativa e a oportunidade de contá-los mais um pouco sobre o seu serviço ou produto.

Por estas razões aeroportos, voos, terminais de trem, ônibus e VLT (Veículo Leve sobre Trilhos) podem se tornar plataformas perfeitas para oportunidades de propaganda. As formas de mídia variam de terminal em terminal e de mercado em mercado. Neste plano, a maioria, senão toda a propaganda, é negociada com uma agência de mídia que toma conta das vendas em nome do terminal.

Utilizar estas plataformas pode ser mais fácil do que você imagina. Às vezes isso envolve apenas procurar pelas letras miúdas. A maioria destas plataformas exibe o nome da agência de mídia e as informações de contato diretamente no

168 Parte III: Oportunidades à Sua Volta: Mídia Não-Tradicional

anúncio. Se não conseguir localizá-las, entre em contato com o departamento de marketing do local; eles devem estar aptos a dirigi-lo ao caminho certo.

Academias desportivas

Talvez você esteja pensando em atingir o pessoal do esporte, a geração saúde. É hora de preparar o físico e pôr a sua mensagem onde os seus fanáticos por condição física vivem: ginásios e academias. Marcas que possam ser facilmente associadas com as indústrias de moda, beleza, condição física e saúde podem se beneficiar da presença nestes locais.

As oportunidades disponíveis dependem da academia. Em ginásios para mamães e papais, você pode estar limitado a apenas algumas oportunidades de colar pôsteres. Academias de cadeias maiores podem estar preparadas para lhe oferecer mais oportunidades, como propaganda em monitores nos aparelhos de corrida, organização de eventos na academia, distribuição de amostras do seu produto para os frequentadores e assim por diante.

O primeiro passo é verificar o que há por aí: vá até a recepção da academia aonde você quer anunciar e peça para falar com alguém sobre anúncios no local.

Supermercados

As pessoas têm que comer; logo, no final das contas, elas vão acabar na loja de mantimentos. Muitos negócios deixam de examinar o quão eficaz a propaganda em supermercados pode ser. Os supermercados são locais onde os consumidores já estão no espírito para comprar coisas, o que significa que estão abertos a mensagens de marca.

Receptividade geral à parte, você também está entrando em contato direto com as pessoas que fazem as escolhas diárias de compras domésticas. Ganhar a pessoa que detém a carteira pode lhe oferecer um consumidor vitalício.

Algumas maneiras de levar a sua mensagem ao seu alvo incluem as seguintes:

- **Folhetos, revistas e circulares:** Você pode amaldiçoar todas estas circulares que recebe pelo correio ou são jogadas na sua soleira, mas você os recebe por uma razão muito simples: elas funcionam.

- **Mostruário:** Uma das maneiras mais proeminentes de expor produtos aos compradores são os mostruários dentro da loja e no final do corredor. Com esta área de cobertura, você é capaz de compartilhar mensagens e mostrar seu produto ao mesmo tempo.

- **Carrinhos de compras:** Embora nem sempre tão efetivo quanto outros métodos, outro modo de reforçar a sua marca é anunciar diretamente nos carrinhos de compras.

- **Televisores na loja:** Em muitos dos supermercados mais novos, televisões têm sido instaladas em corredores, assim como nas filas do caixa, como mais uma plataforma para deixar os consumidores cientes das promoções ou produtos em destaque.

- **Demonstrações e amostras de produtos:** Demonstrações de produtos dentro da loja se mostraram eficazes na hora de atingir faixas demográficas mais velhas. Esta oportunidade também é extremamente eficaz quando se trata de amostras de comida. Realmente, quem não vai parar por uma amostra gratuita de enroladinhos de salsicha?

- **Guichê do caixa:** Já notou como todas as boas barras de chocolate recheado são postas bem ali na entrada do caixa? Este é uma tentativa derradeira de estimular a compra por impulso. Sinalizações posicionadas no guichê do caixa também fazem parte da mesma escola de pensamento. Está é a frase antes da partida, uma oportunidade final de persuadir o seu alvo a comprar um produto específico. Você pode cogitar pôr sua marca em recibos de caixas registradoras e até mesmo nas próprias sacolas de compras.

Shoppings centers

Shoppings centers não são somente lugares aonde os adolescentes vão para passar o tempo e discutir as fofocas mais recentes da escola. Os shoppings centers são uma plataforma extraordinária para se entrar em contato com determinadas comunidades em geral. Mais uma vez, a maioria das pessoas vem ao shopping, porque esperam gastar algum dinheiro e estão abertas a ouvir falar sobre o que a sua companhia tem de maior e melhor para oferecer.

Entre as oportunidades de propaganda disponíveis dentro do local estão incluídas as seguintes:

- **Grandes painéis iluminados:** Estas unidades compridas e iluminadas por trás estão geralmente localizadas ao redor das entradas do shopping. Elas são estruturas ostensivas que criam uma primeira impressão quase impossível de se ignorar quando os consumidores entram.

- **Monitores:** A disponibilidade de monitores rodando comerciais varia de mercado em mercado, mas eles geralmente são vistos nos balcões de informação da maioria dos shoppings.

- **Ilustrações no chão, nas portas, nos elevadores e nas escadas rolantes:** Assim como nos cinemas, os shoppings se tornaram bastante adeptos de transformar quase todas as superfícies em oportunidades para marcas. Ilustrações personalizadas dispostas em diversos locais são ferramentas extremamente eficazes para ajudar a aumentar a percepção do seu negócio.

- **Toalhas de bandeja e guardanapos:** Enquanto você aprecia o deleite gosmento do seu burrito de sete recheios na praça de alimentação, você pode não notar que há oportunidades de expor uma marca em tudo à sua volta. A toalha da bandeja (onde caiu a porção extra de guacamole), e os guardanapos são oportunidades adicionais de pôr a sua mensagem na frente dos consumidores.

Parte III: Oportunidades à Sua Volta: Mídia Não-Tradicional

A maioria dos shoppings já fez a maior parte da pesquisa de mercado para você. Ligue para o departamento de marketing dos shoppings que lhe interessarem para conseguir um "furo de reportagem" sobre o tráfego diário de pedestres naquele shopping, as estatísticas para cada sexo, a renda familiar média e outros fatores. Esta informação o ajudará a escolher em quais shoppings anunciar e os métodos a serem usados.

Escolhendo a Melhor Opção para Você

Antes de selecionar o seu método de entrega, dê uma olhada criteriosa em seu produto ou serviço e estreite a sua visão de como você gostaria que a sua marca fosse notada. Como a publicidade interna oferece potencial para um período de interação maior com os consumidores, você vai querer se certificar de que a maneira na qual está apresentando a sua mensagem seja tão eficaz quanto o que você está dizendo.

Considere as seguintes questões:

- ✔ **Há algum estabelecimento ou lugar que é especialmente relevante para a sua marca? Quais lugares podem ser diretamente associados com o seu produto ou serviço?** Por exemplo, se estiver comercializando a sua própria bebida energética caseira, você pode querer começar entrando em contato com academias e ginásios para explorar oportunidades de propaganda e distribuição de amostras.

- ✔ **Que formas de mídia despertaram o seu interesse no passado?** Se anteriormente uma forma de mídia o fez parar para olhar de novo e pensar consigo "isto seria apropriado para o meu negócio", honre o seu próprio conselho e inclua aquele formato no mix.

- ✔ **Existe alguma marca ou estabelecimento que não seja sua competidora com a qual você possa fazer uma parceria ou à qual você gostaria de se associar?** Fazer uma parceria com uma marca que não esteja competindo com você, mas que tem acesso aos seus consumidores alvo sempre é uma boa ideia – especialmente se a marca faz com que a sua pareça um pouco mais impressionante. Formar parcerias lhe dá a oportunidade de dobrar a sua exposição e os seus recursos (para saber mais sobre parcerias, consulte o Capítulo 18).

- ✔ **Há plataformas de mídia com as quais você não quer se associar?** Existe uma expressão um tanto esnobe no mundo do marketing, *abaixo da marca*. Em linguagem comum, isto significa que o conceito ou forma de mídia não está de acordo com a marca (ou é inferior). Se você é o proprietário de uma loja de jóias, anunciar com cápsulas desinfetantes falantes em mictórios provavelmente não reflete a impressão luxuriosa que você trabalhou duro para criar. Você é refinado demais para aquilo. Mas se estiver tentando promover uma campanha contra direção alcoolizada, cápsulas falantes em mictórios podem ser simplesmente perfeitas para você. A chave é olhar para todas as oportunidades – tanto inovadoras quanto tradicionais – para certificar-se de que elas reflitam a imagem da sua marca da melhor maneira e atinjam a sua clientela em potencial.

✔ **Por quanto tempo você quer que a sua mensagem apareça?** A eficácia do seu anúncio pode certamente ser moldada pelo período de tempo em que ele aparece. Você quer ter uma exposição o semanal, mensal ou anual? Você quer fazer anúncios sazonais?

✔ **Quer formas de propaganda estão dentro do seu orçamento?** Você pode ter sugerido algumas ideias incríveis para diversas maneiras de se usar mídia interna – porém, se os olhos são maiores do que o orçamento, você pode acabar desapontado. Só tenha isso em mente antes de planejar uma campanha inteira em torno de uma peça de mídia que você pode não ser capaz de bancar ou executar corretamente.

Produzindo Trabalhos de Arte Para Determinados Locais

Você pesquisou por lugares disponíveis para anunciar e decidiu usar um ou mais locais. Agora é hora de se divertir um pouco!

Se tiver os recursos, tente produzir mídia que seja tão específica para aquele local quanto for possível. Defina precisamente algumas das suas circunstâncias existentes e as suas metas. Onde você vai apresentar a sua mensagem? Quem você quer que a veja? No final das contas, o que você quer que o anúncio os motive a fazer? Em que estado de espírito eles estarão quando virem o anúncio? Que tipo de tom você quer dar ao seu anúncio? Há alguma coisa única em relação ao estabelecimento (para o bem ou para o mal) com a qual você possa interagir?

Nas seções a seguir, oferecemos uma visão geral de algumas ideias a se cogitar ao criar a sua campanha em recintos fechados. Como sempre, nós esperamos que isso gere uma fagulha de criatividade que você possa maximizar quando for levar em consideração a plataforma e a posição da sua mensagem.

Considerando os seus arredores

Alguns anúncios e textos publicitários são mais adequados a certos tipos de mídia. Há boas chances de que você não vá apresentar o mesmo anúncio em um banheiro de um bar masculino que produziria para um shopping mais "família". Considerar o local ajudará a informar o tom do seu anúncio.

Somos fãs do uso de humor sempre que possível. Existe algo de especial sobre o lugar onde você está posicionando o seu anúncio que possa ser relacionado à sua marca? Há alguma uma frustração geral com a qual você possa se solidarizar com seus consumidores? Há alguma coisa a respeito do estabelecimento que seja famosa e com a qual você pode interagir ao apresentar a sua marca? Tenha a sua marca em mente durante este processo e isso o ajudará a seguir na direção certa.

Por exemplo, você pode querer interagir com o aperto das pessoas em propagandas no metrô e nos trens: "O trabalho deixa você suado, mas nem se compara ao cara do lado que não está usando o desodorante Cheiro Puro". Em bares, você pode interagir com o fato de que libações estão envolvidas: "Ele vai parecer mais bonito depois de outra Cerveja Ale".

Reconhecendo o seu alvo

À medida que você inventa anúncios e textos publicitários inteligentes e específicos ao local, tenha o seu alvo em mente. Apesar de sermos fãs do uso do riso para transmitir a sua mensagem, se a sua piada é feita às custas das mesmas pessoas para quem você está tentando vender o produto, o seu anúncio não tem nada de bom.

Dependendo de qual local ou forma de mídia usar, você pode ter a oportunidade de usar mais texto publicitário ou uma mensagem mais complexa. Se este for o caso, seja esperto quanto a como você argumentará a favor da sua marca. Qual é o estado de espírito do seu alvo no momento? Ponha-se no lugar do seu alvo e isso ajudará a informar a que tipo de anúncio ou oferta eles responderão melhor.

Ficando esperto

Alguns dos veículos de mídia que cobrimos neste capítulo (especificamente terminais de viagem e certas propagandas em cinemas) podem ter preços de tabela bastante pesados. Se este for o caso com parte da mídia que você quer usar, considere isso um desafio!

O seu desafio é descobrir outras maneiras de conseguir entrar. Aborde os estabelecimentos com a ideia de produzir os materiais e oferecê-los de graça em troca pela economia em custos de produção ou abastecimento. Isto poderia ser aplicado a coisas como balas de hortelã em restaurantes ou assentos para crianças em cinemas. O que você pode produzir a um custo relativamente baixo que alivie um dos gastos do estabelecimento e simultaneamente transmita a sua mensagem aos consumidores escolhidos?

Se estiver trabalhando com um orçamento apertado, mas apertado mesmo, e simplesmente não tiver os recursos, outra maneira de alavancar a percepção e a exposição no local é produzir cartões postais dobráveis. Muitos vendedores locais como lanchonetes, barbearias, lavanderias e assim por diante vêem estas figuras como valor agregado para os consumidores e a comunidade.

Reúna-se agora mesmo com a sua marca. As mensagens mais efetivas são aquelas posicionadas em locais onde os seus consumidores congregam. Cogite lugares onde os consumidores em potencial da sua vizinhança se reúnem e aborde estes estabelecimentos para criar uma oportunidade de marketing exemplar.

Capítulo 11

Usando e Introduzindo Novas Mídias

Neste Capítulo

▶ Inovando ao seu jeito, acima da média
▶ Levando as mídias existentes a novas direções
▶ Moldando a sua mensagem rumo a novas oportunidades
▶ Tirando o máximo de proveito das novas mídias

O marketing de guerrilha exige que você use muitas carapuças. Ao mesmo tempo, você tem que ser um engenheiro de logística, um operador escondido, um supervisor de produção, um explorador de locais, um triturador de números, um diplomata de parcerias e muito mais. Talvez, o papel mais desafiador e produtivamente complexo de todos seja aquele de inovador.

Neste capítulo, o ajudamos a encontrar o seu inovador interior ao usar as abordagens mais recentes e incríveis de se atingir os seus consumidores. Oferecemos as nossas próprias ideias para mantê-lo afiado e acima da média. Fazemos isso ao afiar os seus sentidos, de forma que você note oportunidades à sua volta – oportunidades que não explorou – assim como novas guinadas em formas de mídia que poderia ver como rotineiras. A partir daí, passamos a um jogo de comparação para ver se o que você quer fazer se encaixa com o produto e a mensagem. Por fim, entramos no mundo da posse de nova mídia e técnicas e como fazê-las funcionar para você. A criatividade tem os seus benefícios, e você deve estar apto a desfrutar de todos eles. Neste capítulo, o ajudamos a fazer exatamente isso.

Mantendo-se Competitivo ao se Manter Acima da Média

Por todo este livro, lhe dizemos que ser um marqueteiro de guerrilha eficaz envolve aproximar-se, apresentar-se e conectar-se com consumidores de uma maneira inesperada e revigorante. Essa declaração ambiciosa é um belo desafio! Com todo mundo perseguindo a mesma meta, como você faz para que a sua marca ou serviço se sobressaia? A resposta está na inovação.

Frequentemente, quando as pessoas ouvem a palavra *inovação*, as suas mentes se enchem de imagens de pesquisadores vestindo jalecos brancos e experimentando com béqueres fumegantes a poucos segundos de gritar "Eureka!". Felizmente para aqueles entre nós que não são propensos à ciência, o poder da inovação geralmente não reside em béqueres e bicos de Bunsen – o poder *real* está na ideia. Inventar uma maneira original de passar a sua mensagem, ou simplesmente uma guinada engenhosa, é a chave para se descobrir uma inovação de marketing.

Uma das coisas que nos tira da cama de manhã direto para as sessões de desenvolvimento de ideias matutinas, antes mesmo que a cafeína entre em efeito, é a ideia de que podemos muito bem criar uma forma de mídia novinha em folha. *Nova mídia* é uma nova plataforma ou abordagem que se comunique efetivamente com consumidores.

Imaginar que todas essas ideias loucas que você tem girando em sua cabeça, se aplicadas de maneira apropriada, podem se tornar a próxima grande plataforma é inspirador de modo único. O potencial está lá – é só uma questão de canalizar as suas energias criativas para servir efetivamente a sua marca de uma maneira que nunca foi feita antes.

O marketing de guerrilha e a mídia não-tradicional dão uma grande flexibilidade aos anunciantes. Na verdade, a publicidade se tornou algo tão flexível e diverso que usar mídia já existente para se apresentar ficou difícil, quanto mais se esforçar para criar algo novo.

Este é o desafio do marketing de guerrilha – quão engenhoso *você* consegue ser para se sobressair entre os competidores? Você quer criar algo comportado, como pôr a marca em uma estrutura específica, ou algo amalucado como desenhar uma "marca interessante" no torso do seu amigo Ted? Porque as duas coisas são viáveis e, se feitas de modo engenhoso, têm potencial para atrair a imprensa. Fazê-lo também lhe dá a chance de pôr a sua mensagem em uma mídia completamente despojada, que a sua marca pode possuir e dominar.

Você não consegue criar nada de novo se não conhecer o que já foi feito. Quando estiver tentando adotar uma nova abordagem para compartilhar o seu produto ou serviço, olhe para a sua indústria e indústrias relacionadas para ver dicas do que já funcionou. Pegue as campanhas dos competidores e analise o que o impressionou, o que foi OK, o que fracassou, e por quê. Então olhe para dentro da sua indústria. O fator de aderência das campanhas de marketing realmente depende das tentativas casarem com a marca ou não. Às vezes um negócio cria uma mensagem e a apresenta de uma maneira verdadeiramente engenhosa, mas a associação se perde ou não parece casar bem com a impressão dos consumidores sobre a marca. Isto pode ser uma oportunidade na qual você pode capitalizar, ao pegar o germe criativo, adaptá-lo para servir a outra marca ou produto e receber aqueles elogios que você bem merece.

Deixando a Sua Marca em Mídia Já Existente

Não queremos lhe dar conselhos contraditórios, mas, às vezes, não é preciso reinventar a roda – basta levar a coisa para uma direção completamente diferente. Frequentemente, as iniciativas de mídia não-tradicional causam a melhor impressão ao pegar mídia já existente, vista como banal, e encontrar uma maneira engenhosa e enérgica de reintroduzi-la.

Se decidir seguir este caminho, você entrará no empolgante reino da demonstração de superioridade na mídia. Que a melhor ideia vença! Uma das razões pelas quais o marketing de guerrilha e a mídia não-tradicional têm prosperado é que esta competição saudável criou um ambiente vibrante, em que a mídia está evoluindo constantemente para satisfazer a demanda do anunciante e o interesse volúvel do consumidor.

Você só precisa olhar para algumas das principais formas já existentes de mídia para ver a progressão de brinquedo de pequenas marcas até virar uma mídia adulta:

🖙 **Impressos**:

- Infância: Jornais e revistas começam a publicar anúncios. O público fica impressionado com a última moda, mas as imagens em preto e branco, com qualidade de retrato, ainda deixam muito a desejar.

- Adolescência: A tecnologia de impressão se aperfeiçoa, apresentando aos consumidores papel lustroso brilhante, imagens que são nítidas e atraentes, páginas destacáveis e cartões de assinatura que caem em momentos inoportunos – lembrando-o de assinar a revista ou tirar proveito da liquidação na Waustrom's.

- Maioridade: Imersão completa e absoluta na marca. Páginas perfumadas deleitam os sentidos, faixas com a marca abraçam o exterior da publicação, e embalagens de plástico adornadas com logotipos protegem a revista e o CD/DVD gratuito encartado do anunciante.

🖙 **Outdoors**:

- Infância: O outdoor básico ao largo da estrada retratando cores mínimas e mensagens básicas de marca.

- Adolescência: As cores se tornam mais vibrantes. Mensagens em um cilindro mudam para dar movimento às mensagens e torná-las chamativas.

- Maioridade: Telas de LCD capazes de exibir mensagem, clipes em vídeo, áudio concentrado específico ao consumidor e mensagens de celular por meio de tecnologia e raios infravermelhos.

> ### Quem tem revista tem carro
>
> Uma empresa de carros astuciosa queria dar seus carros de brinde, mas não é assim que se conduz um negócio. Então, ao invés disso, ela comprou espaço para anúncio em revistas selecionadas. Os leitores podiam destacar um pedaço de papel-cartão perfurado que poderia ser dobrado para montar o seu próprio carrinho. O pequeno automóvel poderia então ficar na escrivaninha do trabalho ou posicionado sobre a toalha de mesa de casa – desta forma oferecendo aos leitores da revista uma experiência diferente de todo o resto da revista e, subsequentemente, a distribuição de um prêmio com uma longa vida útil (para saber mais sobre prêmios e brindes adequados à marca, vá para o Capítulo 6).

✔ **Televisão:**

- Infância: A televisão é criada e os comerciais básicos em preto e branco são produzidos para lançar produtos.
- Adolescência: As telas crescem em tamanho, cor e clareza e são encontradas em lares, escritórios, escolas, academias, onde você imaginar. O alcance ao consumidor aumenta drasticamente.
- Maioridade: A mensagem se torna móvel. As telas agora podem ser amarradas ao peito ou adornadas acima da cabeça do guerrilheiro no local da ação, aptas a compartilhar mensagens com os consumidores, serem empregadas em aquisições no local e darem um toque pessoal para as iniciativas de marketing na TV.

Embora estas sejam evoluções comuns e talvez um tanto óbvias, o crescimento não está diminuindo. Agora mesmo, algum jovem arrogante e ambicioso está idealizando novas formas de reinventar mídias existentes. Assim como o jovem arrogante, você pode examinar o que vê no mercado e pensar em maneiras nas quais estas mídias podem ser re-imaginadas ou reintroduzidas para fazer a sua marca se sobressair em meio à competição (para ler mais sobre como abrir caminho em meio ao tumulto, confira o quadro lateral "Quem tem revista, tem carro", neste Capítulo).

Nunca julgue as suas ideias ou assuma que elas não podem ser realizadas. Mandar aquele e-mail ou pegar o telefone para informar-se sobre as suas ideias pode acabar posicionando-o no lugar certo para atingir consumidores de uma maneira nova e excitante!

Tirando Proveito dos seus Arredores: Monopolizando Recursos Existentes

Atingir os seus consumidores de novas maneiras às vezes pode ser tão simples quanto inventariar as coisas que você já tem à sua disposição. Assuma o papel

Capítulo 11: Usando e Introduzindo Novas Mídias 177

do sujeito não-tradicionalista e perspicaz e encontre oportunidades no dia-a-dia. O que está ao seu redor, do seu trabalho e dos seus consumidores? Seguem algumas coisas que você talvez tenha em seu estabelecimento e que poderiam receber a marca para ajudar a espalhar a sua mensagem:

- **Sacolas de compras:** Ponha a sua marca nas suas sacolas para causar impacto. Se não puder arcar com sacolas personalizadas, veja se consegue colocar cupons ou folhetos em cada sacola para aproveitar ao máximo a oportunidade.

- **Equipe:** Se tiver empregados que interajam com o público, eles devem estar decorados com a sua marca. Se for apropriado, fantasie-os – mas não faça loucuras ou você pode ter um motim em suas mãos.

- **Propriedade:** O que você possui que pode receber a sua marca? Uma parede livre? Um toldo? Você consegue marcar um espaço de estacionamento com o seu logotipo e "Estacione aqui para economizar" ou algum outro texto publicitário apropriado? Quanto mais criativo, maior o impacto.

- **Equipamento específico da área de atuação:** Se o seu negócio vende algo interessante (ou não tão interessante) ou utiliza equipamento específico daquela indústria, ponha a sua marca nele e interaja. Imagine quanta diversão seria criar uma marca para um caminhão misturador de cimento! O que funciona para a sua marca?

- **Som:** Nada atrai as pessoas como sons que as fazem sentir como se um evento ou algo único estivesse acontecendo. Que recursos você tem à disposição para criar este efeito? Um sistema de som interno e música de espera no telefone podem representar mais uma oportunidade de entrar em contato de uma maneira empolgante. Que ideias criativas você pode inventar além de anunciar o amarelo-claro especial e tocar música de elevador até cansar?

- **Espaço vazio:** Que áreas você tem disponíveis em sua loja? Assoalhos precisam de tapetes, balcões precisam de cobertura, paredes precisa de faixas... E todas estas coisas precisam receber a sua marca. Após ter explorado as oportunidades disponíveis, investigue quais nunca haviam sido usadas para propaganda antes. Quanto àquelas que já foram usadas antes, como você pode usá-las de forma diferente?

Se for como a gente, você pega a dinâmica da coisa e, de repente, tudo vira uma oportunidade. Não estamos dizendo para enlouquecer e pôr a sua marca em cada centímetro da sua loja ou local de negócios. Estamos sugerindo que dê uma olhada à sua volta sob o ponto de vista de um guerrilheiro e veja o quê, se houver algo, você pode fazer para se sobressair em meio à competição e se conectar com os seus clientes.

Imaginando e Comunicando a Sua Mensagem

Neste panorama constantemente em desenvolvimento das novas mídias, o ônus de inventar alguma forma nova, inesperada e excitante de compartilhar a sua marca está com você. Diferentes negócios lidaram com esta responsabilidade de diferentes maneiras. Cobrimos algumas destas maneiras nas seções a seguir.

Não importa qual método escolha, certifique-se de passar por esta rápida lista de coisas que ajudarão a transformar a mensagem e a mídia em realidade:

- **O que pode ajudar a dizer o que você quer?** De que autorizações, vendedores, materiais e outros recursos você precisará para fazer com que a mídia seja realizada?

- **Os materiais para apresentar esta nova mídia estão disponíveis?** Se você descobrir que precisa de permissão, com quem você deve falar para obtê-la? Qual é o seu plano de contingência se os materiais não estiverem disponíveis (ou não existirem)? Você consegue encontrar uma alternativa, ou criar a sua própria?

- **Isso é legalmente viável?** Especialmente se estiver tentando produzir algo de vanguarda, contate as forças da lei locais e veja se o que você quer fazer é legalmente aceitável. Produzir a sua nova mídia pode custar apenas $ 100, mas as multas por violar leis locais podem custar dez vezes mais – ou fazer com que você passe um bom tempo na cadeia.

Apelando às emoções

As pessoas se lembram de uma mensagem, imagem ou expressão se elas conseguirem relacioná-la com uma emoção. Logo, a questão ao imaginar a sua mensagem se torna "que emoção você quer evocar, e como você vai fazer para atingi-la?"

Existe liberdade nas limitações. Embora isto dificilmente seja uma máxima para inspirar uma revolução, ao criar uma nova forma de apresentar a sua mensagem, você precisa identificar precisamente o que tem a dizer, a quem quer dizê-lo, e como quer que isso seja ouvido.

Por exemplo, digamos que você seja proprietário da peculiar Companhia de Filtros de Óleo Bemlimpo, que faz filtros de óleo para carros de corrida e outros automóveis de alto desempenho. Você precisa considerar:

- **Quem usa o seu produto?** Muito provavelmente, são os proprietários de carros que trabalham ou lidam com as indústrias automobilísticas ou de corridas. Eles têm mais de 30 anos e uma renda familiar de $30.000 ou mais.

- **Quem são as pessoas que usam o seu produto?** Encontrar os consumidores onde eles trabalham e se divertem é um bom lugar para se começar. Logo, você talvez decida olhar em lojas de automóveis ou, para atingir o maior número possível de uma vez só, em eventos de corrida.

- **O que você tem a dizer a eles e como pode atingi-los de uma maneira excepcional?** Levando em conta os locais e o seu público alvo, talvez você possa recorrer a um pouco de atração sexual. Que tal levar uma modelo atraente e, usando maquiagem e uma fantasia criativa (coberta com a marca Bemlimpo, é claro), criar uma comparação ambulante entre a Bemlimpo e a Marca X ao dividi-la ao meio visualmente? Em um lado do corpo dela, você tem a imagem da limpidez e beleza, assim como o produto Bemlimpo (camiseta regata branca, exibindo a marca, cabelo cintilante e assim por diante); no lado da Marca X, ela tem o cabelo desgrenhado, maquiagem oleosa e roupa amassada e imunda.

Será que isso é tolo ou inapropriado? Quem pode dizer? Eventos de corrida são famosos por tirar vantagem de qualquer quota de espaço disponível para anúncios. Talvez ser um pouco tolo e criar esta forma única de apresentar uma marca é exatamente o que se exige para fazer com que a sua mensagem se sobressaia em um ambiente prolífico em marcas, todas gritando para receber a atenção do consumidor.

Voando abaixo do radar: Marketing invisível

Interrompa-nos se já ouviu essa história antes: um homem entra no bar de um hotel de luxo. Um viajante solitário a negócios se aproxima silenciosamente, pede um drinque e abre o seu laptop para estudar as anotações da grande abordagem de venda do dia seguinte. Do outro lado do bar, uma jovem atraente está claramente dando bola a ele. De modo confiante, ela caminha a passos largos até ele e pergunta se pode pagar-lhe um drinque – só que *ela* escolhe o drinque. O homem aceita e flerta com a jovem. Ela começa a contar a ele como esta marca particular de bebida é a sua favorita. Enquanto a conversa continua, ela apimenta-a com comentários sobre o quão delicioso o coquetel dela está. De repente, ela é chamada para resolver negócios urgentes, mas recatadamente agradece o homem pela conversa e o relembra a aproveitar o drinque.

O cavalheiro é simplesmente irresistível? Pode ser, mas também pode ser que este homem foi alvo de *marketing invisível*, ou criar um compromisso com a marca por meio de contato sutil, positivo e geralmente velado. Esta plataforma altamente direcionada envolve a produção de oportunidades para que os consumidores se relacionem com a sua marca ao criar associações positivas e experiências com ela.

O marketing e a propaganda invisíveis tomam muitas formas. Podem ser atrizes posicionadas em locais estratégicos carregando sacolas de compras ostensivas debatendo sobre uma nova marca que vai ser o próximo grande sucesso. Podem ser pacotes da companhia espalhados em torno de determinados locais, com um "entregador" comentando como ele tem estado ocupado com entregas desta marca ultimamente. A forma de marketing invisível que você usa é ditada pelo seu público e pela maneira pela qual você quer que a sua marca seja notada.

O debate sobre marketing invisível está em andamento, até mesmo entre os autores deste livro. Há duas escolas de pensamento sobre isso: a primeira é de que esta plataforma – em qualquer permutação que assumir – é enganosa, desorientadora e um tanto repulsiva. A outra sugere que é simplesmente outra forma de mídia direcionada – se não causou problemas, tudo bem.

Em qualquer campo que você esteja, o marketing "invisível", como ele é comumente chamado, é fundamentalmente guerrilheiro. É direcionado, relativamente barato e é outra maneira de espalhar a sua mensagem. Vale a pena notar, entretanto, que muitas organizações (tanto dentro quanto fora do ramo da publicidade) se sentem desconfortáveis quanto a este método como meio de transmitir uma mensagem aos consumidores de forma profissional e ética.

O marketing invisível não tem o mesmo alcance que outras formas de mídia podem ter. E se ele sair pela culatra ou o seu disfarce for descoberto, as repercussões podem ser bem sérias. Por exemplo, se for revelado aos consumidores que você usa invisibilidade como forma de marketing, alguns deles podem sentir-se enganados ou traídos por uma marca em que eles poderiam de outra forma confiar ou sentir algum senso de lealdade.

Na cara: Criando mensagens que os consumidores não têm como não notar

Quando estiver tentando inventar métodos de apresentar a sua marca, considere para onde os olhos das pessoas já estão voltados. Há alguma coisa única sobre o seu produto ou serviço que chame a atenção das pessoas?

Se você é proprietário de uma delicatessen com um display que chama o freguês de acordo com a senha, esse display pode ser um lugar ideal para exibir a sua marca ou algum texto publicitário divertido, como "O número 41 está experimentando os nossos cortes de frios". Quanto mais criativo puder ser, mais impacto a sua mensagem terá.

Uma agência decidiu levar a mensagem de seus clientes onde os olhos dos rapazes se desviam sem vergonha, ao oferecer espaço para marcas no traseiro de moças. Para fazê-lo, a agência contratou belas moças para serviem de embaixadoras das marcas e imprimiu os logotipos dos clientes na parte de trás em roupas de baixo personalizadas e elegantes. Então as moças foram a campo. Com um simples "olhem aqui, rapazes", as moças da equipe levantariam as saias e exibiriam as calcinhas estampadas, para o deleite dos espectadores masculinos. Esta picante plataforma não serve para todos os clientes, mas foi algo que os consumidores masculinos (e a imprensa) não puderam deixar de comentar.

Tocando uma variação do tema

Quer esteja liderando uma operação mundial ou um estabelecimento local familiar, não é porque está pensando em apresentar a sua mensagem em uma nova mídia que você tenha que jogar o bebê fora junto com a água da bacia. Muitas companhias têm materiais de marketing e publicidade existentes que já são extremamente eficazes. Você pode pegar o que já funciona e apresentá-lo de uma maneira diferente.

Negócios locais muitas vezes têm jingles, personagens ou slogans que são imediatamente identificáveis com aquela companhia. Brinque com esta notoriedade regional ou nacional e apresente-a de uma nova maneira. Por exemplo, talvez você tenha um jingle grudento que ninguém consegue tirar da cabeça. Talvez você possa contratar um caminhão de sorvete para tocar o seu jingle durante a ronda dele, ao invés da seleção normal de músicas. Se você tem uma mascote ou personagem exclusivo da sua marca, pode cogitar vestir um ator como o seu personagem e mandá-lo fazer atividades diárias casuais, como desfrutar um caramel macchiato em uma cafeteria, ler um jornal em um banco de praça ou esperar na esquina pelo próximo ônibus intermunicipal.

De acordo com o velho ditado, "se não está quebrado, não conserte". Nós concordamos – mas ver como algo pode funcionar de outra maneira pode ser uma maneira divertida e eficaz de estender o alcance de recursos de marketing comprovados.

Criando um Anúncio

Se você sabe como usar um programa de edição de fotos (como o Photoshop), certamente consegue inventar algo para o seu anúncio. Entretanto, para as mídias descritas neste capítulo, muitas vezes as agências ou vendedores vão ajudá-lo ou pedir que entregue sua arte em um formato específico, para que se ajuste ao molde do método que você está pensando em produzir.

Quer você decida contrair esses músculos criativos ou deixar que o vendedor faça o trabalho por você, evite texto pequeno e muitas cores escuras. Dependendo da mídia, você só tem uma olhadela para causar impacto – certifique-se de que vai tirar o máximo proveito desta exposição.

Confie nos seus instintos. Se não estiver 100% satisfeito com o produto final, tire algum tempo para trabalhar mais no anúncio. Apresente-o aos seus colegas, amigos ou família e refine-o até ficar feliz. Você é o consumidor nesta situação; você pode usar a carteirinha de cliente detalhista, se for preciso.

Definindo a sua visão

Anúncios tediosos? Você merece algo melhor. O coeficiente de saturação para muitos dos formatos de mídia neste capítulo pode ser bem alto, dependendo do mercado – os consumidores estão sendo bombardeados com anúncios, e você quer que o seu se sobressaia. É sua responsabilidade criar algo único e com um objetivo claro.

O que você quer que os seus consumidores façam depois de verem o seu anúncio? Quer que eles façam login, liguem, visitem um estabelecimento ou simplesmente tenham uma percepção maior sobre o seu produto ou serviço?

Após ter identificado a meta, pense sobre como vai comunicá-la de uma forma empolgante. Você vai "provocar" o consumidor quanto a um produto a ser revelado em uma data futura? Chocá-los? Fazê-los rir? Apelar para certa suscetibilidade? Seja tão engenhoso quanto a sua marca permitir – é a única maneira de se sobressair.

É sempre eficaz ter a criatividade brincando com a mídia. Por exemplo, no topo de um táxi, você pode pôr o texto "Este carro está ansioso para ter bancos reclináveis – Automóveis de Luxo LaRouche".

Trabalhando com designers

Se não tiver olho para design, você precisa entrar em contato com um designer gráfico. Reconhecer que precisa de ajuda é bom – designers podem ajudar a dispor uma imagem ou mensagem, esclarecer as suas ideias criativas e então formatar tudo para satisfazer requerimentos específicos da sua compra de mídia.

Peça por atualizações constantes do designer quanto ao progresso do design, de forma que se o seu designer se distanciar de sua mensagem, você não fique preso a um anúncio que odeia quando a data de entrega chegar. Manter um fluxo de opiniões construtivas vai assegurar uma obra de arte fora de série, produzida com custo eficaz e de maneira oportuna.

Você fechou a sua arte e está extasiado. Antes de dar adeus ao seu designer, certifique-se de pegar arquivos eletrônicos para todas as versões do seu trabalho artístico, quaisquer fontes (especialmente se tiver adquirido fontes novas ou personalizadas) utilizadas e quaisquer modelos necessários para fazer design de materiais futuros. Esta estratégia não se trata de depredar brutalmente os frutos do seu designer – se trata de tomar conta da sua marca e proporcionar a si mesmo a informação necessária para produzir designs futuros consistentes.

Às vezes, usar uma agência de mídia ou designers do vendedor para o seu anúncio pode custar um monte de grana. Em vez disso, faça um pouco de pesquisa e veja se consegue encontrar um designer free-lance ou estudante de design que faça o trabalho por menos (ou de graça) para ajudar a estabelecer o portfólio dele. Certifique-se de obter algumas amostras do trabalho daquela pessoa antecipadamente, porém – só para ter certeza de que você ficará feliz com os resultados.

Descobrindo a Melhor Localização

Após examinar o que quer dizer e como quer apresentar a sua nova mídia, você precisa considerar onde quer colocá-la. Às vezes, a localização é completamente apropriada e direcionada para atingir o seu público-alvo onde você sabe que eles estarão. Outras vezes, tem a ver com selecionar um estabelecimento que nunca tenha sido explorado antes, com apenas um propósito: conseguir alguma manchete.

Pontocom, Oregon

Em 1999, uma companhia pontocom estava pensando em aumentar a percepção do consumidor em relação ao seu serviço. Como a companhia atingiu esta meta? Ao comprar o nome de uma cidade, é claro. Isso mesmo: pelo preço de $100.000 e 20 novos computadores escolares, a cidade de Halfway, Oregon, foi renomeada Half.com, Oregon, por um ano. A jogada se provou mutuamente benéfica. A Half.com era nome de uma cidade e conseguiu acumular muita exposição e cobertura da mídia, enquanto a pequena cidade rural acabou com novos computadores e dinheiro nos escritórios do município.

A chave para conseguir algum retorno da imprensa é transmitir a sua mensagem de uma forma ou em um local que passe longe de qualquer coisa já feita antes. Às vezes, o local onde se apresenta a mensagem é a própria inovação.

Por exemplo, uma companhia de software estava lançando o seu novo sistema operacional. Ela estava fazendo um ataque rápido e maciço à mídia e faminta por plataformas excitantes para apresentar a mensagem. Com recursos financeiros quase ilimitados, foi capaz de "monopolizar" a maioria dos grandes mercados, mas queria alguma mídia nova para obter o máximo alcance possível com os seus esforços. Para responder a este pedido, a companhia foi a campo e teve o seu logotipo cortado em plantações ao redor de todo o país, de forma que o logotipo fosse visível do ar; então, ela deixou vazar a notícia sobre estes círculos nas colheit... quer dizer, logotipos, para veículos de mídia com cobertura aérea. Esta plataforma continuou a ser usada para promover uma horda de marcas desde então.

O dinheiro compra tudo – e isso é especialmente evidente quando se trata de mensagem de produto. Ao longo dos últimos anos, vimos a atribuição de marca tomar vida própria. Apesar de querermos continuar com a crença guerrilheira de que qualquer coisa é *possível*, as línguas um tanto mais cínicas poderiam dizer que é mais apropriado entoar que qualquer coisa *está à venda* (para ler mais sobre como o dinheiro compra tudo, confira o quadro lateral "Pontocom, Oregon").

Obtendo Exposição ao Inventar Novas Mídias

Vamos ser honestos: há apenas um certo número de notícias para se cobrir por aí. O número de vezes em que você vai poder ler sobre como o Velho Humphries vai destruir qualquer bola que passar por sua cerca é limitado. A mídia precisa compartilhar algo excitante com os seus espectadores ou leitores; algo que eles nunca tenham ouvido falar antes.

Esse algo novo e excitante pode justamente ser a sua nova forma de mídia. A essência da nova mídia é produzir maneiras eficazes e interessantes de aumentar a exposição da sua marca aos consumidores.

Seguem algumas iniciativas feitas para o agrado da imprensa:

- ✔ Estudantes universitários britânicos venderam espaço publicitário nas suas testas por uma taxa de cerca de três dólares a hora.
- ✔ Em Copenhagen, por cerca de $ 750, você pode empurrar o seu produto em um carrinho de bebê.
- ✔ Solteiros considerados bons partidos ao redor de todo o país utilizaram caminhões com outdoors para ajudá-los a encontrar parceiras. Um cara que teve o outdoor posicionado em frente à sua casa recebeu mais de 60 respostas em um mês.

Como podemos ver, contanto que seja consensual, não há nada de errado com a maior difusão e criatividade da propaganda – especialmente quando esta criatividade é recompensada por exposição na mídia que possa favorecer positivamente o produto ou imagem da companhia.

Além disso, quando você enxerga estas novas plataformas de mídia de forma pragmática, elas são certamente mais baratas do que outras formas de marketing. Por exemplo, naquele exemplo dos estudantes universitários britânicos vendendo espaço publicitário em suas testas, ter acesso a cobiçados jovens influentes na faixa etária de 18 a 24 anos por $ 24 por dia de exposição é quase de graça.

Ponto principal: ser um pouco excêntrico com locais disponíveis para propaganda faz com que as empresas se divirtam com o mundo ao redor delas, cria oportunidades valiosas para a imprensa, e dá às pessoas algo do que falar além do resmungão do Velho Humphries.

Embora propaganda mais "truqueira" seja certamente divertida de se ver, ler e falar sobre, ande cautelosamente se decidir seguir por esse caminho para promover o seu produto. Ferramentas espalhafatosas podem atrair a imprensa, mas você pode acabar descobrindo que é o método, e não a mensagem, que recebe a cobertura. A situação caricata seria gastar o dinheiro, conseguir a cobertura da imprensa, e nunca colher os benefícios. Alguém vai se lembrar de *quem* ou *o quê* foi anunciado em testas, carrinhos de bebê ou cachorros? Além disso, embora novas ideias gerem interesse, pode haver uma reação adversa. E se esta nova plataforma for considerada ofensiva? É assim que você quer que o seu produto seja visto?

Tome o tempo necessário para se certificar de que, se for atrás de alguma coisa amalucada, as outras coisas que vão dizer sobre você e suas iniciativas sejam legais também.

Capítulo 11: Usando e Introduzindo Novas Mídias **185**

Criando oportunidades de exposição

Você criou uma nova forma de mídia. Talvez esteja tirando proveito de alguma coisa única ao seu negócio. Ou talvez seja algo tão doido de pedra que você sabe que há alguém, em algum lugar, que precisa saber sobre a sua plataforma. Como você pode informar outros negócios quanto à sua inovação e, em retorno, se beneficiar de uma nova fonte de receita?

✔ **Permita que marcas que não competem com você testem a plataforma de graça (ou muito barato).** Você tem que dar um impulso de alguma forma. Por que não tentar deixar que uma marca não competitiva teste isso a preço de custo ou de graça? Se não há despesas gerais para produzir a mídia, deixe-as experimentar a plataforma por conta da casa. Ao fazê-lo, você pode arranjar um cliente fiel. Ou, no mínimo, pode encontrar um cliente que você pode dizer que testou a mídia ou fez parceria com você. Fazê-lo lhe dá a oportunidade de refinar a mídia, obter citações de um "cliente satisfeito" e ganhar alguma credibilidade no meio.

Você está incrivelmente orgulhoso da mídia que criou. Talvez este senso de orgulho não deixe que distribua a mídia, mesmo em troca de maior exposição. Se for o caso, volte para o sistema de escambo – permute bens ou serviços. Desta maneira, você recebe a exposição e alguns bônus espertos no caminho.

✔ **Divulgue a sua nova mídia em publicações comerciais e e-mails em massa.** As pessoas falam. Espalhe a notícia para as pessoas que possam estar interessadas em sua plataforma. Procure pelas fontes comerciais – anuncie em classificados ou veja se consegue convencer a publicação comercial do seu setor a fazer um artigo sobre os seus esforços. Por fim, mande um e-mail em massa para que as pessoas saibam o que você criou! A Tia Sue pode não ter nenhum interesse no fato de que você consegue atribuir marcas a rabos de crocodilos, mas o filho CEO da Jean, amiga dela, pode muito bem ter algum uso para tal veículo. Você nunca saberá a não ser que espalhe a notícia.

Por último, tenha em mente que, às vezes, esta abordagem tem mais a ver com ser o primeiro a comercializar – esta pode não ser a ferramenta que sustentará as suas metas e objetivos de marketing por vários anos. Portanto, não vá planejar o seu projeto de marketing de cinco anos em torno de uma plataforma que pode acabar virando fogo de palha.

Protegendo a Sua Inovação

Você pode criar a melhor coisa desde pão fatiado, uma forma de mídia que nunca foi feita antes... Mas se não tomar providências para pôr o seu rótulo nela, todos os seus esforços maravilhosamente criativos terão sido em vão.

Inspiração não é algo que vem fácil, logo, quando produzir algo verdadeiramente diferente, verdadeiramente excepcional, você precisa proteger a sua posição de criador em termos legais e comerciais. Veja como fazê-lo:

- **Consulte o escritório de patentes para ver se a ideia já existe.** Você pode encontrar mais informações no website do Instituto Nacional da Propriedade Industrial (http://www.inpi.gov.br), telefone (21) 2139-3000

- **Se tiver um nome para a sua mídia, registre-o como marca comercial.** Você pode descobrir mais sobre marcas comerciais em www.inpi.gov.br.

- **Mantenha um advogado de patentes para proteger a sua posição no caso de conflitos futuros.**

- **Adquira um endereço web relevante.** Você pode registrar um nome de domínio (por exemplo, altabooks.com.br é o nome de domínio para o website da For Dummies) por tão pouco quanto $ 10 por ano (para obter nomes de domínio baratos, visite GoDaddy.com). Pode ser que não o use logo de cara, mas registrar o nome ajuda a proteger a sua posição no mercado e garante que ninguém mais pegue o seu nome primeiro.

Parabéns! Agora você é o feliz proprietário desta mídia novinha em folha. Assim como acontece com um pai ou mãe coruja, há um monte de preocupações e receios. Será que ela vai ser bem-sucedida no mercado? Será que os donos de negócios e consumidores acharão que é estúpida ou uma moda passageira? Quer seja bandeiras personalizadas para bicicletas ou desinfetantes de mictório com marcas, não tenha medo de promover e devotar recursos (como tempo e dinheiro) a esta nova mídia. Use as táticas de guerrilha descritas neste livro (como a infiltração online do Capítulo 13) tanto quanto possível para compartilhar este produto em veículos relevantes. Nos estágios iniciais, não ache que precisa queimar um bolo de dinheiro para espalhar a mensagem. Olhe para os recursos à sua volta para espalhar a notícia em primeiro lugar e siga a partir daí de acordo com a demanda.

Se tiver sorte, você criou uma forma de mídia que as pessoas querem usar. Esta é a boa notícia. A má notícia, se é que há alguma, é que você precisa abrir caminho e se apressar para vender a sua inovação.

A primeira e melhor maneira de se fazer isso é criar um folheto de vendas, também conhecido como *planfeto* ou *prospecto*. Um *folheto de vendas* (como o representado na Figura 11-1) geralmente é uma página singular aonde você expõe a mídia, os benefícios, os preços e quaisquer itens notáveis, como prazos para entrega da arte final e formatos dos arquivos. Este esboço não precisa ter todos os pequenos detalhes. O propósito real deste folheto é iniciar a conversação e dar aos clientes em potencial o básico para que eles saibam o que envolve se comprometer com os seus serviços.

Se os clientes em potencial lhe perguntarem se as tarifas descritas no seu folheto de vendas são brutas ou líquidas, a resposta é: todas as tarifas são líquidas. Isto significa que, se uma agência comprar mídia no nome de um cliente dela, você não pagará a ela nenhuma comissão além do preço listado – o preço que eles vêem é o preço que pagarão (uma tarifa bruta, por outro lado, significa que uma estrutura de comissão foi incluída no preço total em troca da agência vir até você para usar esta mídia. Honestamente, tarifas brutas são uma dor de cabeça que você não vai querer ter).

Capítulo 11: Usando e Introduzindo Novas Mídias 187

Serviço de Mensageiros do Marty

Figura   Figura 2   Figura 3

Mensageiro de Bicicleta "Publicidade Antenada"
Carta de Tarifas da Cidade de Nova York
Validade: 1º de janeiro de 2008 a Março de 2008

Benefícios da "Publicidade Antenada"

- Acesso direto aos consumidores que vivem e trabalham na área comercial da cidade
- Oportunidade de pôr o logotipo da sua marca na altura dos olhos
- As bicicletas com bandeiras operam diariamente das 9 da manhã às 6 da tarde e, em média, fazem campanhas de, no mínimo, 50 corridas por dia
- Os custos incluem produção, instalação e manutenção das bandeiras

Programa de Teste

- (5) Bicicletas com bandeiras
- (5) Dias por semana
- (5) Dias por semana
- (4) Semanas
- Checking fotográfico da arte finalizada e das bicicletas em movimento

Custo do Programa de Teste: $2.500

Observações:

- A arte das bandeiras deve ser fornecida em CD até no máximo uma semana antes da campanha
- O vendedor reserva o direito de aprovar toda a arte e todos os logotipos usados na campanha
- Todas as tarifas são líquidas

Para mais informações sobre "Publicidade Antenada" ou perguntar sobre as taxas dos serviços de mensageiro, sinta-se à vontade para contatar-nos:

Telefone: 1-800-555-1212
E-mail: info@martymessenger.com
Web: martymessenger.com

Figura 11-1: Um folheto de vendas abre o diálogo entre você e os seus clientes

188 Parte III: Oportunidades à Sua Volta: Mídia Não-Tradicional

Parte IV
Levando para Casa: Da Rua Para o Seu Site

A 5ª Onda   por Rich Tennant

Tudo bem, talvez a Internet não tenha sido o melhor lugar para anunciar um produto que ajuda pessoas analfabetas em informática.

Nesta parte . . .

A world wide web. A Superestrada da Informação. A Maior Contribuinte de Horas Intermináveis de Agradável Procrastinação. Não importa como a chame, a Internet talvez seja a melhor oportunidade "imobiliária" disponível para pôr a sua mensagem na frente da faixa demográfica escolhida.

Estudos dizem que jovens de 18 a 24 anos, normalmente, gastam uma média de 40 horas por mês clicando no computador. Alguns podem pensar: "quarenta horas? Grande coisa!". Bom, estas 40 horas são gastos preciosos de tempo quando você não será capaz de atingir estes consumidores na rua, no cinema ou em qualquer outro lugar que escolheu para relacionar-se com eles fora de suas casas.

Em vez de se frustrar com o isolamento caseiro da sua faixa demográfica alvo, você pode capitalizar este conhecimento, ao criar campanhas que atinjam consumidores em um nível personalizado e então reiterar aquela conexão quando eles fizerem login novamente. Nesta parte do livro, o ajudamos a sintetizar-se com sites de redes sociais, manipular microsites com maestria e realizar empolgantes competições do tipo "entre para ganhar".

Capítulo 12

Métodos Diferentes de Loucura Online

Neste Capítulo

▶ Criando uma presença dinâmica na web

▶ Destacando o seu site nas ferramentas de busca

▶ Agindo furtivamente com infiltração online

▶ Comprando espaço para banners e outros tipos de publicidade online

"**Q**uer dizer que a televisão não tinha cor nenhuma?".

Quando estávamos crescendo, ficávamos espantados, quando perguntávamos aos nossos avós como o mundo era antes que tantas das tecnologias que apreciamos hoje (com infinitos refinamentos) fossem inventadas. O que nos diverte ainda mais é a ideia de que, algum dia, os filhos dos nossos filhos vão propor as mesmas perguntas estudadas sobre a Internet!

Desenvolvimentos de rápida evolução ajudaram a Internet a explodir, partindo de uma maneira divertida de postar mensagens em quadros de avisos e de procurar por registros na biblioteca para se tornar uma experiência totalmente interativa e envolvente. O incrível potencial da Internet agora proporciona às companhias de todos os tamanhos oportunidades ilimitadas de se criar planos de marketing que funcionem perfeitamente, indo da equipe de rua à acrobacia publicitária e ao ciberespaço – sem perder nada.

Neste capítulo, conectamo-nos com as múltiplas possibilidades disponíveis para ajudar a sua marca a crescer, por meio da mistura de otimização online com iniciativas existentes para produzir maior impacto promocional! Começamos ao conferir como você pode direcionar melhor as pessoas ao seu site como resultado de iniciativas nas ruas. Após ter plantado a semente, contamos como otimizar o seu site para transformá-lo na primeira opção na web quando se trata do seu produto ou serviço. Então ficamos um tanto dissimulados ao examinar a infiltração online e ver se ela funciona para você e para a sua marca. Por fim, clicamos nos anúncios na forma de banners e vemos como eles podem ajudá-lo a promover a sua marca.

Incluindo um Apelo à Ação Eficaz

Comida, água, roupas, abrigo, chocolate... Todos nós temos necessidades. Você tem necessidades relativas aos seus consumidores. Nos termos mais básicos, você precisa que os consumidores comprem alguma coisa. Indo mais além, talvez você precise que eles apenas provem um novo produto, que contem sobre o seu negócio a um amigo, ou que confiram o seu website.

Independentemente das suas necessidades, a maneira mais eficaz de obter o que se quer é por meio de um *apelo à ação* direta (uma solicitação feita por uma marca para que o consumidor participe de uma maneira ou de outra). Os apelos à ação mais efetivos recompensam o consumidor de alguma maneira.

Nenhum anúncio ou promoção de vendas está completo ou eficaz sem um apelo à ação bem planejado. Para bolar um apelo à ação online bem-sucedido, lembre-se da AIDA:

- **Atenção:** Entre em contato de forma efetiva com os seus consumidores-alvos e prenda a atenção deles.

- **Interesse:** Proporcione ao seu público-alvo alguma coisa que provoque curiosidade e desperte entusiasmo em geral pelo conteúdo que você está apresentando.

- **Desejo:** Leve o público além do interesse superficial e traga-o ao estado de realmente *querer* o que você está servindo.

- **Ação:** Motive o público-alvo para que aja de acordo com o desejo dele e participe em seu apelo à ação.

Quando estas etapas forem implantadas em um website bem planejado, elas permitem que você converta tráfego web de prováveis consumidores em clientes efetivos.

Digamos que esteja começando um serviço novo fazendo chapéus, boleros e suéteres para cães, tudo em crochê. Você está oferecendo um produto único, rústico e macio, mas não tem a base de dados de clientes para comercializá-lo. Como você obtém esta base de dados? Uma maneira é criar um apelo à ação que simplesmente tente fazer com que os consumidores se registrem e forneçam os seus endereços de e-mail no seu site. Eis como:

- **Atenção:** Faça telefonemas, mande e-mails e distribua cartões postais a amigos, à família e a qualquer outra pessoa que queira mercadorias de qualidade tricotadas à mão, e peça-as que confiram o seu site. Aqui, você está fazendo tudo o que puder para espalhar a notícia.

- **Interesse:** Publique no seu site imagens de uma pequena amostra das suas criações mais excitantes. Inclua recomendações breves e modelos atraentes ostentando as suas roupas mais recentes.

- **Desejo:** Conte aos consumidores como você usa uma lã rara e produz apenas dez criações únicas por mês, uma das quais você dá de brinde a um estimado cliente selecionado aleatoriamente na sua mala direta.

Capítulo 12: Métodos Diferentes de Loucura Online

✓ **Ação:** Ao simplesmente fornecer os endereços de e-mail deles no seu site, os consumidores participam para ganhar a sua própria criação personalizada. Eles estão tão impressionados com o seu site e os seus suéteres que acham que podem muito bem tentar ganhar algo de graça. Eles fornecem seus endereços de e-mails e você obtém uma base de dados de e-mails.

Você não pode passar a mão nas informações de contato das pessoas para enviá-las atualizações suplementares a não ser que dê a elas a oportunidade de optar pelo não recebimento. O requisito de optar pela saída é tão simples quanto colocar uma caixa de seleção que diz "não, eu não gostaria de receber atualizações futuras da Confecções Crochê, Inc." ou algo semelhante.

Não importa se o objetivo do seu apelo à ação seja fazer com que as pessoas assinem uma abaixo-assinado online, forneçam um endereço de e-mail ou participem de uma pesquisa, lembre-se de que uma página de aterrissagem limpa, desenhada com esperteza, e de fácil navegação são fatores essenciais para ajudar os visitantes a responder ao apelo. Pense sobre como você gasta o seu tempo online; se tiver que pular tudo quanto é tipo de passagens malucas e navegar de uma página a outra, você provavelmente ficará frustrado e guardará a coisa toda para depois. Evite frustrar os seus consumidores mantendo a coisa simples.

Seja esperto quanto ao que pede no seu apelo à ação. A maioria das pessoas provavelmente não fornecerá os detalhes de seus cartões de crédito ou outras informações reservadas a não ser que estejam fazendo uma compra (e às vezes até mesmo isso pode ser delicado). Para evitar alienar clientes em potencial, peça apenas pelo que necessita com certeza.

O poder do gratuito

Reúnam-se, que nós vamos inteirá-los quanto ao segredo mais mal guardado do mundo do marketing: a palavra de maior sucesso no setor é a palavra grátis. Nada aguça os ouvidos de um consumidor e dilata os seus olhos tanto quanto aquela pequena joia de palavra.

Pense no que você pode oferecer livre de despesas. É o envio gratuito? Uma atualização de graça? Uma caneca de viagem gratuita? O que quer que seja, não desconsidere o apelo. Amostras grátis aparentemente insignificantes podem ser justamente aquele algo a mais, necessário para pesar a balança a seu favor.

No mundo das experiências personalizadas aos consumidores, todo mundo quer se sentir como se um produto ou serviço fosse feito sob medida para si mesmo. Se você tem um site mais sofisticado e conduzido por bancos de dados onde estão armazenados detalhes sobre os seus clientes online, use esta informação para suprir as suas mercadorias de acordo com o freguês. Deixando o poder do gratuito de lado, lembre-se de que o que é interessante e vantajoso para alguém varia de acordo com a faixa demográfica e a região. Certifique-se de que a forma como você se apresenta no website, o que você dá de brinde e todos os outros aspectos do seu site correspondam à imagem de sua marca e aos gostos dos seus clientes.

Espalhando a Sua Mensagem Através de Diversos Métodos

No caminho para o trabalho, sempre vemos aqueles tipos de Wall Street lendo jornais financeiros elegantemente impressos. As informações nestes jornais podem parecer enigmáticas para você e para nós, mas uma mensagem que captamos ao olhar sobre os ombros destes caras é que você tem que diversificar os seus investimentos financeiros. O mesmo conselho se aplica quando você está montando a sua campanha de marketing.

Quer esteja usando as táticas de guerrilha descritas neste livro ou opte por métodos mais tradicionais, você precisa entrelaçar as suas iniciativas online em qualquer mix de mídia estratégica que criar.

Campanhas bem planejadas têm sinergia – a eficácia da sua campanha pode ser maior do que a soma das partes. Ao disseminar a sua riqueza através de uma variedade de plataformas (talvez um mix de comerciais de TV, anúncios em jornais e equipes de rua, por exemplo), você aumenta a probabilidade de que o seu público-alvo fique a par da sua existência antes mesmo de ir ao seu website, onde eles podem aprender mais sobre o seu produto ou até mesmo comprá-lo.

No ramo de marketing, uma das questões sendo debatidas há tempos é a seguinte: quantas exposições são necessárias para despertar uma reação de compra? A razão pela qual ela é debatida há tempos é que não há uma resposta rigorosa a esta pergunta – porque há muitas variáveis (como a qualidade, a duração e a frequência da exposição).

O custo desta abordagem de cruzamento de plataformas pode rapidamente ficar caro, logo, você precisa selecionar as plataformas que irão tanto atingir o seu público quanto permitir que você tire o máximo proveito do seu orçamento de marketing. Dependendo das suas metas e iniciativas existentes, você pode descobrir que não precisa que o website trabalhe tão duro para empolgar os consumidores e trazê-los para o seu lado, especialmente se estiver usando outras plataformas para ajudar a direcionar o tráfego.

Formular um mix de mídia robusto envolve fazer um inventário do que é importante para a sua marca. É trazer as pessoas à sua porta, ou direcioná-los ao seu site? Para dicas sobre como começar a traçar estratégicas, vá ao Capítulo 21.

Fazer com que as pessoas participem do seu site

Você encontra um amigo para jantar e assim que chega ao restaurante, é bombardeado com relatos exagerados, piadas ofensivas nitidamente ensaiadas, e histórias profundamente sentimentais que demandam não apenas simpatia, mas também empatia. A noite chega ao fim e, drenado de toda a sua energia, você só quer ir para casa e deitar na cama. Você acaba de ser vítima de um vampiro emocional. Assim como o Drácula capaz de mudar de forma, este mesmo tipo de vampirismo pode se materializar em seu próprio web site se você não tomar cuidado.

Um mal comum a web sites é a fúria do vampiro criativo. Este vampiro é o resultado de uma tentativa de fazer o seu site tão excitante quanto possível, com características avançadas e estonteantes, gráficos hiperativos e animações elaboradas. Resultado final: você suga toda a eficácia do site como ferramenta de marketing.

Um dos pontos-chave para habilitar a maior quantidade possível de participação de qualidade é manter as suas páginas limpas, logicamente organizadas e simples de se navegar. Eis algumas orientações básicas:

- Ponha as seções de navegação em barras horizontais ou verticais, em lugares onde as pessoas esperam vê-las.

- Tente obedecer à regra dos cinco: não tenha mais do que cinco botões de navegação ou links no mesmo local.

- Deixe espaços em branco nas suas páginas. Dê um intervalo aos seus visitantes. Proporcionar algum espaço em branco dá aos olhos o descanso que eles precisam para encontrar facilmente os elementos mais importantes da página. A aglomeração faz com que os visitantes cliquem para sair da página.

- Evite fundos pretos. Texto em branco sobre fundo preto é difícil de ler.

- Mantenha a consistência para reduzir confusão. Mantenha todos os elementos principais de navegação, apelos à ação e opções de compra na mesma posição relativa em todas as páginas. Você não vai querer os seus botões de navegação no canto superior esquerdo em uma página do seu site, mas no canto direito superior de outra página do seu site.

- Certifique-se de que as suas páginas carreguem rapidamente. O visitante médio de sites irá dar a uma página entre 3 a 7 segundos para que ela carregue a informação que ele está procurando antes dele desistir.

- Fotos e ilustrações são ótimas, mas use links do tipo Clique Para Aumentar e/ou miniaturas para dar ao visitante a opção de ver os seus produtos em tamanhos maiores e de ângulos diferentes.

- Se os consumidores estão fazendo compras em seu site, permita que o consumidor veja toda a informação sobre o produto que quer antes de pedir pelas suas informações de cartão de crédito. Você não vai querer perder o seu comprador durante o processo de aquisição.

Seu site é o seu cartão de visita, e nada repele os consumidores mais do que uma página inicial amadora ou, pior ainda, completamente ilegítima. Se não acha que tem as habilidades necessárias para criar algo do qual se orgulhe, pode ser uma boa ideia contratar um web designer profissional. Mesmo que você não seja um especialista em HTML, você deve ter uma compreensão sólida do que ajudará o seu site e o que o depreciará. Use esta informação para comunicar ao seu designer não apenas o que você quer, mas o que você não quer.

Otimizando o Seu Site para Ferramentas de Busca

Como proprietário da Gelateria Italiana do Giuseppe, você tem muito orgulho de ser o melhor no mercado. Em termos globais, você é uma instituição – *o* grande nome em sorvetes italianos. Então por que é que sempre que você faz uma busca online por sorvete italiano, o Gelo do Francesco é o primeiro a aparecer? O que acontece?

Apesar das suas delícias geladas serem talvez incomparáveis, a resposta mais provável é que Francesco tenha otimizado o seu site para ferramentas de busca, a fim de derrubar você da posição no topo. Antes de ocupar a sua vaga merecida nos topos dos resultados de buscas, você precisa entender o que diabos é a otimização para ferramentas de busca, quem a faz, e como pode fazer para que ela funcione para você. É isso que cobrimos nesta seção.

Entendendo o que é a otimização para ferramentas de busca

Otimização para ferramentas de busca (no inglês, "search engine optimization" ou SEO) é a técnica para estruturar e situar websites de tal maneira que as ferramentas de busca os classifiquem no topo dos resultados delas. Embora isto pareça (e na verdade é) um assunto altamente técnico, a SEO tem um passado um tanto sórdido.

A SEO foi inventada, na verdade, pelos marqueteiros online do segmento de entretenimento adulto. Nos primeiros dias da Internet, enquanto o resto de nós estava tentando entender o que diabos era um modem, as pessoas que comercializam sites de pornografia estavam ocupados imaginando truques e recursos que permitissem que seus sites aparecessem em primeiro lugar quando certas palavras ou frases fossem inseridas em ferramentas de busca. Nesse estágio inicial da Internet, os sites de pornografia eram os únicos que estavam ganhando dinheiro (ei, isso faz sentido – afinal de contas, a prostituição *é* a profissão mais antiga do mundo), então eles tinham os recursos para fazer o possível para atrair pessoas aos seus sites.

De forma nada surpreendente, a abordagem deles (e este ambiente desregulado) permitiu que esta prática rapidamente se tornasse inescrupulosa. Não demorou muito para que os reis da pornografia otimizassem seus sites em ferramentas de busca para palavras aparentemente inocentes. Por exemplo, uma busca por "docinho" não levaria o usuário ao site das deliciosas jujubas – ela o levaria a uma mulher completamente nua chamada "Docinho" (e outras variações do mesmo tema).

Quer você ache esta prática risível ou obscena, naqueles tempos, a SEO era simples e um tanto divertida. "O quão fácil", você pergunta? Bem, digamos que você quisesse convencer uma ferramenta de busca que você tinha o bendito melhor site sobre utensílios de jardinagem. Para transformar a ferramenta de busca em uma fã, tudo o que você tinha que fazer era escrever os termos *utensílios de jardinagem, enxadas, espátulas* e assim por diante um zilhão de vezes em texto branco sobre fundo branco (de forma que não fosse visível aos visitantes do seu site, mas fosse visível para as ferramentas de busca) e, sem dúvida, as ferramentas de busca encontrariam os termos e decidiriam que você tinha o melhor site de utensílios de jardinagem na web.

Infelizmente para o proprietário ocioso de um negócio disposto a passar horas digitando *espátulas* nas páginas dele, as ferramentas de busca se tornaram bem mais complexas. Estas ferramentas agora implementam *algoritmos* aprimorados de classificação (recursos proprietários usados pelas ferramentas de busca para explorar efetivamente o conteúdo da página e classificar a sua relevância, a fim de oferecer a informação mais pertinente em resposta às solicitações do usuário).

Embora estes algoritmos ainda estejam buscando por aquelas palavras-chave, as coisas ficaram um pouco mais difíceis. Hoje em dia, os algoritmos são bem mais engenhosos ao examinarem páginas, explorando a aparência e o contexto das palavras-chave e extraindo as ervas daninhas que servem apenas para distraí-los – tudo em um esforço para dar a resposta mais precisa à pessoa que está buscando algo.

Sabendo quando pedir ajuda

O processo de otimizar um website está mudando constantemente a fim de acompanhar os desenvolvimentos em tecnologia de busca na Internet. Nos dias de hoje, as ferramentas de busca lutam para apresentar aos usuários os melhores, mais rápidos e precisos resultados. Como este campo de batalha muda diariamente, os guardiões da otimização para ferramentas de busca são profissionais de SEO que rastreiam as tendências a fim de pôr os seus clientes na frente das pessoas que estão buscando por eles.

Se estiver interessado em maximizar a sua presença na web, você pode querer considerar entrar em contato com ajuda profissional.

A SEO se tornou uma indústria complexa por si mesma, com suas próprias feiras comerciais, manuais, companhias de SEO e divisões dentro de grandes corporações. E como a classificação de um site em uma ferramenta de busca pode significar milhões de dólares em negócios para a maioria das companhias, a SEO se tornou algo que o mundo passou a levar muito a sério – o que põe este serviço sob alta demanda.

Se decidir procurar a ajuda de um especialista em SEO, há uma notícia boa e uma má. A boa notícia: ao investir neste serviço, você ganha uma pessoa dedicada trabalhando para fazer o seu website pipocar sempre que as pessoas procurarem por algo no seu setor. A má notícia: todo desenvolvedor web no planeta dirá que ele consegue "otimizar" o seu site, e nem todos eles conseguem – logo, você terá que se certificar de que está recebendo aquilo pelo que pagou.

Na verdade, devido ao aspecto mutante do próprio negócio, poucos desenvolvedores web em geral podem realmente fazer SEO de maneira eficaz. Embora eles talvez sejam excelentes web designers que criam websites maravilhosos, eles podem não estar atualizados quanto às constantes mudanças no mundo dos algoritmos. Seja exigente a respeito de quem contrata para fazer SEO e deixe as suas metas claras e razoáveis, de forma que ele entenda completamente o que você espera do serviço.

Entre as expectativas razoáveis, pode-se incluir um aumento no tráfego do site; ser capaz de ver de onde este aumento está vindo; e classificações mais altas entre as palavras-chave de busca relativas ao seu setor. Além disso, o seu especialista deve ser capaz de ajudar a educá-lo sobre como a SEO é uma parte importante de qualquer presença online e como ela pode ajudar a sua marca a continuar à frente desta matriz em constante evolução.

Bons especialistas em SEO são raros e dedicados – e eles não saem barato. Mais importante ainda, estes sabichões não tendem a aparecer na outra ponta de e-mails de spam que prometem "Classificações de Busca Mais Altas! Aumento no Tráfego de Sites! Resultados Rápidos e Baratos!".

Se estiver procurando por um especialista em SEO, você pode querer começar com o seu web designer. Ele provavelmente dirá que pode ajudar – e alguns web designers podem realmente ser capazes. Mas peça por análises de casos e exemplos, de forma que você se sinta confortável e confiante de que ele está familiarizado com o que fazer para estabelecê-lo. Se você se sentir receoso quanto a usar a mesma pessoa para o seu design e a sua SEO, confira com os seus colegas que possam estar aptos a colocá-lo na direção certa. Para mais informações, confira *Pay Per Click Search Engine Marketing For Dummies,* por Peter Kent (editora Wiley).

Maximizando a sua visibilidade por conta própria

As ferramentas de busca estão procurando por uma coisa essencial quando sondam a sua página: palavras-chave. *Palavras-chave* são palavras indicativas que dão palpites às ferramentas de busca quanto ao conteúdo de um website (a sondagem é feita automaticamente por coisas chamadas de "aranhas" – basicamente, isso significa percorrer a sua página procurando por certos tipos de informação).

Faça uma lista de palavras-chave que o seu público-alvo pode usar para encontrar o seu site. Por exemplo, se você vende utensílios de jardinagem, é claro, você está certo quanto a "utensílios de jardinagem", mas você também pode anotar "ferramentas de jardinagem", "equipamento de jardinagem", "jardim" e todas as ferramentas de jardinagem que conseguir lembrar. Você pode fazer com o que o seu web designer adicione uma tag de palavra-chave ao código do seu website que liste todas as palavras-chave que conseguir imaginar (mesmo que o seu web designer não seja versado em SEO, ele saberá como fazê-lo). Além disso, incorpore tantas destas palavras indicativas no conteúdo do seu website quanto for possível.

Outra maneira de se tornar relevante a ferramentas de busca é atualizar o seu site regularmente. Quando os consumidores navegam na web, eles procuram pelas melhores e mais recentes informações. As ferramentas de busca sabem disso, logo, elas fazem o seu melhor para oferecer aos usuários o que eles querem: informações novas. Ao atualizar o seu conteúdo regularmente – carregado de palavras-chave, é claro – você está dizendo a estas ferramentas de busca: "se está procurando por novidades, aqui está".

Atualize o seu conteúdo semanalmente. Você não tem que se matar para reformular o seu website toda semana – na verdade, essa é uma péssima ideia. Mas você pode fazer duas coisas:

- **Publicar comunicados à imprensa regulares.** Considerando a sua natureza criadora de tendências, você provavelmente envia comunicados regulares à imprensa (para saber mais sobre comunicados à imprensa, confira o Capítulo 16). Você reserva tempo para produzi-los e compartilhá-los com a imprensa e o setor, logo, deveria publicá-los no seu site também. Você pode ter uma seção do seu site apenas para comunicados à imprensa, se quiser.

- **Crie um blog.** Comunicados à imprensa podem ser uma ótima maneira de fazer com que as ferramentas de busca saibam que você tem material novo, mas a maioria dos consumidores não vai querer ler uma série deles. Um blog é uma ótima maneira de produzir atualizações semanais (ou até mesmo diárias) sobre a sua companhia ou o setor em geral. Além disso, um blog lhe permite se relacionar com os seus clientes.

  Se quiser chamar leitores ao seu blog e torná-los leitores regulares, você precisa pensar sobre o que eles querem. Por exemplo, se você vende utensílios de jardinagem, talvez o seu blog cubra todos os detalhes sobre jardinagem – você pode escrever postagens sobre uma variedade de tópicos sobre jardinagem, como escolher as melhores plantas para o seu clima, lidar com insetos, ou preparar o seu jardim para o inverno. É claro que nas próprias postagens você pode entremear informações sobre produtos e serviços que oferece. Mas veja isto mais como uma revista – uma revista de jardinagem pode recomendar certos produtos, mas ela não é lida como se fosse um anúncio. Esse é o tom ao qual você deve aspirar.

Blogar é um tópico amplo, merecedor de livros inteiros. Se estiver interessado em descobrir mais, confira *Blogging For Dummies*, 2nd Edition, por Susannah Gardner e Shane Birley (editora Wiley).

Um dos grandes benefícios da Internet, tanto em uma perspectiva pessoal quanto em uma perspectiva de marketing, é a maneira como ela interliga pessoas do mundo todo. Você pode enfatizar esta vantagem ao criar oportunidades para os consumidores participarem do seu site. Por exemplo, você pode oferecer:

- **Uma chance dos consumidores comentarem nos seus blogs e outros conteúdos:** Você dedicou tempo à construção do seu site – por que não permitir que seus consumidores dêem as suas opiniões? Se estiver oferecendo um blog, certifique-se de que ele permite comentários. Embora monitorar e participar destes comentários possa tomar tempo da sua ocupada agenda social, no final das contas esta pode ser uma maneira muito eficaz de manter-se em contato direto com os seus consumidores e fãs. Mesmo que nem todos os comentários sejam positivos, você ainda estará criando uma conversa online sobre o seu site que as pessoas (e as ferramentas de busca) podem reparar.

- **Salas de bate-papo e fóruns:** Sabemos disso muito bem – as pessoas adoram falar de negócios. Dê a elas um veículo de expressão. Ao proporcionar uma sala de bate-papo ou fórum, você não apenas está criando um lugar para os consumidores congregarem, mas também produzindo informação corrente para o seu site. As ferramentas de busca irão assimilar ambas as coisas.

- **Oportunidades para envio de fotos e vídeos:** Dependendo do seu negócio, dar ao consumidor a oportunidade de contribuir com fotos ou vídeos relevantes proporciona alguma coisa adicional para que as ferramentas de busca apanhem.

Outra maneira de obter alguns cliques com as ferramentas de busca é cogitar o marketing de ferramentas de busca ou inclusão paga. Esta prática oferecida por algumas ferramentas de busca lhe permite ter o seu site listado na ferramenta de forma que o seu site apareça quando os usuários buscam por palavras-chave específicas. Este recurso pode ter um preço acessível e ser uma maneira fácil e impactante de ajudar as suas iniciativas existentes.

Considerando a Infiltração Online

Você está navegando pelos livros da sua livraria online favorita e lendo as resenhas dos clientes. De vez em quando, você topa com uma resenha que parece *realmente* entusiasmada. Pode ser que aquele usuário realmente tenha gostado daquele livro – ou isso pode ser algo que chamamos de infiltração online. *Infiltração online* é a publicação de resenhas positivas ou endossos a um produto ou serviço (ou a denúncia de rivais) com o propósito de promover o seu próprio produto ou marca.

Você pode fazê-lo em seu próprio blog, ou pode ir a lojas e blogs que sejam relacionados ao seu produto e fazê-lo por lá. De qualquer maneira, é mais uma forma de argumentar a favor do que você está oferecendo aos consumidores.

Portanto, será que você deveria participar destas discussões para ajudar a promover a sua companhia ou produto? E se este for o caso, o quão publicamente ou veladamente você deveria participar? Ninguém conhece a sua companhia ou marca melhor do que você mesmo. Apresentar-se por meio de infiltração online é algo que irá afetar positivamente a imagem da sua companhia? Algumas pessoas evitam a infiltração online de forma veemente e preferem gastar o seu tempo e dinheiro em outro lugar. Outras pessoas, que não têm problemas quanto a usá-la, observaram um aumento repentino no seu tráfego web e no interesse geral em seus produtos ao participarem das conversas online.

Siga este caminho muito cuidadosamente. As pessoas lêem e participam em fóruns de discussão online porque eles proporcionam uma oportunidade para discussões abertas e francas – os usuários valorizam este ambiente com uma lealdade um tanto sagrada. Os participantes são bastante sensíveis a quaisquer mensagens que eles considerem promoção não-solicitada (conhecida como *spam*).

Chegando ao centro da questão

Nós gostamos de ver estes fóruns online, salas de bate-papo e websites como um grande clube social onde todo mundo tem uma opinião. Algumas das opiniões são válidas e úteis; outras simplesmente são oportunidades para que as pessoas possam ouvir a si mesmas teclando algo. De qualquer maneira, muitos consumidores e profissionais de setores vão a sites de discussão sobre um tópico para obter uma visão geral "imparcial" do panorama daquele mercado. Para um guerrilheiro empreendedor, a chance de participar neste diálogo entre consumidores cria uma oportunidade única de engajar os seus consumidores – e talvez direcionar alguns negócios para si no processo.

Na medida em que anda pelas prateleiras da seção de auto-ajuda da sua livraria local, você encontrará um número incontável de livros discutindo exaustivamente um ponto essencial: se quiser que as pessoas gostem de você, seja você mesmo.

Embora entrar secretamente em salas de bate-papo seja uma opção (confira o quadro lateral "Infiltradores ilusórios"), a nossa crença é de que a melhor abordagem é apresentar-se abertamente e honestamente. A razão pela qual dizemos tal coisa é básica: ninguém gosta de descobrir mentiras. Tentativas de disfarçar a sua identidade ou outras formas de logro provavelmente vão sair pela culatra e podem causar à sua companhia um desastre completo de relações públicas do tipo que você não precisa – especialmente por conta de umas poucas postagens online.

Se apresentar a sua informação honestamente, abertamente e com um ângulo que valha a pena ser noticiado, você pode fazer uma transformação mágica aos olhos do seu público online. Ao proporcionar informação de qualidade de forma prudente, e não apenas abusando da oportunidade de falar sobre si mesmo, você pode começar a ganhar uma reputação de sinceridade e honestidade. Você pode estar apto a construir rapidamente uma boa reputação e elevar-se do patamar de participante novato ao reino enaltecido dos "especialistas do setor". Uma vez que tenha atingido este status, *você* se torna uma influência, e isso o fará se sentir bem.

Eis como usar os fóruns de Internet a seu favor, e ainda assim ser capaz de ter respeito por si mesmo quando acorda:

- **Encontre os fóruns que são diretamente apropriados ao seu setor.** Confira a seção "Mirando nos sites de maior impacto", mais adiante neste capítulo, para saber mais sobre como fazê-lo.

- **Participe das discussões por algum tempo antes de dizer qualquer coisa positiva sobre a sua companhia ou produto.**

- **Ofereça informação somente quando for apropriado para a discussão em curso no fórum naquele momento.** Olhe para os fóruns de discussão da mesma maneira em que veria uma discussão na vida real. Se estivesse sentado em um bar ouvindo a conversa ao seu redor, você não se intrometeria de repente para dizer "ei, eu tenho um ótimo produto para você!" a não ser que alguém tenha realmente mencionado alguma coisa relevante ao seu produto. A mesma regra se aplica online.

- **Analise as reações para ver se as pessoas nos fóruns de Internet aprovam mensagens promocionais de fontes legítimas, desde que estas se identifiquem.** Você pode fazê-lo ao verificar o conteúdo já existente. Há marcas similares ou relacionadas que estão discutindo abertamente as ofertas das suas companhias? Qual é a reação dos usuários? Use tentativas anteriores feitas por outros para modelar a sua abordagem.

Infiltradores ilusórios

A infiltração furtiva envolve a investigação de sites relevantes à sua indústria e então criar postagens endossando a sua companhia sob o disfarce de um consumidor independente. Com frequência, você tem que criar a imagem de um usuário comum que está apenas escrevendo algumas linhas para compartilhar a sua opinião (levemente ou altamente tendenciosa).

Quando executada primorosamente, esta abordagem pode ser uma forma eficaz de encorajar conversações dos consumidores sobre o seu produto. Infelizmente, muitas pessoas têm efetuado esta tática de forma tão pobre que os usuários regulares das salas de bate-papo ficaram sensíveis demais quanto a impostores e estão ansiosos para revelá-los. Ser acusado de spam é o mesmo que ter o seu disfarce descoberto. E a penalidade por ter o seu disfarce descoberto é ser banido do fórum e se tornar o objeto de repulsa dos membros do site, o que pode se provar fatal no mundo online. Como resultado, mantemo-nos distantes dessa prática porque os fatores negativos em potencial pesam muito mais do que os positivos – e recomendamos que faça o mesmo.

> ✔ **Quando estiver pronto para publicar algo relevante à discussão, seja honesto e revele completamente a sua identidade.** Você quer se comunicar de uma maneira que seja aceita pelos participantes do fórum. Você provavelmente descobrirá que as pessoas são bastante receptivas... Desde que não as insulte ao fingir ser alguma coisa que você não é.

Quando você conhece um grupo novo de pessoas, provavelmente não inicia a conversa dizendo o quão maravilhosamente inteligente e atraente você é. Quando estiver participando de salas de bate-papo online, você deve ter a mesma noção de respeito pelos convidados. Se você se inscreve para participar de uma sala de bate-papo e imediatamente envia um endosso inflamado da sua própria companhia, sem participar da conversa de qualquer outra maneira, o seu status de "impostor de fórum" ficará evidente (e irritante) para os participantes do site. Comece devagar e ache o seu espaço gradualmente.

Mirando nos sites de maior impacto

Quando você patina grogue de sono para o trabalho e termina de checar o seu perfil no Facebook (consulte o Capítulo 14), qual é o primeiro website que você visita para voltar a sua atenção ao trabalho? A maioria das indústrias tem sites comerciais oficiais. Especialmente se eles tiverem fóruns de discussão consagrados e movimentados, coloque estes sites no topo de sua lista de infiltração, porque estas pessoas são as mais predispostas a agir de acordo com a mensagem que você irá transmitir.

Além destes sites mais institucionais, você vai querer se expandir. Existem sites operados independentemente relacionados ao seu setor e que possuem um grande número de seguidores? Muitas vezes, estes sites ganham mais respeito dos consumidores porque, ao contrário dos sites comerciais, eles não estão sendo monitorados ou censurados por um webmaster. Com frequência este ambiente irrestrito permite aos consumidores que recebam opiniões imparciais.

Para encontrar sites que têm um grande número de seguidores, você pode usar a Barra de Ferramentas gratuita do Google (http://toolbar.google.com), que tem uma seção de Page Rank (Classificação de Página) e lhe permite saber o quão popular um site é.

Apesar de o encorajarmos a olhar para fora do seu círculo imediato de sites comerciais, não vagueie para muito longe de casa. Fique em sites que são diretamente ligados, de alguma maneira, ao produto que você está vendendo.

Enquanto está por aqui, você pode muito bem entrar no modo multitarefa. Os mesmos sites que você está mirando para infiltração e participação também podem funcionar como locais perfeitos para se colocar anúncios em banners (consulte o Capítulo 12) e outras iniciativas online de marketing, como uma competição ou outro apelo à ação (consulte o Capítulo 13).

Atingindo as pessoas influentes

Você se lembra dos tempos de escola em que existiam os "caras legais"? Se algum dos caras legais penteasse o cabelo de certa maneira, ou usasse certa modelo de tênis, todo mundo na escola seguia o exemplo sem pensar. A web inspirou uma cultura própria de caras legais – exceto que, no mundo online, você não precisa ser atleta ou líder feminina de torcida para atrair esta adoração. No âmbito online, as opiniões, a credibilidade e o respeito da indústria moldam as elites sociais – as pessoas influentes – e você quer fazer de tudo para entrar na gangue deles.

Para atingir as pessoas influentes no mundo online, comece pesquisando os especialistas respeitados na indústria. Há boas chances de que, no curso do seu trabalho e seus esforços de construção de uma rede de contatos, você conheça quem são os líderes de pensamento e pessoas influentes na sua indústria. Comece com esse pessoal. Mais uma vez, marque os sites a serem visitados de acordo com as pessoas influentes a quem você tem acesso imediato. Blogueiros muito lidos e contatos de negócios com os quais você está familiarizado são lugares ótimos para se começar, e então, siga a partir daí.

Após identificar com quem você quer entrar em contato, você pode começar a sua conversa online simplesmente se apresentando e explicando porque você está entrando em contato em primeiro lugar. Uma vez que tenha feito contato, você pode querer iniciar um diálogo aberto (que outros possam ver) nas salas de bate-papo e blogs deles. Assim como sentar de repente na mesa de almoço dos caras legais, manter conversas visíveis com este especialista pode ser uma forma bastante eficaz de se colocar no mercado e, por fim, posicionar o seu produto.

Ao insinuar-se nesta cena, você está se associando com pessoas influentes e proporcionando informações úteis. Você pode descobrir com o tempo que tem um pouco mais de liberdade para apresentar os benefícios do seu produto ou serviço, com descrições e notícias relativamente objetivas feitas de certas maneiras que, em outras circunstâncias, seriam consideradas spam.

Evitando a fúria da Inter-plebe

Se a sua participação online é vista pela comunidade como violadora do código de postagem responsável, os participantes de fóruns podem ficar bem parecidos com estes camponeses revoltosos – só que mais malvados.

Existe algo a respeito do anonimato de sentar na frente de um computador e usar um apelido online que pode trazer à tona o que há de pior nas pessoas. Como elas sabem que, geralmente, não há nenhuma maneira na qual elas sofrerão qualquer consequência, elas podem mandar flames a você (*flaming*, "incendiar", se trata basicamente de ataques públicos extremamente detestáveis e ofensivos).

Se expressar a suas opiniões e informações de forma honesta, objetiva e notável, geralmente você não terá nada com o que se preocupar. Ainda assim, mesmo que siga as regras, você pode ser apresentado a este tipo de abuso.
O ponto principal é que, às vezes, as pessoas podem simplesmente ser estúpidas e alguns fóruns meio que encorajam ou cultivam um ambiente que se presta a tiroteios infantis e mesquinhos. É por isso que passar um tempo lendo um fórum de Internet antes de postar algo é uma boa ideia – você pode rapidamente ter uma noção se flaming é o modo de operação normal ou se as pessoas tratam umas às outras com respeito. Obviamente, você vai querer evitar os sites que encorajam ou permitam flaming.

Caso encontrar-se em uma situação na qual é alvo de flaming, nem mesmo tente se defender. Alguns irão atacá-lo somente porque sabem que podem escapar impunes, mesmo que não necessariamente sintam nada de negativo quanto a você ou à sua marca. Simplesmente bata em retirada de forma cortês.

Empunhando a Bandeira no Alto: Comprando Banners

Qualquer um que já tenha ido a um website comercial sabe que há uma coisa que é garantida: sim, haverá anúncios na forma de banners. *Anúncios em banners* são seções exclusivas de uma página web designadas como espaço de propaganda. Por que estes anúncios são tão proeminentes? Porque eles são mutuamente benéficos a todas as partes envolvidas. Para os proprietários dos sites, eles podem gerar receitas substanciais (dependendo do site). Para o anunciante, eles apresentam uma mensagem de uma maneira excepcionalmente direcionada e, ocasionalmente, interativa.
Existem espaços para banners de diversos tamanhos, com uma variedade

de opções diferentes. Em muitos casos, você pode selecionar entre estáticos ou animados; horizontais ou verticais; ativados pelo ponteiro do mouse, em janelas pop-up, ou pop-under (mesmo que pop-up, só que "por trás" da janela principal de navegação); e entre uma gama de tamanhos e posições diferentes em um website. No final das contas, as suas decisões devem depender do seu orçamento, das metas de seu programa, e de quantos possíveis consumidores você quer alcançar.

Selecionando sites aonde anunciar

Procurar por websites aonde anunciar pode ser cansativo. Existem agências de compra de mídia cuja única função é ir lá fora para identificar e assegurar os melhores locais para os seus clientes. Dependendo do seu negócio, você pode estar apto a assumir estas responsabilidades de pesquisa você mesmo.

Você provavelmente vai querer chamar a atenção de tantos clientes reais em potencial quanto for possível ao comprar um anúncio. A melhor maneira de fazê-lo é ir onde as pessoas estão. Assim como na seleção de sites para infiltração online (consulte "Considerando a Infiltração Online", anteriormente neste capítulo), há grandes chances de que quaisquer websites que visite com respeito ao seu negócio sejam os mesmos sites que os seus melhores clientes em potencial estão frequentando também – logo, estes sites são um lugar perfeito para começar.

Além disso, ponha as ferramentas de busca para trabalhar por você. Um consumidor potencial pensando em fazer uma compra no seu setor de negócios provavelmente irá procurar por ela pesquisando por certas palavras-chave. Prepare uma lista de palavras-chave que você acha que os seus consumidores em potencial usarão quando estiverem pensando em comprar produtos semelhantes aos seus. Faça as suas próprias pesquisas com estas palavras-chave e tome nota de todos os resultados principais para cada uma destas palavras. Então visite os sites que surgiram e tente ter uma noção da quantidade de tráfego que cada um destes sites recebe.

Como se descobre o tráfego de um site? O recurso de Page Rank da Barra de Ferramentas do Google (http://toolbar.google.com) é um bom local para se começar. Você pode baixar a Barra de Ferramentas gratuitamente, e ela lhe dirá como cada página de um website está classificada. Quanto maior a classificação, maior é o tráfego que uma página recebe.

Sites que vendem anúncios em banner também disponibilizam, geralmente na forma de um kit de mídia, as estatísticas sobre o tráfego do site. Ás vezes sites menores e de nicho não têm estas informações prontamente disponíveis – neste caso, você pode querer aceitar as declarações com uma ponta de dúvida, ou pode ser pró-ativo e conferir por conta própria, usando métricas online disponíveis em sites como o Compete (http://siteanalytics.compete.com).

Sabendo quando comprar e quando comercializar

Para tirar o máximo proveito do seu dinheiro, procure pelo alcance com a maior relação custo-benefício. Para publicidade na Internet, o alcance geralmente é expresso em custo por milhar (CPM; para decompor a compra de CPM, confira o Capítulo 2).

A Internet acrescenta uma característica especial às taxas de CPM, entretanto. Na publicidade impressa, você pode comprar espaço de acordo com as *impressões projetadas*. O que isso significa, na verdade, é que eles estão baseando o seu preço no número de pessoas que, provavelmente, verão o seu anúncio. Muitos anúncios em banners de websites estão disponíveis para compra usando a mesma fórmula, mas alguns websites oferecem uma opção ainda melhor em termos de custo-benefício: custo por clique (CPC). Com *custo por clique*, você só paga pelos visitantes do website que realmente clicarem no seu banner – e, presumivelmente, visitarem o seu website.

Embora nem todos os websites ofereçam tabela de preços com CPC, sempre que a opção estiver disponível, use-a – é a melhor maneira de medir o valor do seu banner em qualquer site em particular.

Considere a troca de banners no seu site pela presença no site de outra pessoa. Desde que não acabe amontoando o site da outra pessoa com grandes imagens desnecessárias, este tipo de acordo é bom demais para se rejeitar! Mesmo que o seu anúncio não esteja atraindo uma quantidade tremenda de tráfego do site com o qual foi feita a permuta, esta é mais uma oportunidade de pôr a imagem da sua marca na frente dos olhos do seu público-alvo.

Quer você esteja comprando ou trocando banners, certifique-se de rastrear de onde vem o seu tráfego, aonde ele vai dentro do site, e o que os visitantes fazem quando eles chegam lá. Muitos sites gratuitos, incluindo o Google Analytics (http://analytics.google.com), farão isso para você. Analisar o tráfego do seu website o ajudará a tomar decisões inteligentes e bem informadas quanto a compras futuras de anúncios ou acordos de permuta.

208 Parte IV: Voltando Para Casa: Da Rua Para Seu Site

Capítulo 13

Criando a Sua Presença Online

Neste Capítulo
▶ Produzindo um site de impacto
▶ Criando sites para campanhas específicas
▶ Fazendo o seu nome na web
▶ Adicionando características avançadas

*V*iver na cidade de Nova Iorque tem as suas vantagens. Dois dos fatores mais positivos são as infindáveis oportunidades de se observar as pessoas e de captar trechos editáveis de conversas francas. Por exemplo, veja este trecho que ouvimos por acaso entre duas senhoras bem de vida:

"Eu acho que vou ver aquele show Off-broadway – você gostaria de ir comigo?", perguntou uma mulher.

"Não", respondeu a amiga. "Eu fui ao website deles e, mesmo que o show não seja tão ruim quanto o site, a noitada promete ser dolorosa!".

Alguns diriam que esta é apenas uma conversa típica entre duas peruas entediadas que estão sendo ferinas – e essas pessoas talvez estejam certas. Mas os comentários delas refletem uma tendência importante: as pessoas julgam negócios pelos seus websites. Seja isto justo ou não, montar o seu website é tão importante (senão mais importante) quanto montar a fachada da sua loja.

Neste capítulo, olhamos para as maneiras nas quais você pode desenvolver o seu website de forma que ele faça com que as pessoas queiram voltar para ver mais.

Projetar um website é um tópico que merece diversos livros próprios, e não temos o espaço necessário aqui para cobrir todos os detalhes mais intrincados. O que nós cobrimos são os aspectos que dizem respeito ao marketing em geral e ao marketing de guerrilha em particular. Se estiver procurando por ainda mais informações sobre o design de um site, vá até www.altabooks.com.br e faça uma busca por web design. Em especial, recomendamos Construindo Web Sites Para leigos Tradução da 3ª Edição, por David A. Crowder, publicado pela Alta Books

Estabelecendo as Metas do Seu Website

Você pode ser o estabelecimento mais antigo e respeitado em todo o seu setor, mas se o seu negócio não tiver um website, na prática você não existe. Embora você possa desfrutar de uma sólida reputação comercial, uma companhia iniciante com um website impressionantemente limpo e atrativo pode de repente criar a impressão de que eles são um guru da indústria e de que você é um dinossauro – somente por terem um ótimo site (e você não ter um).

Mas há uma boa notícia: ao adaptar o seu website para ajustar a sua marca e as necessidades dos seus clientes, você pode desfrutar dos benefícios *tanto* da sua merecida reputação *quanto* os benefícios crescentes de usar o seu website não apenas como uma referência, mas como uma ferramenta de marketing.

Uma ferramenta de marketing? Isso mesmo: o seu site não é somente um lugar bacana de publicar fotos suas ao lado da maior versão disponível do que quer que você crie – ele pode, e *deve*, ser usado para gerar interesse, informar os consumidores sobre o seu produto e talvez até mesmo para dar aos consumidores a chance de comprar o seu produto online.

O primeiro passo rumo ao máximo proveito do seu website ter uma conversa franca com você mesmo e perguntar-se a seguinte questão: "o que eu quero que o website faça por mim?". Só porque você esta pensando em causar uma boa impressão, não significa que tenha que gastar milhões de dólares com um designer espalhafatoso do Vale do Silício. Ser honesto sobre o que você quer obter com o seu site vai ajudar a ditar as características que precisa incluir.

Eis alguns dos layouts mais comuns que, quando executados de forma apropriada, podem suprir necessidades online básicas:

- ✔ **Desenvolvimento básico:** "Não preciso de todos esses negócios sofisticados!". Talvez a sua indústria seja descomplicada e direta, onde os seus clientes precisam simplesmente ver quem você é e o que você faz. Se este for o caso, um site limpo e graficamente agradável, com um pequeno panfleto online, pode dar conta do recado.

- ✔ **Desenvolvimento intermediário:** Talvez os vizinhos dali tenham um website sofisticado, com visual impressionante e opções de compra. Você está roxo de inveja, mas simplesmente não tem o orçamento necessário. Nesta situação, você pode querer temperá-lo com design intermediário – algo que disponha o seu produto de maneira bela e então leve os consumidores a um site de pagamentos (como o PayPal) ou de vendas online quando eles estiverem prontos para comprar.

- ✔ **Desenvolvimento de comércio eletrônico de luxo:** Talvez você tenha alcançado aquele nível em que você só quer simplificar o seu negócio para ter mais tempo para as aulas de dança de salão. Se for o caso, você pode querer gastar um monte de dinheiro com o seu web design, focar nas vendas, e criar um site sofisticado de comércio eletrônico. Embora este tipo de site seja significativamente mais caro (e complexo) do que as outras alternativas, ele proporciona aos usuários uma operação fácil, se eles quiserem adicionar vendas e atendimento de pedidos aos seus sites. O que lhe dará tempo livre para praticar o foxtrote.

Quaisquer sejam as suas metas e quanto quer que gaste em seu site, você precisa perceber que o seu site é uma das ferramentas mais visíveis de seu mix de marketing. Você tem que produzir conteúdo para o seu site que seja tão agitado, tão informativo, tão atraente e tão interativo que os seus consumidores *têm* que voltar a ele muitas vezes para ver mais. Use a aparência e a estrutura do seu site para dirigir os seus objetivos de marketing estratégico e, no final, ajudar a estabelecer a sua marca.

Embora usar o seu website para promover o seu produto ou serviço seja essencial, faça apenas o que precisa – começar a aparecer. Você pode descobrir que, ao se posicionar lá fora na web, as suas vendas explodirão literalmente de um dia para o outro. Caso se encontre nesta posição afortunada, você poderá re-avaliar como quer expandir o seu site.

Complementando o Seu Site com um Minisite

Você lidou com as suas metas de marketing, mas alguma coisa ainda está faltando. Talvez certo componente do seu negócio, produto, evento ou promoção simplesmente não possa ser mantido dentro dos limites do seu website central – é simplesmente importante demais. A solução: dê a este componente o seu próprio espaço. Dê a ele um *minisite* – um pequeno website ou parte de um website dedicado a um assunto específico.

Minisites são o campo de batalha mais recente da criatividade de guerrilha. Um minisite pode lhe servir muito bem – desde que você o tenha construído para servir uma estratégia específica de marketing. Eis algumas das abordagens mais engenhosas que vimos recentemente:

- **Competições e entrega de prêmios:** Uma das maiores metas do marketing online é direcionar o tráfego. E com frequência a melhor maneira de motivar os consumidores é uma competição. Um minisite completo – com a marca disposta de forma visível, taxa de produção de cliques e redirecionamentos ao seu site principal – pode ser um ótimo lugar para realizar uma competição enquanto se preserva a integridade da sua marca.

  Minisites também podem ser usados para lidar com a entrega de prêmios. Por exemplo, tivemos motivos para fazer o atendimento de uma competição na qual os cerca de 20 vencedores tiveram a chance de selecionar o seu prêmio online. O problema era que o cliente não queria que o público em geral soubesse sobre o site, já que a competição dizia respeito apenas a um punhado de consumidores selecionados. Portanto, usamos a arte já existente de uma promoção mais pública e muito maior de forma a reduzir custos e criar um minisite barato exclusivamente para que os vencedores reivindicassem as suas joias!

- **Petições:** Organizações sem fins lucrativos, instituições de caridade e negócios socialmente conscientes têm sido especialmente bem-sucedidos ao criar minisites com petições para promover mensagens políticas e mudança social (para mais ideias sobre associar-se com eventos beneficentes, confira o Capítulo 10). Por exemplo, uma grande questão em Nova Iorque foi se os artistas tinham permissão ou não para usar as calçadas da cidade para exibir a sua arte. Se você fosse uma galeria de arte e quisesse apoiar a causa, você poderia hospedar um minisite com informações adicionais.

A Internet permite que você espalhe a mensagem rapidamente e faça com que as pessoas participem de maneira fácil. Para ajudar a encorajar a participação, mantenha a coisa divertida e simples (para dar uma olhada no ângulo do divertimento, confira "Saúde! Um brinde a isso" neste capítulo). Os consumidores têm muito mais chance de participar se tudo o que eles tiverem que fazer for o login e digitar as informações deles. Sites de petições permitem a predominância de uma marca ou mensagem com os recursos de link direto com o site principal da organização.

- **Teaser e sites de campanhas específicas:** Um dos usos mais fascinantes para os minisites são as *campanhas de teaser* – nas quais os consumidores recebem apenas informação suficiente para atiçar a curiosidade, que por sua vez os motiva a conferir o site para ver sobre o que é a campanha.

Um exemplo disso pode ser a criação de um minisite como `www.quem-e-larry-mcdandy.com`. Qualquer tipo de mídia não tradicional (ou tradicional) pode ser usada para levar os consumidores ao site. Após ficar morrendo de curiosidade para saber quem é Larry McDandy, o consumidor faz login em um minisite dedicado a expor as especificações de Larry McDandy, o robusto novo herói do mais recente filme de ação.

Teaser está na moda agora porque, bem, todo mundo quer estar por dentro – é normal do ser humano. Porém, assim como no caso da maioria das táticas de guerrilha, só o tempo dirá se vai durar. Se o uso excessivo deste instrumento ardiloso fizer com que ele se torne um clichê, o desafio dos marqueteiros será aparecer com alguma outra coisa que seduza os consumidores.

Ninguém gosta de alarmistas. Quando estiver criando uma campanha de teaser engenhosa ou outros sites de campanhas específicas, mantenha-se longe de nomes e conceitos que possam ser entendidos como ameaçadores. Você pode querer que a sua campanha gere emoção no seu público-alvo, mas você vai querer se certificar de que esta emoção seja curiosidade, não medo – ou pior, aversão.

Se decidir que um minisite faz sentido para você e estiver pensando em direcionar tráfego das ferramentas de busca para o seu site, compre um nome de domínio à parte (o endereço web – como wiley.com ou dummies.com) e construa o seu site em torno dele. Por exemplo, se estiver construindo um minisite para uma competição, você poderia registrar um nome de domínio como amelhorcompeticaodomundo.com.

Para descobrir se um nome de domínio no qual esteja interessado está disponível, vá a qualquer serviço de registro de domínio (alguns dos mais populares incluem o GoDaddy.com, o directNIC e a Network Solutions) e faça uma busca por whois (protocolo de consulta de informações de domínio).

Se o nome no qual está interessado não estiver disponível, você sempre pode colocar o minisite da competição dentro do nome de domínio já existente da sua companhia. Em vez de o minisite existir como algo autônomo, ele apareceria agora como um site dedicado dentro do seu próprio site.

Então, amelhorcompeticaodomundo.com agora vira suamarca.com/amelhorcompeticaodomundo.

Se trazer a competição para o seu próprio site pareça ser muita coisa para se resolver sozinho, talvez seja hora de mobilizar os serviços de um profissional. Qualquer bom desenvolvedor web será capaz de ajudá-lo a fazer isso.

Organizando Endereços Web A Seu Favor

O que há em um nome? Quando tantos negócios são gerados por meio de referências web, o seu nome na Internet pode ser justamente aquilo que ajuda os seus consumidores a encontrá-lo.

Um endereço web, chamado tecnicamente de *URL* (que significa, em inglês, Localizador Universal de Recursos), é o endereço de cada página do seu site. A URL completa de uma página típica de website é algo do tipo www.suacompanhia.com. O nome de domínio é a parte que diz suacompanhia.com. Ao selecionar uma URL, tente pegar algo que possa ser facilmente lembrado e redigitado pelos seus consumidores.

Se há algo que é constante em todas as campanhas de guerrilha, é que a criatividade sempre será recompensada. Inventar alguma coisa engraçada para as pessoas digitarem dentro daquela caixa http:// pode ser o gancho de guerrilha em si!

Ser preciso com a linguagem que usa na sua URL é essencial para possibilitar que os consumidores o encontrem tanto diretamente quanto por meio de ferramentas de busca. Usar expressões precisas na sua URL ajudará a tornar o seu site mais fácil de encontrar para as ferramentas de busca.
Talvez você gerencie a Casa de Hélio do Hector, a fornecedora de balões de hélio de primeira qualidade em todas as formas e tamanhos. Após considerar os seus resultados na web, você descobriu que está conseguindo muito poucas referências baseadas em pesquisas na web. Estes resultados não vêm do ar – eles podem ser consequência de informações de URL digitadas de maneira deficiente.

Saúde! Um brinde a isso

A Guinness, frequentemente tratada quase como sinônimo do Dia de São Patrício, criou um minisite como um instrumento de mudança e um veículo para uma incrível publicidade viral! Nos Estados Unidos, a não ser que você viva em Boston, você pode esperar chegar se arrastando ao trabalho no dia 17 de março. Ávida para dar ao feriado o lugar que ele merece, a companhia lançou o site www.Proposition317.com para fazer do dia do santo um feriado oficial. Aqui, os usuários podiam fazer login, assinar uma petição, fazer comentários e enviar fotos deles mesmos celebrando a data. Além de ser uma oportunidade divertida, o site rapidamente se espalhou em torno da Internet, conduzido por farristas ao redor de todo o mundo.

Além de escolher a URL certa para o seu site, você tem que pensar em termos de URLs alternativas. *URLs alternativas* são outros nomes de domínio que redirecionam os visitantes a outro site. Por exemplo, talvez o seu negócio venda abajures feitos latas de refrigerante recicladas, e a sua URL seja www.abajuresleslie.com. Agora, as pessoas podem realmente gostar dos seus interessantes abajures quando os vêem, mas parece que você não consegue fazer com que elas cheguem ao seu site. Você pode cogitar o registro de abajures.com e configurá-lo de modo que cada visitante que entrar em www.abajures.com seja redirecionado automaticamente para www.abajuresleslie.com (para dicas sobre como fazer este redirecionamento, fale com o seu serviço de registro de domínio ou com o seu web designer).

Muitas companhias compram múltiplos nomes de domínio e usam as diferentes URLs para ofertas de marketing específicas à parte ou para direcionar os visitantes a um website central único. Qualquer uma das táticas pode ser eficaz, mas você precisa ter cuidado para não criar o que as ferramentas de busca vão interpretar como conteúdo duplicado. Websites duplicados podem levar uma ferramenta de busca a banir todos os sites do índice dela. Fale com o seu web designer para evitar este problema. Ou, se quiser conhecer todos os detalhes técnicos por conta própria, confira o quadro lateral aí do lado, "Conteúdo duplicado conteúdo duplicado".

Brincando com Jogos Online

Todo ano, mais de 200 milhões de pessoas montam em seus teclados e joysticks e jogam algo online. Ao contrário dos estereótipos injustos de anos anteriores, estes jogadores não são garotos ou vagabundos desgrenhados comedores de salgadinhos. Nos dias de hoje, os jogos online são para todos, e até mesmo as mulheres entraram em ação.

Você pode se interessar em entrar em ação e incorporar um jogo em seu website. A boa notícia da perspectiva do custo é que há milhares de jogos disponíveis na Internet que você pode instalar no seu website, e muitos deles são gratuitos. Mas antes de encorajar os visitantes do seu site a se engajar em combates mortais com seus oponentes, pergunte-se estas duas questões:

- Qual é o propósito específico de marketing do site?
- Como o acréscimo deste jogo pode ajudar a promover esse propósito?

Um jogo pode atrair visitantes ao seu site, mas se ele não promover as suas metas de marketing, você não tem nenhuma boa razão para instalar o jogo.

Por outro lado, se o jogo manter o seu público-alvo no site por um pouco mais de tempo de uma maneira envolvente e relacionada à marca, nós recomendamos: adicione-o! Ah, e temos o próximo jogador na fila.

Capítulo 13: Criando a Sua Presença Online 215

Conteúdo duplicado conteúdo duplicado

A localização real de um website em um servidor em particular é chamada de endereço de Protocolo Internet (em inglês, IP). Você pode ter duas URLs diferentes apontando para o mesmo site (ou seja, compartilhando o mesmo endereço IP), mas as ferramentas de busca não querem que você tenha websites duplicados, cada um com a própria URL e endereço IP.

Se você achar que está correndo risco de entrar no assustador mundo do banimento em potencial, pode ser a hora de pedir reforços. Qualquer desenvolvedor web que se preze pode orientá-lo nessa situação e garantir que você não acabe banido das ferramentas de busca.

Jogar ou não jogar? Sabendo quando adicionar um jogo é uma boa ideia

Nós gostamos de imaginar esta decisão como algo parecido com apreciar uma bela lata de biscoitos de aveia e uva passa. Você abre a lata, pega um biscoito, e ele é tão bom quanto esperava que fosse. "Vou pegar mais um naquela lata", você decide. E o faz – de novo, de novo e de novo, para o total deleite da companhia de biscoitos estampada naquela lata. Você foi apanhado por um produto "pegajoso".

Uma das características inconfundíveis de um website bem-sucedido é o que por vezes se chama de *viscosidade* – a habilidade do site de atrair visitas repetidas. Um site pegajoso tem o tipo de conteúdo que compele o visitante a continuar retornando.

Websites frequentemente criam viscosidade em seus sites ao usar jogos online. O único problema com o uso de um jogo online é que os consumidores podem começar a vir apenas para jogar os jogos e ignorar os seus produtos e serviços. Você pode evitar este destino ao incorporar a sua marca o máximo possível no jogo. Desta forma, mesmo que eles *estejam* usando-o apenas pelo jogo, pelo menos a sua marca recebe a exposição que merece.

Entre e confira! Verificando os tipos de jogos que você pode oferecer

A melhor maneira de evitar que os consumidores entrem no seu site, joguem o jogo e então saiam sem nem mesmo dar um clique nos seus produtos e serviços é associar o seu jogo e seus resultados com os seus produtos e serviços. Por exemplo, vencedores do jogo podem ser recompensados com uma amostra gratuita do produto ou um desconto.

Se for possível, dê a todo mundo que jogar algum tipo de prêmio de participação. Alguns orçamentos não permitirão isso – e isso é normal – mas leve em consideração onde e quando você possa oferecer algo, porque isso ajudará a construir uma base fiel de usuários e garantir que as pessoas não entrem em seu site apenas por conta do seu jogo estiloso.

Outra opção ainda melhor é criar um jogo personalizado que inclua os seus produtos, suas marcas e alguns benefícios ao usuário diretamente nos próprios jogos, de forma que a sua marca e as vantagens competitivas dela sejam continuamente reforçadas. Embora esta seja a conjuntura ideal, esse não é o tipo de coisa que você será capaz de baixar e instalar no seu site ou comprar na sua loja de informática local. Para uma configuração personalizada como essa, você vai precisar de um designer profissional de games.

Fale com o seu web designer e veja se ele conhece um designer de jogos que possa criar algo compatível com o seu site. Se não conseguir nenhuma pista, faça uma busca na Internet por "desenvolvimento de games online".

Se decidir que inserir alguns elementos cheios de vida no seu site é o caminho que quer seguir, você vai querer garantir que receba o crédito por eles ao chamar a atenção das ferramentas de busca. Certifique-se de que qualquer mídia que embutir no seu site seja otimizada usando palavras-chave apropriadas para buscas por mídia. Para certificar-se de que está tirando o máximo proveito desse investimento, certifique-se de que o seu web designer tenha feito a parte dele para garantir que o site esteja otimizado. Uma maneira rápida de conferir isso é fazer uma busca online usando palavras-chave que você acha que deveriam dirigir o tráfego para esta mídia. Se a sua oferta não aparecer, você pode querer debater como vocês podem melhorar a sua classificação.

Pegando leve no material extra

Após estabelecer a sua presença básica na web, você precisa se sobressair na multidão. E acredite em nós, há uma grande multidão lá fora competindo (ou berrando) pela atenção dos seus clientes e possíveis compradores. Para dar ao seu site aquele fator especial e permitir que ele se destaque entre os competidores, você vai querer dar a ele o entusiasmo de que precisa – não apenas para atrair visitantes, mas para fazer com que continuem voltando para ver mais.

Apesar da tentação de pirar com diversos elementos espalhafatosos, repita o mantra: "como isso vai aprimorar a minha marca, promover os meus produtos ou aumentar as minhas vendas?". Pode ser irritante para os seus amigos e vizinhos quando o mantra for cantado sem parar, mas valerá a pena quando as suas páginas não ficarem cobertas por materiais extras caros e desnecessários.

Outra forma de pôr os pés no chão é percorrer os sites dos seus competidores. Veja quais dispositivos e aplicativos eles estão usando ou não. Então considere de forma objetiva se eles são instrumentos eficazes para atingir os consumidores ou apenas meras distrações. Se eles forem distrações, sinta-se à vontade para tripudiar. O outro lado da moeda, é claro, é cogitar coisas que os seus competidores não têm, mas que podem suprir algum tipo de necessidade dos seus consumidores.

Dando às Pessoas a Chance de Entrar para Ganhar

Quantas vezes você ouviu alguém que acaba de ganhar algo dizer "eu nunca ganhei nada na minha vida antes"? E não importa o quanto a frase seja exclamada, ela ainda consegue emocionar você um pouco, não? A ideia de ver alguém recebendo alguma coisa a troco de nada ainda consegue empolgar as nossas sensibilidades em ver outras pessoas felizes. Se estiver pensando em acrescentar um pouco dessa reação de felicidade, você pode querer adicionar um ingrediente do tipo "entre para ganhar" no seu website.

Um ingrediente *entre para ganhar* é exatamente o que parece – uma competição ou concurso que permita ao consumidor se inscrever no seu website com a promessa de possivelmente ganhar um prêmio de algum tipo. Quando um concurso "entre para ganhar" é ligado a sites já existentes ou criado como um minisite, você pode utilizar a promessa de riquezas ou, no mínimo, produtos gratuitos como uma maneira de incentivar os seus consumidores a voltar para ver mais.

Os web designers se inspiraram no manual de estratégias de merchandising ao criar concursos "entre para ganhar" em versão online. Técnicas de merchandising que funcionam bem em pontos de venda – como uma academia oferecendo aos participantes a chance de ganhar um mês de uso gratuito em troca do preenchimento de uma ficha de registro – também funcionam na Internet, às vezes ainda melhor. Enquanto a urna de inscrição no balcão da academia pode chamar a atenção apenas de alguns tipos musculosos com braços inchados, um concurso "entre para ganhar" em um website põe a sua urna de inscrição no balcão do mercado global.

Concursos "entre para ganhar" são relativamente simples (consulte as seções a seguir). Além do mais, a interatividade que um concurso cria lhe dá a chance de ter um diálogo indireto com os seus clientes, o que lhe proporciona informações instantâneas.

Desenvolvendo uma competição

Ninguém cria uma competição somente para distribuir prêmios. Embora possa fazer bem distribuir coisas, quando você encara isso de uma perspectiva comercial, distribuir prêmios sem esperar nada em troca não é uma jogada inteligente.

Logo, a fim de obter alguma coisa da sua competição, você precisa decidir o que espera conseguir dos seus consumidores. O que você vai solicitar pode ser algo tão simples quanto informações de contato deles ou tão complexo quanto comprar alguma coisa de fato. *Lembre-se:* O que você está buscando deve ficar na mesma proporção do que estiver oferecendo em termos de prêmios.

Todas as competições devem ter um propósito de marketing estratégico e específico que desenvolva a sua marca e, no final das contas, impulsione as vendas. A regra básica simples é: se o que você está distribuindo custar mais do que se espera ganhar em aumento de vendas, é melhor deixar passar a oportunidade.

Uma competição interativa online pode ser bem simples de se desenvolver. O seu web designer pode criar um formulário onde os visitantes digitam as suas informações para participar. Embora alguns sites maiores usem bancos de dados elaborados para organizar as informações coletadas a partir dos formulários, você talvez não precise ser tão exagerado. Você pode fazer com que o seu web designer configure os formulários de maneira que todos os dados coletados sejam enviados a você por e-mail – toda vez que alguém se inscrever na competição, você recebe um e-mail com as informações de contato dele. Você terá que ler os e-mails, mas é uma maneira simples, fácil e barata de realizar um concurso.

Se quiser algo mais sofisticado ou acabado, você pode tentar trabalhar com uma companhia que se especialize especificamente em projetar competições online. Embora esta abordagem seja mais cara do que fazer tudo você mesmo (com o seu web designer), companhias como essa provavelmente oferecem um cardápio de opções que pode incluir tudo, do design à coleta de dados, da prestação de contas ao *processamento* (a execução da competição e a entrega dos prêmios), tirando todo o fardo dos seus ombros. Companhias que cuidam disso podem ser encontradas rapidamente ao buscar por "concursos online e processamento".

Peça às pessoas somente o que você precisa. Se tudo de que realmente precisa é um nome e um endereço de e-mail para o seu formulário (e para cumprir as suas metas em termos de adquirir as informações de contato das pessoas), então fique nisso – não peça por seus endereços físicos, telefones ou qualquer outra informação a não ser que precise dela.

Esboçando as regras

Ninguém gosta de receber ordens, mas quando se trata de competições, regras são essenciais. Esboçar as regras da sua competição online é um passo importante para ajudar a esclarecer as regras da competição. Além do mais, regras escritas lhe proporcionam certa proteção contra qualquer pessoa desafortunada protestando por não ganhar um enorme elefante rosa de pelúcia ou outro prêmio claramente relacionado à marca.

As regras certas para a sua competição dependem do tipo de competição que você quer realizar, e antes de tudo elas dependem daquilo que você está pedindo ao participante. Publique todas as regras e restrições em locais facilmente acessíveis e legíveis.

Por exemplo, se estiver conduzindo uma competição, você pode solicitar ao consumidor que faça uma compra. Em contraste, um sorteio geralmente não requer uma compra. As regras e o palavreado para se realizar uma competição

Capítulo 13: Criando a Sua Presença Online **219**

online variam de estado a estado. Como costuma ser o caso com o jargão jurídico, a diferença está nos detalhes; se estiver realizando uma grande competição com prêmios de alto valor, você vai querer terceirizar e arrumar uma firma de processamento de concursos para que ela cuide destas regras para você.

Quando estiver esboçando a sua lista de regras, faça a si mesmo as seguintes perguntas:

- **Quem é elegível?** Somente canhotos que tocam piano podem participar? Deixe os seus qualificadores tão claros quanto for possível, mas tenha cuidado para não discriminar. As restrições mais comuns são aquelas nas quais os participantes devem ter certa idade para poder receber legalmente os prêmios.

- **Por quantas vezes se pode participar da competição?** A sua competição é uma transação única ou os consumidores podem voltar para se inscrever mais vezes? Se eles podem voltar, quantas vezes por dia eles podem se inscrever? Ao dar às pessoas a opção de se inscrever múltiplas vezes, você também tem a chance de trazê-las no site, mantê-las por lá, e encorajá-las a voltar para ver mais – em outras palavras, você criou um site "pegajoso".

- **Quais são os prêmios?** Os prêmios são o prato principal da competição. Quer você realize uma competição nas ruas ou online, certamente a primeira pergunta a sair das bocas dos seus consumidores será "o que eu ganho?". Logo, dê-lhes a resposta em termos precisos: o número de itens sendo distribuídos, o modelo exato e assim por diante. Além de cumprir uma necessidade jurídica, proporcionar todos os detalhes irá fazer com que sua competição pareça espetacular. Se após preparar uma lista de recompensas ela não parecer espetacular, pense no que você pode fazer para adoçar a coisa.

- **Como você irá selecionar os vencedores?** Haverá um sorteio onde os vencedores serão escolhidos em um misturador? Você tem um computador que irá selecioná-los aleatoriamente? Os vencedores serão selecionados a partir de jogadores que responderem a um questionário corretamente? Mais uma vez, você vai querer esquematizar isso tão claramente quanto possível, de forma que os participantes saibam onde eles estão se metendo.

- **Como você irá entregar os prêmios?** Eles serão jogados na casa dos vencedores a partir de aviões de carga (esperamos que não!)? Por exemplo, você pode dizer "após os vencedores serem selecionados, eles serão contatados por telefone e e-mail para verificar as informações de contato, e os prêmios serão entregues diretamente a eles".

- **Quantos prêmios um visitante do site pode ganhar?** Não é nada divertido quando você oferece 15 prêmios e uma pessoa ganha 13 deles. Recomendamos a determinação de um prêmio por pessoa, para que você possa difundir os bens.

- **Se estiver conduzindo um sorteio, quais são as chances de vencer (se isso for calculável)?** Há grandes chances de que você não tenha esta informação disponível se estiver realizando a sua própria competição – por quê teria? Antes de continuar, entretanto, você vai querer conferir com o seu advogado se o seu estado ou cidade exige isso. Se for o caso, talvez você queira contratar um projetista de competições (como sugerido na seção anterior).

- **Você terá alguma restrição de idade?** Dependendo do que você vende, certas restrições de idade podem estar em vigor. Mais uma vez, geralmente isto é algo a se considerar quando os participantes precisam ter uma determinada idade para estarem aptos a receber o prêmio.

- **Há alguma prova da compra ou outras condições prévias?** Quando éramos crianças, adorávamos cortar os códigos de barra como provas da compra das caixas de cereais para concorrer a colheres de sopa com monogramas. De certa maneira, coletar estas etiquetas de prova de compra se tornava parte da competição tanto quanto a própria competição. Se for necessário enviar uma prova da compra ou alguma outra ressalva, certifique-se de esclarecer isso.

- **Quando a competição acaba?** Especialmente se estiver pedindo alguma coisa específica aos seus clientes, você vai querer se certificar de que o período disponível para que participem esteja claro como cristal.

- **Como e onde os prêmios serão distribuídos?** Em quanto tempo após o fim da competição os prêmios serão entregues? Você vai querer passar aos consumidores um período no qual eles podem esperar receber a notícia de que ganharam.

- **Há leis locais, estaduais ou federais apropriadas que precisem ser cumpridas?** Você já deve ter ouvido os resmungos ao final de um comercial qualquer, do tipo "indisponível nos estados de Ohio, Kentucky e Wisconsin, ou para as pessoas que gostem de balas de alcaçuz no Mississipi". Decretos servem para proteger os participantes e o provedor da competição; portanto, antes de lançar a sua competição, certifique-se de que o que você está fazendo seja realmente lícito.

Se estiver conduzindo uma competição, a sua melhor aposta é consultar um procurador. Pagar um advogado (ou a alavancagem de produtos e serviços) para gastar 30 minutos revisando as suas regras pode ajudar a evitar horas potencialmente intermináveis no tribunal se alguém fizer alguma queixa contra a sua competição online.

Mandando os prêmios

Você criou a sua competição, os acessos ao seu site cresceram exponencialmente, e agora é hora de escolher um vencedor. Na maioria das nossas campanhas menores, selecionados os vencedores no conforto dos nossos escritórios por meio de um sorteio simples. Dependendo do alcance da sua campanha, do número de participantes e da estrutura das

Capítulo 13: Criando a Sua Presença Online **221**

suas regras, você pode descobrir que consegue lidar com a seleção e o envio dos prêmios por conta própria, poupando algum dinheiro para usar na sua próxima grande competição!

Se a sua competição foi maior ou exigir o envio de muitos prêmios, você pode precisar contatar uma firma de processamento para ajudá-lo. *Firmas de processamento* são companhias especializadas em cuidar do processamento de competições, seja como parte do planejamento e da gerência da própria competição ou na função à parte de distribuir os prêmios. Se estiver distribuindo mais do que um punhado de prêmios, você pode querer considerar uma firma de processamento para lidar com a carga de trabalho adicional. O seu pessoal administrativo e do setor de remessas vão agradecê-lo por isso.

Por outro lado, se os seus prêmios são os seus próprios produtos e você não pretende distribuir um volume que sufocaria o seu departamento de remessa, então cuidar internamente do processamento da competição provavelmente faz mais sentido para você e o poupa desta despesa.

Levando para o Lado Pessoal: Carregamento de Arquivos e Personalização

Todo mundo quer se sentir importante, como se tudo no mundo fosse criado apenas para eles. Você pode observar isso nos celulares deslumbrantes, nas placas de carro personalizadas e nas roupas feitas sob medida. Tudo tem a ver com criar uma experiência que seja própria ao consumidor. Em nenhum outro lugar a personalização é mais difundida do que na Internet, onde ela é possível com relativamente menos despesas por pessoa.

O modelo desenvolvido por sites de redes sociais como o Facebook (`www.facebook.com`), o MySpace (`www.myspace.com`) ou o Orkut (`www.orkut.com`), no qual nos aprofundamos no Capítulo 14, é muito atrativo para as companhias, especialmente as companhias com marcas de consumo que esperam construir uma comunidade online. Implementar estes elementos personalizados pode ter um ótimo valor agregado como uma estratégia de marketing porque, ao criar itens para personalizar o conteúdo e usar o carregamento de imagens e vídeos associados com a sua marca, você dá aos consumidores a oportunidade de fazer o trabalho de espalhar a sua marca para você.

Por exemplo, você pode querer permitir que os visitantes do seu site carreguem os seus próprios conteúdos para que outros possam vê-los, e que personalizem a aparência das páginas pessoais deles. Se a sua marca tem um personagem-símbolo ou uma mascote – como um gigante feito de pneus – você pode cogitar dar aos consumidores a chance de carregar as suas fotos e ter o seu retrato transformado para parecer uma pessoa feita de pneus! Recentemente, diversos filmes, programas de TV e outras marcas de consumo obtiveram grande sucesso ao usar personalização para espalhar as suas mensagens e marcas; por exemplo, você pode se transformar em um personagem dos *Simpsons*.

Embora um aplicativo personalizável seja uma maneira agradável de passar a hora do almoço, a não ser que você seja um prodígio do design, você provavelmente precisará apelar para os recursos de alguém que é. Em geral, tecnologias e programação personalizadas para a sua marca exigem bem mais trabalho do que o necessário para se produzir o seu website estático básico.

Em uma escala menor, você pode estar apto a comprar programas simples que permitem aos visitantes o carregamento de arquivos, mas não estará habilitado a oferecer uma sonora "experiência comunitária totalmente integrada", onde os consumidores podem participar na personalização destes arquivos. Para isso, você precisará de recursos substanciais de programação.

Encontrando alguém para fazer o trabalho

O foco de um grande número de agências reside em criar presenças dinâmicas na web. Dentro destas agências trabalha uma profusão de designers, desenvolvedores web, artistas gráficos, designers de jogos, desenvolvedores de bancos de dados e programadores extremamente talentosos, que podem criar alguma coisa empolgante. Uma rápida busca online por "marketing internet", ou adquirir o livro *Web Marketing For Dummies* (editora Wiley), pode ajudar a tornar as competências dessas feras acessíveis a você.

Muitas dessas agências têm habilidades fascinantes e websites premiados em seus currículos. Uma maneira de conseguir uma amostra destas agências é olhar para amigos e colegas que tiveram relações de trabalho bem-sucedidas com web designers. Ou, se eles já estiverem trabalhando com uma agência de publicidade, peça sugestões a eles. De qualquer maneira, a questão a se perguntar a uma agência, quando estiver considerando se vai trabalhar com ela para produzir os seus novos aplicativos personalizados, é:

> Esta agência sabe como fazer o meu site funcionar como uma ferramenta de marketing altamente eficaz?

Se você for gastar dinheiro e energia criativa para desenvolver e criar um complemento empolgante que permita carregamento de arquivos e personalização, ele deve funcionar maravilhosamente em coordenação com as atrações já existentes em seu site para produzir uma máquina de marketing fina e robusta. Encontrar um designer que compreenda o seu site, a forma na qual você quer que essas peças trabalhem juntas, e em que direção você quer crescer o proporcionará uma colaboração bem-sucedida.

Oferecendo algo único

Você sabe que adora carregar a sua foto em sites para ver com que celebridade você se parece ou que tipo de duende você é – sabemos disso porque nós amamos fazê-lo, também. Porém mesmo ao fazer esta confissão, como marqueteiros objetivos que somos, temos que reconhecer que a habilidade de personalizar e adaptar o seu próprio cantinho em um website não é de fato um fenômeno inédito mais – e não é diferente o suficiente para elevar a sua marca.

Se você quiser que o seu website funcione como uma ferramenta eficaz de marketing, você precisa trazer à mesa alguma coisa *nova*.

É aqui que o seu guerrilheiro interior alça voo e você desafia a si mesmo a trazer alguma coisa nova e empolgante para o mercado. Comece considerando o que atrai os seus consumidores.

Para faixas demográficas mais jovens em especial, nada chama mais a atenção dos consumidores do que coisas que apelam para os prazeres nada culposos relacionados à cultura pop. O que atrai o seu público-alvo? Música? Filmes? Blogs? Esportes? Qual é o próximo grande sucesso na cultura pop que pode ser trazido para o lado da sua marca? Veja quais conceitos originais podem ser adicionados ao seu site para mantê-los visitando a sua página e, espera-se, colocando-a nos favoritos do navegador.

Para uma faixa demográfica mais velha, você pode criar um widget ou aplicativo personalizável novo e impressionante (leia mais sobre isso no capítulo a seguir) que rastreie o fluxo das finanças daquela pessoa por meio de um ícone constantemente atualizado? Política, imóveis, gastronomia e outros tópicos relacionados podem servir de munição para proporcionar aos seus consumidores mais velhos um conteúdo personalizável que não seja apenas visualmente e pessoalmente agradável, mas útil também.

Sempre retorne à pergunta "como isso irá ajudar a minha marca a crescer?". Embora as suas ideias sejam legais, sem dúvida, certifique-se de que elas criem ou perpetuem o crescimento da sua marca.

Qualquer que seja a guinada criativa que adicionar, você vai querer certificar-se de que os seus esforços criem *valor de marca* (um resultado ou impressão positiva do consumidor baseada em iniciativas de marketing bem recebidas). Aumentar o valor de marca por meio do uso de seu aplicativo personalizado o diferencia da concorrência, e mantém os seus clientes voltando para ver mais.

Sendo cauteloso ao ceder controle

Uma das razões pelas quais a Internet pode ser tão atraente é o elemento de ilusão e fantasia. Você pode ser um inspetor de uma seguradora em Kalamazoo com 1,62 m de altura e 54 kg, mas online, você é um elegante magnata do setor imobiliário com 1,82 m de altura e 82 kg.

Embora a criação de imagens personalizadas (frequentemente chamadas de *avatares*) seja divertida e ajude a criar sites aos quais os consumidores retornam sem parar, para um comerciante online isso pode vir com algumas armadilhas. Embora o povo da Internet seja um grupo geralmente amigável, infelizmente nem todo usuário da Internet é razoável, maduro ou são. Uma maçã podre pode arruinar toda a penca, logo, você precisa aplicar algum tipo de recurso de filtragem ou edição para certificar-se de que nada apareça no seu site que você não quer ver lá. Afinal de contas, tudo o que for publicado no seu site será associado à sua marca. Você não vai querer alguém cuspindo ódio ou obscenidades bem ao lado do seu logotipo brilhante e previamente incomparável. Fique de olho no seu site, e certifique-se de que nada que for adicionado por um consumidor suje a sua reputação.

Crie um recurso de edição no seu software e avise aos usuários que o conteúdo será peneirado antes de ser publicado. Então selecione alguém para monitorar o conteúdo e evitar comentários de mau gosto dos seus consumidores. Isso pode parecer despesa extra, mas aplicar estes recursos desde o início pode permitir que você evite um desastre de relações públicas no futuro.

Exibindo e compartilhando conteúdo gerado por usuários

Há uma velha máxima de gestão que se aplica bem ao conteúdo gerado pelo usuário: "as pessoas apóiam o que elas ajudam a criar". As pessoas apreciam a interligação de participar de algo online, a noção de que elas são parte de alguma coisa maior. Do ponto de vista do marketing, proprietários de negócios atualizados quanto a este fenômeno podem utilizar os seus recursos personalizados para ajudar a estabelecer lealdade à marca. Direcionar atenção ao seu site dando aos visitantes a oportunidade de contribuir de uma maneira que seja significativa (como proporcionar uma área para os usuários adicionarem as suas opiniões, comentários, imagens e vídeos em seu website) funciona como vantagem estratégica.

Potencializar um sentimento de comunidade e competição é essencial quando se trata de exibir conteúdo gerado por usuários. Um método testado e aprovado para motivar os seus usuários a fornecer conteúdo novo e personalizado é reconhecer e recompensar os seus esforços. Organizar concursos no site que estimulem a competição sadia, dar prêmios e exibir submissões vencedoras de forma destacada não apenas manterá os seus usuários interessados em contribuir como também ajudará a trazer o conteúdo mais irresistível por aí direto ao seu site. Digamos que esteja administrando uma loja online de apetrechos de pesca; não seria divertido para os seus clientes mandar instantâneos dos últimos peixes que pegaram? Um pescador sortudo poderia ganhar um ano de iscas, só por ter enrolado um pouquinho na Internet.

Capítulo 14

Socializando

Neste Capítulo

▶ Encontrando os sites de redes sociais

▶ Potencializando redes sociais para beneficiar a sua marca

▶ Usando fóruns de Internet para contato instantâneo

▶ Medindo a sua eficácia

*H*á boas chances de que, caso você tenha filhos adolescentes ou funcionários na casa dos 20 anos (e talvez até mais velhos), eles provavelmente entrem em algum tipo de site de rede social hoje, se não estiverem fazendo isso agora mesmo.

Os sites de redes sociais dominaram o panorama popular online e capturaram a imaginação dos jovens com a sua natureza interligada. Onde mais você pode deixar mensagens para os seus amigos, gerenciar a sua agenda social na vida real, conferir o lançamento mais recente daquele roqueiro irreverente e ainda assim tão intenso, e ver vídeos dos seus amigos agindo de forma totalmente ridícula? O fato simples é que as oportunidades oferecidas online são virtualmente incomparáveis quando se trata de alcançar faixas demográficas mais jovens, contribuindo com solo fértil para que você plante a sua mensagem nas mentes dos consumidores.

Neste capítulo, nós apresentamos a você alguns dos sites de redes sociais mais populares, o inteiramos quanto às atrações que tornam estes sites populares e contamos como você pode começar a causar impacto a um custo mínimo (ou zero). Também exploramos as oportunidades disponíveis de marketing já existentes nestes sites e o deixamos a par de como você pode tomar decisões, se decidir usá-las. Exploramos maneiras nas quais você pode maximizar os quadros de avisos e salas de bate-papo como uma extensão do seu trabalho em sites como aqueles mencionados previamente. Por fim, o ajudamos a avaliar o seu sucesso nestes portais e usar este conhecimento para instruir as suas iniciativas futuras.

Bem-vindo ao Mundo das Redes Sociais

Sites de redes sociais são websites que permitem aos usuários que personalizem as suas próprias páginas e criem uma rede de contatos, ligando eles mesmos às páginas de outras pessoas. Os sites de redes sociais podem ser uma maneira de entrar em contato novamente com os colegas de escola sumidos, de unir pessoas em torno de um objetivo em comum, ou de conferir as fotos daquela pessoa simpática que conhecemos na noite anterior. Qualquer que seja a razão, as redes sociais se tornaram um fenômeno da sociedade moderna.

Embora você possa ter ouvido apenas recentemente alguém recomendar que conferisse a página dele ou dela no Facebook ou no MySpace, estes sites têm crescido a passos largos desde 2000. Além de proporcionar aos usuários a oportunidade de se comunicar instantaneamente uns com os outros, os sites de relacionamento social permitem que os participantes formem ligações ao redor do país e do globo, ao mesmo tempo fazendo o mundo parecer um pouquinho menor. E se isso não for o suficiente para você, eles são simplesmente divertidos!

As opções personalizáveis destes sites variam de um site para o outro (entraremos em detalhes nas seções a seguir). Eis alguns dos destaques vistos de relance:

- **Fotografias:** A maioria dos sites oferece a oportunidade de carregar e publicar fotos pessoais que podem ficar disponíveis para os outros usuários na rede daquela pessoa – uma atração que resultou na cultuada prática da foto do tipo "braço no MySpace": o auto-retrato exibindo a cara sorridente da pessoa e seu braço segurando a câmera.

- **Dados pessoais e/ou profissionais:** As especificações exibidas aqui variam de site para site. Os sites voltados às pessoas mais jovens (como o MySpace) deixam que os usuários listem coisas como as suas bandas ou programas de TV favoritos, enquanto os sites mais voltados a profissionais (como o LinkedIn) focam primariamente o currículo de um participante, realizações profissionais e contatos.

- **Espaços para comentários:** Estas são as seções da página de um usuário onde os amigos podem deixar mensagens e publicar fotos ou vídeos.

- **Blogs pessoais:** Alguns sites permitem que os usuários publiquem um *blog* (abreviação de *weblog*, ou diário web), que frequentemente se torna o equivalente online a um diário ou registro pessoal.

- **Música e vídeo:** Alguns sites permitem que os usuários dêem uma trilha sonora para as suas páginas ou incorporem vídeos de sites populares de compartilhamento de vídeo, como o YouTube (`www.youtube.com`), diretamente em suas páginas.

A razão pelas quais estas atrações são importantes é que, em certas faixas demográficas, estes sites oferecem uma oportunidade completamente personalizada e passível de atribuição de marca para se trazer os consumidores-alvos à sua rede de contatos por um custo mínimo. Compreender plenamente e apreciar (ou, no mínimo, ter um bom senso de humor sobre) os aspectos culturais destes sites é equivalente a tirar o máximo proveito dessas opções de boa relação custo-benefício.

O seu site de rede social é uma extensão da sua presença online – ou, como gostamos de ver a coisa, é a festa ou o encontro de consumidores do mundo online. Isso dito, somente ter uma página no MySpace nos dias de hoje no MySpace não faz uma estratégia de marketing de relacionamento social. E somente conduzir uma campanha de banners online em qualquer um desses sites não é tudo o que você precisa fazer. Ambos podem ser úteis para criar burburinho online, mas criar um mix saudável de acordo com o seu orçamento ao longo de diversos veículos o ajudará a moldar a melhor estratégia online possível.

Olhando Para as Suas Opções

Usar os sites de redes sociais como ferramentas para comercializar a sua marca o permite entrar lá para valer e se misturar. Inscreva-se em todos os sites dos quais ouviu falar e participe um pouco de forma passiva por alguns dias. Você rapidamente descobrirá se você quer usar um site ou outro para promover o seu negócio, só por ter uma noção de como os sites funcionam.

As presenças mais bem-sucedidas nestas redes são as pessoas, lugares e marcas que simultaneamente entretêm e instruem as pessoas com ideias afins de uma forma direcionada. Então leve isso um passo adiante e forneça aos usuários conteúdo único e viral que dê motivos a eles para que compartilhem a página com os outros e voltem repetidamente.

Para ajudá-lo a começar a sua expedição em território que você poderia de outra maneira ficar apreensivo ao explorar, nesta seção o apresentamos a alguns atuais grandes nomes na cena de redes sociais e proporcionamos algumas estatísticas que você pode achar simplesmente inacreditáveis. Mas acredite, porque esta informação pode ajudá-lo a tomar decisões inteligentes sobre em que sites pretende trabalhar e o que quer fazer com eles. Ao ser exigente quanto a quais sites usar, você pode atingir o seu público de uma maneira direcionada e empolgante.

Facebook

Um dos sites mais populares de rede social é o Facebook (www.facebook.com). Criado em 2004, o Facebook oferece aos seus usuários perfis personalizados, assim como a capacidade de adicionar "amigos" à sua rede e participar de redes baseadas em laços comuns, como de locais, empregos e antecedentes escolares, entre outros.

Nesta seção nós oferecemos uma visão geral do que o Facebook pode fazer por você. Para ainda mais informações sobre o Facebook, confira *Facebook For Dummies,* por Carolyn Abram e Leah Pearlman (editora Wiley).

Os detalhes

Ao contrário de outros sites sociais, que permitem aos usuários que deixem as suas páginas com cores diferentes, o Facebook mantém páginas relativamente uniformes e despojadas. Todas as páginas são essencialmente dispostas da mesma maneira. Os usuários das páginas são encorajados a personalizar as suas páginas com o acréscimo de aplicativos (conhecidos como *apps*). Estes aplicativos variam enormemente, desde ser capaz de SuperPoke (mandar uma entre dúzias de mensagens predeterminadas por tópico) a virtualmente comprar e vender seus amigos por meio de aplicativos web. As marcas assimilaram a popularidade destes aplicativos e ou fizeram parcerias com os sites de redes sociais para produzir "widgets" de computador ou criaram os seus próprios para aproveitar ao máximo as tendências brincalhonas dos consumidores.

Quando o Facebook começou, todos os usuários precisavam ter um e-mail universitário para poder participar. Com o tempo, o Facebook abriu a sua matrícula para qualquer pessoa com mais de 13 anos. Para o marqueteiro engenhoso, a evolução nas práticas de filiação proporciona uma oportunidade valiosa de atingir faixas demográficas desejadas.

Recentemente, o Facebook desfrutou de sucesso cada vez maior ao contornar o estigma de que sites sociais são somente para a molecada. Ele parece estar atraindo progressivamente os usuários mais velhos que procuram manter-se em contato sem todo aquele estímulo visual que outros sites, como o MySpace, exibem.

Este apelo amplificado pode ser atribuído ao fato de que muitos dos estudantes universitários que usavam o site para coordenar grupos de estudo e trotes inspirados em *O Clube dos Cafajestes* durante a infância pelo Facebook hoje estarem formados, mas ainda quererem usar o Facebook. O que isso significa para os empresários interessados em comercializar produtos para a faixa demográfica dos 18 aos 25 anos é que os usuários do Facebook não são mais pobres estudantes universitários. Agora, é provável que eles sejam jovens profissionais empregados com dinheiro para gastar.

O Facebook tem um alcance abrangente:

- Ele tem mais de 70 milhões de usuários (e está crescendo).

- No momento da presente escrita, o Facebook é o quinto site mais visitado no mundo (não o quinto *site de rede social* mais visitado – o quinto *website* mais visitado).

- Os usuários do Facebook visitam mais de 65 *bilhões* de páginas do site por mês.

- 45% dos usuários do Facebook retornam diariamente.

- Os usuários do Facebook mantém os seus interesses comuns associados em mais de 6 milhões de grupos ativos criados por usuários.

Como pôr o Facebook para trabalhar para você

Se estiver interessado no Facebook, o primeiro passo é criar uma página para si mesmo – comece configurando a sua própria página pessoal em vez de uma para a sua marca, de forma que possa ver a situação do terreno primeiro. Embora nós possamos lhe contar algumas maneiras eficazes de começar, a cara do Facebook muda rapidamente, com o acréscimo de 140 novos aplicativos todos os dias. A única maneira de saber o que está acontecendo no Facebook é participar.

Você não tem que enlouquecer e começar a adicionar milhões de amigos (a não ser que queira, é claro), e você pode até mesmo querer manter a sua página privada enquanto explora em relativo anonimato (vá até a sua página inicial e clique em Privacidade; a partir daí, você pode decidir quem pode ver o seu perfil, quem pode ver as suas fotos e quem pode procurar por você). Desta maneira você pode ter uma noção do panorama, dos usuários e dos aplicativos e ver se o site funciona para você e a sua marca, enquanto preserva a sua "aura misteriosa"!

Criando uma página da companhia ou um grupo

Uma opção para demarcar o seu espaço no Facebook é arranjar alguns fãs! A maneira mais simples de pôr a sua marca no caminho do estrelato é configurar uma página especificamente para a sua marca.

Outra opção é criar um grupo. Criar um grupo é bem menos complexo do que configurar uma nova página porque você pode iniciá-lo a partir das suas páginas existentes, ao clicar no ícone de grupo e então selecionar o ícone Criar um Novo Grupo no canto superior direito. Após clicar lá, você configura os fundamentos do assunto do grupo e pode começar a convidar os fãs para que entrem nele. A partir daí, você pode elaborar as coisas tanto quanto quiser.

Nesta "cena", os grupos mais engenhosos dão certo. O que você pode fazer para tornar o seu grupo algo sem paralelo? Talvez um nome engraçado ou uma frase feita intrigante possam ser usados para atrair consumidores que se juntem ao seu grupo.

Quando eles se unirem à sua "assembleia online", o nome irá aparecer na página deles. Com frequência, os grupos aos quais um membro pertence dão uma ideia de quem aquela pessoa é ou como ela gosta de parecer – e as pessoas geralmente consideram cuidadosamente estas informações antes de adicioná-las. Considere como você pode interagir com isso para tornar a sua comunidade online uma daquelas que devem ser vistas.

Há diversas vantagens em criar páginas de grupos:

- **Você pode rastrear as pessoas que estão interessadas na sua marca.**

- **Quando as pessoas aderem a um grupo ou página de fã, as páginas em questão são publicadas nos seus perfis.** Dependendo do número de pessoas que são amigas dos membros do seu grupo, o número de impressões que você pode arranjar é infinito. O seu custo por toda esta exposição: *nenhum*.

- **Após as pessoas aderirem ao seu grupo, você pode entrar em contato e se envolver com elas de diversas maneiras.** Por exemplo, você pode mandar uma mensagem a elas, convidá-las para um evento relacionado à marca, e se envolver em discussões que aconteçam exatamente na sua página.

Embora você possa rapidamente se embebedar com o poder de entrar em contato com tantas pessoas tão depressa e tão facilmente, nós encorajamos fortemente que se contenha. Só mande mensagens ao grupo sobre artigos de importância específica. Se os usuários decidirem que você está enviando muitas coisas sem valor a eles, eles podem simplesmente se mandar da sua página ou comunidade.

Divulgando eventos

Você pode querer organizar alguns eventos voltados aos consumidores para elevar a percepção e arrumar alguma cobertura da imprensa para a sua marca (para saber mais sobre eventos, confira os Capítulos 7 e 8). Para espalhar a notícia aos seus seguidores no Facebook, você pode criar um evento relacionado ao grupo e convidar imediatamente todos os seus fãs com algumas tecladas cuidadosas. É rápido, fácil e, quando combinado com outras iniciativas, uma ferramenta útil para encorajar o comparecimento.

Compartilhando vídeos: conteúdo viral

Nós adoramos vídeos engraçados. E a grande vantagem dos sites de redes sociais é a capacidade de espalhar as suas fotos e vídeos, o que é conhecido como *conteúdo viral* (se espalha mais rápido do que uma gripe, e sem o nariz entupido).

Por exemplo, um famoso fabricante de cerveja criou uma série completa de anúncios web ligeiramente apimentados que, apesar de terem uma inclinação um pouco imprópria, eram engraçados de verdade. Um deles envolvia um jarro de palavrões – onde a cada vez que alguém dissesse um palavrão no escritório, ele tinha que pôr 25 centavos na jarra para a compra da cerveja em questão.

Capítulo 14: Socializando

O anúncio então dispara uma série de situações cheias de grosserias (cheias de bips, preservando o bom gosto) à medida que os funcionários contribuem para a compra da cerveja. Este comercial definitivamente ofenderia a velha Tia Gladys se ela o visse na TV enquanto assistia uma reprise de *Matlock*. Mas um vídeo desta natureza provavelmente seria descoberto e repassado por pessoas que o considerem engraçado.

Uma das maneiras mais comuns nas quais o conteúdo viral é compartilhado é colocá-lo nos "murais" dos amigos (traduzindo a terminologia do Facebook: um "mural" é um espaço onde amigos podem publicar mensagens abertas em uma seção de comentários da página) para que seja visto por todos. O Facebook leva esta ideia um passo além com a sua funcionalidade de Envio Rápido – se o usuário achar o clipe engraçado, ele pode simplesmente clicar em Envio Rápido e o vídeo é enviado para todos os amigos dele num instante.

O desafio criativo é inventar conteúdo que seja merecedor de transmissão viral. Você precisa inventar algo que não apenas seja relacionado à marca, como também engraçado o suficiente para que as pessoas queiram publicá-lo nas suas páginas no Facebook e compartilhá-lo com todos os amigos.

Se a ideia de acompanhar todas essas coisas parece ser mais do que você está interessado em manobrar, você pode querer contratar um jovem estudante universitário para passar várias horas por dia no site e atuar como o "webmaster" da sua presença por lá. Você pode usar o conhecimento dele sobre o site para ajudar a manter a sua aposta neste espaço atualizada e relevante.

Quer ter a oportunidade de fazer com que as pessoas brinquem com a sua marca todo dia? Crie um widget ou aplicativo personalizado para a sua marca! Se tiver algum dinheiro para gastar, você pode cogitar abordar o Facebook diretamente para discutir oportunidades de desenvolvimento de tal aplicativo. Um clique no link de "Publicidade" no final de cada página lhe fornecerá as informações de contato para começar o processo.

MySpace

Contemplem o gigante chamado MySpace (www.myspace.com)! Atualmente, o MySpace é o maior site de rede social nos Estados Unidos. O site é único porque possibilita personalização quase completa aos seus usuários – e ensina aos consumidores código HTML básico no processo!

Atualmente o MySpace está voltado a um público um pouco mais jovem do que o do Facebook, mas nem sempre isso é algo ruim. A garotada compra coisas, também.

Nesta seção nós oferecemos uma visão geral do que o MySpace pode fazer por você. Para mais informações sobre o MySpace, confira *MySpace For Dummies*, 2nd Edition, por Ryan Hupfer, Mitch Maxson e Ryan Williams (editora Wiley).

Os detalhes

O MySpace foi criado em 2003 e tem obtido um sucesso extraordinário oferecendo aos seus usuários a oportunidade de criar páginas que sejam verdadeiramente únicas. Quando as pessoas se inscrevem no site, elas recebem um layout bem básico e um amigo, o Tom (o presidente do site), e são lançadas no mundo. Os usuários do MySpace podem personalizar as suas páginas por meio de código HTML disponível online.

O quê? Você não é um mestre em HTML? Sem problema: eis o que o próprio site aconselha:

> Se não conhece HTML ou CSS, você pode entrar em contato e fazer um novo amigo ao perguntar a alguém que tenha cores, ilustrações e/ou som em seu Perfil como ele fez isso tudo. As pessoas são amigáveis no MySpace e estão sempre dispostas a ajudar, portanto, simplesmente pergunte! Essa é uma ótima maneira de conhecer gente nova!

Isso pode parecer bobo ou desinteressado, mas esta abordagem ajudou a desenvolver o senso de comunidade dentro do MySpace. O tom geral de descoberta de semelhanças e celebração das coisas que unem os usuários teve um papel enorme no sucesso do site. Ao estabelecer estas conexões, as pessoas têm a oportunidade de enfeitar as suas páginas e fazer alguns novos amigos – ou, no seu caso, consumidores em potencial – durante o processo.

O MySpace não é o lugar certo para todos (nenhum site o é), logo, a melhor coisa a fazer é inscrever-se, pôr a sua configuração de Privacidade no máximo (o que você pode fazer indo em Minha Conta e clicando no link de Privacidade) e dar uma volta para ver o que está acontecendo.

Eis as estatísticas do MySpace:

- O MySpace recebe mensalmente mais de 110 milhões de usuários ativos ao redor do mundo.
- No início de 2008, ele era o website com maior tráfego nos Estados Unidos.
- Em um dia comum, 300 mil novas pessoas se inscrevem no MySpace.
- Mais de 8 milhões de artistas e bandas têm páginas no MySpace (http://music.myspace.com).

Como pôr o MySpace para trabalhar para você

Entrar no reino do MySpace é empolgante porque ele lhe oferece opções quase ilimitadas de personalização para a sua página. Não é preciso se preocupar se as suas habilidades de HTML estiverem enferrujadas (ou não existirem) – há diversos sites na internet onde você pode criar código HTML personalizado para uso no MySpace. Se souber como copiar e colar, você está pronto.

Capítulo 14: Socializando **233**

Criando uma página da companhia ou um grupo
O primeiro passo para demarcar o seu terreno no MySpace é criar uma página da companhia. A partir daí, você pode criar grupos.

Digamos que a sua companhia faça deliciosos burritos voltados a crianças e adolescentes. Comece criando uma página inicial no MySpace que realmente demonstre como os seus burritos são deliciosos. *Lembre-se:* Você está criando uma página que será vista por usuários que irão conferir várias páginas naquele mesmo dia, logo, vai querer certificar-se de que o que estiver dizendo seja rápido, engenhoso e direto ao ponto.

Após ter estabelecido nitidamente a sua base de operações, você pode querer criar um grupo chamado "Burritos em Ação", onde os usuários são encorajados a publicar fotos de si mesmos fazendo acrobacias de bicicleta ou outras bobeiras enquanto apreciam os seus excepcionais burritos. A sua página inicial pode ser sobre "você", mas os grupos a fazem se tornar algo sobre "eles" – os consumidores. Um grupo encoraja o senso de inclusão e domínio do consumidor, o que pode servir muito bem à sua marca.

O MySpace encoraja a liberdade de expressão, mas como em tudo que vale a pena, as pessoas levam isso longe demais. Para evitar problemas, como ter pessoas publicando material obsceno ou de mau gosto na seção de comentários da sua página, você pode empregar um webmaster para manter a sua página limpa de detritos da Internet, ou simplesmente alterar as suas configurações de privacidade de maneira que todo o material enviado necessite da sua aprovação antes de ser publicado. Alguns usuários do MySpace podem alegar censura, mas nós preferimos lidar com estas acusações a ter que responder por material ofensivo, detestável ou obsceno convivendo na nossa página.

Enviando boletins
Uma das funcionalidades do MySpace que serve como um ótimo recurso para as marcas é o espaço para boletins. Aqui, membros podem publicar "recados" sobre acontecimentos, pesquisas engraçadas e outros eventos. A razão pela qual esta função é eficaz em especial é que, quando um boletim é publicado, aquele recado aparece na página inicial de todos os seus "amigos" até que o tempo passe e "empurre" o seu boletim para o final da lista.

Os boletins funcionam como uma maneira amigável e não-invasiva de manter-se em contato com as suas relações. Quando posto lado a lado com os recados dos seus amigos avisando quanto a sublocações e festas de aniversário, o seu boletim não parece ser um recurso de marketing – ele se parece apenas com mais uma atualização nesta agitada comunidade.

É claro que você não quer abusar do privilégio. Publicar com frequência é totalmente aceitável, mas certifique-se de que as suas postagens não aumentem a ponto dos lembretes afetuosos se tornarem spam. Comunicados importantes publicados uma vez por mês (no máximo) são geralmente tolerados, enquanto anúncios diários são desprezados e podem resultar em consumidores repudiando a sua "amizade".

Escrevendo um blog

Especialistas de TV e outros apresentadores tagarelas adoram lamentar sobre como a juventude de hoje é formada por gente iletrada e acima do peso que só joga videogames, mas nós dizemos "vai com calma!". O hábito da leitura deu uma guinada com o advento da Internet. Em vez de ler Vítor Hugo no seu tempo livre, os usuários estão lendo blogs – e talvez ainda mais importante do que ler, eles estão participando.

Cada página do MySpace está habilitada para que o usuário possa publicar registros de blog. Outros usuários do MySpace podem ler e comentar sobre as postagens. Neste âmbito, ler se torna um diálogo.

No que diz respeito ao marketing online, você pode usar o seu blog no MySpace para publicar informações úteis de uma maneira direcionada para os seus usuários – não como um vendedor, mas como um participante da comunidade. Isso permite que seu público leia as suas atualizações e se envolva de uma maneira imediata. No final das contas, isso ajuda a gerar um senso maior de envolvimento e excitação geral.

Muitos recém-chegados ao MySpace acham que criar um blog é um tanto embaraçoso. A chave para escrever um blog que os consumidores queiram ler é criar algo que entretenha enquanto transmite uma mensagem. Quer um bom ponto de partida? Eis um desafio de escrita criativa: pegue o seu comunicado à imprensa mais recente (consulte o Capítulo 16) e transforme-o em um anticomunicado. Você pode fazê-lo ao escrever mais casualmente, acrescentar algumas piadas de bom gosto e descobrir as formas mais narrativas de se transmitir a sua mensagem. Então, em um estalo, você tem uma postagem de blog. Os seus consumidores irão lembrar-se da mensagem que tinha todas as informações importantes de uma maneira divertida.

Provendo eventos

Você pode criar eventos relacionados à página, que são e-convites enviados por você, para serem compartilhados com os seus amigos. Envie convites eletrônicos casuais para manter os seus amigos a par dos seus eventos especiais futuros.

Menos é mais. Seja seletivo quanto ao momento de enviar estes convites, para garantir que as pessoas realmente participem quando algo grande acontecer.

E além

O crescimento e as oportunidades adicionais proporcionadas pelos sites de redes sociais mudam tão rapidamente quanto a própria cara do marketing de guerrilha. O site que está na moda hoje é o fracasso antiquado de amanhã. Embora a conectividade das pessoas cresça exponencialmente a cada hora por meio destes sites, nós prevemos que esta tendência vai esfriar e os consumidores irão solicitar conteúdo de qualidade

Capítulo 14: Socializando **235**

e interesse mais específico. Este desejo vai resultar em apoio crescente a sites independentes voltados a nichos particulares – mas isso é apenas a nossa teoria.

O que nós *realmente* sabemos com certeza é que, embora o Facebook e o MySpace sejam os grandes sites de relacionamento social, há uma horda deles. Muitos empregam funcionalidades semelhantes àquelas oferecidas pelo Facebook e pelo MySpace. Nesta seção, oferecemos uma noção geral dos outros sites mais populares, de forma que você possa trabalhar como um consumidor informado e faça as melhores escolhas quanto a onde estabelecer a sua presença na cena das redes sociais.

LinkedIn

Rede de contatos. Quando se trata de negócios, esta expressão sozinha consegue fazer algumas pessoas encolherem-se de repulsa enquanto outras se enchem de alegria. Qualquer que seja a sua posição, você pode utilizar sites como o LinkedIn (`www.linkedin.com`) para maximizar o seu contato com pessoas que poderiam ajudar a sua marca. E se você estiver do lado da repulsa, você pode manter os seus contatos à distância.

Desenvolver fortes ligações e relacionamentos no seu ramo de negócio pode ajudar a solidificar a sua presença comercial. O LinkedIn é mais um instrumento para fazê-lo. O site atua como currículo virtual, relatório de projeto e centro de aprovação. Ele dá a parceiros, clientes, vendedores e fornecedores a oportunidade de aprender um pouco mais sobre as pessoas com quem eles estão trabalhando em um nível (virtualmente) pessoal.

O conceito central do LinkedIn é de que seus usuários normalmente não estão interessados em se gabar fazendo o maior número possível de amigos virtuais. Em vez disso, os seus usuários estão, em geral, buscando uma maneira de reunir os seus contatos comerciais e pessoais. Para ajudar a alcançar este objetivo, o usuário precisa saber os endereços de e-mail de seus contatos para poder adicioná-los à sua rede. O resultado é uma rede de pessoas que realmente se *conhecem* e usam estas conexões para desenvolver ainda mais as suas relações comerciais.

Twitter

Na última década, nos acostumamos a ter os nossos celulares conosco o tempo inteiro. O Twitter (`www.twitter.com`) é o progresso natural das redes sociais. Ele permite que as ligações que os usuários têm online sejam levadas a qualquer lugar e torna móvel a conectividade online.

Eis como ele funciona: você pode publicar uma mensagem na sua conta Twitter tanto pelo computador quanto mandando uma mensagem de texto pelo celular ou por outra ferramenta externa de envio de mensagens aprovada (como os comunicadores instantâneos). A mensagem é publicada na sua página e distribuída por meio de mensagens de texto a amigos que decidiram receber as suas atualizações. O Twitter criou uma cultura de microblogueiros – assim chamados porque as postagens do Twitter têm um limite de 140 caracteres.

Os telefones celulares estão entre os poucos bastiões da privacidade (mantidos a salvo do telemarketing). Mesmo os fãs mais leais da sua marca irão rapidamente se cansar de ouvir falar de você toda vez que fizer uma venda. Portanto, escolha sabiamente a hora de mandar os seus avisos.

Friendster

O Friendster (www.friendster.com) deu um furo tanto no Facebook quanto no MySpace ao vir ao mercado antes deles, em março 2002. O site oferece funcionalidades semelhantes àquelas dos sites mais populares, como envio de mensagens e comentários.

Apesar das semelhanças com as funções apresentadas pelo Facebook e pelo MySpace, pelo menos entre os usuários americanos o apelo do Friendster têm diminuído e, portanto, ele não é um lugar nem de perto tão oportuno para enfocar as suas forças de marketing. Esta é apenas a nossa posição quanto a ele, entretanto. Você pode acabar descobrindo que o Friendster é o lugar perfeito para o seu produto.

Second Life

Second Life (www.secondlife.com) – você já leu sobre ele, já ouviu falar dele, mas afinal, o que diabos ele é? Em termos mais básicos, o Second Life é um mundo virtual online no qual os participantes podem realizar uma grande variedade de atividades. Eles podem se encontrar e conversar com jogadores online; comprar e vender bens, serviços e terrenos; e personalizar a própria aparência.

Em 2007, o Second Life alcançou um sucesso desenfreado, com todo tipo de gente – de políticos a grandes marcas internacionais – criando o seu próprio espaço no Second Life. Desde então, boa parte do burburinho arrefeceu. Embora não aprovemos este veículo como o melhor local, você ainda pode querer explorar as suas opções por lá – talvez você descubra que é justamente o que estava procurando.

Usando Sites Existentes para o Bem do Seu Produto

Então você quer ser um figurão destes sites de redes sociais, não é? Muito bem. Para ajudá-lo a fazer isso, compilamos uma lista com algumas dicas de como divulgar a mensagem por lá:

- **Seja você mesmo.** Há um milhão de jovens de 15 anos fingindo que são marombeiros de Venice Beach na faixa dos 25, e isso irrita os usuários do site até não poder mais. Como tantas funcionalidades do site podem ser personalizadas, certifique-se de que o que puser lá seja tão exato quanto possível em termos de representação da sua marca. Quando se trata de marketing ético online, honestidade é a melhor política – além disso, nós gostamos de você do jeito que você é.

Capítulo 14: Socializando

- **Proteja o seu espaço.** Com toda esta liberdade por aí na comunidade global, o risco de ver gente malcriada e repugnante deixando comentários inapropriados ou invadindo o seu site é bastante alto. Para proteger-se, mude a sua senha semanalmente e ajuste as suas configurações de segurança e de privacidade em um nível adequado ao risco captado. Um comentário ou imagem ofensiva publicada na sua página, ainda que apenas por algumas horas, podem causar dano irreparável à sua marca.

- **Participe.** Há realmente uma comunidade lá. Embora você possa revirar os olhos ao ver certas coisas por ali, participar ajudará a perpetuar o seu apelo nestes sites. Deixe comentários nas páginas de artistas, atletas ou outras pessoas de influência (consulte o Capítulo 12) relacionadas à marca que tenham ideias afins. Iniciar diálogo com os seus consumidores-alvos e com formadores de opinião só ajuda a promover a sua imagem online.

- **Dê a eles algo que não vêem em nenhum outro lugar.** Que conteúdo especial você tem que pode fazer com que os usuários voltem para ver mais? Você consegue escrever blogs engraçados? Tem um sobrinho talentoso fazendo faculdade de cinema que pode criar incríveis webisódios de 30 segundos? Conhece alguém famoso que vai posar ao seu lado ou aprovar o seu produto ou serviço? Use o que você tem para criar oportunidades únicas de gerar tráfego nas suas páginas e manter os visitantes voltando para ver o que vem depois.

Você pode perceber rapidamente que criou um culto de seguidores da sua marca. Infelizmente, o amor deles não é incondicional. Em um piscar de olhos, você pode descobrir os seus fãs mais leais influenciados pela onda da semana – *se* você não inovar. A razão pela qual o marketing de guerrilha e os sites de redes sociais casam tão bem é que o sucesso de ambas depende unicamente da habilidade dos seus praticantes de inovar dentro daquele espaço.

Como em qualquer comunidade bem-sucedida, você precisar dar para receber. Muitas vezes, marcas dão um acesso maior (e talvez até mesmo exclusivo) aos seus usuários a fim de sustentar este gancho. Talvez se trate de acesso a um blog feito por membros de uma banda ou de um elenco, vídeos de bastidores, notícias em áudio, bate-papo ao vivo com fãs e clientes e até mesmo apresentações exclusivas para membros. A chave para desenvolver isso além da estrutura básica é perguntar a si mesmo "o que mais eu posso oferecer para manter aquilo que apresentamos novo e refrescante?".

Simplesmente criar uma presença nestes sites e não ter uma estratégia de manutenção pode, na verdade, prejudicar a sua marca, ao fazê-la parecer banal e tediosa. Você tem que manter a integridade do seu lançamento inicial, mas sempre esteja alerta para oportunidades que poderiam atrair para a sua rede alguma pessoa que possa fomentar o burburinho sobre a sua marca.

Avaliando se as Suas Habilidades Sociais Estão Funcionando

Como você saberá se compensa ou não ter boas habilidades sociais? Gostamos de ver a participação em sites de redes sociais como um investimento. A maioria das marcas não vende as suas mercadorias diretamente em seus sites de relacionamento social, logo, as pessoas podem se perguntar "qual é a vantagem"?

A vantagem é que aumentar o seu círculo social lhe dá a chance de elevar a percepção da sua marca. Então, é só uma questão de quantas vezes você tem que causar uma impressão antes do seu alvo fazer uma compra. Não é divertido causar impressão de uma maneira relativamente criativa sem nenhum custo? Além disso, você pode manter contato direto com o seu público sem o custo elevado de um grupo de pesquisa qualitativa de mercado.

No tribunal da opinião pública online, o poder do indivíduo é imenso. O público irá rapidamente deixá-lo a par do que você está fazendo de errado, mas também o deixará a par do que está fazendo corretamente. Claro, as pessoas adoram chamar a atenção para os ataques publicados por um fanfarrão online altamente dogmático – mas ainda mais poderosa é a tremenda influência que os avais positivos têm na imagem de uma marca em particular.

Se estiver fazendo tudo certo, você logo colherá os frutos. Páginas bem-sucedidas registrarão um aumento no número de acessos e de solicitações de amizade. Certifique-se de incluir análise de tráfego de sites (consulte o Capítulo 12) de forma que possa rastrear, em termos concretos, que tipo de retorno está recebendo das suas fontes.

Parte V
Se uma Árvore Cai na Floresta... O Poder da Imprensa

Nesta parte . . .

Se uma árvore cai na floresta e ninguém está por perto para ouvi-la, ela faz barulho? De maneira semelhante, se você projetar e criar o evento mais excepcional e empolgante possível e ninguém estiver lá para cobri-lo, será que ele realmente aconteceu? A sua carteira vai lembrar-lhe que sim, ele aconteceu – mas se não conseguiu nenhum retorno em percepção ou em vendas, você se perguntará qual foi a vantagem. Para evitar entrar em questões existenciais, busque o poder da imprensa.

Nesta parte, oferecemos as ferramentas necessárias para conseguir a cobertura crucial para o sucesso de uma campanha de marketing de guerrilha. Para ajudá-lo a obter a glória de mídia que merece, iniciamos soltando o sujeito capaz de fazer autopromoção descarada que existe dentro de cada um de nós. Para este fim, identificamos as pessoas que podem conduzir melhor a sua mensagem ao público e o preparamos com os instrumentos necessários para comunicar os seus objetivos de forma eficaz.

Digamos que você não seja o tipo de pessoa que gosta de se autopromover. Não se preocupe – existem pessoas que vão promovê-lo. Finalizamos esta parte explicando um pouco sobre as pessoas cujo trabalho é conseguir cobertura da imprensa: agentes publicitários e profissionais de relações públicas.

Capítulo 15

Identificando os Seus Veículos

Neste Capítulo

▶ Selecionando as pessoas e as mídias que podem lhe beneficiar mais

▶ Maximizando os seus contatos para obter exposição

▶ Aplicando táticas de guerrilha para espalhar a notícia

O verão se aproxima e você não consegue evitar: à medida que olha para a janela e vê pessoas sorridentes aproveitando o bom tempo, você é tomado pela vontade de viajar. É isso, você decide – vou mandar tudo às favas e ter as melhores férias da minha vida!

Antes de atingir este grandioso objetivo, você tem que identificar os pontos de destaque que tornarão as suas férias de duas semanas vivendo como um ricaço exatamente como você sonhou.

Para tirar o maior proveito possível deste empolgante passeio de verão, você arranja todas as escalas. Em primeiro lugar, você escreve algumas linhas para a Tia Sue na Flórida, que por acaso mora em um condomínio de frente para a praia. Então você liga para aquele cliente no sul da França que há tempos lhe incita a aparecer e examinar a fábrica dele, que por acaso está posicionada bem ao lado de uma das melhores vinícolas do mundo. Você programa uma visita nas suas férias, pois é quando mais terá tempo livre (e capacidade de dispensar uma viagem à França)? Por último, você decide que quer experimentar tratamento VIP, e logo mexe os pauzinhos para conseguir a experiência de acesso completo a Los Angeles. Você maximizou todos os seus contatos, articulou as metas e garantiu o seu ingresso para um verão bem-sucedido.

Obter exposição para as suas iniciativas de marketing de guerrilha pode ser tão desafiador quanto planejar as férias perfeitas. Localizar e cortejar veículos profissionais, pessoais e de mídia está para as iniciativas bem-sucedidas de guerrilha como selecionar a Tia Sue, a região campestre da França e uma experiência de tapete vermelho estão para as suas férias fora de série.

Neste capítulo, o ajudamos a criar visibilidade e exposição para o produto que criou ou a campanha que estiver promovendo, usando contatos novos ou pré-existentes em veículos da grande mídia, de setores da indústria ou de cunho mais genérico. Começamos olhando em seu próprio catálogo de endereços. Quem você conhece que pode ajudar a conseguir maior percepção e cobertura da imprensa? Ás vezes, tudo o que você tem que fazer é uma solicitação gentil aos seus amigos ou à sua família. Em outras, você pode precisar trazer o setor para o seu lado e gerar algum burburinho nos veículos comerciais do ramo. Ou talvez você esteja sonhando alto e pensando em conseguir alguma exposição em grande estilo na mídia.

Ao longo deste capítulo nós discutimos estes veículos pessoais e profissionais que podem ser influenciados (às vezes, a favor da cobertura de mídia), consideramos os prós e contras de cada um, e examinamos como você pode usá-los para o aperfeiçoamento da sua marca. Quando adotados com sucesso, estes veículos podem conferir resultados excepcionais que podem acabar habilitando-o àquelas férias incríveis, no final das contas!

Às Vezes, É Uma Questão de Quem Você Conhece: Alavancando os Seus Contatos Já Existentes

Grandes ideias acontecem todos os dias, mas você pode nunca ouvir falar delas sem a ajuda de diversos veículos. Quer esteja promovendo uma grande inauguração, oferecendo um novo serviço, reformulando a imagem da sua marca, entrando em uma parceria mutuamente benéfica ou simplesmente investindo em uma incrível campanha de guerrilha, você precisa apelar para uma diversidade de conexões para conseguir a atenção que merece.

Pessoas influentes, formadores de opinião ou lançadores de tendências – não importa como os chame, quando se trata de identificar oportunidades de aparecer na imprensa você vai querer ter estas pessoas ao seu lado. Ao pesquisar os veículos onde se podem obter conselhos ou informações confiáveis, comece com as fontes mais imediatas e siga em frente a partir daí.

Quando você cogita a compra de um carro, a quem você pede conselhos? Quando se fala de dinheiro e de economia, quem parece estar de olho na pulsação da coisa toda? Quando se trata de tendências modernas, na opinião de quem você confia? Dependendo da relevância ao seu produto, estas são as fontes para as quais vai querer se voltar primeiro em busca de conselho, já que estas são as suas "fontes confiáveis" pessoais.

Você já ligou a TV e viu algum sujeito tagarela dar a sua opinião de especialista sobre as notícias do dia, só para mudar para um canal diferente e ver a mesma pessoa recitar a mesma posição que você acabou de ouvir na concorrente há menos de cinco minutos? Não, você não estava sofrendo de alguma espécie de déjà vu de curtíssima duração. Este especialista acaba de atingir prestígio na mídia como conhecedor profundo daquele tópico em particular.
No ambiente atual do ciclo de notícias 24 horas por dia, os produtores de TV espertos sabem que a tarefa de proporcionar pontos de vista confiáveis aos telespectadores é essencial para o sucesso dos seus respectivos programas.

Como resultado, a obrigação destes produtores é apresentar fontes de confiança. À medida que desenvolver o seu negócio, você vai querer fazer de tudo para enquadrar *a si mesmo* como um destes especialistas ou fontes confiáveis. Ao contrário da publicidade, a sua própria rede pessoal de "relações públicas" pode prosperar ao contar com a transmissão da sua mensagem em veículos confiáveis (quer eles estejam em seu grupo de colegas, em seu círculo comercial ou na imprensa voltada ao consumidor). Também conhecida como *mídia gratuita,* ter a sua mensagem aceita em veículos de notícias e editoriais traz credibilidade implícita (ou que os especialistas gostam de chamar de *aprovação de terceiros*).

Quando se pensa um pouco sobre isso, é bem parecido com um relacionamento romântico. Se alguém diz que é altamente inteligente, você pode achar que esse alguém é um fanfarrão. Porém, se a mesma pessoa recebe um aval retumbante similar de *outra* pessoa, você pode ficar um pouco mais receptivo à ideia de se envolver com aquele talento intelectual.

Uma das melhores maneiras de começar a gerar este tipo de prestígio como fonte confiável é estabelecer-se como uma fonte a ser procurada a respeito de um tópico em especial. Você pode fazê-lo ao participar de debates, ao oferecer artigos para publicações locais e do seu setor e ao participar ativamente da sua comunidade local de negócios e do seu ramo de atividade. Quanto mais respaldo ganhar na sua indústria, mais fácil será no futuro chamar a atenção e posicionar o seu produto ou serviço (para saber mais sobre como usar estes recursos para estabelecer-se como um especialista da indústria, procure o Capítulo 13).

"Eu vi na TV, então deve ser verdade!". Ah, se os consumidores tivessem este tipo de ingenuidade. À medida que o público vai se tornando cada vez mais ciente do cruzamento entre conteúdo publicitário e editorial, as marcas enfrentam uma batalha crescente ao apresentar as suas mensagens. Mesmo que você saiba de forma consciente que a previsão do tempo que está escutando é patrocinada pela Colchões Menino Cansado, você é menos cético quanto a mensagens de produtos mencionadas em canais de notícias do que quanto a anúncios pagos. É nesta pequena abertura na fortaleza do ceticismo onde você pode trabalhar para começar a alcançar a imprensa.

O guru do marketing Jack Ries explica esta estratégia para destruir o ceticismo de maneira simples. Comece o lançamento de produtos novos ou aperfeiçoados com um forte trabalho de relações públicas e de alcance da imprensa em primeiro lugar, para gerar interesse e credibilidade de base. Então monopolize este interesse ao passar para a sua estratégia de publicidade. O raciocínio de Ries é conciso e sensato. Ganhe a aceitação de um público cético. Então, após ter os seus consumidores alvoroçados de interesse, apresente a oferta do produto com iniciativas publicitárias firmes.

Nesta seção, começamos com os veículos mais próximos de você, como os amigos e a família. Faça com que o aprovem em seus blogs, ou que deixem os seus nomes no seu podcast ou programa de acesso público (desde que eles não causem nenhum dano à sua marca). A partir daí, olhe para a imprensa local e do seu ramo. Você tem um bom contato que você sabe que daria um tratamento justo ao seu produto? Tente pautá-lo para conseguir algum editorial (falamos sobre o alcance das relações públicas no Capítulo 16). Por fim, após as suas iniciativas ganharem ímpeto, cobre aquele favorzinho para conseguir a apresentação na grande mídia que pode colocá-lo acima dos limites!

Folheando os Cartões de Visita: A sua rede pessoal de contatos

Quando a sua musa criativa aparece e você está pronto para fazer o seu pronunciamento (quer seja uma grande campanha de guerrilha ou o lançamento de um novo produto), a sua primeira parada deveria ser o seu catálogo de endereços. Anote exatamente o que está fazendo ou o que está pensando em atingir e então faça uma estimativa de como a sua rede pessoal de contatos pode ajudá-lo a atingir estas metas.

Quem foi que disse que bajulação não leva a lugar nenhum? Uma coisa importante a se ter em mente ao começar a fazer um inventário dos seus contatos íntimos existentes é que as pessoas no seu grupo de contatos direcionados provavelmente já cumpriram algum papel naquilo que você planeja lançar. Se esse for o caso, cite-os pelo envolvimento onde for apropriado, de forma que eles estejam aptos a compartilhar um pouco da glória. Sim, se trata um pouco de massagem de ego aqui, mas este tipo de reconhecimento também trará colaboradores e parceiros para o seu lado, também, e isso não faz mal nenhum.

Embora seja ótimo dividir os holofotes com parceiros e colaboradores, é melhor checar com eles antes de apresentar os seus nomes e contribuições. Dar crédito pela assistência é um gesto cortês, mas tais expressões podem sair pela culatra se a pessoa para quem você está tirando o chapéu não quiser ser mencionada por um motivo ou por outro. Regra básica: pergunte primeiro.

Após escolher pessoalmente todos os contatos em seu porta-cartão que receberão o anúncio da sua campanha, produto ou serviço, é hora de classificá-los. Priorize todos aqueles na sua lista que devem receber a mensagem quanto ao seu pronunciamento antes. Lembre-se de ter uma consideração especial com aqueles que você imagina que possam influenciar outros quanto à validade do seu pronunciamento. Repetindo, isso tem a ver com entregar a sua mensagem diretamente nas mãos das pessoas que podem fazer o melhor com elas: aquelas que têm influência.

Após compilar a sua lista com os nomes classificados, passe por ela novamente e anote como cada uma dessas pessoas deve receber a mensagem. Há algum "pai" daquela indústria ou comunidade para quem uma ligação pessoal basta?

Ou você pode escrever um e-mail ou carta pessoal diretamente a esta pessoa? Qualquer que seja o modo de entrega (como uma ligação ou e-mail), certifique-se de que esta lista estrategicamente selecionada seja informada quanto à grande notícia *antes* do seu grande pronunciamento chegar às bancas de jornal. Há três razões principais para tanto:

- **Eles proporcionarão algum retorno preliminar a você quanto aos seus planos.** Olhe especialmente para aqueles que estão no topo da sua lista – há uma razão pela qual você os colocou nesta posição. As opiniões e influência deles podem ajudá-lo. Neste período de tempo, solicite gentilmente as suas reações e indicações. Isso o dará as informações necessárias para refinar e descobrir problemas na sua mensagem.

- **Eles se considerarão pessoas bem informadas e privilegiadas quando as notícias virem a público.** Todos nós gostamos que nos contem segredos – isto nos faz sentir valiosos e por dentro do assunto. Use esta condição para ajudar a cultivar um grupo poderoso de embaixadores que serão úteis quando a sua notícia for lançada.

- **Eles tomarão conta da notícia após esta ser lançada.** Como você demonstrou a cortesia de deixar este grupo a par do segredo, eles o conduzirão adiante assim que esta informação for disseminada para as massas. Não apenas isso como você também criou especialistas não-oficiais durante o processo, já eles conviveram por mais tempo com esta informação.

Ficando de olho nos seus contatos

A maioria de nós por aí não tagarela por natureza. As apresentações, conversas e cultivo de relacionamentos comerciais (e às vezes pessoais) são, para muitas pessoas, assunto profissional. E de que servem estas conversas, convenções e panelinhas se você não consegue ligar para eles quando chegar a hora certa? Para estar apto a colher os frutos da sua labuta, é essencial que o seu porta-cartão esteja atualizado.

Quando você receber e-mails de pessoas que estão mudando de cargo, de empresa, ou subindo na carreira, não mande um peso de papel com um monograma e pronto. Faça uma anotação de onde eles estavam e aonde foram e o que estão fazendo agora. Aquela pessoa em um modesto cargo inicial com quem você lidou antes pode se tornar um gerente sênior no próximo emprego, logo, é bom manter contato com todo mundo.

Por que estamos enfatizando algo que parece fazer parte do manual básico de como trabalhar em escritório? Porque com muita frequência oportunidades são perdidas por causa de um monitoramento ineficiente dos contatos que se tem no setor. Ainda mais importante: quando estiver pensando em estender as suas relações públicas ao seu arsenal de marketing de guerrilha, os seus contatos têm que ser atuais, de forma que você possa tirar o melhor proveito possível do seu impulso de mídia.

Ligando para os amigos e a família

Os seus amigos e família querem o melhor para você (senão, livre-se deles e compre alguns novos). Veja se os seus amigos e a sua família podem estar aptos a ajudar a sua causa ao proporcionar retorno específico ou assistência em espalhar a mensagem sobre as suas últimas realizações, além de apresentá-lo da melhor maneira.

Faça uma lista de todos os seus amigos e membros da família e escreva anotações sobre onde eles trabalham, onde atuam como voluntários, a quais clubes e organizações pertencem, quem conhecem e assim por diante. Por exemplo, a sua irmã é uma professora universitária em algum campo de atuação relacionado? O seu primo é um produtor na estação de rádio local? O seu amigo é um colaborador esporádico do jornal local? Estes são recursos maduros esperando para serem colhidos e, portanto, tire proveito deles.

Comece ligando para todos aqueles em seu círculo interno que possam fazer o maior bem, e continue a partir daí. Deixar a sua família e os seus amigos a par da sua campanha de guerrilha antes dela entrar em operação confere a eles a oportunidade de tomar conta dela e auxiliar o seu trabalho.

Especialmente se a notícia, que estiver prestes a lançar, for particularmente grande, certifique-se de que aqueles a quem recorrer irão respeitar o conteúdo e o momento da sua iniciativa. Embora o seu pai possa acabar tagarelando sobre a sua iniciativa apenas por estar tão orgulhoso de você, se a concorrência ficar sabendo do que está planejando, eles vão acabar dando o primeiro golpe antes de você. Para evitar este destino, deixe bem claro o que você está pedindo a todo mundo e o calendário dos seus planos. Desta maneira, você pode apreciar tanto a campanha bem-sucedida e toda a cobertura de imprensa pela qual você trabalhou tanto.

Não peça muita coisa e com muita frequência. Se tiver um amigo ou parente com grande influência, guarde este às na sua manga e aguarde antes de chamá-lo até que você precise de alguma coisa que só ele pode fazer.

Impulsionando a sua exposição com contatos comerciais

Digamos que a sua companhia faça chapéus de feltro com hélices para lojas de presentes e parques temáticos. É um setor de nicho, mas ainda assim que o mantém muito ocupado. Mesmo sem pensar muito, considere todos os diversos clientes, parceiros e fornecedores que você conhece. Fabricantes de plásticos para as hélices, indústrias de feltro para o tecido e as fibras, os muitos parques de diversões a quem você vende seu material ao redor do mundo... Pense sobre com quem você passa os seus dias falando no telefone para garantir que o seu trabalho seja o melhor possível.

Estas pessoas são mais do que simples ordens de compra e faturas – elas são veículos em potencial que podem espalhar a notícia para você.

Quer esteja lidando com quinquilharias para presente ou corações artificiais, as pessoas com quem você trabalha têm um interesse especial no sucesso da sua companhia. Os fornecedores se beneficiam das suas vendas continuadas, se não elevadas por conta de exposição na imprensa. Os clientes se beneficiam ao compartilhar com os seus consumidores que eles disponibilizam o seu produto padrão do setor. Certifique-se de que os seus contatos comerciais estejam a par da sua campanha de marketing de guerrilha.

Ao ligar para contatos comerciais, seja reservado quanto a quem trabalha com quem. A pessoa que vende materiais para a sua companhia pode também vendê-los a um concorrente seu. Não estamos sugerindo que peça a eles que assinem um termo de confidencialidade, mas seja reservado quanto a quem você pode confiar para manter o segredo e quem vai distribuir melhor a sua mensagem.

Entrando em Contato com os Setores

Após identificar os contatos que podem ajudar a refinar a sua mensagem e atuar como seus embaixadores, é hora de pensar na criação de uma lista de mídia para o seu pronunciamento.

Se o seu negócio vende diretamente para outras empresas, você precisa descobrir veículos de mídia que atinjam estas empresas. Estes veículos de mídia são chamados de *mídia comercial* – são os veículos de mídia que existem dentro de um ramo de atividade ou indústria. Estes veículos variam de profissão em profissão, mas geralmente eles são revistas ou websites que são lidos e conhecidos em toda a indústria.

Se você trabalhou em um setor em particular por algum tempo, você provavelmente já está familiarizado com estas publicações, e tem algumas edições anteriores escorando a sua mesa do café. Se não for o caso, você pode precisar de um pouco de orientação.

Esta direção chega a você graças aos Sistemas de Classificação da Indústria Norte-Americana (no inglês, NAICS). O NAICS é um sistema de classificação criado em conjunto pelos Estados Unidos, pelo Canadá e pelo México que registra milhares de Classificações Industriais Padrões (no inglês, SIC). Você pode ter ouvido falar disso como códigos SIC, que é uma boa maneira de casar o seu negócio com o setor onde os seus clientes estão. Além de direcioná-lo aos setores especificamente relacionados, ele também pode gerar algumas indicações quanto a setores novos ou em desenvolvimento que possam ser úteis para você também.

Você definiu os veículos que receberão o seu pronunciamento e identificou os veículos comercias que podem ser ideais para a sua companhia. Agora é hora de ver como você apresentará os seus conceitos de marketing, e de que forma eles aparecerão.

Independentemente do seu negócio, é provável que você seja capaz de descobrir uma publicação comercial e uma organização relacionada ao seu setor. Dependendo do tamanho da sua indústria, esta publicação pode ser um newsletter trimestral ou uma publicação mensal em papel couché. Qualquer que seja, coloque suas mãos nela, leia-a e estude-a. Leve algum tempo considerando os artigos e como eles são apresentados. Se parecer que a sua marca ou pronunciamento poderia facilmente ser o destaque do mês que vem, faça alguma investigação mais detalhada quanto a como fazer para que isso aconteça.

Para a maioria das publicações, a busca para arranjar oportunidades editoriais começa na Internet. Publicações maiores (como revistas mensais em papel couché) mantém informações sobre o *calendário editorial* delas (um plano anual de destaques pretendidos e casos a serem promovidos ao longo do ano), *visão geral de conteúdo* (que pode ser algo tão simples quanto uma declaração de missão), *composição de leitores* (dados demográficos básicos: sexo, idade, renda familiar e assim por diante) e *circulação* (o número de pessoas que leem a publicação). Você pode encontrar a maioria destes itens nas seções Sobre Nós, Publicidade e/ou Imprensa em seus websites.

Veja se o website da publicação diz se ela está aberta a submissões editoriais. Você quer descobrir se eles aceitam comunicados à imprensa (consulte o Capítulo 16) sobre as suas atividades que possam se materializar na forma de cobertura editorial para a sua marca. Se for caso, adicione a publicação à sua lista de mídia.

Quando começar a compilar a sua lista de publicações comerciais associadas com o seu serviço ou marca, tenha uma coisa em mente: muitas vezes as publicações precisam de você tanto quanto você precisa delas. Revistas e boletins estão sempre em busca de conteúdo novo – afinal de contas, sem ele elas não existiriam. Portanto, não se sinta como se estivesse implorando por atenção – você está simplesmente oferecendo ideias de conteúdo que irão beneficiá-lo tanto quanto a eles.

Se a publicação não oferecer a oportunidade de submeter propostas editoriais na forma de comunicados à imprensa (ou conversas em off), você pode querer ir até ela de um ângulo um pouco diferente. Embora a maioria das publicações se esforce para manter seu conteúdo editorial separado das suas vendas de anúncios para preservar a integridade editorial, em alguns casos, você pode estar apto a comprar um editorial publicitário. Um *editorial publicitário* lhe permite apresentar um produto na publicação como espaço publicitário que se parece com conteúdo editorial (você provavelmente já viu algo semelhante em revistas antes – você pode reconhecê-lo pela palavra Publicidade no topo de cada página do editorial publicitário). Um editorial publicitário produz o mesmo impacto do que conteúdo editorial real, mas às vezes é uma ótima maneira de espalhar a notícia sobre o seu produto de uma forma mais controlada.

Dependendo do calibre da pauta e do tamanho da indústria, dar o *furo* (uma primeira olhada exclusiva quanto à sua grande notícia) a um repórter pode também ser uma boa saída para conseguir um estouro e cobertura especial. Não seja tão ansioso a ponto de apresentar o seu pronunciamento em qualquer veículo por aí. Leve realmente em consideração quem vai ler a publicação e como a sua presença será vista. Você pode querer tanta cobertura da imprensa quanto for possível, mas certifique-se de que a sua inclusão na publicação esteja de acordo com a imagem que quer apresentar, tanto no setor quanto aos consumidores.

Examinando as Opções na Grande Mídia

As publicações comerciais (veja a seção anterior) são ótimas quando você vende diretamente para outras empresas, mas se quaisquer dos seus consumidores estiverem no público em geral, como você faz para deixá-los cientes – e empolgá-los – quanto às suas iniciativas? Por meio da grande mídia.

 Procure a mídia voltada aos consumidores ou a grande mídia apenas se o seu produto ou serviço for disponibilizado diretamente ao consumidor. Se você vende parafusos que só podem ser utilizados em guindastes colossais, anunciar na grande mídia não vale o seu tempo e o seu dinheiro. Em vez disso, os seus esforços e recursos devem ser gastos cortejando e empolgando empreiteiros que utilizam o seu produto.

 Claro, sempre há exceções à regra. Você pode ter um produto que geralmente é vendido diretamente a outras empresas – talvez você faça utensílios de cozinha industrial, por exemplo – mas você quer deixar o público em geral ciente da existência do seu produto (afinal, as pessoas que administram as empresas para quem você vende são parte do público em geral, também). Você pode criar uma campanha onde exibe as sobremesas fantásticas que um padeiro pode fazer com o seu forno. Você termina a sua abordagem de vendas perguntando "que tipo de forno o *seu* padeiro usa?". Esta abordagem é conhecida como *estratégia de transferência*. Quando ela funciona, ela tem o poder de transformar produtos ou indústrias aparentemente prosaicas em nomes famosos (para saber mais sobre estratégia de transferência, confira o quadro lateral "Mas que tipo de semicondutor você tem?" neste capítulo).

Mas que tipo de semicondutor você tem?

As palavras *semicondutor e microprocessador* produzem imagens de nerds estudiosos trabalhando com as suas pistolas de soldagem. A companhia de microprocessadores Intel rompeu este estigma ao tornar chips de computador algo legal e levar o seu caso diretamente ao consumidor. Em um exemplo didático da estratégia de transferência, a Intel tornou o seu produto atrativo ao exibir todas as coisas dinâmicas que os consumidores poderiam fazer com os processadores, e então seguiram adiante perguntando exatamente que tipo de chip eles tinham "dentro" (no inglês, "inside"). A Intel deixou os seus chips tão irresistíveis que fizeram os consumidores ir direto aos vendedores de computadores e comentar "tudo bem, parece bom, mas que tipo de processador ele tem?".

Local versus nacional

O bom guerrilheiro sabe como atingir o seu público-alvo onde ele mora, trabalha e se diverte. A mesma coisa vale na hora de mirar nos leitores ou telespectadores dos grandes veículos de mídia. Onde os consumidores que verão isso provavelmente residem? Você é um restaurante conhecido pelas melhores panquecas de banana da cidade ou uma banda emergente prestes a explodir na cena nacional? A sua decisão final quanto a que mídia deve cortejar depende muito de quem são os seus clientes atuais ou futuros e onde eles moram.

Pense em todos os locais onde você, os seus amigos e os seus colegas de trabalho obtêm notícias e informações. Eis alguns dos casos mais comuns em vários níveis de alcance:

- **Localmente:**
  - Boletins municipais
  - Quadros de avisos e calendários comunitários
  - Boletins dos espaços de prática religiosa
  - Estações de rádio municipais
  - Jornais locais
  - Correntes de e-mail
- **Nacionalmente:**
  - Jornais das "grandes cidades" que cobrem notícias estaduais e nacionais
  - Programas de rádio transmitidos em rede
  - Blogs e sites de compartilhamento de vídeos
  - Televisão aberta e a cabo
  - Revistas

Se os seus clientes estão baseados em um local, você pode não querer olhar mais longe do que para o vizinho ao lado. Não apenas os seus consumidores estão por perto, como você pode até mesmo conhecê-los pelo nome. Dada esta familiaridade e os laços fortes com a comunidade, você pode não apenas ter uma maior percepção dos veículos como conhecer pessoas que trabalham neles também.

Se você for um empreendimento de consumo com clientes nacionais, a sua tarefa será um pouco mais complicada. Para obter o máximo proveito dos seus esforços, você vai querer examinar os veículos de mídia que tenham alcance nacional e que teriam interesse em aceitar a sua notícia. Faça uma lista de veículos nacionais que pode querer atingir, priorizando aqueles que você acha que seriam mais receptivos. Como sempre, pense de forma direcionada – se o orçamento permitir, tente dar enfoque a áreas metropolitanas onde se baseia o maior número dos seus consumidores.

Capítulo 15: Identificando os Seus Veículos 251

Se for particularmente esforçado, você pode encontrar online a maioria das respostas para as suas perguntas quanto a diversas opções disponíveis de veículos nacionais. Porém, se tiver algum dinheiro extra para gastar, há outras opções. Firmas de pesquisa de mídia comercialmente acessível, como a Cision (`www.cision.com`) e a BurrellesLuce (`www.burrellesluce.com`), estão disponíveis com portais de inscrição online dedicados a auxiliar organizações e agências a definir os seus alvos de mídia. Porém, como é o caso no mundo dos negócios, isso vai lhe custar.

A velha mídia impressa

Desde a trilha forjada por Johann Gutenberg e sua prensa tipográfica, a palavra impressa tem sido o método predileto para a distribuição da informação. A mídia impressa é onde tudo começou. Embora os jornais e revistas talvez não tenham mais a urgência ou o alcance do rádio ou da TV, a mídia impressa ainda é um instrumento excepcional para os consumidores que estão buscando mais envolvimento com as matérias que leem, para além da imagem imediata. Se o seu produto ou serviço não puder ser reduzido a uma declaração curta ou pede por explicação adicional, você vai querer cogitar fortemente a mídia impressa. Fazê-lo é importante por dois motivos em especial:

- Publicações impressas podem ajudar a explicar conceitos mais complexos, o que em última análise torna o seu produto mais atraente para os consumidores.

- Este tipo de mídia tem mais espaço reservado para conteúdo.

Televisão

Os psicólogos adoram teorizar que os americanos têm sérios transtornos de deficiência de atenção devido à rápida exibição de imagens nas nossas vidas – tudo é imagem. Assistimos TV e usamos fotografias e suas associações para fazer conexões instantâneas com a história sendo contada.

Um editor de pauta levando a sua mensagem em consideração deve estar apto a visualizar a matéria na forma destas imagens. A matéria precisa mostrar ação e ser convincente. O poder da TV reside na imagem em movimento – se o quadro for estático, a matéria não é transmitida apropriadamente. Esta falta de comunicação resultará, em última análise, no "seu" tempo de exibição sendo realocado para mostrar um cachorro incrível que consegue andar nas patas traseiras como se fosse humano.

Ao lançar um comunicado à imprensa (consulte o Capítulo 16), pense em como você pode proporcionar uma dimensão visual à sua história. Fazê-lo ajudará a conquistar o apoio do editor de pauta ao ajudá-lo a contar a história. Talvez acrescente um esboço de como o evento ou instalação irá se parecer. Você pode até mesmo incluir biografias de celebridades ou talentos que estarão presentes.

Rádio

Assim como a televisão, o rádio depende da urgência. Mas ao contrário da TV, ele não está sobrecarregado pela necessidade de fotografias, vídeo ou ilustrações. Entretanto, ele ainda depende da palavra falada, do diálogo, de criadores de notícias e das declarações curtas. Esteja preparado para oferecer aos diretores de notícias radiofônicas um porta-voz que possa proferir de maneira eloquente declarações curtas que apóiem o seu produto ou serviço (para saber mais sobre como abordar e pautar esta mídia de uma maneira não-tradicional, confira o Capítulo 8).

Capítulo 16

Tornando-se uma Unidade de Relações Públicas de Uma Pessoa Só

Neste Capítulo
▶ Raciocinando como a imprensa raciocina
▶ Escrevendo comunicados à imprensa
▶ Associando-se com a imprensa comercial
▶ Tornando-se o seu melhor porta-voz
▶ Acompanhando a sua eficácia

*V*ocê é daquelas pessoas que resolvem tudo sozinha. Consertar o hardware do seu computador que não funciona? Moleza. Construir uma parede nova na sua casa? Sem problema. Todavia, quando se trata da área das relações públicas, você trava na mesma hora.

Nós o encorajamos a pegar esta perspicácia destemida que você incorpora tão bem, reunir a sua equipe em torno da mensagem da sua companhia e declarar com orgulho que "*sí, se puede!*" ("sim, nós podemos!").

A verdade é que você já possui diversas qualificações necessárias para compilar, distribuir e descrever as suas histórias dignas de cobertura para a mídia. A habilidade de resumir as suas iniciativas de uma maneira concisa e criteriosa; a destreza para identificar e contatar veículos que passarão a sua mensagem adiante (consulte o Capítulo 15); e a capacidade de transmitir a sua mensagem de forma articulada (ou encontrar alguém que possa fazê-lo por você) aos detentores do poder – estas habilidades são aquelas que você provavelmente tem. Se estiver pensando "mas eu *não* tenho estas habilidades", este capítulo lhe mostra como se tornar auto-suficiente quando se trata de lidar com a imprensa.

Neste capítulo, nós liberamos o prodígio da comunicação que você é – só esperando para ser solto nos veículos de notícias comerciais, locais e nacionais! Você começa ao entrar nas mentes das pessoas que irão publicar ou promover o seu trabalho, desenvolvendo artigos que são simples para os seus veículos abordarem. Após ter definido os seus artigos, nós lhe mostramos como desenvolver o seu próprio comunicado à imprensa, ou a sua espécie de convite pessoal para que a mídia cubra a sua história.

Após o "convite" ter sido enviado, examinamos como tirar o maior proveito possível do comunicado – desde criar frases de convencimento que serão assimiladas a aproveitar ao máximo o interesse que você receber. Então, após ter dado conta de intermináveis pedidos de entrevista, nos tornamos analíticos e avaliamos os sucessos e defeitos do seu alcance no ramo das relações públicas, de forma que possa desenvolver as suas iniciativas para algo melhor no futuro.

Abraçando o seu Jornalista Interior

Quando Patrick tinha cerca de 10 anos, surrupiou a antiga máquina de escrever do pai dele; pôs um chapéu de feltro (com uma etiqueta escrita "imprensa", apropriadamente enfiada na faixa do chapéu), um sobretudo e uma gravata; e começou a escrever uma série de dissertações sobre jatos da Marinha que estavam muito à frente do seu tempo.

Infelizmente, estes relatos nunca foram encaminhados aos veículos para os quais eles foram concebidos, mas foi uma experiência construtiva ao produzir uma base inicial de criação de boas histórias que a mídia iria (algum dia) compreender. É este senso de repórter em desenvolvimento que você deve canalizar quando começar a pensar na sua abordagem à imprensa.

O ato de transmitir a mensagem da sua companhia é bem menos intimidante do que poderia imaginar. Tem tudo a ver com criar uma narrativa convincente. De manhã, na hora do almoço ou a qualquer momento em que o seu chefe não esteja olhando, você lê artigos online para saber as notícias do dia. Se for como nós, se a história não for contada de uma maneira intrigante, a sua tendência a se distrair entra em ação e você cai fora para ler sobre a última celebridade que acabou presa.

Para garantir que as suas iniciativas se sobressaiam contra o pano de fundo de notícias caducas e jornalismo marrom, você tem que conceituar e transmitir a sua mensagem de uma maneira que tenha um *gancho*, algo que chame a atenção do leitor e o faça terminar o artigo.

Os campos de atuação da publicidade e das relações públicas são, em sua essência, jornalismo. Na verdade, muitos profissionais da publicidade e das relações públicas são ex-jornalistas. Eles pegaram os instrumentos usados em reportagens e colocaram-nos para trabalhar no apoio a empresas, organizações, produtos e serviços. Ao passar para o "lado negro", como alguns puristas jornalísticos poderiam dizer, eles têm usado a mesma forma e estrutura que usavam nos veículos de notícias.

Escrevendo um Comunicado à Imprensa

Profissionais de imprensa são tipos ocupados, sempre em movimento. Como resultado, quando estiver produzindo materiais para a imprensa, você vai querer oferecê-la as ferramentas necessárias para tornar a escrita e/ou a cobertura da sua história tão simples quanto possível. Para fazê-lo, a área de relações públicas e a imprensa inventaram um protocolo para a transmissão de histórias: o comunicado à imprensa. O *comunicado à imprensa* é um documento escrito submetido aos veículos de mídia anunciando alguma coisa em especial que os veículos podem achar que vale a pena ser noticiado.

Em termos gerais, o povo da imprensa é sensato e direto. Eles podem sentir o cheiro de um artigo sem substância a quilômetros. Os comunicados à imprensa mais bem-sucedidos se assemelham com matérias nas páginas editoriais e de notícias da mídia comercial e voltada ao consumidor. Se o seu comunicado estiver cheio de trivialidades e pouco conteúdo sólido, a maioria dos editores o considerará sem valor e o enterrará na seção mais indesejada da circular, ou o apagará completamente.

Para evitar que a sua notícia acabe no abismo da obscuridade ou categoricamente ignorada, siga os fundamentos de uma matéria noticiosa para criar um comunicado que seja convincente, oportuno e informativo. A matéria – ou, por outro lado, o comunicado à imprensa – deve conter alguns elementos básicos:

- **Quem** está produzindo este item potencialmente digno de cobertura da imprensa?
- **O que** eles estão fazendo?
- **Quando** eles o farão?
- **Onde** eles o farão?
- **Como** este item está sendo realizado? O que há de particularmente notável sobre esta iniciativa?
- **Por que** isto está sendo feito? Para quebrar um recorde? Elevar a percepção da marca? Beneficiar uma instituição de caridade em especial?

Nesta seção o guiamos pela estrutura de um comunicado à imprensa e lhe dizemos como distribuí-lo à imprensa.

Estrutura e forma

Para que o seu comunicado à imprensa seja lido (ou pelo menos tenha uma *chance* maior de ser lido), você precisa certificar-se de que o comunicado siga a estrutura e a forma padrão. A estrutura existe por um motivo – ela conta à imprensa o que eles precisam saber de forma rápida e eficaz.

Guarde a sua irreverência e resistência às tradições para a sua campanha de guerrilha – quando se trata de escrever um comunicado à imprensa, sim, você quer se sobressair, mas não porque ele foi escrito com lápis de cor vermelho em cartolina e entregue por um pombo-correio. Siga o protocolo já estabelecido – vai valer a pena.

Para ajudar a ilustrar como se desenvolve um comunicado à imprensa, usaremos um enredo de exemplo sobre a Jardim Secreto, uma floricultura especializada em rosas. Para celebrar o décimo aniversário da loja, que por acaso cai perto do Dia das Mães, a loja está produzindo a maior escultura de rosa do mundo, esculpida exclusivamente com o uso de rosas.

Nas seções seguintes, nós explicamos detalhadamente cada seção de um comunicado à imprensa e damos exemplos do que a Jardim Secreto pode dizer em cada uma dessas seções (você pode usar este exemplo para criar um comunicado à imprensa que funcione para o seu negócio e para a sua campanha de guerrilha).

Pode ser apenas por sermos um tanto não-convencionais, mas esboçar comunicados à imprensa pode ser divertido. Para praticar, tente esboçar alguns por conta própria, tanto para iniciativas anteriores quanto para outras que estão por vir. Fazê-lo – examinando-os objetivamente – o ajudará a pegar o jeito quanto ao que você quer dizer e quais veículos de imprensa irão assimilá-lo.

Faça-o de trás pra frente. Pegue as matérias eletrônicas, impressas e transmitidas que considerar especialmente eficazes e esboce o comunicado à imprensa que você acha que foi criado para conseguir a produção daquele artigo.

Manchete

Imagine a si mesmo indo para a soleira da sua porta, com o copo de café nas mãos, e pegando o jornal matutino. Uma matéria sobre o seu negócio e a sua campanha está na primeira página. Qual seria a manchete?

Um bom comunicado à imprensa se assemelha à sua matéria básica. Você precisa começar o comunicado com uma manchete ágil e uma legenda explicativa apóie mais a relevância noticiosa da manchete. Eis um exemplo:

Jardim Secreto Produz a Maior Rosa do Mundo

Criadores de Rosas Mundialmente Famosos Produzem Escultura em Rosas para o Dia das Mães

Embora a manchete venha no topo do comunicado à imprensa, você pode considerar providencial escrevê-la por último – depois de ter todo o seu conteúdo pronto.

Data e local

Os veículos de mídia vão querer saber o quando e o onde do seu comunicado. Logo após a manchete, ponha a data e o local, o que inclui a cidade e o estado (com todas as letras maiúsculas) assim como o dia, mês e ano, seguidos por um travessão (como demonstrado a seguir):

Capítulo 16: Tornando-se uma Unidade de Relações Públicas de Uma Pessoa Só

KALAMAZOO, MI, 11 de Maio de 2010 –

Se para você travessões e M&M's são a mesma coisa, você pode simplesmente digitar dois hifens como esses: –.

Lide

Você os instigou com a sua manchete e disse a eles onde e quando a sua grande iniciativa vai ocorrer. Agora, quais serão as suas linhas de abertura?

O *leed* é a oportunidade de dizer aos leitores exatamente quem está fazendo o quê. Eis um exemplo:

> A Jardim Secreto, criadora premiada de rosas de caule alto, anunciou que irá produzir a maior escultura de rosa do mundo usando 300 mil rosas.

Explicação quanto ao que motivou a notícia

Este é a sua oportunidade de compartilhar com a mídia o *porquê* da sua iniciativa. Por que o que está fazendo é significativo? Que forças – relacionadas à sua companhia ou não – impeliram esta ação? Eis um exemplo:

> Para agradecer aos nossos estimados clientes por dez anos de apoio, e a todas as mães na comunidade que atendemos, a Jardim Secreto produzirá algo de belo em larga escala para que todos apreciem.

Citação de apoio por uma entidade externa

Uma entidade externa, especialmente alguma que seja reconhecida ou que de outra maneira pareça objetiva ou importante, pode dar peso a uma notícia ao endossá-la e demonstrar encorajamento. Além disso, uma citação de apoio oferece aos veículos de mídia um ponto de vista adicional para abordar o anúncio. Eis um exemplo:

> "Estamos emocionados em saber que a Jardim Secreto decidiu produzir esta escultura", disse Harry Donnell, prefeito de Kalamazoo. "Esta é uma esplêndida homenagem à nossa comunidade e às mães que trazem tanta beleza às nossas vidas. Estamos muito empolgados para ver o produto finalizado!".

Informação adicional sobre o produto ou serviço

Esta é a sua oportunidade de fazer alguns elogios à sua companhia e aos serviços que você oferece.

Não se parabenize demais aqui. Você não vai querer indispor os editores e evitar que o seu artigo seja produzido.

> As rosas da Jardim Secreto receberam prêmios internacionais na Suíça, na França e na Espanha e foram exibidas em ostensivas premiações de Hollywood, mas a Jardim Secreto trata Kalamazoo como o seu lar há muito tempo. Considerando o seu compromisso com a comunidade, foi

Parte V: Se uma Árvore Cai na Floresta... O Poder da Imprensa

uma conclusão natural oferecer um grande "obrigado!" às pessoas que tornaram esta cidade um lugar maravilhoso para se viver.

Citação de um dirigente da companhia

Aqui, você vai querer trazer as palavras de um dirigente da companhia, o que lhe permite falar diretamente para a comunidade que está tentando atingir. Segue um exemplo:

> "Desde que fincamos raízes em Kalamazoo há dez anos, nos espantamos com a lealdade dos nossos clientes", disse Susan Smith, proprietária da Secret Garden. "Quando chegou a hora de celebrar uma década aqui, já sabíamos que iríamos querer fazê-lo de uma forma retumbante, com 300 mil das nossas rosas inconfundíveis".

Informação adicional sobre a linha de produtos ou serviços

Se o leed é formado por suas linhas de abertura, então esta seção é o lugar para as linhas de despedida. Quais são as mensagens que você quer comunicar à pessoa que acabará lendo isso? Por exemplo:

> A Jardim Secreto se orgulha de oferecer flores de nível internacional para a região da Grande Kalamazoo e além. Seus arranjos florais proporcionam beleza às vidas dos clientes que ela atende.

Apresentação-padrão

Para concluir o seu comunicado à imprensa, você vai querer proporcionar uma *apresentação-padrão,* um resumo da sua companhia e suas ofertas. Após ler este rápido parágrafo, a imprensa deve ter uma ideia clara do que a sua companhia é e do que você faz.

Não tem uma apresentação-padrão? Você pode compilar uma facilmente respondendo algumas perguntas rápidas sobre a sua companhia. Junte as respostas em um parágrafo articulado e, em um estalo, você tem uma apresentação-padrão de primeira classe.

- O que a sua companhia faz?
- Para quem a sua companhia faz o trabalho?
- No que resulta este trabalho?
- Como a sua companhia faz isso?
- Por que a sua companhia é diferente?
- Onde as pessoas podem encontrar mais informações sobre a sua companhia?

Para a floricultura Jardim Secreto, a apresentação-padrão poderia ser a seguinte:

> **Jardim Secreto** é um grupo de arranjos florais de nível internacional localizado no coração do centro comercial de Kalamazoo, Michigan [O

Capítulo 16: Tornando-se uma Unidade de Relações Públicas de Uma Pessoa Só *259*

que a sua companhia faz?]. Conhecida internacionalmente pelos seus arranjos e produtos de qualidade, Jardim Secreto é a sua primeira e última parada para obter arranjos florais personalizados, de casamentos locais a premieres de Hollywood [Para quem a sua companhia faz o trabalho?]. Com experiência desta amplitude, a Jardim é capaz de proporcionar uma série infindável de arranjos executados à perfeição [No que resulta este trabalho?]. Tal execução é obtida por meio de um rígido cuidado com os detalhes e do atendimento ao cliente inigualável [Como a sua companhia faz isso?]. Nenhum trabalho é pequeno ou grande demais, já que a Jardim Secreto busca proporcionar experiências únicas para todos os clientes [Por que a sua companhia é diferente?]. Para mais informações, por favor, visite-nos online em `www.webaddress.com` ou ligue para 800-555-1212 [Onde as pessoas podem encontrar mais informações sobre a sua companhia?].

Obviamente, você não incluiria as perguntas nos colchetes – só as pusemos ali para que pudesse ver onde e como cada pergunta foi respondida.

Cole a sua apresentação-padrão no final do seu comunicado e estará pronta para ser distribuída (para ver o produto finalizado, confira a Figura 16-1).

Direto à fonte

O grande general chinês Sun Tzu disse uma vez: "conheces a ti mesmo, conheces a tua mídia. Em cem comunicados, cem vitórias!". Tudo bem, talvez nós tenhamos tomado algumas liberdades com a citação, mas a essência está lá.

Conheça a mídia que será mais receptiva para a sua mensagem, e se posicione para obter aquela cobertura. Embora possa fazer o seu melhor para conhecer os seus veículos, inevitavelmente você com certeza esquecerá alguns. A boa notícia: existem recursos para ajudá-lo.

O BusinessWire (`www.businesswire.com`), o MarketWire (`www.marketwire.com`) e o PR Newswire (`www.prnewswire.com`), entre outros, são agências de notícias comercialmente disponíveis que podem aumentar substancialmente o número de pessoas que veem o seu comunicado à imprensa. Estas agências de notícias estão conectadas a milhares de veículos editoriais noticiosos online, eletrônicos e impressos. Elas podem garantir que a sua mensagem chegue à imprensa comercial, de consumo, regional, nacional e global.

Estes serviços trabalham recebendo o seu comunicado e enviando-o para os veículos desejados. As tarifas pelo uso dessas redes variam baseadas na contagem de palavras e na extensão da distribuição. Você pode obter distribuição direcionada em disposições (ou, como são conhecidos no negócio, os circuitos) comerciais, regionais, nacionais e globais. Em termos gerais (porém dependendo do circuito ou serviço que utilizar), as tarifas para distribuição nacional começam em $ 650 por comunicado e crescem a partir daí.

Um excepcional bônus de se utilizar tais portais é o efeito de difusão. Assumindo que você tenha produzido uma campanha verdadeiramente excepcional que seja merecedora de atenção da imprensa, basta apenas que um par de veículos selecionados escolha a sua história para conseguir uma avalanche de publicidade. Na era digital e com a natureza viral dos itens noticiosos, isto pode ser tudo o que você precisa para tirar o máximo proveito da sua iniciativa. Claro, usar as agências pode ser um pouco mais caro, mas isso certamente pode aumentar a exposição da sua mensagem de forma exponencial.

Parte V: Se uma Árvore Cai na Floresta... O Poder da Imprensa

Jardim Secreto
43 Roses Row
Kalamazoo, MI
800-555-1212

COMUNICADO À IMPRENSA
PARA DIVULGAÇÃO IMEDIATA
CONTATO DE MÍDIA: Daniel Jones, 800-555-1212 x34

Jardim Secreto Produz a Maior Rosa do Mundo
Criadores de Rosas Mundialmente Famosos Produzem Escultura em Rosas para o Dia das Mães

KALAMAZOO, MI, 11 de Maio de 2010 – A Jardim Secreto, criadora premiada de rosas de caule alto, anunciou que irá produzir a maior escultura de rosa do mundo usando 300 mil rosas. Para agradecer aos nossos estimados clientes por dez anos de apoio, e a todas as mães na comunidade que atendemos, a Jardim Secreto produzirá algo de belo em larga escala para que todos apreciem.

"Estamos emocionados em saber que a Jardim Secreto decidiu produzir esta escultura", disse Harry Donnell, prefeito de Kalamazoo. "Esta é uma esplêndida homenagem à nossa comunidade e às mães que trazem tanta beleza às nossas vidas. Estamos muito empolgados para ver o produto finalizado!".

As rosas da Jardim Secreto receberam prêmios internacionais na Suíça, na França e na Espanha e foram exibidas em ostensivas premiações de Hollywood, mas a Jardim Secreto trata Kalamazoo como o seu lar há muito tempo. Considerando o seu compromisso com a comunidade, foi uma conclusão natural oferecer um grande "obrigado!" às pessoas que tornaram esta cidade um lugar maravilhoso para se viver.

"Desde que fincamos raízes em Kalamazoo há dez anos, nos espantamos com a lealdade dos nossos clientes", disse Susan Smith, proprietária da Secret Garden. "Quando chegou a hora de celebrar uma década aqui, já sabíamos que iríamos querer fazê-lo de uma forma retumbante, com 300 mil das nossas rosas inconfundíveis".

A Jardim Secreto se orgulha de oferecer flores de nível internacional para a região da Grande Kalamazoo e além. Seus arranjos florais proporcionam beleza às vidas dos clientes que ela atende.

Jardim Secreto é um grupo de arranjos florais de nível internacional localizado no coração do centro comercial de Kalamazoo, Michigan. Conhecida internacionalmente pelos seus arranjos e produtos de qualidade, Jardim Secreto é a sua primeira e última parada para obter arranjos florais personalizados, de casamentos locais a premières de Hollywood. Com experiência desta amplitude, a Jardim é capaz de proporcionar uma série infindável de arranjos executados à perfeição. Tal execução é obtida por meio de um rígido cuidado com os detalhes e do atendimento ao cliente inigualável. Nenhum trabalho é pequeno ou grande demais, já que a Jardim Secreto busca proporcionar experiências únicas para todos os clientes. Para mais informações, por favor, visite-nos online em www.webaddress.com ou ligue para 800-555-1212.

Figura 16-1: Isso acaba de chegar. Para levar a sua mensagem à imprensa de uma maneira que irá espalhar a sua história por aí, esboce um comunicado à imprensa como esse.

Contexto e entrega

No Capítulo 15, mostramos como elaborar uma lista de veículos desejados para a sua notícia. Quando tiver esta lista pronta, é hora de dar o grande passo e distribuir o comunicado à imprensa. A não ser que o veículo de mídia e os seus editores tenham preferências específicas, deixe os seus contatos em ordem e prontos para o envio.

Comunicados à imprensa são enviados quase que exclusivamente por e-mail. Muitos veículos editoriais e de notícias não aceitarão comunicados à imprensa na forma de arquivos anexos, logo, por via das dúvidas, copie e cole o seu comunicado à imprensa no corpo da própria mensagem eletrônica.

Digite todos os endereços de e-mail dos veículos de notícias e outras pessoas influentes no campo de cópia carbono oculta (CCO) do e-mail de saída. No campo "Para:", ponha o seu próprio endereço de e-mail.

Não estamos exagerando no quanto é importante pôr estes contatos no campo CCO. Embora a maioria dos contatos na sua lista de envio possa ser facilmente encontrada por meio de uma rápida busca online, as pessoas podem ficar irritadas quando você transmite as informações de contato delas para centenas de pessoas. Além do mais, é simplesmente algo desleixado.

Não tenha pressa ao revisar o anúncio inteiro, e faça com que outros no seu escritório que sejam persistentes com detalhes revisem-no também. Alguns veículos de mídia irão publicar seções do seu comunicado integralmente. Dar uma segunda olhada no seu comunicado evitará que o seu próprio erro de digitação seja publicado.

Apelando para uma das máximas mais primordiais do marketing de guerrilha, o momento certo é tudo. Para conseguir a maior cobertura possível, familiarize-se com os prazos finais dos editores e repórteres que está tentando contatar. Se for um produtor de TV, não ligue 30 minutos antes de o programa entrar no ar. Da mesma forma, se for um repórter de rádio, não ligue 5 minutos antes da transmissão. Não apenas o seu artigo não será transmitido graças ao atraso, como é provável que irrite os próprios guardiões que você quer que distribuam a sua mensagem. Em condições ideais, você vai querer enviar o seu comunicado dez dias antes de um evento.

Evite enviar o seu comunicado à imprensa em uma segunda-feira ou em uma sexta-feira.

Bingo! A Hora da Abordagem

Não se trata apenas do que você diz, e sim de como diz. Após enviar o seu comunicado inicial à imprensa, você precisa acompanhar os veículos de mídia. O acompanhamento é crucial para potencialmente fazer com que o seu comunicado seja aceito – transformando uma escrita excelente em cobertura real e ao vivo.

A maneira mais eficaz de apoiar o comunicado à imprensa é entrar em contato com a mídia de notícias por telefone. Os repórteres recebem vários comunicados por dia. Então, quando você tiver um editor no telefone, não vocifere um "você recebeu o nosso comunicado?". Ao invés, tente um pouco mais de tato e apresente o seu pronunciamento como algo útil para eles.

Eis alguns detalhes rápidos que podem ajudar a deixar os veículos de mídia um pouco mais inclinados a cobrir a sua história:

- **Ao invés de ligar para perguntar quando à situação do seu comunicado à imprensa, enfatize os aspectos proveitosos da sua história.** Em outras palavras, evite ser trivial – em vez de perguntar se eles receberam o negócio, saliente o fato de que a sua história interessa muito bem aos seus ouvintes/telespectadores/leitores. Você os tem no telefone – trabalhe para conseguir tirar o máximo proveito disso.

- **Seja respeitoso e lembre-se de que estas pessoas não trabalham para você.** Embora os jornalistas estejam sempre procurando por matérias, eles são pessoas, e se a experiência deles ao lidar com você for negativa é pouco provável que consiga cobertura.

- **Considere este acompanhamento como o primeiro passo na construção de relacionamentos profissionais particulares com estes veículos de imprensa.** Você provavelmente irá ligar pra eles de novo em breve!

Na maioria das campanhas de marketing de guerrilha, é provável que você saiba o que está planejando fazer com pelo menos duas semanas de antecedência. Se a sua meta for obter cobertura da imprensa, use este tempo para estabelecer uma base com os seus veículos. Em especial, se estiver lançando algo incrível que lhe deixa relativamente confiante quanto a uma grande cobertura da imprensa, crie uma lista de veículos inatingíveis. Se esse fosse o mundo ideal e você pudesse conquistar qualquer veículo de mídia, qual deles seria? Comece no topo da lista e ofereça cobertura exclusiva e acesso completo à sua primeira escolha. Eles podem deixar a oportunidade passar, mas tudo bem – você segue adiante para o próximo veículo em sua lista.

Seja esperto no que diz respeito a quando vai circular por aí oferecendo "exclusivas". Se o seu evento for o amigo Harold vestido como um tubo de pasta de dente, não somente a mídia vai deixar passar como você pode virar motivo de risada, o que poderia dificultar a sua capacidade de promover pautas com sucesso a eles no futuro.

Nas seções a seguir, o ajudamos a causar a melhor impressão possível quando a sua história for selecionada pela imprensa. Começamos mostrando a você como talhar frases de convencimento e deixar o que você quer dizer pronto para transmissão. A partir daí, nós o oferecemos uma rápida conversa encorajadora e o preparamos para ser o próximo grande sucesso!

Frases de convencimento

Após enviar o seu comunicado à imprensa, você precisa se preparar para ser entrevistado (ei, se você não pensar positivamente sobre o sucesso da sua iniciativa, quem vai?). Comece fazendo uma lista de frases de convencimento que ajudarão a transmitir melhor a sua mensagem e a dar apoio para o seu comunicado à imprensa.

Coloque-se na posição de um editor. Se o seu trabalho fosse selecionar histórias e alguém estivesse promovendo uma pauta para você, o que você acharia interessante? Construa a sua abordagem tendo aquele editor em mente.

Eis alguns lugares para se começar:

- **Esboce uma sentença concisa que resuma o evento inteiro.** Gaste o tempo necessário para tornar esta declaração a melhor que puder, porque esta sentença é a que tem mais chances de ir ao ar.

- **Identifique o aspecto mais visível e dramático da sua campanha.**

- **Faça uma lista de quaisquer números impressionantes que puder alardear quanto à sua campanha.** Por exemplo, "Reunimos 25 mil palhaços de todo o país para se apresentarem no evento".

- **Conheça os fundamentos.** Tenha à mão as informações sobre o website, quem, o quê, onde e quando, de forma que ao ser perguntado sobre isso você possa suprir a informação com facilidade.

Prepare cópias impressas, sob medida para a imprensa, de todas as suas principais frases de convencimento e leve-as a qualquer entrevista, a fim de poder distribuí-las para os seus veículos de mídia e complementar o seu comunicado à imprensa.

Dando um gostinho a eles

Você abordou a mídia e agora, como esperado, a mídia quer lhe entrevistar. É hora de causar a melhor impressão possível.

Reveja as suas frases de convencimento e certifique-se de que está 100% confortável em dizê-las. Pratique-as com a sua família e seus amigos. Como qualquer outra grande apresentação, preparar-se bem nunca é demais. Dê a si mesmo os instrumentos para tornar cada entrevista tão eficaz quanto possível. Pegue um amigo ou colega de trabalho divertido e brinque de apresentador e entrevistado.

Tente apresentar-se da forma mais confiante e coloquial possível. Use as frases de convencimento como auxílio; elas não estão escritas em pedra. Sinta-se à vontade para improvisar a partir do que você registrou, contanto que se mantenha fiel à mensagem. As pessoas ficarão interessadas em alguém com quem achem que poderiam ter uma conversa. A pior coisa que você pode fazer é soar como se estivesse lendo um roteiro.

Se a sua entrevista vai acontecer na TV e esta será a primeira vez em que experimenta algo do tipo, faça tudo o que puder para se sentir à vontade. Você pode até mesmo querer tirar a poeira da câmera de vídeo e filmar a si mesmo em uma imitação de entrevista para analisar de modo crítico o que lhe deixou confiante e o que não o fez. Você quer se apresentar ao público como um especialista (consulte o Capítulo 15). A melhor maneira de fazer isso é apresentar-se de forma especial.

Os Grandes Sucessos: Medindo a Reação da Mídia

Quando nós realizamos uma iniciativa de imprensa, monitoramos os resultados como falcões atentos. Como o nosso evento foi captado pela imprensa? Quem o enalteceu, quem o detestou – ou diabos, quem o cobriu no final das contas. Após ter o seu comunicado à imprensa distribuído, comece a rastrear a cobertura online, eletrônica e impressa.

Além de proporcionar uma lembrança inesquecível do sucesso das suas atividades, ficar em dia com toda a cobertura que obtiver proporciona uma recapitulação objetiva do que você fez, o que funcionou e o que não funcionou. A partir destes registros públicos, você pode ganhar avais ao seu produto mais adiante. Você pode até mesmo compartilhá-los com consumidores futuros, deixando-os a par de que tipo de companhia você é!

Se você for um rastreador compulsivo como nós, você não será capaz de encontrar *tudo*. Neste caso, você pode querer contratar um serviço de rastreamento de mídia ou de clipping, ambos os quais podem fazer uma busca maior por menções online, comerciais, eletrônicas ou impressas. Elas podem automatizar o processo com dispositivos sofisticados de apuração.

Capítulo 17

Contratando Agentes Publicitários e Pessoal de Relações Públicas

. . . .

Neste Capítulo

▶ Decidindo se precisa de ajuda com relações públicas

▶ Encontrando e examinando as agências

▶ Gerenciando as suas expectativas e resultados

. . . .

"**O**lhe, nós amamos a ideia, meu bem. Fale para o seu pessoal ligar pro meu pessoal, ok?". Quantas vezes você já teve essa conversa e só ao ir embora perguntou a si mesmo quais pessoas devem ligar umas para as outras exatamente?

O que foi? Nunca teve esta conversa? Bem, prepare-se para ela. Se for lançar uma grande campanha de marketing de guerrilha mirando na imprensa, há uma boa chance de que você vá precisar de "pessoal".

Mas quem é esse "pessoal" elusivo de quem estamos falando? São os agentes publicitários e de relações públicas. Um *agente publicitário* é uma pessoa que gera publicidade e coordena a sua execução. De maneira semelhante, *relações públicas* (RP) em um sentido geral envolvem a manutenção de um fluxo constante de informações entre o cliente e os receptores pretendidos.

Esta capítulo investiga exatamente o que esse pessoal de imprensa pode fazer para transformar o seu evento ou campanha a ser experimentado por 50 pessoas em algo que chega à primeira página do jornal na manhã seguinte e aparece nos noticiários das 5 e das 11 horas! Antes que estas pessoas possam tomar as rédeas para gerar uma potência publicitária, você precisa decidir algumas coisas. Em primeiro lugar, será que eles podem fazer alguma coisa por você que não possa fazer você mesmo? A seguir, como você encontra esse pessoal? Então, quem você contrata? E por último, que tipo de serviços você pode esperar em troca do seu dinheiro?

Como discutimos neste capítulo, nem todo mundo precisa contratar esse pessoal. Mas quando alcançar grande sucesso (e alcançará), você vai querer saber exatamente com quem entrar em contato para tirar o máximo proveito da sua iniciativa. Desta maneira, quando for solicitado que o "pessoal" ligue para outro "pessoal", você poderá sorrir, olhar por cima dos seus óculos de sol e responder "é isso aí, meu bem!".

Identificando o Que os Agentes Publicitários e as Equipes de Relações Públicas Podem Fazer por Você

Você sente orgulho em possuir ou conduzir uma empresa – e se não sentir, deveria! Afinal de contas, você estabelece orçamentos, contrata pessoal, mantém inventário e mapeia os pontos fortes e fracos da sua companhia. É uma tarefa hercúlea e você a gerencia com dignidade – ou, no mínimo, com um bom senso de humor. Um dos requisitos básicos de um bom gerente é saber o que ele *não* sabe.

Para muitos proprietários de negócios, o mundo da publicidade e da imprensa é apenas uma dessas coisas que eles não conhecem. Se estiver lançando uma grande campanha de marketing de guerrilha, pode ser a hora de trazer pra companhia aqueles que conhecem este mundo muito bem – agentes publicitários e equipes de relações públicas. Especialmente se estiver realizando uma campanha de guerrilha onde a sua meta seja elevar a percepção da marca, como em uma acrobacia publicitária (consulte o Capítulo 7), você precisa usar todos os meios possíveis para fazer com que a imprensa cubra o seu evento.

Em alguns casos (consulte o Capítulo 16), você pode ter as ferramentas, a engenhosidade e os contatos para associar-se com os veículos desejados. Mas se estiver fazendo um grande esforço para obter espaço na imprensa, você vai querer buscar pessoas que saibam como fazer com que a imprensa cubra um evento, da mesma forma que você sabe como fazer frivolidades (ou o que quer que produza) de qualidade.

Eis algumas das solicitações mais comuns feitas por clientes de agentes publicitários e agências de relações públicas:

- ✔ **Consultoria de relações públicas:** Pode ser que você queira apenas perguntar a um especialista se é uma boa ideia soltar 5 mil bexigas para ver onde elas irão parar. A agência pode então lhe dar algum retorno, como: "não, porque em iniciativas anteriores do tipo a borracha das bexigas fez com que o raro pelicano de papada dupla sufocasse". Pesadelo de relações públicas. Então, seguindo este conselho, você joga este conceito fora. Catástrofe evitada.

- ✔ **Menções na imprensa:** O negócio vai bem, mas com certeza seria legal conseguir um pouco mais de tinta da imprensa. Para fazer isso, pode

Capítulo 17: Contratando Agentes Publicitários e Pessoal de Relações Públicas

ser uma boa ideia buscar uma turma de relações públicas para ajudá-lo a identificar veículos e oportunidades de ganhar um pouco mais de visibilidade.

✓ **Artigos de destaque:** Ah, o conteúdo editorial positivo – o sonho de um proprietário de empresa tornado realidade. O que a maioria das pessoas não percebe é que estas matérias não surgem do nada. É bem mais provável que houvesse uma pessoa do ramo publicitário nos bastidores, tentando promover a história para os contatos dela na imprensa que fizeram este sonho virar realidade.

✓ **Comunicados à imprensa:** Você tem a capacidade de desenvolver os seus próprios comunicados (consulte o Capítulo 16), mas talvez você não o queira. O poder do comunicado à imprensa nunca deve ser subestimado. Esta é a sua oportunidade de dar à imprensa um gostinho do que espera fazer. Sim, você pode criá-lo por conta própria – mas você pode descobrir que quer apelar para um especialista que criará um comunicado especial para você, ou pelo menos ajudará a refinar aquele que criou por conta própria.

✓ **Planejamento de eventos:** Esta é a área na qual as agências de marketing de guerrilha e relações públicas se encontram e se complementam. Se estiver planejando um evento, a agência de relações públicas pode trabalhar com você para afiar a sua iniciativa de forma que você não apenas crie algo a ser experimentado, mas algo ao qual a imprensa será capaz de se agarrar também. Este tipo de retorno é incrivelmente útil ao se traçar estratégias quanto a como obter o máximo de cobertura para acrobacias publicitárias e eventos.

✓ **Relações públicas com o consumidor:** Manter um fluxo constante de informação com o seu público-alvo é crucial para o sucesso de qualquer negócio. Se a sua marca é comprada diretamente pelos consumidores, você vai querer certificar-se de que todas as suas iniciativas (de guerrilha ou tradicionais) sejam incessantemente retransmitidas para o seu público, a fim de obter o valor agregado total delas.

✓ **Relações públicas comerciais:** Semelhante às relações públicas com o consumidor, se o usuário final do seu produto ou serviço reside em um setor ou setores específicos, você vai querer certificar-se de que o ciclo de comunicação com este grupo seja contínuo (para saber mais sobre identificar oportunidades em veículos comerciais, vá para o Capítulo 15).

Decidir a imagem que você quer passar já é meio caminho andado. Após ter articulado claramente as suas metas, você pode apelar para recursos externos de relações públicas para ajudar a transmitir esta visão para os consumidores desejados.

Em uma situação ideal, a sua organização estaria apta a manter uma operação interna de relações públicas para supervisionar o fluxo de informações e, então, complementar estes recursos com uma agência ou firma de relações públicas de acordo com as necessidades dos eventos e de relações públicas especializadas.

Gostamos de pensar que uma mensagem só é tão boa quanto o número de vezes que ela é vista. O marketing de guerrilha proporciona oportunidades únicas de persuadir consumidores a apertar o botão de Comprar graças à contínua exposição às mensagens de produtos. Relações públicas criam outra oportunidade de expor os consumidores à sua mensagem.

Sabendo a Hora de Contratar Ajuda

Decidir a hora de contratar uma firma de relações públicas ou um agente publicitário tem tudo a ver com decidir o que você quer.

Comece examinando a lista de serviços que eles oferecem (consulte a seção anterior). Seja tão específico quanto possível. Não diga apenas "eu quero arranjar mais menções na imprensa". Em vez disso, diga "eu quero conseguir uma matéria de destaque como assunto de interesse público no *The Chicago Tribune*, publicidade trimestral na *Tricô Hoje* e tanta imprensa local quanto possível para o nosso evento de caridade, o Tricoton". Estabelecer metas precisas de publicidade o permite ver o que pode fazer e o que não pode.

Eis algumas perguntas para fazer a si mesmo:

- Eu tenho os contatos necessários na imprensa para tornar as minhas metas de cobertura realidade?

- Há algum aspecto específico do mercado que não estou atingindo atualmente? Talvez você seja bom nos setores comerciais, mas não tenha nada no departamento de consumo direto.

- Eu tenho os recursos internos para obter a cobertura de imprensa desejada dentro dos calendários estabelecidos?

Em relações públicas, às vezes "quando" pode ser mais importante do que "o quê". O momento em que se programa investidas na imprensa perpetua uma imagem especial para a marca. À medida que criar a sua lista de metas, estabeleça um cronograma para atingir estas metas. Estabelecer e realizar metas publicitárias perpetua a imagem de que a sua organização está crescendo, tem ímpeto para avançar e é um investimento que vale a pena.

Um dos momentos mais evidentes em que você pode cogitar a assistência de relações públicas é quando as coisas não estão indo muito bem e você precisa controlar os danos causados à sua imagem. Há um velho ditado no circuito das agências que diz que muitos clientes não abordam agências quando tudo está indo bem, mas quando as organizações dos clientes estão sofrendo com hemorragias em certa medida. Se você se encontra nesta situação e tiver que se perguntar se precisa de ajuda de uma agência, a resposta provavelmente é sim.

Coloque o seu pessoal de relações públicas em ação desde o início das suas operações. Se decidir que vai apelar para recursos externos para tocar as suas iniciativas de marketing, traga-os logo. Com mais frequência do que deveriam, as companhias criam o que elas acham ser o maior conceito já feito e esperam até o último minuto para buscar alguma ajuda. Você terá mais chances de atingir as metas para a sua marca se o pessoal de relações públicas entrar em ação desde o princípio.

Uni-duni-tê: Decidindo Que Pessoal Contratar

Após estabelecer as suas metas, você precisa encontrar alguém que possa ajudá-lo a cumprir estes objetivos. Considere o seguinte:

- **Quanto dinheiro você tem para gastar?**
- **Você precisa da agência por alguns meses ou apenas para um evento isolado?**
- **Você precisa de uma grande agência com uma ampla gama de recursos ou um especialista independente?**
- **Você está procurando por alguém que possa coordenar as suas oportunidades de entrar no ar ao vivo?** (Se for o caso, você pode precisar de um especialista em relações com a mídia).
- **Você precisa obter um grande conteúdo editorial sobre o seu negócio?** Você quer pôr ótimas matérias sobre o seu trabalho na frente do público em geral e de determinadas agências?
- **Você precisa de pessoas que entendam do seu negócio e já tenham contatos estabelecidos com todos os veículos comerciais de mídia relacionados?**
- **Que tipo de atenção personalizada você espera?** Esta agência trabalhará lado a lado com você, ou em uma posição secundária? O quanto é importante para você que goste das pessoas com quem irá trabalhar?

As respostas para estas questões irão ajudá-lo a dar forma à sua busca, mas as suas prioridades podem ser diferentes daquelas listadas aqui. Se esse for o caso, vá em frente e liste quaisquer perguntas que talvez não tenhamos incluído.

Classifique as questões em termos de importância – isso o ajudará a chegar mais rapidamente aos fundamentos do que você procura. Por exemplo, você pode entrevistar uma agência e descobrir que o seu contato ali é inacreditavelmente arrogante, mas você sabe que ele está apto a obter menções em publicações nacionais de forma consistente. Você consegue aguentar aquele ego para conseguir este tipo de exposição?

Há milhares de firmas de relações públicas por aí, e isso nem mesmo leva em conta os prestadores independentes. Com todas estas opções, como você inicia o processo de seleção? Ao esclarecer as suas metas para imprensa e definir a especialização das suas relações públicas, você já fez a maior parte do trabalho de seleção. Agora é hora de encontrar as agências que dão conta do recado.

Depois da sua análise extensiva de necessidades, é provável que descubra que as obrigações, a especialidade e o tamanho da agência desejada estão evidentes. Você precisa fazer algumas ligações e marcar entrevistas.

É uma boa ideia encontrar agências relativamente próximas, em termos geográficos, de você e de seus alvos na imprensa. Localização não deve ser um fator decisivo para o descarte, mas ela torna o processo mais simples para todos os envolvidos se vocês estiverem aptos a se reunir cara a cara ocasionalmente.

Fale com colegas respeitados e pergunte a eles sobre firmas de relações públicas com quem já trabalharam. Encontre-se com as pessoas que eles recomendarem. Embora os critérios deles possam diferir dos seus, os seus colegas podem ser capazes de proporcionar informações úteis sobre aquelas firmas com quem trabalharam e por que.

Em alguns setores, há uma ou duas agências que todo mundo usa – agências que entendem do setor e suas necessidades específicas. Leia as publicações comerciais do seu ramo e veja se companhias que você respeita especificam uma "agência registrada". Se for o caso, tome nota e ligue para eles.

À medida que conduz as suas entrevistas, não deixe de perguntar sobre a experiência da agência no seu setor e em campos de atuação relacionados. Além disso, fuce as ideias deles quanto à percepção de tendências da indústria. *Lembre-se:* Eles têm que compreender o que você está vendendo antes de poder promovê-lo para a mídia.

Não estamos exagerando quanto ao valor dos websites das agências como um instrumento para se ter uma ideia das pessoas com as quais você irá trabalhar. Explore cada site. Que impressão você tem da missão da companhia, dos funcionários e das suas atitudes em relação aos clientes? O site de uma agência pode ser útil quando estiver avaliando os seus serviços, e pode lhe ajudar a entender melhor como eles podem lhe atender enquanto agência.

Se estiver com problemas para escolher entre duas agências, você pode querer pedir a eles que apresentem as suas melhores ideias criativas baseadas no conhecimento delas quanto ao seu setor de negócios. Seja respeitoso, entretanto: as agências são avessas a proporcionar ideias criativas gratuitas em especulação. Tranquilize as firmas de que o trabalho delas será respeitado e considerado propriedade daquela agência independentemente de quem for selecionado.

Capítulo 17: Contratando Agentes Publicitários e Pessoal de Relações Públicas

Outra maneira de ver como a agência em potencial pode reagir ao seu negócio é enviar uma solicitação de proposta (SdP; consulte o Capítulo 5). Nela, você esclarece quais são as suas necessidades e o seu orçamento e pede às agências que apresentem as qualificações e ideias delas de acordo com a sua solicitação.

Tenha muito cuidado com aqueles que dizem que podem garantir espaço na imprensa. Publicidade é um negócio complicado. O mundo é um lugar em constante mudança e, embora o seu evento possa ser a coisa mais importante para *você*, no dia da execução dele uma confusão política ou um ataque de nervos de uma celebridade pode levar os imprevisíveis soldados da imprensa para bem longe das suas iniciativas. Quando se tenta obter cobertura da imprensa, não há garantias, apenas oportunidades... E um pouco de sorte.

Quando tiver acabado de entrevistar as agências, guarde todas as suas anotações. Você provavelmente terá uma ótima experiência com a agência que selecionar. Mas, se esse não for o caso, você vai querer ter à mão o contato e o perfil da sua segunda opção.

Parte VI
Uma Mão Lava a Outra

A 5ª Onda   por Rich Tennant

Nesta parte . . .

Nenhum homem ou mulher é uma ilha. Você precisa manter um registro mental das pessoas que possam estar aptas a ajudá-lo em longo prazo. Quer você esteja pensando em fazer alguns contatos no seu setor, associar-se com organizações afins para ampliar o seu alcance ou doar algo para caridade, trabalhar junto com alguém é uma boa ideia.

À medida que faz negócios, você faz contatos – fornecedores, clientes e admiradores em geral. Nesta parte, investigamos como você pode maximizar estes relacionamentos para criar parcerias mutuamente benéficas. Quer as suas permutas envolvam propriedades intelectuais, produtos ou boa vontade, outras pessoas e empresas podem ser um ótimo recurso para ajudar o seu negócio a crescer.

Capítulo 18

Encontro de Mentes Afins

Neste Capítulo

▶ Tirando o máximo de proveito das inovações da indústria
▶ Fazendo contatos ao comparecer a conferências
▶ Criando e filiando-se a grupos de relacionamento

A Conferência de Ialta, o Projeto Manhattan e a Sociedade Internacional de Tratadores de Poodles. O que todas estas assembleias têm em comum? São todos encontros de mentes com afinidades. Uma dessas três *pode até* não ter mudado o curso da história mundial, mas reunir profissionais em campos de atuação específicos para compartilhar ideias se mostrou algo essencial para o sucesso de conceitos, negócios e, sim, até mesmo de países.

Neste capítulo, falamos sobre a importância de se compartilhar ideias na indústria. O inteiramos quando às ferramentas imediatas à sua disposição, como assinar boletins informativos e ler as publicações comerciais. Então levamos as ideias para a estrada ao comparecer a feiras e conferências comerciais e mostrar a você algumas formas de tirar o máximo proveito da sua presença. Por fim, olhamos para os grupos regionais que promovem o fluxo livre de ideias entre negócios que não competem entre si.

Estimulando um Fluxo Livre de Ideias Comerciais

Qual é a grande ideia? Independentemente dos setores nos quais você atue, você sabe que a chave do seu sucesso – até mesmo da sua sobrevivência – reside em estar à frente das tendências da indústria. O fluxo livre de ideias comerciais é essencial para a inovação dentro de cada grupo profissional porque ele mantém todos competindo, em constante evolução, e, o mais importante, empregados.

Na maioria dos setores comerciais, os recursos para ajudar a mantê-lo por dentro das tendências já estão estabelecidos. A grande parte deles é gratuita ou barata, e a sua participação neles ajuda você a encontrar o seu nicho e posicionar-se dentro do setor.

Algumas pessoas ficam hesitantes em filiar-se ou participar da "troca de ideias". O pensamento delas é algo do tipo "está maluco?! Não vou dividir os segredos do meu sucesso! Isso vai me fazer perder clientes". Nós entendemos completamente e compartilhamos a ressalva. Este ponto de vista não é irracional.

O que você quer fazer é compartilhar ideias de uma maneira que não entregue a sua "receita secreta" de sucesso e, ao invés disso, aborde e discuta as questões que podem estar afetando o setor de modo geral e como a sua empresa e outras semelhantes podem se unir em prol do setor. Ao compartilhar estas tendências e ideias mais amplas, vocês serão capazes de colher frutos sem prejudicar ou comprometer a reputação e a receita uns dos outros.

A maioria dos setores comerciais tem diversos aspectos que não são diretamente competitivos e que podem ajudar a posicionar o seu produto. Digamos que você esteja na indústria de tratamento de poodles e venda máquinas para tosa de pêlo. Na Cúpula Anual da Sociedade Internacional de Tratadores de Poodles e em seus boletins informativos, você ouve constantemente os tratadores reclamando que suas máquinas continuam superaquecendo, o que faz com que os cães uivem de dor. Esta informação é profundamente útil e algo que você pode levar da experiência para deixar o seu produto melhor. Usando este retorno, você desenvolve os Cortadores Caninos Refrescantes, que dão aos poodles um topete perfeito e livre de dor. Você informou-se sobre um problema com um colaborador da indústria e criou uma solução que resolveu o problema enquanto inova o setor – cujos resultados você verá na forma de aumento de vendas.

Assinando Boletins Informativos

Uma das maneiras mais simples de manter-se ligado na indústria é por meio de boletins informativos. Geralmente, só por incluir o seu nome em uma mala direta, você pode conectar-se imediatamente com as últimas notícias que o seu ramo de atuação tem a oferecer. Os boletins informativos são uma maneira rápida e fácil de saber exatamente o que os seus concorrentes estão tramando e para ficar de olho no pulso de um setor comercial em constante mudança.

Talvez você não queira ver a sua caixa de correio cheia de boletins de diversas organizações. Confira se pode optar pela versão online ou por e-mail do boletim ao invés disso.

Após ler os boletins gratuitos, você pode querer ver o que existe por aí em termos de publicações comerciais de maior peso. Embora seja bacana receber algo de graça, se você estiver em um setor com um periódico de maior porte – um que tenha uma cobertura mais recheada e dedicada do seu ramo de atuação – você pode querer pagar por isso. Estes publicações normalmente oferecem atualizações nacionais e às vezes internacionais quanto às condições do setor e a eventos comerciais específicos, sobre os quais talvez você não estivesse apto a saber de outras maneiras.

Se estiver procurando por maneiras de ajudar a promover o seu negócio (e deveria estar!), pode ser que não precise olhar em mais nenhum lugar além das publicações comerciais. Você pode estar apto a publicar anúncios classificados que mirem especificamente na sua indústria. Estes anúncios podem colocar o seu produto na frente de pessoas em campos de atuação relacionados que estão buscando precisamente o serviço que você oferece.

Talvez você trabalhe em uma pequena indústria, onde há apenas um punhado de pessoas que fazem o mesmo que você. Se for o caso, assuma a responsabilidade de criar um newsletter eletrônico mensal simples sobre o seu negócio; esta é uma ótima maneira de apresentar-se como um especialista. Separe um tempinho todo mês para relatar as últimas tendências, inovações ou coisas simplesmente empolgantes que possam estar acontecendo na sua indústria. Após digitar o seu manifesto mensal, mande-o para fornecedores, clientes e outros profissionais do setor (colocando a sua lista de contatos no campo de cópia carbono oculta da sua mensagem, é claro). Quem sabe o quanto isso pode crescer? Pode ser que você consiga alguns novos clientes, faça um acordo para escrever um livro ou acabe arranjando uma nova fonte de receita!

Embora todo mundo goste de cartas, nós vivemos na era digital, então por que não transformar o seu newsletter em um blog? Os blogs permitem publicação instantânea das suas ideias de forma completa, incluindo imagens, vídeo, links para informações relevantes e uma distribuição simples para o seu público-alvo. A melhor parte? Não custa nada produzi-los. Como se isso não bastasse, você pode trabalhar facilmente com programas como o Google AdSense (http://adsense.google.com) para usar espaço de anúncio em seu blog, proporcionando alguma receita extra. Quem sabe? Você pode justamente se tornar o próximo blogueiro a assinar um contrato para um livro!

Comparecendo a Seminários, Conferências e Feiras Comerciais

Conferências, feiras comerciais e seminários podem ser essenciais para manter-se atualizado quanto ao que está na vanguarda do seu setor. Uma viagem a Las Vegas de vez em quando também não faz mal nenhum!

Uma *conferência* é uma reunião de indivíduos para a discussão de uma indústria em particular, ou mais especificamente, um campo dentro dela. Este é um termo universal para encontros comerciais. Uma *feira comercial* é um conjunto de expositores mostrando as últimas ofertas e inovações disponíveis naquele setor.

Um *seminário* é uma apresentação estruturada (ou uma série de apresentações) envolvendo um painel de especialistas, seguida de debate e sessões individuais sobre o(s) tópico(s) escolhidos. Estas três contribuições podem acontecer individualmente ou simultaneamente, dependendo do escopo do evento.

Independentemente de poder ou não pagar por uma grande viagem, não deixe de adicionar o seu nome às malas diretas dos organizadores de convenções e conferências que produzam feiras comerciais na sua indústria. Fazê-lo o ajudará a continuar ciente do que está acontecendo e aonde – o que irá, por sua vez, ajudá-lo a tomar decisões bem informadas sobre que eventos comerciais são importantes e a planejar o seu trimestre, ou mesmo o seu ano, de forma adequada.

Determinando o grau de participação

A maioria das conferências tem diversos graus de participação. O primeiro nível, e mais comum, é a participação completa, que inclui inscrição em todos os seminários, o piso da feira comercial, jantares e coquetéis. A outra ponta do espectro é o passe apenas para os seminários ou para a feira comercial. A maioria das convenções divulga as ofertas planejadas em cada feira com meses de antecedência. Use esta informação para ajudá-lo a decidir quais feiras você deve atender e o seu grau de participação.

Quer esteja pegando um avião para ver a apresentação de um grande nome da indústria que você admira ou esteja indo para aproveitar uma semana inteira de festividades relacionadas ao setor, tire o máximo proveito da oportunidade. Você pode conhecer as pessoas com as quais trabalha, para quem vende, de quem compra, ou que espera trabalhar no futuro. Eis algumas dicas rápidas para colher os frutos por muito tempo depois de ter voltado à rotina:

- **Sempre carregue uma pilha de cartões de visita:** Estes cartões muito bem impressos não existem apenas para impressionar os amigos e a família – você os fez para passar as suas informações de contato. Não deixe de ter vários à mão – a troca de cartões provavelmente vai acontecer com muito mais frequência do que imagina.

- **Mantenha contato com as pessoas que conhecer assim que for possível.** Se alguém disser a você "eu gostaria de saber mais sobre o que você está fazendo", envie-lhe a informação que lhe pediram assim que for possível. Se puder fazê-lo no local, ótimo. Senão, não deixe de mandar assim que estiver de volta ao escritório.

- **Saiba quando dizer boa noite.** É importante ver e ser visto nestes eventos – manter-se visível e acessível é crucial para o seu negócio – mas saiba quando é hora de dar a noite por encerrada. Estar presente é ótimo; virar um ornamento pode ser visto como carência.

Tirando proveito das oportunidades de patrocínio

A maioria das convenções tem uma variedade de oportunidades preexistentes já disponíveis, mas elas estão sempre procurando por novas oportunidades de patrocínio para proporcionar valor agregado aos presentes e captar algumas comissões de participação ao longo do caminho. Especialmente se tiver um produto voltado à indústria em vez de um que mire o consumidor final, esta pode ser a saída perfeita para você.

Para ajudá-lo a agarrar aquela posição de primeira no setor, seguem algumas indicações de como negociar com a administração da feira:

- ✔ **Tenha uma percepção clara do que quer patrocinar e quando.**

- ✔ **Pergunte se há outras companhias patrocinando o evento também.** Se houver, quem são elas e o que estão fazendo? Você não vai querer competir pelos holofotes ou, pior ainda, ficar à sombra delas!

- ✔ **Que oportunidades lhe serão conferidas em troca do patrocínio?** Ele inclui presença nos materiais de marketing, oportunidades de pôr itens promocionais em sacolas de brindes, a chance de fazer um discurso em um jantar ou apresentar um prêmio? Não tenha medo de buscar oportunidades adicionais no local.

Organizadores de conferência geralmente irão ter pacotes de patrocínio preexistentes. Isso dito, às vezes, coisas podem ser adicionadas, removidas ou mudadas – desde que elas não atrapalhem o curso do evento e da feira – então não tenha medo de aparecer de repente com solicitações específicas para um pacote.

Após ter decidido que quer participar com algum tipo de patrocínio, a conversa inevitavelmente mudará para o que se espera de você em troca da sua presença. Há diversos tipos de caminhos a seguir quanto ao "pagamento" por esta exposição:

- ✔ **Dinheiro:** Mais comumente, um valor predeterminado em dinheiro é requisitado e pago em troca de qualquer combinação de oportunidades para a exposição do produto ou da marca. Isto geralmente inclui uma mistura de sinalização no local, presença nos materiais de marketing e exposição no evento.

- ✔ **Na mesma moeda:** Em vez de (ou além de) pagar uma quantidade reduzida de dinheiro, você doa bens ou serviços, geralmente em troca de sinalização no local e agradecimentos. Estes bens tipicamente incluem equipamentos usados no evento ou comida e bebida a ser servida.

- ✔ **Mídia:** Isto geralmente é reservado a companhias que produzem alguma forma de mídia, naturalmente. Neste caso, não há nenhum dinheiro envolvido, mas o valor equivalente é providenciado na forma de cobertura de mídia do evento usando os recursos de mídia da empresa. Ao fazê-lo, o grupo de mídia normalmente ganha identificação em todos os materiais restantes que promoverem o evento, assim como a oportunidade de distribuir as suas publicações ou buscar novos assinantes potenciais no local.

Digamos que você queira patrocinar alguma coisa, mas os preços iniciais estão simplesmente muito altos. Diga à administração da feira qual é o seu orçamento e veja o que eles podem fazer por você. Às vezes, só por perguntar você pode ser capaz de tirar proveito de uma oportunidade cuja existência não teria conhecido de outra maneira.

Não tem a grana extra? Ou simplesmente não acha uma boa gastar o pouco que tem? Veja se consegue falar em um painel ou contribuir com um artigo para o informativo ou publicação do evento, como uma forma de ganhar exposição para você e para a sua marca.

Se não puder arcar com qualquer patrocínio e não conseguir entrar em um painel, o que deve fazer? Vá para a feira como um guerrilheiro. Deixe as canetas com a marca da sua companhia na mesa de registro ou nos estandes antes dos participantes chegarem. Coloque blocos de anotações com a sua marca nas cabines telefônicas ao redor do salão de convenções. Ponha as táticas de guerrilha em prática e deixe estes itens em hotéis e restaurantes que os visitantes possam frequentar. Você corre o risco de incomodar a administração da feira, mas, se as suas tentativas forem discretas e não tumultuarem o evento, pode sair vitorioso.

Conduzindo uma apresentação no evento

Uma das maneiras mais eficazes de apresentar ou reafirmar proeminência no seu campo de atuação selecionado é apresentar-se em uma feira ou conferência. Quer você fale em um painel, modere um seminário ou apresente a palestra de abertura de uma feira comercial ou conferência, esta é uma grande oportunidade para obter uma exposição maior na indústria. Você precisa fazer tudo o que puder para posicionar da melhor forma a sua companhia como líder no setor.

Gaste o tempo necessário para trabalhar em quaisquer materiais que pretende apresentar. Não tente improvisar – estamos falando da sua reputação na indústria. Escreva o que vai dizer e conduza ensaios gerais com os seus amigos e, se eles tiverem bom humor, colegas de trabalho. Use o retorno que receber deles para dar forma à sua apresentação.

Com frequência, pessoas totalmente leigas – aquelas que não têm nenhuma ideia do que é o seu negócio – são a melhor audiência para os ensaios. Se elas puderem entender a apresentação (ou a maior parte dela, de qualquer forma), então o povo do setor também vai entender.

Quando estiver no local, faça o que puder para ficar confortável e confiante. Se você for mostrar qualquer tipo de apresentação – seja em PowerPoint ou em vídeo

– não tenha medo de solicitar um ensaio rápido antes do evento. Dê uma passada rápida pela apresentação com todos os materiais que usará – o traje que vai vestir, o monitor que observará, o computador que rodará a apresentação e o obrigatório microfone preso à sua lapela. Se encontrar dificuldades, lide com elas novamente – desta forma você não ficará ansioso quando elas retornarem.

No final do evento, pegue os seus materiais de volta com a equipe de audiovisual. A sua exibição fora de série certamente vai exigir uma repetição em um futuro próximo.

Não queremos estressá-lo quanto ao aspecto da preparação, mas esta pode ser uma oportunidade de gerar negócios para a sua companhia. Preparar-se bem o habilitará a fazer uma apresentação bem-sucedida que vai repercutir na indústria.

Estabelecendo Parcerias com Outras Empresas na Sua Região

Mesmo que você seja uma empresa menor, nunca aceite a imagem de que as suas ideias, ou a fonte de onde as retira, são pequenas! Companhias menores ou filiais regionais frequentemente estão aptas a tirar proveito da agilidade dos seus recursos. Uma das áreas nas quais isso é mais verdadeiro é a camaradagem entre parceiros intelectuais regionais.

Organizações comerciais, mesmo as de alcance nacional, têm seções e grupos regionais que se reúnem todo mês, mais ou menos. Às vezes, grupos independentes – que não são afiliados a nenhuma organização nacional – também trabalham para angariar ideias e soluções. Qualquer que seja o caso, este grupos se reúnem para compartilhar ideias, ouvir oradores, organizar eventos para causas locais e ganhar presença e notoriedade na comunidade industrial maior.

Estas cooperativas regionais são propostas notáveis porque a maioria se reúne com o simples objetivo de ver como eles podem aperfeiçoar as suas habilidades e serviços para o bem-estar da indústria. Além disso, estas reuniões são bons pontos de partida para entender o foco ou a área de especialização de outros negócios. Com esta informação, você pode formar parcerias com pessoas que possam deixá-lo na posição certa para servir melhor aos seus clientes – e habilitar *ambos* a ganhar algum dinheiro no processo. Isso ajuda a estimular a percepção (e a realidade) de que você é um verdadeiro líder no seu campo de atuação.

Juntando-se a um grupo

Dependendo da indústria na qual estiver, um ou mais grupos podem estar disponíveis para que você se filie a fim de manter-se a par dos últimos acontecimentos no seu setor. Faça a sua pesquisa e confira quais veículos irão ser mais adequados para você. Será a divisão regional da sua organização comercial nacional? A câmara local de comércio ou outro grupo de serviço cívico? Que grupo, ou grupos, atendem melhor aos interesses da sua companhia ao oferecer as últimas informações da indústria ou ideias do setor e ao tornar novos negócios acessíveis?

A maioria dos grupos tem taxas de filiação. Saiba disso ao entrar, mas investigue o que você pode aproveitar para tirar o máximo proveito da taxa. Alguns dos benefícios mais comuns incluem:

- Oportunidades de se apresentar como um especialista perante o grupo

- Um adesivo que você pode pôr na sua vitrine para deixar os clientes a par da sua afiliação com uma organização respeitável e, talvez, reconhecida

- Um logotipo ou um reconhecimento que você pode adicionar ao seu website

- Inclusão no website da organização também, talvez até mesmo com um link para o seu próprio site

- Boletins informativos gratuitos e descontos nos estabelecimentos dos membros participantes

- Preços reduzidos em eventos especiais, tais como seminários, conferências e feiras comerciais

Criando um grupo

Não importa em que setor você estiver, ficar à frente da concorrência é importante. À medida que as inovações preexistentes se desenvolvem e outras emergem, você precisa estar apto a compartilhar opiniões e observações com os seus colegas e pares para promover crescimento contínuo. Se não houver atualmente uma organização ou grupo de comércio na qual o seu setor em especial possa estimular este tipo de desenvolvimento, talvez seja a hora de formar uma.

Nós sabemos que você é muito ocupado. Você administra uma empresa, tem uma família ou peixinho de estimação para tomar conta, e a sua vida social faz com que *Gossip Girls* pareça *Castelo Rá-tim-bum*. Não estamos dizendo para deixar para lá tudo o que estiver fazendo e focar todas as suas energias na criação de um grupo ou associação sem fins lucrativos (ou mesmo com lucro) – pelo menos não por enquanto.

Comece pequeno e pense localmente. Há colegas, pares na indústria, ou fornecedores que possam se beneficiar de uma reunião mensal com um debate aberto, seguido de coquetéis ou alguma outra atividade social? Faça uma pesquisa informal. Ponha a ideia na mesa e veja se há algum interesse entre aqueles no seu círculo imediato de negócios e continue a partir daí. Um reduto do pessoal do seu setor pode ser a próxima parada – eles podem estar dispostos a receber as suas reuniões em troca dos gastos com comida e bebida.

Uma alternativa pode ser filiar-se a um grupo preexistente que compartilha barreiras e obstáculos semelhantes. Talvez você possa agarrar alguns colegas, suborná-los com comida, e conferir se uma organização paralela pode ter algo que você (e a sua equipe coagida) possam aproveitar.

Grupos de relacionamento

Nem uma semana se passa sem que escutemos alguém declarar "que mundo pequeno!", ao descobrir um conhecido em comum. Especialmente dentro das indústrias, os graus de separação estão encolhendo constantemente. Em uma tentativa de ajudar a expandir o círculo, muitas pessoas criaram grupos de relacionamento. Trata-se de grupos onde pessoas em setores relacionados, mas não necessariamente no mesmo ramo, têm a oportunidade de se reunir e se conhecer, geralmente em um ambiente social mais relaxado.

Grupos de relacionamento são úteis para ver o que está acontecendo em outras áreas de negócio às quais você não estaria exposto de outra forma, graças à sua imersão e ao comprometimento firme ao que você faz. Entrar em diálogo com esses outros "mundos" pode lhe dar um ponto de vista diferente daqueles que você ou a sua indústria poderiam manter. Isto pode então resultar em uma inovação na sua indústria ou em uma nova base de consumidores. No mínimo, isso pode resultar em uma estimulante noite de conversas.

Capítulo 19

Parcerias de Promoção Cruzada

Neste Capítulo

▶ Descobrindo oportunidades para parceria

▶ Sabendo o que levar em consideração antes de entrar em um relacionamento comercial

▶ Tirando o máximo proveito do trabalho em equipe

*P*ara ajudar a manter-se entretido e firme, você provavelmente tem uma mistura eclética de camaradas. Você tem o amigo bobalhão que faz você rir. O amigo incentivador, que sempre está lá para ouvir as suas angústias. O amigo intensamente leal (embora por vezes equivocado) que sempre lhe ajuda caso qualquer contenda apareça. Cada uma dessas pessoas cumpre um papel importante na sua vida, mas o que você pode não perceber é que os seus amigos provavelmente lhe valorizam na mesma medida.

Para o seu amigo bobalhão, você proporciona uma audiência dedicada. Para o amigo incentivador, as suas idiossincrasias permitem o treinamento prático de seus estudos psiquiátricos embrionários. Para o amigo leal, você simplifica a muito apreciada oportunidade de ocasionalmente descer o sarrafo em alguém. Esta é a razão pela qual os relacionamentos são bem-sucedidos – ou, no mínimo, divertidos. Cada pessoa é capaz de contribuir e se beneficiar dos talentos particulares da outra pessoa.

Quando feito de maneira apropriada, você pode usar a sua compreensão perspicaz dos relacionamentos diversos e mutuamente benéficos em proveito do seu negócio. Neste capítulo, procuramos ajudá-lo a identificar oportunidades de formar parcerias com empresas afins. Ao fazê-lo, você pode ser capaz de economizar recursos e causar um impacto muito maior do que imaginava ser possível. Também indicamos as possíveis armadilhas e o ajudamos a maximizar os seus recursos e os de seu parceiro para tirar o melhor proveito possível da união. Nós achamos que você concordará que formar parcerias o fará dizer "é bom ter amigos".

Identificando e Alavancando Marcas Mutuamente Benéficas que Não Competem Entre Si

Iniciativas de marketing podem ser dispendiosas. Ao longo deste livro, nós investigamos métodos menos tradicionais que você pode usar para aumentar a percepção da sua marca a custo baixo ou zero para a sua companhia (para uma olhada em algumas das ferramentas mais baratas, confira os Capítulos 6 e 13). Em alguns casos, as empresas que estão examinando opções de marketing simplesmente não têm os recursos para as táticas típicas de guerrilha, ou elas talvez descubram que estes métodos simplesmente não combinam com a marca delas.

Caso se encontre neste tipo de situação difícil, pode ser hora de identificar e assegurar uma parceria mutuamente benéfica de promoção cruzada. Soa pomposo, não? Bom, na verdade não é. No final das contas, quer você tenha os recursos ou não, formar uma parceria com uma marca afim pode ajudar o seu orçamento a durar muito mais.

Parcerias mutuamente benéficas de promoção cruzada são uniões entre marcas ou serviços que não competem entre si (e talvez até mesmo se complementem) nas quais elas trabalham juntas pelo bem de todas as partes envolvidas, geralmente sem custo ou a um custo baixo para ambas. Na verdade é um dos instrumentos mais baratos, inteligentes e simples no qual você deveria pensar ao traçar as suas metas e objetivos de marketing. Além do mais, se você soltar a expressão *parceria mutuamente benéfica de promoção cruzada* em um jantar festivo, todo mundo vai achar que você é um belo sabichão, e isso é sempre um bônus.

Estas parcerias têm a ver com estabelecer redes de contatos frutíferas em sua forma mais essencial. Ao combinar recursos, os relacionamentos mutuamente benéficos criam oportunidades para que as pessoas e as empresas ajudem umas às outras, sem que isso custe muito dinheiro ou tempo a elas.

Por exemplo, digamos que você seja um joalheiro que se especializa em anéis de noivado e alianças. A sua loja está naturalmente agitada com pretendentes nervosos contemplando a "grande compra" e os seus próximos passos. A informação que você tem quanto aos seus clientes – eles estão se casando – o proporciona uma oportunidade de buscar um parceiro em potencial. Por que não fazer uma parceria com uma papelaria para fornecer aos seus clientes um *Guia do Cara Prestes a Se Amarrar* impresso de antemão, que poderia ser distribuído na sua loja e sugerir que o casal apaixonado vá à papelaria para confeccionar os convites do casamento? Este acordo é mutuamente benéfico porque você está produzindo alguma coisa como valor agregado para o cliente inquieto sem custo nenhum e a papelaria ganha algumas referências ao plantar a ideia bem na hora em que o galanteador está na etapa de planejamento.

A ideia aqui é aproveitar ou criar oportunidades em que tanto você quanto o seu aliado possam se beneficiar de atender a consumidores sem entrar no território de ninguém.

Nas seções seguintes discutimos algumas formas mais populares nas quais marcas complementares, ou que não competem entre si, podem trabalhar juntas pelo bem de uma causa comum – maior exposição (na forma de imprensa comercial ou voltada ao consumidor) e mais negócios!

Você tem uma carroça e eu tenho um cavalo

Somos fãs de antigos filmes de faroeste. Aquela coragem, aquela determinação... Um lugar onde as parcerias eram forjadas por necessidade, as pessoas usavam calças de vaqueiro e o espírito de reunião permitia que os pioneiros não apenas sobrevivessem como prosperassem. Para a maioria das pessoas, as calças de vaqueiro se tornaram polainas. Porém, formar parcerias com outros para satisfazer uma necessidade ainda sobrevive, e bem. A única diferença é que os recursos disponíveis não estão sempre tão aparentes. Nas seções a seguir nós cobrimos algumas das ofertas mais comuns usadas para satisfazer a necessidade.

Nesta seção, nós lhe mostramos algumas parcerias bem-sucedidas que se provaram benéficas para os proprietários de empresas no passado. Estas parcerias tiveram sucesso porque ambos os lados estavam aptos a se beneficiar da parceria usando recursos mínimos. Esperamos que você aceite estas ideias como ponto de partida e gere as suas próprias maneiras de formar parcerias!

Presença no local em troca de prêmios ou de promoção

Uma maneira de obter maior exposição é suprir um evento existente com prêmios ou alguma outra promoção que possa ser vista como valor agregado ou contribuição suplementar ao evento. Você pode obter uma presença no local de um evento pela qual você teria pagado de outra maneira, assim como menções nas iniciativas de marketing existentes do evento.

Talvez você seja um orgulhoso proprietário de uma agência de viagens e, para cada cinco pessoas que você manda para Orlando, a comissão de turismo lhe dê a sexta viagem de graça. Para os consumidores do nordeste e do meio-oeste americano, acostumados ao inverno de bater os dentes, uma viagem para a ensolarada Flórida é uma bela vantagem! Você pode querer considerar oferecer esta viagem como um prêmio para um evento existente (feira de arte, festival comunitário, feira de rua, evento de caridade) em troca de presença no local e posicionamento na sinalização e nos materiais de marketing deles.

Ao fornecer esta viagem, você será capaz de aumentar a sua exposição, conhecer e estabelecer uma afinidade com os seus clientes em potencial e ajudar a deixar alguém bem bronzeado – fatores os quais predizem coisas boas para a sua marca.

Itens para sacolas de brindes

Quem não ama sacolas de brindes? A resposta: ninguém. Homens e mulheres adultos atacam sacolas de brindes como se fossem crianças na manhã de Natal, curiosas para ver o que ganharam. Não importa se a sacola estiver recheada com uma revista, pastilhas de menta estragadas e o relógio com estampa camuflada lançado em edição limitada no ano passado – receber alguma coisa de graça é simplesmente muito divertido.

O que muitas pessoas não percebem é que estas sacolas de brindes custam dinheiro e, portanto, os organizadores de eventos estão constantemente em busca (e em alguns casos brigando por causa) de patrocinadores que ajudem a juntar o bolo (falamos um pouco mais sobre isso no Capítulo 20).

Olhe para os seus recursos e veja o que você pode ter para contribuir. Uma penca de camisetas tamanho extragrande que sobraram do passeio da companhia ao paintball, canetas de marca ou qualquer coisa com o nome ou logotipo da sua companhia já estará ótimo. Os coordenadores do evento ganham mais acessórios, e a sua mensagem chega às mãos dos seus consumidores.

Conteúdo em um website

Você já ficou na frente de um computador navegando por artigos, blogs, imagens e vídeo somente para descobrir que quatro horas se passaram e você não tem nada para mostrar em retorno pelo tempo gasto? De repente, a voz da sua mãe pipoca na sua frente perguntando de forma enfática: "você pretende fazer *alguma coisa que preste* hoje?". Bem, tenha esperança: o seu tempo não passou voando porque você é um eremita antissocial – só que há tanto conteúdo ali para ver...

Conteúdo é material afixado ou publicado para consumo de leitores ou espectadores. Algumas das formas mais populares de conteúdo são artigos, imagens, jogos ou vídeos.

Mesmo que a Internet esteja cheia de conteúdo, muito desse conteúdo não são lá essas coisas. Em consequência, os editores web estão se acotovelando para suprir a demanda insaciável do consumidor, indo ao encalço e assegurando conteúdo de qualidade para manter usuários (e anunciantes) felizes.

Se você tem conteúdo excepcional, por ser capaz de alavancar este conteúdo para obter maior exposição. Ao compartilhar matérias, fotos e vídeos arquivados com uma fonte ou site complementar, você pode ser facilmente referenciado e talvez até mesmo incluir um link para o seu próprio site, caso o consumidor esteja interessado em saber mais sobre você ou o seu grupo. A partir daí, você pode até mesmo cogitar a co-produção de conteúdo que possa ser compartilhado no YouTube ou outros sites de compartilhamento de vídeos.

As suas táticas de guerrilha devem sempre ser educacionais e divertidas. Você consegue produzir um vídeo divertido que revele procedimentos básicos, dicas dos profissionais, demonstrações ou qualquer outra coisa que ajude a lhe estabelecer como o líder de pensamento livre na indústria que você é? Com certeza você consegue – agora, vamos ao trabalho!

Estabelecimento ou local

Você pode não precisar ir além da sua própria vitrine. Se tiver um negócio localizado em um lugar central, você pode querer considerar abrir as suas portas para receber um evento ou encontro local. Em troca da sua hospitalidade, não é inapropriado pedir por exposição nos materiais e iniciativas existentes de marketing deles.

Embora bancar o anfitrião requeira um pouco mais de planejamento e envolvimento da sua parte, ter um mecanismo predefinido para encaminhar tráfego à sua loja e obter publicidade ao mesmo tempo é uma oportunidade inestimável que não deve ser desperdiçada.

Entrando em uma Parceria: Perguntas a Fazer

Ao entrar em um novo relacionamento romântico, há sempre um monte de coisas a se perguntar. Será que eu gosto dessa pessoa? Essa pessoa me complementa? Posso confiar os meus segredos a essa pessoa? Essa pessoa vai se importar com o fato de que eu ainda durmo com um macaco de pelúcia?

Com exceção da última pergunta, obviamente, você deve fazer as mesmas perguntas a si mesmo antes de entrar em uma parceria. Nas suas transações diárias, você toma muito cuidado quando se trata de como quer que a sua marca apareça. Os consumidores tiram conclusões de acordo com as associações que fazem com a marca, logo, você vai querer ter cuidado no que diz respeito a quem escolhe para puxar a sua carroça.

Eis alguns palpites para se considerar antes de associar-se a alguém:

- **Esta companhia complementa a minha?** Um dos maiores obstáculos quando se trata de parcerias é associar-se a uma companhia que não "combina" com a sua marca. Por exemplo, uma loja de roupas de luxo se associando com a organização local de tratamento de lixo provavelmente não faz muito sentido. As parcerias bem-sucedidas são aquelas que irão manter – ou, de preferência, elevar – a sua exposição e causar uma percepção positiva da sua marca.

- **Quais são os benefícios de se associar com esta marca?** Esta é uma bela maneira de se fazer aquela encantadora pergunta: "o que eu ganho com isso?". Antes de aplicar energia e recursos, é muito justo perguntar o que você vai levar com o acordo. O que o seu parceiro tem à disposição? Disponibilidade de um lugar recomendado, envolvimento em iniciativas de marketing já existentes, sinalização no local, menções na mídia, e acesso a listas de e-mail altamente valiosas ou à aquisição no local de informações de contato ou outros dados pessoais são apenas alguns dos benefícios possíveis.

Após ter fechado acordo quanto a opções e a como cada um de vocês pode maximizar estes recursos, é hora de ir direto ao ponto – fixar os materiais de marketing, a posse de qualquer aquisição gerada durante o curso das iniciativas de marketing para as suas malas diretas, e quaisquer outros benefícios que queira capitalizar. Esta parte pode ser um pouco delicada – mas é bem melhor passar por estes pequenos momentos de desprazer e deixar tudo claro do que descobrir depois que você precisa de uma lente de aumento para ver o seu logotipo nos materiais de marketing após eles terem sido impressos.

✔ **Quem é o responsável pelos custos que possam surgir durante o curso desta parceria?** Embora um dos pontos positivos de se entrar em uma parceria seja estar apto a minimizar custos, coisas podem surgir ao longo do caminho. Independentemente do seu acordo, é uma boa ideia certificar-se de que todo mundo envolvido está ciente quanto a quem é responsável pelo cheque se algum custo surgir.

✔ **Quando a parceria termina, e o que acontece quando ela terminar?** Por fim, para garantir que todos estejam trabalhando a partir do mesmo manual, certifique-se de que a data de início e a de finalização (se houver uma) sejam delineadas e consentidas por ambas as partes. Ao longo da jornada, a sua parceria pode resultar na criação de materiais impressos, sinalização e outros bens. Seja no início ou à medida que a parceria continua, você vai querer discutir quem fica com o quê na conclusão, para evitar qualquer mal-entendido no futuro.

Após martelar todos os parâmetros, esboce um contrato escrito simples de forma que os elementos básicos do acordo estejam dispostos no papel. Este contrato deve cobrir todos os elementos na lista de controle anterior. Registrar, por escrito, coisas como a duração e os detalhes do acordo possibilita que cada contraparte entenda completamente quem é responsável por trazer o quê para a mesa. As pessoas são humanas e se esquecem e se lembram de coisas de forma diferente. Este contrato não é uma declaração de desconfiança – é uma oportunidade para todos os envolvidos articularem claramente as suas metas e responsabilidades.

Da mesma maneira, se alguma informação proprietária será usada ou revelada durante a parceria, você também pode querer cogitar entrar com o seu parceiro em um termo de confidencialidade (TC), um documento usado para proteger ambos os parceiros contra a possibilidade de que a outra parte use informação proprietária. Você trabalha duro para tornar e manter o seu negócio competitivo – trabalha demais, na verdade, para ver informação proprietária circulando por causa de alguma sinalização. Um TC oferece certa confiança que provavelmente desenvolverá lealdade ao seu parceiro e, por fim, dará a eles a oportunidade de dizer "eu poderia lhe contar, mas então eu teria que matá-lo" em resposta a debates internos.

Agarrando as Oportunidades

No progresso da sua parceria, oportunidades adicionais podem aparecer para lhe ajudar a aumentar o seu alcance. Ficar atento ao que os seus parceiros estão fazendo e continuar procurando por mais chances de exposição estão entre as suas obrigações guerrilheiras. Eis algumas outras situações em que a sua parceria pode surtir efeito de maneiras que você não esperava.

Rádio e mídia impressa

No decorrer da sua parceria, você pode descobrir que tem a chance de obter exposição na grande mídia em nome do seu companheiro. Confira como você pode alavancar o seu relacionamento para ser incluído na propaganda impressa e radiofônica do seu parceiro. Por exemplo, se há uma *cobertura remota no local* (em que uma personalidade do rádio ou da TV transmite ao vivo) do evento do seu colaborador, você pode querer ver se o entrevistado pode ser capaz de dar a você um cumprimento rápido enquanto estiver no ar.

Se o seu associado estiver lançando um anúncio de algum tipo, será que você consegue uma menção em nome da consideração promocional? Se o seu parceiro estiver pagando por um anúncio, ele pode não estar exatamente receptivo à ideia de compartilhar os holofotes – logo, o que você pode proporcionar em troca para ajudar a deixar o acordo mais atraente? Por exemplo, você pode colocar o anúncio deles no seu website, oferecendo um brinde a quem mencionar o anúncio na sua loja, ou você pode se oferecer para ajudar com a distribuição/disseminação do anúncio em si.

Online e e-mail

Se estiver em uma parceria com alguém, você pode querer explorar os recursos online que ambos têm e como cada um pode se beneficiar. Talvez você tenha anúncios em banner no seu site que poderiam encaminhar consumidores à página deles ou vice-versa? Muitos sites têm páginas de links destacando clientes e organizações comerciais locais – talvez você e o seu parceiro possam incluir um ao outro nas suas listas de links.

Uma das jóias mais valiosas que o seu parceiro pode ter é acesso a malas diretas de e-mail. Você não vai querer pegar aquela lista e mandar spam para os clientes do seu associado, mas a lista pode ser usada em caráter excepcional para promover eventos de grande porte ou, se usada de forma prudente, elevar a percepção da sua marca.

As pessoas odeiam lixo eletrônico. Muitas pessoas ficam desapontadas de forma compreensível quando as informações delas são compartilhadas ou vendidas a outra companhia sem a sua permissão. Tenha isso em mente ao discutir o uso conjunto de informações de contato adquiridos por meio de suas iniciativas de marketing isoladas.

Sorteios e competições

Você pode até não ter os fundos necessários para mandar um casal sortudo a Bora Bora, mas ao combinar os seus recursos e os de seu parceiro, vocês podem estar aptos a criar um pacote empolgante de prêmios.

Se decidir seguir este caminho, você vai querer deixar claro exatamente o que cada pessoa está preparada para oferecer e pagar. Conceder uma viagem resulta em um grande incentivo ao cliente e tem potencial para cobertura da imprensa. Porém, deixar de entregar o prêmio da competição pode ter o exato efeito contrário. Um bom planejamento entre você e o seu parceiro ajudará a evitar estes resultados negativos (para saber mais sobre a criação de pacotes de prêmios, vá até o Capítulo 13).

Capítulo 20

Devolvendo à Comunidade: Incluindo uma Campanha de Marketing Social

. . . .

Neste Capítulo

▶ Dando e recebendo em campanhas de marketing social

▶ Oferecendo uma parcela dos seus lucros para uma instituição de caridade

▶ Casando a sua marca com uma organização digna

. . . .

E*ssa* acaba de chegar: o dinheiro traz felicidade – *se* você gastá-lo com os outros. É isso mesmo: de acordo com um estudo feito em 2008 pela Universidade da Colúmbia Britânica, no Canadá, e pela Escola de Negócios de Harvard, pesquisadores descobriram que pessoas que gastam seu dinheiro com os outros ou na forma de contribuições beneficentes, em vez de gastá-lo comprando algo extravagante para si, experimentam "uma felicidade significativamente maior". O que isso significa para você?

Para começar, isso significa que você provavelmente deveria cancelar o pedido daquele custoso retrato a óleo seu em tamanho natural – ou, pelo menos, dá-lo para alguém. Quando se trata de marketing de guerrilha, isso significa que ao direcionar os seus esforços para a caridade, não somente você pode ajudar uma organização digna e beneficiar a sua marca como pode acabar mais feliz!

Neste capítulo, nós tentamos deixar o seu dia um pouco mais ensolarado ao explorar os benefícios das campanhas de marketing social. Começamos discutindo exatamente o que este tipo de campanha envolve e como ela pode ser benéfica para a sua marca. A seguir, o inteiramos quanto a dividir uma parcela dos lucros da sua companhia com instituições de caridade ou outras organizações dignas como um instrumento para gerar interesse. Por fim, embora ainda preservando sentimentos altruístas, observamos os benefícios adicionais e oportunidades de parceria que você pode invocar ao abraçar a imagem filantrópica da sua companhia.

Considerando Campanhas de Marketing Social

Vivemos com o que recebemos, mas marcamos a vida com o que damos.
– Winston Churchill

Esse tal de Winston Churchill era um sujeito muito esperto – e as suas palavras podem facilmente ser aplicadas em respeito ao uso de campanhas de marketing social para promover a sua marca. Uma *campanha de marketing social* é um ingrediente beneficente que você pode usar para aumentar a visibilidade e o valor da marca. Essencialmente, isso significa que, ao ajudar organizações de caridade, você pode chamar a atenção dos seus consumidores de uma forma positiva e calorosa (para saber mais sobre tocar o coração dos consumidores, confira o quadro lateral "Deixe brilhar" neste capítulo).

Campanhas de marketing social são conhecidas por outros nomes ou rótulos profissionais. Expressões similares como *marketing para Causas Sociais* ou simplesmente *marketing de causa* têm sido usadas também para definir o ato de incorporar um ingrediente de compaixão aos planos de marketing das companhias.

Raciocínio de guerrilha requer que você esteja à frente dos competidores quando se trata de desenvoltura e inovação. Isto significa ser tão engenhoso quanto possível para criar oportunidades de ajudar os outros enquanto, de uma forma humilde, você se ajuda. Quando são feitas com sinceridade, as campanhas de marketing social podem ir bem longe ao cumprir uma necessidade cultural enquanto criam associações positivas com a sua marca.

Campanhas de marketing social funcionam porque elas são parcerias mutuamente benéficas em sua forma mais desinteressada. Assim como nas parcerias de promoção cruzada (consulte o Capítulo 19), as campanhas relacionadas a causas humanitárias proporcionam uma série de oportunidades tanto ao negócio quanto à instituição de caridade, enquanto a maioria dos recursos disponíveis (sejam eles financeiros, de serviços ou de mão-de-obra) fica voltada ao bem maior.

Embora sentir aquela sensação boa de ajudar os outros possa ser o suficiente para que as companhias participem em uma campanha de marketing social, participar de tal empreendimento oferece muitas vantagens tanto para a instituição de caridade quanto para a empresa. Eis alguns dos benefícios mais comuns que as duas partes podem desfrutar:

- **Percepção elevada:** Assim como em qualquer outra parceria, ao juntarem forças cada uma das organizações fica apta a elevar a percepção de suas marcas ao capitalizar os bens uma da outra. O negócio pode ganhar acesso às malas diretas da instituição de caridade

_Capítulo 20: Devolvendo à Comunidade: Incluindo uma Campanha de Marketing Social **295**

ou menções em seu newsletter e no seu website. Nesse ínterim, as organizações de caridade estão aptas a tirar proveito das iniciativas maiores de marketing que as companhias podem proporcionar – marketing que de outra forma poderia não ser viável para uma organização sem fins lucrativos.

✔ **Associações positivas, fidelidade do consumidor e benevolência:** Quando uma empresa forma uma parceria com uma instituição de caridade, a empresa cria uma conexão positiva na mente das pessoas entre a companhia e atos de caridade. Além disso, a instituição de caridade se beneficia ao receber um aval indireto (ou direto) da companhia selecionada.

✔ **Rendimento crescente:** Após participar de uma campanha de marketing social, as empresas normalmente encontram uma elevação nos rendimentos que poderia estar diretamente associada com a maior percepção e fidelidade por parte dos consumidores. A instituição de caridade prospera ao receber contribuições diretas da própria empresa ou com o salto nas doações graças à maior percepção.

✔ **Motivar outros:** Nós gostamos de imaginar que a maioria das pessoas quer deixar o mundo um pouco melhor do que o encontraram. Ao participar deste tipo de iniciativa, todos os participantes estão cumprindo um papel ativo na promoção de uma cultura de filantropia e serviço público – e não estamos falando apenas dos funcionários, mas do público em geral.

Nas seções a seguir, nós o acompanhamos no processo de desenvolvimento da sua própria campanha de marketing social.

Selecionando uma instituição de caridade

Você quer engatar a sua carroça a uma grande instituição de caridade e fazer algum bem. O primeiro passo é escolher a sua instituição. Com tantas organizações dignas por aí, tentar escolher apenas uma pode parecer um tanto intimidante. Felizmente, uma variedade de recursos está prontamente disponíveis para ajudá-lo a tomar uma decisão inteligente e bem informada:

✔ **Experiência pessoal:** Nada vai fazê-lo se sentir melhor do que algo que seja pessoal. Por acaso você já assistiu a algum programa de TV ou leu um artigo e a história de superação de adversidades e luta por uma causa justa o deixou emocionado de tal maneira que você gostaria de ter feito algo? Você tem alguma experiência de vida específica que o fez querer ajudar outros de alguma forma, mas então a sua vida tomou a frente e a ideia ficou para trás? Se qualquer um destes casos for verdadeiro, agora é a sua oportunidade de reacender aquela chama e usar a empresa para ajudar a cumprir um papel ativo de mudança pelo bem comum.

✔ **Família e amigos:** A família e os amigos são recursos excepcionais. Nunca deixamos de nos surpreender com o trabalho abnegado que os nossos amigos e membros de família fazem em seu tempo livre. Talvez o seu irmão passe uma ou duas noites por semana ensinando carpintaria para garotos destituídos. Talvez o seu amigo talentoso vá a asilos uma vez por semana para cantar para os idosos. Considerando a natureza das boas ações, os seus amigos e a sua família provavelmente não exibem os seus esforços angelicais de maneira aberta, então pergunte por aí. Quem sabe – você pode aprender alguma coisa!

Alguém entre os seus entes queridos já sofreu com uma doença, como câncer ou problemas cardíacos? Se for o caso, você provavelmente teve a chance de ver, em primeira mão, os resultados da situação ou aflição, e esta é a sua chance de retribuir, ajudando outros na mesma situação que você e o seu ente querido estiveram.

Se um dos seus amigos ou membros da família participar de uma instituição de caridade que você não conhece, mas que pode ser uma oportunidade em potencial, pergunte se você pode acompanhá-lo e testemunhar os seus esforços em pessoa. Dedicar tempo a uma experiência pessoal com uma instituição de caridade o ajudará a decidir se ela pode ser uma boa escolha para a sua marca.

✔ **Instituições de caridade relacionadas ao setor:** Dirigir-se às suas associações comerciais locais pode lhe proporcionar uma seleção de instituições de caridade aprovadas pelo setor que podem servir como uma escolha perfeita para a sua marca.

Pode ser que não precise olhar para mais nada além do que você faz nas suas atividades diárias. Há alguma instituição de caridade relacionada a uma marca que poderia se beneficiar de seus recursos, trabalho ou financiamento? Por exemplo, se for o proprietário de um salão de cabeleireiro, você pode cogitar uma parceria com a Locks of Love (www.locksoflove.org), que doa cabelo para uso em perucas para pessoas afligidas pelo câncer. Se for um alfaiate, talvez possa fazer uma parceria com o abrigo local para os sem-teto e fornecer casacos durante o inverno.

Esta situação é a ideal porque além de ajudar uma organização específica do seu setor, os consumidores podem olhar para os seus esforços e pensar "isso faz total sentido".

✔ **Recursos online:** Uma variedade de websites servem como excelentes pontos de conexão entre empresas e instituições de caridade. Dois dos mais populares são

- Network for Good (www.networkforgood.org): O Network for Good dá a instituições e organizações sem fins lucrativos a oportunidade de publicar as suas necessidades regionais na esperança de que possam encontrar um companheiro.

- Better Business Bureau (www.give.org): O Give.org é um site de caridade mantido pelo Better Business Bureau (BBB). Ele oferece informações sobre instituições de caridade respeitáveis.

Estes sites lhe darão uma ideia de quem está por aí e o colocarão em contato com as pessoas que podem fazer a coisa toda acontecer!

Ao acessar esta abundância de recursos já existentes, você será capaz de identificar e selecionar qual instituição de caridade (ou talvez até mais de uma) você gostaria de abordar e trabalhar à medida que continua a crescer e comercializar o seu negócio ou marca.

Descobrindo o que a organização precisa

Quando está elaborando uma proposta de negócio com um cliente em potencial ou um parceiro comercial, você faz a sua pesquisa primeiro. Antes de propor o seu conceito, você calcula o que talvez possa oferecer como parte do acordo. Você precisa exibir a mesma preparação diligente antes de abordar uma instituição de caridade.

Faça um levantamento das posses que estão disponíveis imediatamente e de como você pode aplicá-las para beneficiar a instituição de caridade. Você pode oferecer apoio financeiro? Multidões de clientes leais? Recursos de mídia que está disposto a compartilhar? A boa e velha mamãe costumava dizer: "se você tem alguma dádiva e não a compartilha, bom, isso é um crime!".

Faça um pouco de pesquisa e veja se há alguma coisa em particular que a instituição de caridade ou causa necessita imediatamente. Ser capaz de satisfazer uma necessidade torna a sua proposta incrivelmente atrativa e convincente.

Sempre há uma demanda por dinheiro e, portanto, esta pode ser a dádiva que você vai querer considerar ao abordar a sua instituição de caridade. Porém, de acordo com o seu histórico, experiência ou posição, talvez o seu conjunto de habilidades o capacite para oferecer algo que nenhuma outra empresa poderia igualar. Se este for o caso, certifique-se de potencializar este algo especial – no final das contas, ele pode valer tanto quanto (ou mais que) a sua contribuição básica em dinheiro.

Abordando a organização

Após levar o seu plano em consideração, é hora de entrar em contato com a sua instituição de caridade e apresentar a sua proposta. Uma rápida busca online lhe dará o número central da organização, mas recomendamos que você inicie a sua conversa com alguém dos departamentos de arrecadação, relações empresariais ou desenvolvimento. Normalmente as pessoas nestes departamentos estão preparadas para trabalhar com empresas como a sua, e elas serão capazes de trabalhar com você para dar forma a um programa que tanto a empresa quanto a instituição de caridade considerarão satisfatório. Há boas chances de que a maioria das instituições de caridade esteja aberta a uma campanha de marketing social mutuamente benéfica. Mas tenha em mente que pode haver mais coisas envolvidas do que simplesmente ligar para eles e dizer "ei, vamos trabalhar juntos para obter uma exposição maior, mais exposição e sentimentos de boa vontade". As instituições de caridade trabalham para proteger a imagem delas tanto quanto você trabalha para proteger a sua – senão mais. Para que uma instituição de caridade ofereça o seu nome e seu tempo para fomentar e cultivar um relacionamento bem-sucedido, ela frequentemente solicitará uma proposta completa sua. Ela usará esta proposta para determinar se a sua campanha de fato vale o tempo e os recursos deles.

Se a instituição de caridade pedir uma proposta formal, não considere isso algo pessoal. Instituições de caridade e outras organizações sem fins lucrativos precisam trabalhar incansavelmente para proteger os seus bons nomes. Muitas delas dependem de fundos públicos e privados para operar e, portanto, têm que se certificar de que nenhuma das suas parcerias abale o equilíbrio delicado da qual precisam para continuar funcionando.

Também tenha em mente que na posição de dono você pode desfrutar da prerrogativa de ser Aquele Que Decide – mas frequentemente as instituições de caridade não compartilham da mesma liberdade. Algumas têm conselhos diretores a quem devem responder, além de planos de marketing preexistentes em vigor que podem entrar em conflito com o que estiver propondo naquele momento. Portanto, a resposta pode não ser um "não" – pode ser apenas um "agora não".

Você pode ser um capitão na sua indústria que faz os reles mortais tremerem ao entrar no recinto, mas quando estiver abordando instituições de caridade, você precisa exercer a humildade. Quando se trata de organizações menores sem fins lucrativos ou administradas pela comunidade, boa parte da equipe é formada por empregados em meio período ou voluntários que estão tentando conduzir vários trabalhos com tempo e recursos limitados. É de seu interesse ser um humilde companheiro de equipe. Apresentar-se como um colaborador animado, em vez de um rolo compressor, deixará a instituição bem mais receptiva aos seus esforços.

Decidindo o que contribuir

Fazer compras de fim de ano não é estressante? Você anda para cima e para baixo para encontrar o presente perfeito para os entes queridos, com uma firmeza cada vez mais desgastada – cuja intensidade aumenta um pouquinho com a lembrança do desastre que foi o soquete elétrico com defeito no ano anterior. Então, justamente quando você acha que não aguenta mais procurar, você tropeça no presente perfeito que estava bem na sua cara o tempo todo.

Ocasionalmente, a busca pelo que contribuir a uma instituição de caridade selecionada pode ser tão onerosa quanto. Nosso conselho? Olhe à sua frente primeiro. Nós temos bastante confiança de que, simplesmente ao olhar para o que está bem na sua frente, e usar apenas um pouquinho de criatividade, quase qualquer marqueteiro em quase qualquer ramo de negócio deve ser capaz de descobrir uma maneira de criar uma contribuição que funcione.

Muitos proprietários de empresas acham que têm que entrar em contato com alguma instituição nacional, mas frequentemente as campanhas de caridade mais eficazes são as locais, que impactam o diretamente a sua comunidade (e os consumidores). Quais recursos imediatos você tem para contribuir com a sua própria comunidade?

Talvez a Padaria do Pedro possa doar pães doces marcados com um P para ajudar a venda beneficente de assados em prol da banda marcial. O DJ Funky Fresh poderia tocar os hits dos anos 70 na festa anual do centro para idosos. A Contabilidade Tritura-Números pode oferecer os seus serviços para preparar as declarações de imposto de renda dos locais de prática religiosa. Muitas vezes, os presentes que requerem pouco mais do que tempo dedicado são aqueles que colhem os maiores frutos e produzem a melhor reação do público.

A maioria das pessoas quer participar de algum tipo de atividade beneficente, mas elas não sabem como começar. Se você tem funcionários ou colegas de trabalho de bom coração, pode querer entrar em contato com eles e ver se estão interessados em formar um grupo de trabalho voluntário para uma organização. Além de cair bem para a imagem da companhia, isso levantará a moral do ambiente de trabalho e ajudará uma boa causa!

Há inúmeras maneiras de dar uma mão – você está limitado apenas pelos seus recursos e sua desenvoltura. Eis algumas sugestões:

- **Doe um produto ou serviço.** O que você faz? Doe algo de valor para uma organização para que possa ser usado como brinde ou grande prêmio em benefício da organização.
- **Se tiver uma mão-de-obra particularmente altruísta, organize um programa de serviço voluntário em prol da instituição selecionada.**
- **Promova uma mensagem em comum.** Ao formar uma parceria com uma instituição de caridade ou causa, maximize este relacionamento ao promover uma mensagem positiva em comum.

Estabelecendo os parâmetros

Definir pontos específicos da sua contribuição pode ser algo tão simples quanto tirar proveito de uma oportunidade já existente. Por exemplo, digamos que você decidiu contribuir com um item para um evento, ou tirar proveito da existência de uma sacola de brindes em um evento social de caridade – não há muito espaço para negociação porque a permuta é relativamente óbvia: eles ganham o benefício do seu produto para os usos deles e você ganha acesso aos presentes e ao evento. A instituição de caridade poderá distribuir o seu produto aos convidados e você será capaz de se beneficiar da exposição associada. Desde que não tenha grandes objeções (como a disposição ao lado de um concorrente direto), é melhor seguir adiante com o que quer que a instituição sugira e não complicar a situação.

Se a sua oferta for algo único ou de tamanho considerável, você pode ter mais espaço para negociar. Especialmente quando estiver doando grandes quantias de dinheiro ou outros recursos de alto valor, você pode ter a oportunidade de solicitar coisas com delicadeza em troca da sua contribuição. Porém, não deixe de negociar com um senso de modéstia, tato e respeito.

Não importa se essa é a sua primeira vez ou a centésima em que trabalha com instituições de caridade: como em qualquer transação de negócios, ponha o seu acordo no papel.

Divida a riqueza

Os negócios estão estrondosos! Você acorda de manhã e dá um mergulho em uma piscina de moedas de ouro. "É, a vida é boa", você diz a si mesmo.

Uma maneira de vê-la ainda melhor: divida a riqueza – na forma de um *ingrediente de parcela dos lucros* (uma iniciativa de marketing na qual uma empresa concorda em doar à caridade uma parcela estabelecida de seus lucros em cada venda durante um determinado período de tempo, até certa quantidade de dinheiro ser atingida). A teoria por trás de uma parcela dos lucros é que, quando um consumidor em busca de um produto – digamos, mostarda apimentada – tem a chance de escolher entre uma mostarda apimentada que doa 50 centavos por bisnaga para caridade e uma sem aquele aspecto caridoso, o consumidor escolherá a mostarda mais filantrópica. Alguns dizem que as pessoas simplesmente preferem condimentos generosos, mas nós insistimos que a motivação dos consumidores, em termos gerais, é querer ajudar – especialmente quando aquela ajuda vem na forma da compra de algo que eles teriam adquirido de qualquer maneira.

Capítulo 20: Devolvendo à Comunidade: Incluindo uma Campanha de Marketing Social **301**

Deixe brilhar

Uma companhia farmacêutica pensando em dar uma mãozinha para aqueles sofrendo de AIDS formou uma parceria com o Fundo Nacional Contra a AIDS para criar uma iniciativa de marketing social que promovesse a conscientização de uma epidemia que se espalhara rapidamente. Para fazê-lo, a companhia de remédios criou um website elegante que encorajava os consumidores e usar o mouse para acender um fósforo virtual e acender uma simples vela branca posicionada no centro da página. Para cada vela acesa, a organização doava $ 1 para o fundo, a ser aplicado em pesquisa contra a AIDS.

Além de ser um gesto incrivelmente generoso executado de forma bela, não demorou para que a notícia sobre o site e os esforços da companhia se espalhasse. Em pouco tempo a mídia tradicional, os blogueiros e as listas de e-mail familiares estavam cintilando com bons sentimentos expressos em relação à marca, assim como as palavras de encorajamento para que amigos e família fossem ao site e "levassem um segundo acendendo uma vela" em nome da ajuda à busca por uma cura.

Levando o crédito por suas boas ações

Você ajuda velhinhas a atravessar a rua, cobre o seu nariz quando espirra e diz "obrigado" quando alguém segura a porta para você. Mas você ganha algum crédito por todas as suas boas ações? Não! Bom, dessa vez, é hora de adiantar-se educadamente e aceitar alguns humildes elogios às suas atividades caridosas. Embora simplesmente ajudar os outros já seja recompensador o suficiente, nós afirmamos que se você captar algum reconhecimento para a sua marca ao longo do caminho, não há nada de mal, também.

Tradicionalmente, empresas podem trabalhar para potencializar a doação e/ou participação delas de forma a ajudar os negócios das seguintes maneiras:

- **Ter uma presença no local de um evento, cerimônia ou estabelecimento:** Por exemplo, talvez você tenha a oportunidade de montar uma pequena mesa ou tela no evento de caridade, assim como a chance de oferecer amostras do seu produto e obter informações de contato dos convidados.

- **Ser mencionado nas campanhas impressas da instituição de caridade:** A maioria das organizações sem fins lucrativos oferece aos seus parceiros de negócios exposição a seus patrocinadores por meio de listagens de pré-promoção, menções honorárias no local ou anúncios em jornais, boletins ou placas da organização. A doação do negócio é registrada em algum lugar para que as pessoas estejam cientes da sua contribuição.

- **Receber presença no website da instituição de caridade:** Ser mencionado no website da instituição de caridade é ótimo, mas você vai querer se certificar de que a instituição também coloque um link para o seu website, para que as pessoas possam lhe encontrar.

Obter um abatimento de imposto: Instituições de caridade não são as únicas que apreciam uma boa ação. As leis e os benefícios variam de estado em estado e instituição em instituição, mas não deixe de conferir as suas leis locais quanto a impostos e/ou com o seu contador para ver o que pode estar disponível para você e o seu negócio.

Cultivando o relacionamento

Você vai a convenções, marca almoços e faz ligações para manter contato. Como marqueteiro e alguém que faz redes de contatos, você usa as suas habilidades sociais para obter o máximo proveito das suas relações profissionais. Ao trabalhar com instituições de caridade e outras organizações dedicadas ao bem geral, você precisa exercer este mesmo senso de consideração em respeito às suas parcerias de caridade.

Eis algumas das maneiras de se estudar e cultivar um relacionamento com os seus camaradas de compaixão:

- **Reúna-se com um membro da organização.** Ficar algum tempo cara a cara é importante. Além do mais, você pode considerar inspirador – ou no mínimo instrutivo – falar com alguém sobre a organização.

- **Visite as instalações, se apropriado.** Nada o dará uma melhor noção do trabalho sendo feito do que vê-lo em primeira mão.

- **Adicione o logotipo da instituição ao seu site ou aos seus materiais.** Quando tem uma parceria com uma instituição de caridade, você pode ajudar a aumentar a visibilidade dela exibindo o logotipo da instituição em seus próprios materiais de marketing. Geralmente isto sai extremamente barato e promove a boa vontade entre você e a sua instituição de caridade.

- **Se tiver tempo e eles precisarem de sua ajuda, junte-se a um dos comitês da organização ou até mesmo ao conselho de administração.**

    Compareça a quaisquer cerimônias, bailes de gala ou eventos sociais para levantar fundos que a instituição de caridade organizar, quer a sua empresa esteja diretamente envolvida ou não.

A sua intenção inicial pode ser apenas formar uma parceria com uma instituição de caridade para uma campanha que seja mutuamente benéfica. Mas quem sabe? Após trabalhar com uma instituição de caridade e ver o trabalho deles em primeira mão, você pode ver a si mesmo com uma parceria de caridade em longo prazo.

_ **Capítulo 20: Devolvendo à Comunidade: Incluindo uma Campanha de Marketing Social** 303

Aliando um Produto de Qualidade com uma Causa Beneficente

No verão passado a esposa de Jonathan trouxe para casa uma caixa de biscoitos feitos por escoteiras – sabor menta, para ser exato. Ao abrir a caixa, ocorreu a ele que, todo ano, ele acabava com uma caixa verde na mão. Se ele bem se lembrava, ele nunca tinha feito um esforço consciente para comprá-los e, ainda assim, de alguma maneira eles simplesmente acabavam chegando ali. Em um ano anterior, um colega de trabalho estava vendendo-os em nome da sobrinha. Em outro ano, foi um evento para arrecadar fundos que os distribuiu de brinde. E neste ano, simplesmente foi mais uma das vantagens de se estar casado.

Nem todo mundo tem os recursos para criar um produto voltado especificamente para caridade, mas talvez você os tenha. Os biscoitos das escoteiras provavelmente são um dos exemplos mais óbvios (e mais viciantes) dos inúmeros produtos que estão associados a fins ou organizações beneficentes.

A implantação tem sido tão ampla quanto o conceito. Linhas de roupas, MP3 players, joias e até mesmo temperos para saladas se deram muito bem ao criar um produto especificamente voltado a fins beneficentes. Nem todas as ofertas destas companhias são baseadas em caridade, mas criar pelo menos um produto de alta qualidade cujos lucros vão para uma boa causa se provou uma medida eficaz para ajudar a incrementar a legitimidade do produto ou da marca.

Parte VI: Uma Mão Lava a Outra

Parte VII
A Parte dos Dez

A 5ª Onda por Rich Tennant

"Sei não, Artur. Acho que você está à frente do seu tempo."

Nesta parte . . .

Adoramos trabalhar no ramo do marketing de guerrilha. A nossa meta é que, ao ler esse livro, você descubra não apenas que as táticas de marketing de guerrilha são uma maneira eficaz de atingir o seu público, mas também que com frequência elas são simplesmente divertidas!

Esta parte serve como cartão informativo de dia dos namorados para o nosso setor. Começamos mostrando a você como casar os métodos descritos neste livro com diversos orçamentos e necessidades. Quando você conta aos colegas de trabalho e amigos que decidiu "partir para a guerrilha", você pode se deparar com alguma resistência ou, no mínimo, com alguns gracejos intolerantes. Nesta parte, o ajudamos a sobreviver aos céticos descrevendo exatamente porque nós amamos o marketing de guerrilha e como estas táticas podem servir às marcas de diversas maneiras. Por último, contamos como você pode partir para a guerrilha com qualquer orçamento – de forma que possa descartar o custo como desculpa para não fazer marketing do seu negócio.

Capítulo 21

Dez Campanhas Praticamente Perfeitas

Neste Capítulo

▶ Determinando as suas metas e objetivos

▶ Definindo o seu orçamento

▶ Escolhendo táticas específicas para o seu negócio

*A*cena: uma caverna escura em um local indefinido do Oriente Médio. Proprietários de empresas ansiosos para conseguir o programa de marketing perfeito procuraram e obtiveram uma lâmpada mágica com um gênio que lhes concederia três desejos. Ao descobrir a relíquia mágica, eles a esfregam, convocam o gênio e declaram os seus desejos: "desejo número um: eu quero uma campanha de marketing de um tipo que nunca foi visto antes! Desejo número dois: eu quero exposição na imprensa que atinja os cantos mais distantes do mundo, oferecendo-me consumidores internacionais! Desejo número três: eu quero que uma dessas cadeiras de massagem feitas de couro – você sabe, daquelas que vibram" (afinal, se topar com um gênio, você deve pedir algo legal para você mesmo).

Ah, se fosse assim tão simples. Uma das armadilhas mais comuns nas quais os proprietários de empresas tendem a cair é a ideia de que eles precisam somente encontrar aquela receita secreta ou solução mágica que tornará a campanha deles um grande sucesso. Porém, o caráter único do seu negócio demanda mais do que um plano de marketing pré-fabricado. Ele requer um plano que seja feito sob medida para atingir as suas metas e objetivos e se encaixe no seu orçamento.

Todos os dias nós recebemos solicitações de uma variedade de empresas, tanto grandes quanto pequenas, que estão pensando em crescer com o uso de marketing de guerrilha. Elas têm uma variedade de necessidades específicas e, a partir dali, tentamos adaptá-las a programas (a maioria dos quais é esquematizada diretamente neste livro) que irão beneficiá-las ao máximo. Para dar uma noção de como você pode aplicar estas técnicas no seu negócio, decidimos colocá-lo no cargo de executivo de contas (EC) de agência de marketing não-tradicional e apresentar alguns grupos comuns de clientes para ilustrar como nós normalmente trabalhamos para casá-los com uma campanha apropriada.

Para apresentá-lo ao seu novo posto ilustre como EC de marketing de guerrilha, escolhemos dez marcas e empresas comuns que poderiam usar marketing de guerrilha no seu mix de mídia. A partir daí, decompomos a lista e criamos uma proposta para cada uma dessas empresas, levando em consideração os elementos específicos de cada uma. Incluímos fatores como metas e objetivos que elas possam ter para cada campanha, a estratégia delas para atingir estas metas, o momento e as localizações, e quais os métodos de guerrilha elas podem aplicar aos seus planos e por quê.

Algumas das campanhas delineadas, neste capítulo, foram tiradas de casos reais, algumas são criadas com base em solicitações que recebemos no passado, e outras são campanhas que faríamos, se tivéssemos que fazer tudo de novo. A nossa esperança é que, ao examinar todas estas minipropostas, você encontre um grupo que simbolize a sua marca e seja capaz de trabalhar com estes constructos para escolher a dedo a campanha ideal, como se você tivesse os seus três desejos concedidos por um gênio de calças largas!

Vestindo-se para o Sucesso: Uma Loja de Roupas

Visão geral do cliente: Faz tempo que o sonho de Érica é abrir uma loja que apresente o seu talento original para camisetas, saias e calças retrô. Os figurinos dela são modernos, sexies e perfeitos para a vizinhança promissora no Brooklin – mas, ao perseguir o sonho, ela sabe que há muito chão a percorrer até passar a mensagem para o público-alvo dela.

Metas e objetivos: Apresente Érica e os seus figurinos à vizinhança. Busque tráfego e, em última análise, vendas arrasadoras para a loja!

Estratégia: Trabalhe para fazer a vitrine se sobressair entre outros negócios no quarteirão e na vizinhança. Use a atenção pessoal ao consumidor e o inventário sem paralelo para criar uma clientela fiel que retornará de tempos em tempos e trará amigos e membros da família, também.

Faixa demográfica alvo: Consumidores jovens, atualizados e abastados.

Momento e mercados: Final do verão e início do outono. Vizinhança da loja e adjacências.

Orçamento: $ 10.000

Conceitos e ingredientes:

Capítulo 21: Dez Campanhas Praticamente Perfeitas **309**

✔ **Parcerias de promoção cruzada mutuamente benéficas:** Anuncie em lojas vizinhas que não são concorrentes (como parques para skatistas, livrarias independentes e cafeterias).

✔ **Iniciativas online:** Crie um website dinâmico e com bons recursos visuais que deixe os figurinos da estilista tão atraentes e detalhados quanto possível:

- Inclua as informações do processo de cada figurino e enfatize a atmosfera de exemplar único para cada uma das confecções exibidas.
- Providencie recomendações de clientes reais e pessoas influentes locais para proporcionar credibilidade local.

✔ **Atividades e eventos na loja:**

- Faça eventos especiais de compras para grupos e organizações locais. Ofereça a instituições de caridade a oportunidade de conduzir festas exclusivas onde uma parcela dos lucros será doada à causa.
- Deixe a loja à disposição para declamação de poesias, apresentações acústicas, interpretação teatral, mostras artísticas e outras atividades que tenham apelo junto ao público-alvo da loja.
- Separe uma área especial da loja para promover designers e artistas locais que preparem bens e serviços não-competitivos.
- Inclua um ingrediente sutil e ainda assim elegante do tipo "entre para ganhar", onde os consumidores têm a chance de ganhar um traje escolhido pessoalmente pela Érica para aquela pessoa.

Carregando nas Costas: Um Consultório Quiroprático

Visão geral do cliente: A clínica quiroprática de Greg prosperou por uma razão: ele é muito bom na hora de cuidar das costas das pessoas! Porém, ele está pensando em expandir o negócio, trazendo um praticante adicional para oferecer uma lista mais diversa de serviços para os seus clientes. Como resultado, ele contratou três novos funcionários para proporcionar aos seus clientes serviços mais personalizados e abrangentes.

Metas e objetivos: Alerte os pacientes atuais e em potencial quanto aos novos serviços oferecidos pelo consultório – a introdução de massagistas que podem auxiliar com massagem médica e de relaxamento.

Estratégia: Potencialize a experiência e o currículo impressionante que este novo membro da equipe traz para a clínica. Crie pacotes especiais que apresentem os novos serviços aos clientes atuais por um preço um pouco menor, em uma iniciativa para ajudar a espalhar a notícia.

Faixa demográfica alvo: Pacientes atuais do consultório e novos clientes procurando por terapias mais diversificadas de quiropraxia e massagem.

Momento e mercados: Período de três meses, simultâneo à chegada do novo membro da equipe. Pacientes que vivem ou trabalham em um raio de 30 quarteirões em torno do consultório.

Orçamento: $ 5.000

Conceitos e ingredientes:

- **Sinalização dentro da clínica e materiais promovendo o novo serviço oferecido e as credenciais do novo terapeuta:**

  - Providencie coisas que possam ser levadas, como folhetos sobre os serviços completos.
  - Inclua um número limitado de pequenos prêmios, como uma bola anti-stress com a marca do estabelecimento promovendo-o como a primeira e última parada para o bem-estar completo do seu corpo.

- **Iniciativas online:** Atualize o website corrente com as informações sobre os serviços.

- **Eventos comunitários:** Leve os novos funcionários às feiras locais na área de saúde e aos encontros comunitários para ajudar a apresentá-los à sua equipe e à região como um todo.

Surfando nas Vendas: Um Web Site com uma Loja Virtual

Visão geral do cliente: William, o proprietário da Loja de Pesca Com Mosca Jogue & Pegue, abandonou a sua vitrine real quando percebeu que poderia fazer tantos negócios quanto antes e cortar as suas despesas gerais drasticamente ao vender online as suas iscas de pesca "Bete Quente" e suprimentos. Como alguém que nunca se acomoda e nada com a maré, William está ansioso para fazer com que seu negócio online continue prosperando.

Metas e objetivos: Eleve a percepção da marca e busque mais vendas e tráfego ao site.

Capítulo 21: Dez Campanhas Praticamente Perfeitas **311**

Estratégia: Potencialize a base de clientes e o interesse crescente na pesca com mosca para gerar vendas. Como outras companhias oferecem produtos e serviços similares, descubra uma maneira de se sobressair em meio à concorrência.

Faixa demográfica alvo: Pescadores em regiões com lagos.

Momento e mercados: Verão. Nacional, com foco nos mercados onde a pesca com mosca é mais popular.

Orçamento: $ 25.000

Conceitos e ingredientes:

✔ **Iniciativas online:**

- Otimização para ferramentas de busca (no inglês, "search engine optimization", ou SEO), tornando a Jogue & Pegue o primeiro nome a aparecer quando clientes procuram por suprimentos de pesca com mosca.
- Anúncios em banners nos websites relacionados à marca, porém não-competitivos.
- Infiltração online em fóruns online de pesca.

✔ **Distribua materiais com uma URL e um forte apelo à ação, oferecendo aos consumidores um desconto ou cupom na compra.**

✔ **Faça parceria com marcas que não competem com a loja para criar um evento regional de pesca com mosca.**

✔ **Monte uma presença única (como um terminal de construção da sua própria isca) em feiras comerciais e eventos do setor.**

✔ **Corteje ativamente menções editoriais sobre a "Bete Quente" em publicações voltadas ao esporte, para aumentar a credibilidade e a percepção da marca.**

Delimitando as Faixas: Uma Gravadora

Visão geral do cliente: A banda Atum Fedido assinou recentemente com um selo emergente, o No Seu Ouvido Discos. A aparência exemplar do quarteto e o som apreensivo e grave do quarteto com certeza vão deixar as garotas em êxtase e os rapazes acenando a cabeça em aprovação. O desafio é transformar um grupo adorado na cidade em sucesso nacional.

Metas e objetivos: Aumente a percepção da banda. Busque tráfego para o site. Aumente a frequência de pessoas nos shows e, no final das contas, as vendas do disco novo.

Estratégia: Unifique a base de fãs para ajudar a espalhar a notícia em âmbito nacional. Potencialize a base preexistente de fãs da banda para que trabalhem como embaixadores regionais.

Faixa demográfica alvo: Amantes de música alternativa, com foco inicial nas mulheres e entendendo-se aos homens se forma secundária.

Momento e mercados: Coincide com o lançamento do disco em cinco mercados selecionados com uma base forte de fãs: Austin, Boston, Chicago, Los Angeles e Nova York.

Orçamento: $ 10.000.

Conceitos e ingredientes:

✔ **Iniciativas online:**

- Use sites de redes sociais, como o MySpace (`www.myspace.com`), para apresentar filmagem "crua e de bastidores" de shows.
- Disponibilize prévias do disco novo, dando aos fãs uma palhinha do que está por vir.

✔ **Distribuição direcionada do lado de fora de shows de bandas com som e fãs semelhantes.** Se o orçamento permitir, dê amostras em CD das músicas de trabalho do novo disco.

✔ **Divulgação desenfreada em cinco mercados de elite.**

✔ **Propaganda móvel** – nem que seja a própria van ou caminhoneta de turnê da Atum Fedido.

✔ **Evento:**

- Organize uma festa de lançamento do disco em um estabelecimento inesperado, porém relacionado à marca, como uma fábrica de atum em conserva.
- Faça o melhor possível para assegurar um patrocinador (bebida, roupa, caridade e assim por diante).

Capítulo 21: Dez Campanhas Praticamente Perfeitas **313**

Marketing para o Bem Maior: Um Grupo Sem Fins Lucrativos

Visão geral do cliente: A Mentores da Juventude cresceu a passos largos ao longo dos anos ao emparelhar jovens em áreas de risco com profissionais que são líderes nas áreas de interesse das suas contrapartes mais jovens. Embora ela tenha feito um ótimo trabalho ao longo dos anos, nunca faltam crianças que precisam da atenção deles.

Metas e objetivos: Eleve a percepção da instituição de caridade e da organização que a sustenta. Elabore e monte um evento anual que sirva como plataforma de lançamento para as iniciativas de arrecadação de fundos atuais e futuras.

Estratégia: Potencialize o interesse inerente na causa e em seus participantes. Crie um evento único que se sobressaia entre os outros eventos concorrentes na mesma época e no mesmo mercado.

Faixa demográfica alvo: Aqueles que estão familiarizados com a instituição, assim como novos contribuintes e mentores que possam simpatizar com a causa e dedicar tempo e recursos.

Momento e mercados: Primavera. Buscando atingir aqueles que estão na comunidade local.

Orçamento: $ 75.000

Conceitos e ingredientes:

✔ **Crie um evento de arrecadação de fundos que apresente entretenimento inigualável:**

- Potencialize os sentimentos altruístas para conseguir que talentos de primeira linha doem o seu tempo para apresentar canções, danças ou outros tipos de entretenimento existentes.
- Dê aos benfeitores a oportunidade de interagir com qualquer pessoa de talento que participar.
- Tente integrar as histórias de sucesso mais emocionantes da organização nas festividades da noite, para pôr uma cara mais pessoal ao trabalho sendo feito.

✔ **Iniciativas online:**

- Projete um website informativo e detalhado que tenha um caráter pessoal sem ficar excessivamente sentimental.
- Inclua vídeos que realcem o trabalho realizado por meio de contribuições.

- Torne tão simples quanto possível para que os visitantes encontrem mais informações, participem ou doem.

✔ **Arranje uma pessoa notável para atuar como porta-voz das campanhas de marketing e propaganda:** Do ponto de vista da imprensa, quando mais reconhecível de forma positiva o seu porta-voz for, maiores serão as oportunidades que podem ficar disponíveis para você. Você pode ficar surpreso com o baixo custo de se contratar um porta-voz, especialmente se abordar alguém que tenha uma conexão direta com as metas da organização sem fins lucrativos. Permita que as pessoas ganhem almoços com o cara da Mentores da Juventude ou outro prêmio leiloável, para gerar receita e promover a campanha em todas as suas plataformas (online, eventos, malas diretas e assim por diante).

Pensando Grande em Nome de uma Companhia em Crescimento: Um Pequeno Negócio

Visão geral do cliente: Conhecida simplesmente como TI, esta firma de tecnologia da informação tem se esforçado para crescer em importância ao deleitar-se secretamente com o seu epíteto: "quando se trata de tecnologia de informação, nós somos o melhor para TI". Porém, a regularidade dos negócios tem flutuado de um trimestre para outro.

Metas e objetivos: Desenvolver negócios e receita aumentando as iniciativas de rede de contatos para fazer crescer a base de clientes.

Estratégia: Enfocar as áreas de especialização e no fato de que o grupo detém as certificações mais atuais da área. Potencialize os contatos existentes na indústria para ajudar a gerar reputação e carga de trabalho.

Faixa demográfica alvo: Clientes e parceiros em potencial na área de tecnologia de informação.

Momento e mercados: Procure desenvolver negócios imediatamente, localmente, e então nacionalmente.

Orçamento: $ 15.000

Conceitos e ingredientes:

✔ **Iniciativas online:** Website forte e limpo com as principais biografias e estudos de caso (se for adequado).

Capítulo 21: Dez Campanhas Praticamente Perfeitas **315**

✔ **Imprensa:** Mire nas publicações comerciais (impressas e online) para obter aprovações do setor quanto à qualidade do trabalho da TI.

✔ **Eventos e apresentações do setor:** Tire o máximo proveito destes eventos ao organizar encontros de capacitação introdutória.

Preparando ao lado dos Melhores: Uma Cafeteria e Restaurante

Visão geral do cliente: Enquanto os americanos buscam ativamente um "terceiro lar" que os tire de casa e os mantenha longe do trabalho, o Café Ashley criou um ambiente amplo e despretensioso que proporciona uma alternativa caseira aos gigantes do café que têm dominado o mercado recentemente.

Metas e objetivos: Busque tráfego para a cafeteria. Desenvolva uma base fiel de clientes apresentando uma atmosfera espaçosa e com base na comunidade local – e, claro, ótimos derivados de café e bolinhos deliciosos vendidos a um preço justo.

Estratégia: Realce as ofertas, o valor agregado, a atmosfera e a postura sem par.

Faixa demográfica alvo: Multidões na hora do almoço, estudantes universitários e aqueles querendo relaxar no fim de semana.

Momento e mercados: A coincidir com a abertura de um novo centro comercial.

Orçamento: $ 5.000

Conceitos e ingredientes:

✔ **Distribuição direcionada nas ruas, centrada em torno do lançamento do novo centro comercial.**

✔ **Iniciativas online:** Website destacando as ofertas da cafeteria e as imagens em cores vibrantes que servem para dar uma ideia do tom do espaço.

✔ **Eventos, incentivos e amostragens na loja:**

- Programa de fidelidade do consumidor: compre cinco xícaras de café e ganhe a sexta de graça!
- Amostras do bolo da semana todas as quartas-feiras.

Mirando as Estrelas: Um Cineasta Independente

Visão geral do cliente: Um documentarista acaba de finalizar a edição de seu novo filme, que trata do preconceito contra idosos de uma maneira agradável à medida que uma senhora impetuosa de 80 anos chamada Gertrudes tenta voltar ao mercado de trabalho. Com a primeira projeção marcada para o festival de cinema local, a equipe tem certeza de que o filme poderia arrumar um distribuidor nacional se ele gerasse algum burburinho na sua estreia.

Metas e objetivos: Eleve a percepção do novo documentário em exibição no festival de cinema local.

Estratégia: Realce aspectos únicos do filme, especialmente o humor e o interesse humanitário. Garanta que Gertrudes, com a sua esperteza irrepreensível, esteja no local para obter cobertura da imprensa e fazer promoção.

Faixa demográfica alvo: Mistura igualitária de homens e mulheres, com 21 a 49 anos.

Momento e mercados: Semana anterior ao festival de cinema, assim como no dia da exibição.

Orçamento: $ 2.500.

Conceitos e ingredientes:

- ✔ **Iniciativas online:** Crie perfis em sites de redes sociais para Gertrudes, apresentando textos provocativos como "Ponha a Gertrudes para Trabalhar!".
- ✔ **Equipes de rua e iniciativas de distribuição:**
    - "Abandono" de cartões postais, bem ao estilo guerrilha, em pontos-chave ao redor do festival e dentro dos próprios cinemas.
    - Distribua adesivos com os dizeres "Eu Contrataria a Gertrudes" e uma URL, para que os presentes na estreia possam usar.
    - Convença amigos, família e base de fãs a usar roupas com a marca no local o tempo todo enquanto o festival durar.
- ✔ **Colagem de pôsteres em estilo guerrilha dentro e em torno do festival.**
- ✔ **Imprensa:**
    - Ofereça exibições prévias com a presença da Gertrudes a veículos locais e nacionais.

Capítulo 21: Dez Campanhas Praticamente Perfeitas **317**

- Faça campanha aberta pelo filme em encontros de imprensa (se você puder arrumar um agente publicitário, faça com que ele conduza o trabalho para você). Como sempre dizemos, "se não pedir, não consegue".

Vivendo a Vida: Uma Marca de Entretenimento ou Estilo de Vida

Visão geral do cliente: *De Salto Alto* é uma série de TV a cabo na qual Katharine, uma mulher solteira do meio-oeste, descobre de repente que ela é a herdeira de um império de sapatos de marca e acaba na alta sociedade de Manhattan. Um sucesso entre as mulheres, tanto da cidade quanto dos subúrbios, o programa fez a rede de TV procurar por uma campanha multifacetada e não-tradicional para transformar a estreia da segunda temporada na "estreia de segunda temporada com a maior audiência de todos os tempos".

Metas e objetivos: Elevar a percepção da segunda temporada de uma série em uma rede de TV a cabo popular. Aumente o índice de audiência da estreia, fazendo as pessoas sintonizarem o canal. Obtenha tanta cobertura da imprensa quanto for humanamente possível!

Estratégia: Potencialize a base existente de fãs, a popularidade geral e a familiaridade. Utilize talentos da série para aparições em pessoa.

Faixa demográfica alvo: Mulheres entre 18 e 49 anos.

Momento e mercados: Estreia da temporada no outono. Procurando atingir um grande mercado como Nova York ou Los Angeles, onde a rede chama mais a atenção.

Orçamento: $ 100.000

Conceitos e ingredientes:

- ✔ **Mídia externa não tradicional,** como divulgação desenfreada e anúncios nas laterais dos ônibus.

- ✔ **Prepare uma acrobacia publicitária** na Times Square onde as fãs mais doentes devem nadar em uma piscina de "champanhe" e então abrir uma série de caixas de calçados de marca para tentar encontrar os inconfundíveis sapatos de salto de Katharine para ganhar uma aparição na série e um prêmio de $ 10.000.

- ✔ **Online:**

  - Crie um minisite para uma competição do tipo "assista e ganhe".
  - Compre anúncios em banners em sites de marcas de luxo.

Ganhando uns Trocados: Banco e Corporação

Visão geral do cliente: Um banco nacionalmente reconhecido está tentando suavizar a sua imagem e ficar um pouco mais alegre ao oferecer aos consumidores um programa de recompensas que proporciona brindes instantâneos a eles por usarem os serviços que já usam todos os dias.

Metas e objetivos: Eleve a percepção do novo programa de recompensas. Aumente a fidelidade e a conservação das contas entre os clientes preexistentes. Atraia novos clientes aos bancos e os encoraje a tirar proveito de tantos serviços quanto for possível.

Estratégia: Ofereça um incentivo forte para a abertura de conta. Mire os mercados-chave onde o serviço da marca é forte. Utilize os escritórios das filiais existentes para que ajudem com as equipes e sirvam de ponto de partida.

Faixa demográfica alvo: Adultos entre os 21 e os 54 anos.

Momento e mercados: Lançamento no final do verão ou início do outono, direcionado a Nova York, São Francisco e Houston.

Orçamento: $ 100.000

Conceitos e ingredientes:

- **Eventos regionais personalizados e relacionados ao programa, e turnê nacional:** Ofereça aos consumidores uma experiência divertida e envolvente, em que os clientes em potencial têm a oportunidade de testar as diversas recompensas do programa, ganhar brindes e se inscrever no programa no próprio local.

- **Equipes de rua:** Use equipes de rua dentro e fora das próprias filiais do banco para elevar a percepção e conduzir tráfego ao banco, onde especialistas de serviços podem esclarecer completamente o programa.

- **Patrocínio de eventos** locais e nacionais: Selecione eventos como torneios de basquete três contra três, eventos lúdicos e assim por diante que espelhem as recompensas disponíveis e possam promover associações positivas entre os consumidores e a marca.

Capítulo 22

Dez Razões Pelas Quais Nós Amamos o Marketing de Guerrilha – e Porque Você Amará Também!

. . . .

Neste Capítulo

▶ Tirando o máximo proveito das opções de marketing

▶ Mostrando os privilégios pessoais do marketing de guerrilha

▶ Apreciando os benefícios de pôr o marketing de guerrilha no mix

. . . .

O marketing de guerrilha proporciona diversas razões para que as empresas e marqueteiros levantem-se e deem vivas. O impacto e o alcance – combinado com o custo baixo – deveriam ser motivo suficiente para fazê-lo pegar a sua bandeira e juntar-se à torcida organizada do marketing de guerrilha! Ao longo dos anos, enquanto este gênero de marketing se expandia e se desenvolvia de maneiras vibrantes, nós progredimos de adeptos precoces a fãs ardorosos. Para inteirá-lo quanto aos motivos pelos quais nos tornamos admiradores tão ferrenhos, nós o levamos para os bastidores para examinar aquela pergunta insistente feita tanto pelos membros das nossas famílias quanto pelos clientes em potencial: "por que você faz o que faz?". Aqui, nós lhe damos respostas ainda melhores, já que consideramos não apenas porque fazemos marketing de guerrilha, mas porque nós *amamos* fazê-lo – e porque você vai amar, também!

A Guerrilha Tem a Ver com Atingir os Seus Consumidores Diretamente

Sempre que abrimos o nosso correio, lemos cartões de preços de uso de mídia com epítetos como "Deixe o seu anúncio trabalhar por você neste trimestre!". Neste trimestre? Alguns podem dizer que se trata de perseguição voraz por satisfação instantânea, mas nós achamos que a sua empresa é importante demais – e os seus consumidores, rápidos demais – para que você espere três meses antes de ver o seu anúncio funcionar.

Mas não nos entenda mal: a mídia tradicional é um ingrediente importante (senão essencial) a se considerar no seu plano de marketing. Porém, uma das razões pelas quais amamos o marketing de guerrilha é que você não tem que esperar que os seus clientes em potencial cheguem até a sua mídia. Ao invés disso, você entrega pessoalmente a sua mensagem e estabelece contato com eles de uma maneira pessoal, imediata e direcionada.

Partir para a guerrilha põe a sua mensagem em movimento, dando a oportunidade de falar com pessoas enquanto elas andam até o trabalho, assistem a um filme ou vão ao banheiro. Ao contrário de um comercial de rádio ou anúncio impresso, as táticas de marketing de guerrilha não encaixotam a sua mensagem em um lugar só. Esta condição de soldado mercenário permite que a sua mensagem viva nas ruas, no shopping center ou na web. Por meio de um planejamento cuidadoso, você pode usar esta característica a seu favor, decidindo que tipo de iniciativas deve implantar a fim de atingir pessoas específicas em momentos específicos do dia delas.

Você Consegue Sair da Rotina de Escritório

O fino da psicologia diz que todo mundo tem dois lados. Talvez de dia você seja a Bete, a especialista sem igual em matemática estatística – mas à noite você é a Beeeete, a deusa do rock. Marketing não-tradicional lhe permite desvencilhar-se das amarras das técnicas mais tradicionais e abrir a si mesmo – pessoalmente e profissionalmente – a experiências que você talvez nunca tivesse, tudo isso enquanto beneficia a sua marca.

Quer esteja incumbindo um cozinheiro local de criar um bolo reproduzindo o seu logotipo para a grande inauguração, ou combinando com a estrela do seu reality show favorito para que ela apareça e pose para uma foto que você possa usar na sua propaganda, estas experiências ajudam a agitar o dia-a-dia, a levantar a moral do ambiente de trabalho e revigorar a percepção e as associações do consumidor quanto à sua marca. E achamos que você irá concordar que raspar a cabeça do presidente da empresa para uma acrobacia publicitária de caridade é *bem* mais divertido do que encarar aquela reunião de pessoal que você tinha marcado para as 9 da manhã.

O Marketing de Guerrilha Dá Dinheiro Com Juízo

Que diferença um dia faz! Um dia um consumidor pode não ter absolutamente nenhuma ideia do produto, e no outro o único assunto deles é a sua marca. Tudo o que precisa é fazer uma associação de maneira significativa. Há uma

_____ **Capítulo 22: Dez Razões Pelas Quais Nós Amamos o Marketing de Guerrilha...** *321*

concepção errônea comum de que você precisa ter milhões de dólares para ser capaz de atingir as pessoas. Não necessariamente, amigos.

Outra razão pela qual sabemos que irá amar o marketing de guerrilha é que você pode fazê-lo com quase qualquer orçamento. Quer você tenha $ 5.000 ou $ 500.000, você pode dar forma a uma campanha verdadeiramente eficaz. Para começar, equipes de rua podem ser acionadas por um custo tão baixo quanto centenas de dólares, enquanto eventos em larga escala e campanhas de mídia podem ficar na casa dos milhares.

Um dos nossos deleites é o encanto resultante quando as pessoas conseguem gastar centenas de dólares em campanhas que parecem ter custado milhares, graças ao uso inteligente e direcionado dos recursos. Como você não está preso a um grande montante para as suas iniciativas, você pode trabalhar como um alfaiate e gastar dinheiro apenas nas coisas que o farão parecer afiado, evitando o desnecessário.

Seu Nome Aparece no Jornal

Quando o seu nome aparece no jornal, você fica famoso (bem, até que usem o jornal para forrar a gaiola do passarinho na manhã seguinte)! Talvez isto apele para os nossos sentimentos de vaidade, mas outra razão pela qual sabemos que você irá se divertir com o marketing de guerrilha é que ele tem um efeito colateral extremamente benéfico – a possibilidade de aparecer na imprensa!

Especialmente quando se trata de eventos e acrobacias publicitárias (consulte os Capítulos 7 e 8, respectivamente), o marketing de guerrilha é uma via de mão dupla. Você pode regozijar-se com a adoração e a publicidade gratuita resultantes de um evento executado de forma impecável, e você dá à imprensa algo que eles amam: conteúdo para segmentos em vídeo, artigos e grandes fotos brilhantes retratando a sua obra magistral.

A melhor parte: é relativamente fácil. Tudo o que você tem que fazer é proporcionar à imprensa algo relacionado à marca que nunca tenha sido feito antes (ou um aprimoramento de algo que já foi feito). Ao pôr o cérebro coletivo da companhia para quebrar a cabeça, você pode apreciar este enorme privilégio em troca dos seus esforços!

Você Pode Canalizar o Seu Artista Interior

Talvez nós tenhamos perdido muito tempo assistindo pintores de cabelo encaracolado darem forma a árvores na tevê pública, ou talvez simplesmente gostemos de misturar as coisas. Qualquer que seja a razão, o marketing de guerrilha nos faz sorrir porque é uma oportunidade única de soltar os nossos artistas criativos internos. Como o marketing não-tradicional pode viver em

Parte VII: A Parte dos Dez

qualquer lugar, você tem o alegre desafio de ver aonde a sua imaginação o leva. A jornada começa na mesa da sessão de desenvolvimento de ideias e continua à medida que você toma decisões inventivas quanto ao tipo de campanha que irá produzir, onde irá fazê-la, e como você a fará.

Embora achemos que você irá se divertir ao conceber estes planos por conta própria, você pode resolver encarregar uma agência da tarefa de criar promoções, eventos e comunicados singulares e inovadores que ajudem a promover o seu produto, serviço ou marca. Se for o caso, a criatividade não morre – apenas toma uma nova forma à medida que você trabalha em colaboração com a sua agência para que produzam coletivamente alguma coisa empolgante para a sua marca.

Quer você empregue uma agência ou abra espaço para um grupo, o seu trabalho como um marqueteiro de guerrilha é ser criativo e propor ideias que sejam tão bacanas que elas simplesmente *tenham* que ser feitas. Onde mais você poderia dizer que, salvo orçamento e as leis da física, o seu trabalho não tem limites?

Você Consegue Acompanhar Todo o Caminho Até a Validação

"Nós adoramos! Nós *realmente* adoramos!". Todo mundo precisa de um pouco de validação, e o marketing de guerrilha lhe dá a oportunidade de acompanhar a sua campanha a fim de certificar-se de que as suas energias (e o seu dinheiro) foram bem gastas. Ter os dados necessários para *provar* que foi um sucesso é ainda melhor.

Nós somos fãs do uso de indicadores simples de desempenho, e o marketing de guerrilha lhe dá a oportunidade de moldar as suas medições de forma que elas sejam acessíveis e pertinentes, habilitando-o a estimar efetivamente o seu sucesso inevitável. Avaliar as suas campanhas pode ser tão fácil e simples quanto nas seguintes conjunturas:

Campanhas com participação direta: Para campanhas onde os consumidores são solicitados a ligar, peça ao consumidor para mencionar um código específico do local e anexe o código às suas ferramentas pré-promocionais para ver o que foi eficaz ou não.

Campanhas de rua: Além de calcular o alcance pelo número de peças distribuídas, acrescente um cupom às amostras que estiver distribuindo na rua. Se possível, marque os cupons de alguma forma para que, na hora em que eles forem resgatados, você possa determinar coisas como onde eles foram distribuídos ou – melhor ainda – quem deu o cupom. Você pode usar esta informação depois para ajudar a planejar programas futuros.

Acrobacias publicitárias e eventos: Em acrobacias e eventos, avaliar se a sua campanha pode ser tão simples quanto ter um livro de visitas na entrada ou posicionar alguém na porta usando um contador para somar o número de consumidores no local.

_____ **Capítulo 22: Dez Razões Pelas Quais Nós Amamos o Marketing de Guerrilha...** *323*

> ✔ **Online:** Se você tiver um website, adicione a URL à sua peça promocional e veja se o tráfego do seu site aumenta como resultado da sua última promoção usando alguma ferramenta de rastreamento online, como a Google Analytics (para saber mais sobre rastreamento, consulte Capítulo 12).

Seguir a trilha da guerrilha significa ser ousado e explorar novas avenidas. Porém, ser ousado e ineficaz é simplesmente imbecil. Ao usar ferramentas simples de medição, você pode ter uma ideia do que está funcionando e jogar de acordo com os seus pontos fortes. Nós achamos que ao fazê-lo você encontrará a maior validação de todas – o crescimento do seu negócio!

A Guerrilha Está Ganhando o Seu Espaço

O marketing de guerrilha moldou o ramo da propaganda e do marketing de tal maneira que ele está rapidamente trocando a sua camiseta suja e rasgada por um terno de marca. Há pouco tempo atrás, a guerrilha costumava ser feita apenas por gravadoras independentes tentando chamar a atenção. Então ela foi assimilada pelas empresas pontocom que queriam escapar do tumulto da propaganda tradicional. Nos dias de hoje, de alguma forma ou de outra as campanhas de guerrilha são uma obrigação para proprietários de empresas e compradores de mídia astutos buscando estabelecer uma relação mais direta com os seus consumidores.

Guerrilha é marketing populista, tornando o pequeno camarada tão eficaz quanto o gigante corporativo. Relações diretas e singulares com o consumidor para todos! Como as técnicas de marketing de guerrilha estão atingindo aceitação comercial, companhias iniciantes podem usar recursos mínimos para inventar grandes ideias empolgantes e causar um impacto amplo.

Seja a Loja de Iscas do Tio João ou uma companhia entre as 500 mais da *Fortune,* o fato de que os métodos de guerrilha encontraram um lugar no bufê do marketing é uma evidência verdadeira de sua eficácia. A sua contribuição para esta aventura pode se tornar a próxima grande ideia que eleva o marketing não-tradicional a um novo patamar!

Ela Pode Funcionar em Qualquer Lugar, para Qualquer Marca

A guerrilha confere portabilidade aos seus usuários – e isso sempre é um bônus! Se você realizou uma campanha extremamente bem-sucedida, você não deveria deixar o ímpeto cair somente porque o programa está concluído. Aonde mais você pode usá-lo? Como você pode refiná-lo para atingir outro público? Com frequência, temos clientes que produzem uma campanha que é extremamente bem-sucedida em um mercado e então decidem mandá-la excursionar. Talvez você não tenha este tipo de recurso – logo, desafie a si mesmo a encontrar novas maneiras e locais para apresentar a sua criação.

Em uma escala menor, da mesma forma que usa a sua imaginação e criatividade nas ruas, você pode usá-las em uma conferência, convenção ou outro estabelecimento. Algumas das iniciativas mais alternativas – como ler tarô para as pessoas ou pintar o seu logotipo no corpo inteiro de uma modelo durante uma feira comercial – podem não ser completamente relacionadas à marca. Porém, se o seu objetivo é gerar tráfego para o seu estande e fazer com que as pessoas comentem sobre ele no salão da feira, então não importa realmente o que você fizer, desde que funcione!

O Marketing de Guerrilha Casa Bem Com os Outros Tipos

Você estabeleceu seu plano de marketing para este ano. Você trabalhou com um designer para criar um anúncio apresentando uma modelo deslumbrante de pernas longas segurando o seu produto. Ele é simplesmente o máximo. Você acerta as coisas com os canais usuais – um anúncio nos jornais comerciais, um no boletim circular local, alguns banners em websites relacionados – e é nisso que espera investir para o ano todo. O que acontece se, no meio do caminho, você descobrir que os seus esforços não colheram os frutos que estava buscando?

Inove. Tente uma equipe de rua, um evento ou uma acrobacia que trabalhe *de acordo* com o seu anúncio excelente. Embora a mídia impressa seja um recurso maravilhoso, nós amamos a forma como as iniciativas de guerrilha conseguem assimilar e trabalhar facilmente e organicamente com campanhas ou compras de mídia já existentes. Talvez você consiga criar um evento auto-referente onde as pessoas possam tirar fotos com a amável modelo e o seu produto, o que as põe "dentro" do anúncio. Dali em diante, todas as vezes que eles verem o seu anúncio, eles farão uma associação mais imediata, o que pode levá-los um passo adiante rumo à clientela.

Integrar a guerrilha em outras iniciativas existentes é crucial para transmitir a sua mensagem. Nem só de pão vive o homem, e os seus planos de marketing também não deveriam, por assim dizer. Verifique como você poderia trabalhar com algumas plataformas e como as iniciativas não-tradicionais podem lhe ajudar melhor a passar a mensagem.

Ele Causa uma Impressão Que Fica, Muito Depois de Ter Deixado o Recinto

Em nome da informação completa, nós temos uma confissão a fazer: não compramos uma camiseta nova sequer nos últimos seis anos. As camisetas com alguma marca que sobraram de um sortimento de eventos anteriores abarrotaram os nossos guarda-roupas. Não estamos compartilhando isso para confessar a nosso péssimo senso de moda, mas para ilustrar que as campanhas de guerrilha sobrevivem (de uma forma ou de outra) por muito tempo após serem concluídas.

Quando uma campanha é executada de forma eficaz, o consumidor sai com alguma coisa que perdura além da interação imediata, após a campanha estar concluída. Seja o que escolher fazer, você amará o fato de que a sua campanha continua desta maneira, quer seja através de uma camiseta de uma equipe de rua, um clipe da sua acrobacia no YouTube circulando pela Internet ou através de alguém comentando como ela adora a sua marca por ter ganhado um prêmio em uma caçada online que você conduziu.

A guerrilha tem a ver com atingir as pessoas de forma empírica. Se elas não forem capazes de ir embora com algo tangível, pelo menos as dê algo sobre o que falar no salão de beleza.

326 Parte VI: Uma Mão Lava a Outra

Capítulo 23

Dez Obstáculos para se Evitar ao Ir para a Guerrilha

Neste Capítulo

▶ Identificando empecilhos comuns ao marketing de guerrilha eficaz

▶ Endireitando campanhas que saem do rumo

▶ Reconhecendo os erros anteriores para aperfeiçoar as suas campanhas futuras

O remorso é um sentimento terrível. Pense em todas as coisas que você faria de um jeito diferente se tivesse que fazê-las novamente. Talvez você não devesse ter abandonado o seu emprego para cuidar de viveiros de formigas em tempo integral. Talvez você quisesse ter coberto o nariz quando espirrou naquela gata com quem estava saindo. Ou talvez você devesse apenas ter prestado atenção no seu próprio bom senso e não ter comprado aquela propriedade "promissora", de frente para aquele brejo.

É mais fácil ver as coisas em retrospecto, mas aprender com os erros dos outros (alguns deles coisas que nós mesmos experimentamos, outros fazem parte do folclore do setor) é extremamente valioso – isso lhe dá a presciência para identificar e evitar obstáculos quando estiver planejando, adaptando e em última instância executando campanhas de guerrilha. Quer esteja debutando na cena de guerrilha ou já tenha se metido com ela no passado, há alguns empecilhos comuns que, quando tratados nos estágios iniciais, podem se provar excepcionalmente úteis para direcioná-lo rumo a uma campanha eficaz. Neste capítulo, nós listamos dez destes empecilhos.

Falta de Dedicação Devida

Você não permitiu que nada o limitasse na sessão de desenvolvimento de ideias e na decisão de criar uma iniciativa de marketing de guerrilha. Você adotou a mentalidade "sim, e...", onde todas as ideias são boas e as apostas estão lançadas para criar os melhores conceitos já feitos.

Isso dito, após ter proposto uma campanha elegantemente profunda, é hora de partir para os livros, os telefones e a Internet para ver se a sua ideia pode mesmo ser feita. Para dar a partida ao processo, você precisa fazer uma bela pesquisa e responder algumas perguntas básicas:

- **Ela já foi feita antes?** Se o seu conceito já tiver sido feito antes, há boas notícias: supondo que quem quer que tenha feito a campanha não tenha irritado os detentores do poder, você pode estar apto a fazê-la também – com o seu próprio estilo, é claro! A sua devida dedicação funciona então como uma espécie de engenharia reversa. Se alguém já fez essa campanha, considere o processo pelo qual este alguém teve que passar para fazê-la funcionar, e siga esse processo você mesmo.

Se ela *não* foi feita antes, é hora de pular para a próxima questão.

- **Ela é lícita?** Será que você pode desfilar com um elefante rosa por cima de uma ponte? Esta foi uma indagação que nós pesquisamos de verdade, baseada na solicitação de um cliente. Ao ouvir o desejo do freguês, rapidamente percebemos que precisávamos dar a devida dedicação ao assunto e ver se aquilo era mesmo lícito.

Em primeiro lugar, ligamos para o município para ver se eles tinham alguma lei a respeito de animais exóticos, assim como que tipo de licença ou autorização para desfilar seria necessária. A partir daí, ligamos para a Associação Americana para a Prevenção dos Maus Tratos aos Animais (no inglês, ASPCA) e para a Sociedade Humanitária para verificar que procedimentos você precisa seguir ao pintar um elefante de rosa.

Tratar de questões jurídicas em potencial desde o início o ajudará a evitar problemas no futuro e a facilitar a concretização dos seus planos brilhantes. Você pode desfilar com um elefante rosa em uma ponte? Sim, pode (embora as leis possam variar dependendo de onde você vive) – você só tem que fazer a sua lição de casa.

- **Você tem as autorizações e permissões apropriadas para utilizar o estabelecimento ou local escolhido?** Quando estiver selecionando um local, você tem que descobrir se tem as autorizações ou permissões necessárias para executar a sua campanha. Se você foi especialmente agressivo e optou por não pedir permissão, considere como vai lidar com a situação se as autoridades tentarem impedir as suas atividades.

Se estiver realizando uma acrobacia publicitária ou um evento que ficará em uma localização específica por um período extenso de tempo e aquela localização for essencial para o seu sucesso, é do seu interesse jogar limpo e trabalhar com o proprietário do local, assim como se certificar de obter as autorizações e permissões necessárias para levar o seu conceito adiante sem nenhum incidente. E não se esqueça de garantir que o seu gerente tenha uma cópia assinada em mãos.

Isso dito, algumas campanhas de guerrilha podem ser feitas sem autorizações ou permissões. Por exemplo, se estiver executando uma campanha com equipes de rua, desde que não esteja distribuindo em uma propriedade comercial ou municipal e se mantenha em locais públicos, você geralmente pode distribuir materiais ou brindes de marca sem nenhum problema. Apenas seja esperto e invente algumas localizações alternativas para o caso de ficar cara a cara com uma pessoa ou proprietário de pavio curto que odeie todas as coisas não-tradicionais e que possa ter grandes objeções quanto aos seus esforços.

Pedir Muito ao Consumidor

Todo mundo quer alguma coisa. As crianças querem uma mesada, o seu chefe quer que você faça o seu trabalho, a sua cara metade que ir a algum lugar bacana contigo de vez em quando! Diariamente, os consumidores são soterrados por demandas, seja com sutileza ou com pressão, para que comprem ou façam alguma coisa em nome de uma série de marcas. Logo, quando estiver decidindo como vai abordar os seus consumidores desejados, não peça demais a eles.

Já nos sentamos em reuniões onde pessoas bem intencionadas pensaram em fazer os convidados de seu evento correrem um percurso de obstáculos, passarem seus e-mails e concordarem em dar aos seus primogênitos o nome da marca, tudo isso em troca de um brinde de $ 1,50. Estamos exagerando, é claro, mas não por muito (para saber mais sobre brindes, confira o Capítulo 6).

Você é um consumidor, e *você* é uma pessoa ocupada – assim como são as pessoas no seu público-alvo. Frequentemente, você tem no máximo 10 ou 15 segundos para causar impacto nos consumidores. Se não estabelecer aquela relação, você provavelmente os perdeu. Uma maneira garantida de perder o seu público-alvo é pedir tempo, energia, privacidade ou dinheiro demais a eles.

Embora você possa querer proporcionar uma experiência única, tome cuidado para não deixar as suas iniciativas de marketing de guerrilha com camadas demais. Se não conseguir resumir de forma sucinta, em uma única frase, o que os consumidores serão chamados a fazer e como eles serão recompensados, há boas chances de que você precise enxugar a sua ideia.

Quer você peça para os clientes trocarem um cupom na loja, entrem em um sorteio, façam uma compra online ou participem de um evento, só peça exatamente aquilo de que precisa. Se estiver oferecendo uma recompensa especial para eles (por exemplo, uma experiência VIP ou um prêmio de alto valor), você pode pedir um pouco mais, como as informações de contato ou que concordem em usar de forma experimental o seu produto ou serviço. Além do mais, proporcionar este tipo de experiência de alto valor provavelmente causará uma recepção mais positiva quando você invocar os consumidores mais tarde.

Ao recolher e juntar e-mails dos consumidores, você pode precisar que eles cliquem em uma caixa de "consentimento jurídico" que permite oficialmente que você lhes mande e-mails. Além disso, idade pode ser um problema – campanhas online voltadas a menores estão sujeitas a leis ainda mais estritas. Antes de mergulhar de cabeça, consulte o seu advogado.

Perder o Foco

Quem você quer atingir? Se a sua resposta for "que quero atingir o mundo todo", nós encorajamos a sua busca – pensar globalmente é uma ótima meta – mas a maioria das principais companhias do mundo começou pequena e cresceu ao se manter extremamente direcionada. Se você se encontrar em uma situação na qual o orçamento de marketing não tem fim, você pode querer começar com um ataque global completo, usando mídia tradicional e não-tradicional. Entretanto, as chances são de que o seu orçamento não seja ilimitado, e com isso você precisa fazer um uso astuto do que tiver para evitar desperdício.

Discutivelmente, uma das estratégias de venda do produto com os esforços guerrilha é que elas permitem o uso destinado dos recursos direcionados a um público específico – portanto, você precisa usar este poder de um modo muito específico e focado.

Se não tiver um monte de dinheiro disponível para fazer marketing, certifique-se de não adotar uma abordagem dispersa e esperar que algo de bom aconteça. Em vez disso, veja os seus recursos como um revólver de seis balas, com o qual você tem um número limitado de tiros para atingir o seu alvo. Para tirar o máximo proveito do que tem, treine a sua pontaria em um alvo muito específico, respire fundo, e aperte o gatilho. Esta abordagem bem definida para a realização de suas metas o deixará tão reverenciado quanto temido em qualquer fronteira que cruzar.

Este tipo de especificidade pode ser um pouco assustador. Talvez esteja preocupado com a possibilidade de que, ao mirar em um público específico, você perca a oportunidade de atingir um quadro maior. Estes medos não são infundados, de forma alguma. Mas ao estabelecer uma relação genuína e de qualidade com o seu alvo, boa parte do trabalho será feita para você. Como? Pense na vez em que você viu aquela grande banda, ficou emocionado com aquele filme evocativo ou jantou naquele novo restaurante obscenamente delicioso. Estas experiências o marcaram de uma maneira visceral – e elas provavelmente o deixaram eufórico para compartilhar a experiência com os seus amigos e vizinhos. Este é o poder das relações direcionadas. Ao tocar os consumidores desta maneira, você cria impressões positivas nas pessoas mais adequadas a retransmitir a sua mensagem e, como resultado, permite que boa parte do seu trabalho seja feita para você!

Preparar e Monitorar a Sua Equipe de Forma Negligente

Uma equipe pouco ou mal treinada significa a morte para qualquer campanha, seja ela de guerrilha ou não. Vamos ser honestos com você: quando estiver preparando uma campanha, os itens mais amplos – obter cobertura da imprensa, garantir sinalização e lidar com os fornecedores, entre outras coisas

– podem tomar boa parte do seu tempo de preparação. E se por acaso, após todas as suas preparações, você atrair a imprensa para o seu evento belamente produzido apenas para ser derrubado por membros da equipe que estão enfiando o dedo no nariz – literalmente ou simbolicamente?

"Cabeças vão rolar!", você declara. Bem, se não treinar a sua equipe de forma apropriada, você pode ser parcialmente ou totalmente culpado pelos resultados. As pessoas só sabem o que você diz a elas. Especialmente se a sua equipe não estava trabalhando diretamente na campanha durante a montagem, como eles poderiam saber o que você esperava deles durante a execução se não os deixou a par do plano mestre?

Para evitar este obstáculo, organize uma sessão de treino antes do evento em que você dá a aqueles que irão trabalhar no seu evento todas as ferramentas que eles precisam para transformar a sua visão em realidade. Apresente todo mundo, ensaie a programação do dia, reitere pedidos de decoro (como não fumar, praguejar ou falar no celular na frente dos consumidores – parece algo bobo, mas a menos que você o diga, há o potencial de que aconteça *toda hora!*) e dê a eles a oportunidade de provar quaisquer itens antes do evento, para que eles possam comentar e interagir com os consumidores de maneira inteligente.

Não seria ótimo se a sua equipe inteira fosse composta de leitores de mentes que pudessem prever os seus pensamentos? Infelizmente, leitores de mentes são difíceis de encontrar, e extremamente caros se você conseguir encontrá-los. Ao invés disso, você precisa ficar em contato constante e proporcionar retorno àqueles que estão sob a sua supervisão no transcorrer das suas atividades. As iniciativas de marketing de guerrilha evoluem constantemente à medida que as coisas mudam no local do evento. Como resultado, você precisa manter um fluxo de informações consistente com a sua equipe. Isso irá garantir que todo mundo trabalhe para ajudá-lo a alcançar as suas metas e manter a integridade da sua campanha.

Esquecer de Fazer um Orçamento

Enquanto você está sentado em casa assistindo à *Dança dos Famosos*, você pensa consigo mesmo: "eu quero ver cada lantejoula nos tops cheios de babados dessas celebridades fracassadas. Eu preciso de uma TV nova de alta definição". Imediatamente, você inicia a sua pesquisa de diversas marcas e reduz a lista a um punhado de possibilidades. A partir daí, você verifica a sua renda familiar para ver que montante de dinheiro você tem para gastar neste item essencial. Após decidir por um determinado montante, você faz considerações quanto à entrega, aos impostos, às despesas gerais e à instalação, e então faz a sua escolha (e certifica-se de que a sua loja local de televisores mantenha estes custos exatamente como prometidos). É simples assim.

Embora isso possa parecer um tanto elementar, as pessoas que se aventuram no marketing de guerrilha pela primeira vez podem acabar esquecendo-se de um desses elementos essenciais: orçamento. A meta é criar uma campanha fora de série, mas se você parar no asilo de indigentes no processo, a vitória não será tão doce. Evite este destino ao fazer um orçamento e manter-se dentro dele.

Se estiver realizando a campanha você mesmo, faça ligações e obtenha estimativas. As campanhas podem ser feitas de uma série de partes que são essenciais para o sucesso da campanha. Estimar os custos destes elementos pode fazer a etapa de orçamento do serviço andar um pouco mais depressa, mas se você subestimar estes custos vai acabar desperdiçando aquele pouco tempo que gastou fazendo o seu orçamento antes de qualquer coisa. Além disso, dedicar algum tempo para pesquisar e orçar as coisas de fato o permite fazer a maior parte do trabalho de campo logo. Quando estiver pronto para seguir adiante, você já tem com quem entrar em contato e talvez até mesmo uma cotação, só esperando para ser assinada.

Você levou um tempo para criar uma planilha atraente e certificar-se de que irá entrar nessa dentro do orçamento, e agora faça um bom uso dela. Inclua uma coluna no seu orçamento chamada "Custo Efetivo" e a preencha à medida que faz as suas compras. Algumas coisas podem acabar saindo por mais do que você orçou, e outras podem acabar saindo por menos. Manter uma contagem vigente garante que você permaneça dentro dos parâmetros que estabeleceu para si mesmo e faça orçamentos ainda melhores caso se aventure em tarefas semelhantes no futuro.

Se durante o curso do seu orçamento, você descobrir que ainda tem um pouco de dinheiro sobrando, você pode querer guardá-lo como um fundo para momentos de dificuldade. Você pode usá-lo para dar conta de excesso de mercadorias ou despesas inesperadas.

Negligenciar o Desenvolvimento de Ideias

Desenvolver ideias é divertido, e mesmo assim é o recurso mais subestimado à disposição do marketing de guerrilha. Em um setor que prospera com a invenção das campanhas mais criativas e sem precedentes, as ideias são os produtos básicos que podem fazer a sua marca ficar na cabeça dos consumidores.

Para posicionar-se e tirar o máximo proveito das suas sessões de desenvolvimento de ideias, prepare um ambiente confortável e adote uma mentalidade sem limitações. Certifique-se de que todos os participantes estão confortáveis e no estado de espírito correto. Disponha amostras do seu produto e proporcione quaisquer informações importantes relacionadas ao produto e à marca, como as principais peças de arte, slogans e assim por diante, para pôr a sua equipe para pensar em termos que irão gerar um monte de grandes ideias.

À medida que as ideias começam a aparecer, não seja negativista. É isso mesmo: deixe aquelas tendências negativas e críticas do lado de fora da porta. Além de dissuadir as pessoas de querer contribuir com qualquer coisa, você pode acabar aniquilando o princípio de uma grande ideia antes que ela tenha a chance de florescer completamente.

Descartando Detalhes das Peças de Distribuição

Um dos pontos favoráveis mais importantes das equipes de rua e das campanhas de distribuição é que elas literalmente põem a sua marca nas mãos dos consumidores-alvos. Isso é mais do que uma simples frase de efeito, porém. Peças de distribuição inteligentemente produzidas podem habilitar a sua mensagem a perdurar e ser compartilhada com outros por dias, meses e (dependendo do valor) anos após o contato inicial.

Embora nós celebremos a vida útil das campanhas de distribuição, há alguns passos em falso comuns, quando se trata das peças de distribuição em si, que podem refrear o impacto dos seus materiais. Eis alguns enganos a se evitar:

- **Fazê-las grandes demais:** A não ser que seja um guia no Himalaia, você provavelmente não tem muito espaço sobrando para carregar coisas adicionais. Nem os seus consumidores – portanto, mantenha as coisas pequenas.

- **Projetar alguma coisa que não tenha relação com a sua marca:** Você pode inventar o negócio mais legal do mundo, mas se ele não faz com que os consumidores pensem na sua marca quando o veem, ele não é exatamente a coisa certa.

- **Gastar dinheiro demais com materiais de distribuição ou brindes:** A meta das campanhas de distribuição é obter o maior alcance de mão em mão para a sua mensagem. Embora produzir bombonières entalhadas possa servir para um deslumbrante início de conversa, o custo de $ 50 por item, provavelmente limitará o número de brindes que você poderia ter produzido.

- **Não levar o tempo necessário para tornar a peça atraente. Lembre-se:** É a ideia que conta. Você não precisa gastar centenas de dólares nas suas peças de distribuição. Mas você precisa sim se certificar de que elas sejam interessantes e educacionais, para que fiquem por aí durante algum tempo.

- **Não reexaminar os fundamentos:** Especialmente se estiver promovendo antecipadamente um evento, certifique-se de que o brinde que está distribuindo exiba corretamente o endereço web, horário, data, local e assim por diante. Dar uma segunda olhada irá garantir que você ofereça algo que irá lhe servir bem.

- **Deixar de incluir um apelo à ação:** Os consumidores irão fazer login em algum site para participar de um sorteio? Trazer a peça de distribuição à loja? Dê a eles uma razão para guardar a peça. Além do mais, isto lhe dá uma maneira de rastrear a eficácia da sua campanha.

- **Não levar apropriadamente em conta quantas peças você precisa produzir:** Produza poucas peças, e você deixa de atingir clientes em potencial. Produza peças demais, e você desperdiça fundos que poderiam ser alocados em outro lugar.

Uma fórmula rápida: para brindes de alto valor distribuídos em áreas de grande movimento, considere 200 peças por hora para pessoa distribuindo-as. Para peças impressas sob as mesmas condições, considere 100 a 150 peças por hora e por pessoa distribuindo-as (para mais ajuda com esta contagem, confira o Capítulo 6).

Não Levar o Clima em Consideração

Você pode tomar decisões quanto ao planejamento e controlar a sua iniciativa até os mínimos detalhes, mas se não se preparar para o clima adverso – e muitas pessoas não o fazem – você pode acabar encharcado. Você pode evitar que o clima desfavorável estrague o seu evento.

No caso de equipes de rua distribuindo material em áreas externas, a resposta é procurar um abrigo. Forneça capas de chuva ao seu pessoal e procure locais com toldos onde as suas equipes possam se refugiar se elas precisarem. Se o clima estiver especialmente terrível, você pode querer remarcar as suas iniciativas para um dia em que o seu público-alvo esteja um pouco mais seco e mais disposto a receber a sua mensagem.

Para eventos e acrobacias em áreas externas, investigue datas alternativas para remarcar o seu evento se o clima for desagradável. Alguns estabelecimentos podem estar abertos a isso enquanto outros não – ou irão lhe cobrar os olhos da cara. Se não conseguir uma data alternativa, certifique-se de ter barracas adequadas que possam ser montadas de repente caso a Mãe Natureza o obrigue a fazê-lo. Em resumo, sempre tenha um plano B para dias tempestuosos (para saber mais sobre como lidar com os elementos atmosféricos, vá ao Capítulo 7).

Esquecer de Documentar os Seus Esforços

E se, à medida que você crescia, os seus pais tomassem uma decisão consciente de não documentar parte da sua vida? "Ah, nós já pegamos o Júnior quando ele fez 4 anos – será que nos importamos de verdade com o que ele faz agora que tem 5?". Imagine o quanto isso seria triste. Nenhuma obra-prima em pintura a dedo, nenhum colar artesanal feito de macarrão, e nenhuma foto sua em

Capítulo 23: Dez Obstáculos para se Evitar ao Ir para a Guerrilha

cima de um pônei na feira agrícola. Se os seus pais não documentassem parte *nenhuma* da sua vida, mapear o seu crescimento enquanto pessoa, lembrar os seus sucessos passados e aprender com os seus erros seria bem mais difícil. A mesma coisa vale para registrar uma iniciativa de marketing de guerrilha.

Geralmente, documentar a sua campanha de guerrilha é muito simples – e ainda assim muitos marqueteiros de guerrilha desprezam isso como desnecessário e sem importância. Este é um erro que você precisa evitar. Quando você cria uma campanha de marketing de guerrilha excepcional, você não vai querer guardar segredo dela. Você vai querer compartilhá-la, saborear o seu sucesso e, quem sabe, até mesmo criar um anúncio ou uma campanha inteira de marketing em torno dela.

Talvez você pense consigo mesmo "mas eu não preciso documentá-la – eu *nunca* vou esquecê-la!". Você pode ter uma memória de elefante, mas ao longo do tempo, as imagens mentais do que você fez provavelmente ficarão um pouco indistintas. Para manter a campanha fresquinha na sua mente, escreva sobre ela. Anote, nos termos mais específicos possíveis, tudo o que foi essencial à sua campanha:

- As metas da campanha
- As etapas que percorreu rumo ao alcance destas metas
- Como você executou a campanha
- Descobertas surpreendentes que tenha feito
- O número de amostras distribuídas
- Clima
- Trânsito de pedestres
- Conclusões que tirou sobre a campanha
- Quaisquer outros detalhes que sirvam para lhe dar o quadro mais completo possível do seu evento

Tire fotos coloridas de tudo! Imagine que a sua campanha é um bebê recém-nascido. Você precisa ter imagens de tudo, mapeando o seu crescimento – a primeira sinalização do seu evento, as primeiras pessoas presentes, quaisquer VIPs que derem uma passada lá para lhe dar boa sorte. Detalhes aparentemente insignificantes podem se provar úteis em uma crítica da programação, e se alguma coisa mágica acontecer no seu evento, você vai querer toneladas de imagens para compartilhar com a imprensa.

Websites de compartilhamento de vídeos, como o YouTube (www.youtube.com), são a última moda e estão crescendo e evoluindo constantemente para tornarem-se mais especializados, ao mesmo tempo em que dão às pessoas a oportunidade de compartilhar a mensagem delas a um público mais amplo.

Parte VII: A Parte dos Dez

Para tirar o máximo proveito desta oportunidade, não deixe de filmar quaisquer discursos e eventos que acontecerem. Você pode publicá-los online do jeito em que estão, ou pode editá-los para produzir vídeos espalhafatosos que você possa mostrar em reuniões futuras com os clientes.

Obter cobertura da imprensa não acontece todo dia; logo, quando acontecer, certifique-se de juntar tudo o que sair para ajudar a documentar os seus esforços. Certifique-se de manter cópias dos recortes de jornal, registros de agenda, postagens online e quaisquer outros tipos de cobertura para avaliar melhor o sucesso e o alcance da sua campanha. Se precisar de ajuda para isso, você pode contratar um serviço de clipping para fazer o trabalho para você (consulte o Capítulo 16).

Finalmente, na conclusão da sua campanha não descarte todos os seus materiais de distribuição. Provavelmente, você fez história com a sua iniciativa de marketing de guerrilha e, portanto, como historiador devotado que é, guarde os artefatos da sua campanha para que possa se recorrer a eles e aprender com eles no futuro.

Não Receber os Créditos

O protecionista em cada um de nós recomenda fortemente que você fique alerta ao entrar na selva dos guerrilheiros. Neste ambiente, as ideias são essenciais para a sobrevivência; portanto, não deixe algum outro guerrilheiro dar o golpe e roubar o crédito pela sua ideia. Especialmente se tiver criado uma nova mídia (consulte o Capítulo 9), agarrar uma nova oportunidade e torná-la sua não apenas o fará alvo da inveja dos seus amigos e vizinhos, como também pode se provar algo bastante lucrativo.

Para evitar passar ao largo das recompensas que resultam do seu talento criativo, conte ao mundo todo que esta é uma invenção sua (consulte o Capítulo 9 para saber mais sobre como fazê-lo)!

Índice Remissivo

• A •

abaixo da marca 170

abordagem, construindo uma 263

abordagem entre plataformas, custo de 194

Absolut, Vodka, em parceria com a IKEA 153

academias desportivas, anunciando em 168

academias, propaganda em 168

ação, em um apelo à ação 37

acessório. Consulte sacolas de brindes

acomodações em hotel, para talentos
nacionais 120

acompanhamento, nos veículos de mídia 261

acrobacia sensacional 103

adereços de teto, para veículos 160

advogado 107, 186, 220

Agência 23

agência de emprego, contratando uma
equipe de rua 73

agentes publicitários 48

agentes publicitários ou agências de relações
públicas esboçando, 267

alcance de mão em mão, com uma
mensagem 333

algoritmos 197

algoritmos elaborados de classificação 197

ambiente, para desenvolvimento de idéias 52

amostras. Consulte peças de distribuição

anfitrião, bancando o 289

anúncios classificados, em publicações
comerciais 277

anúncios em áudio, em banheiro de
restaurante 165

aparência, da equipe de rua 87

apresentação-padrão, em comunicado à
imprensa 258

aranhas 198

arquivos, permitindo que os visitantes
creguem 222

Arrebanhando as manhosas 119

arte de encenar, em uma crobacia
publicitária 104

artigos de destaque, ajuda de agentes
publicitários e agências de relações
públicas para obter 267

artista gráfico, gerando opções de layout
134

artista interior, canalizando 321

associações, com marcas 106

associações positivas, geradas por
campanhas de marketing social 294

ativos, avaliando 39

atores, como recursos para equipes de rua
88

audições, em seleção de elenco 142

audiovisual, pessoas do ramo, em equipe de
campanha 65

autografados, itens de convidados especiais
141

autógrafos, em recepções 140

Autorizações adicionais 111

Avaliando os seus ativos 39

avatares, criando 224

• B •

balões 117

Bandeira no Alto 205

banheiros, propaganda em 165

Banners 205

banners enrolados 116

bares, propaganda em 163

Marketing de Guerrilha Para Leigos

base, estabelecendo com veículos da imprensa 262

Better Business Bureau, Give.org, 297

bexigas, 117

bichos de pelúcia, como peças de distribuição, 97

bicitáxis, com a marca, 157

Boa Impressão 31

boas ações, levando o crédito por, 301

boa vontade, gerada por campanhas de marketing social, 298

boca a boca, poder do, 109

boletim informativo, inscrevendo-se em, 277

Boletins Informativos 276

burburinho 38

BusinessWire 259

buttons, como peças de distribuição, 97

• C •

cafeteria, exemplo de campanha de marketing, 309

caixas de luz, notadas pelo esquadrão anti-bombas, 125

caixas, em supermercados, 169

calendário editorial, de publicações maiores, 248

caminhão, propaganda em lateral de, 154

camisetas, com a marca, 324

Campanhas com participação direta, validando 322

candidatos, entrevistando para equipes de rua, 88

canetas, com a marca, 280

capas de chuva 46, 116

caridade relacionada à marca 287

carrinhos de compras, anunciando diretamente em, 168

cartazes com termos de responsabilidade, exibindo, 115

cartões de visita, carregando em conferências, 278

cartões-postais, como peças de distribuição, 96

cartões postais dobráveis, produzindo, 172

casa, trazendo acrobacias publicitárias para, 111

catálogo de endereços 241

causa beneficente, aliando um produto de qualidade com, 303

CCO (cópia carbono oculta), campo de e-mail, veículos de notícias e outras pessoas influentes 261

cenário ímpar, apresentações em 60

ceticismo, derrubando, 60

chocolates, como peças de distribuição, 97

cidade, comprando o nome de, 183

cineasta, exemplo de campanha de marketing, 316

cinegrafista, contratando, 115

cinemas, propaganda em, 166

circuitos 259

circulação, de publicações, 248

Cision (firma de pesquisa de mídia), 251

clima, condições do, 46, 334

clínica quiroprática, exemplo de marketing de campanha, 309

clipping, contratando serviços de, 264, 336

cobertura de mídia, como compensação por exposição em conferência, 279

código HTML, para o MySpace, 231

códigos SIC 247

colaboradores, dividindo os holofotes com, 244

colegas, como parceiros, 22

compartilhamento de vídeos, web sites de, 335

complementos, baratos para eventos, 133

Índice Remissivo 339

compra, como um requerimento de uma competição, 217

compromisso, nos anúncios em terminais de transporte, 167

comunicação de pessoa para pessoa, por equipes de rua, 85

conceitos
básicos da marca 15

concessões, anúncios em, 166

consentimento jurídico, caixa de, 329

consistência, em um web site, 195

consumidores mais velhos, suprindo com conteúdo personalizável, 223

contexto, de um comunicado à imprensa, 261

contrato de prestação de serviços 79

contribuições, determinando-as para instituições de caridade 293

convenções. Consulte conferências

cópia carbono oculta (CCO), campo de e-mail, veículos de notícias e outras pessoas influentes, 261

corporação. Consulte também empresa(s)

corridas, espaços publicitários em, 178

crédito, levando por boas ações, 301

créditos, não receber os, 336

cultura pop, apelando para os prazeres relacionados à, 223

cumprindo as regras 107

custo-benefício, do marketing de guerrilha, 28, 29

custo por clique (CPC), 207

custo por milhar (CPM). Consulte CPM

Custos 31

custos diretos, 79

• D •

dados pessoais, em sites de rede social, 226

data e local, em um comunicado à imprensa, 256

datas alternativas, examinando, 334

datas de inscrição, para competições em eventos, 136

decalques, para veículos, 160

declarações curtas, rádio dependendo de, 252

decoração, em eventos, 164

dedicação devida, falta de, 327

demonstração de superioridade na mídia 175

demonstrações e amostras de produto, em supermercados, 169

desejo, em um apelo à ação, 192

desenvolvimento intermediário, para um web site, 210

designer de jogos, contratando um profissional, 216

diária, para talento nacional, 120

dimensão visual, acrescentando a um comunicado à imprensa, 251

direitos autorais 46

Dispondo as ferramentas 53

• E •

emoções 178

Encontrando parceiros 22

Endereços Web 213

Entrando online 66

envolvido e aberto a ideias 52

equipes de rua 65

equipe vencedora 87

especificações cruciais da amostra 95

espetaculares acrobacias publicitárias 103

Eventos Ao Vivo 144

Evitando a fúria da Inter-plebe 205

experiência única 131

Explorando o talento 119

• F •

Facebook 228

faixa demográfica alvo 54

Firmas de Marketing de Guerrilha 69

Forma Correta de Publicidade 157

Frases de convencimento 263

Friendster 236

• G •

grande mídia 70

Guerrilha é Necessária 28

• H •

Hora da Abordagem 261

• I •

imagem imaculada 100

Imaginando e Comunicando 177

imprensa 38

impressão duradoura 122

Imprevisto 45

Impulsionando a sua exposição 2,46

Indo às ruas 20,85

Indústria 23

Infiltração Online 200

Infiltradores ilusórios 203

Instituição Beneficente 23

Internet 54

Inter-plebe 205

Introdução ao Marketing 11

Introduzindo Novas Mídias 173

Inventar Novas Mídias 183

• J •

Jogos Online 214

• K •

kit de mídia 146

• L •

Legalidade questionável 47

lementos de produção 114

levando a mídia em consideração 108

levando o seu público em consideração 109

Lidando com autorizações e permissões 110

LinkedIn 235

Local versus nacional 250

Loucura Online 191

luxo Livre de Ideias 275

• M •

Mantendo o custo baixo 39

Mantendo-se Competitivo 173

marketing de guerrilha 16

Marketing invisível 179

Marketing nas Ruas 83

marketing pré-promocional 48

Marketing Um A Um 12

materiais de distribuição 65

Maximizando a sua visibilidade 198

Melhor Localização 182

mensagem 93

Mentes Afins 275

Metas, Objetivos e Estratégias 36

métodos tradicionais 71

Mídia Não-Tradicional 147

Índice Remissivo 341

Minisite 211
MySpace 231

• N •

Novas Mídias 173
novas saídas 20

• O •

o ambiente 52
objetivos 36
Oferecendo um toque humano 131
Onde Você Quer Atacar 43
online 66
Opções na Grande Mídia 249
O poder da imprensa 108
O poder do gratuito 193
Oportunidades 291
oportunidades de exposição 185
orçamento 63
originalidade 122

• P •

Padronizando 27
parâmetros 54
Parcerias com Outras Empresas 281
Passando a sua mensagem 85
Peça de Distribuição 94
Pedindo referências 78
Permissão para usar o seu local 110
planejando a sua acrobacia 105
Plano De Marketing 35
Pontocom, Oregon 183
Pré-promovendo o seu evento 123
Presença Online 209
Problemas com fornecedores 47

Produzindo um orçamento 86
Projeções 154
Promoção Cruzada 285
Protestos 46
Publicidade Externa 157
Público-Alvo 40

• Q •

quadro de avisos comunitário, 124
quadros, na tela de cinemas, 166
qualidade da interação 33
qualidade de vida, violações durante
divulgação desenfreada, 151

• R •

Rádio 252
Rádio e mídia impressa 291
Reação da Mídia 264
Recepções e Performances 137
rede pessoal de contatos 244
Redes Sociais 226
Refinando 57
relações públicas 48
Remoendo os Números 48
Revisando as especificações 95

• S •

Saquinho de vômito 94
Second 236
Seja Um Guerrilheiro 9
Seleções de Elenco 141
seu Jornalista Interior 254
símbolos ou associações 106
Sinos e apitos 114
sites aonde anunciar 206

342 Marketing de Guerrilha Para Leigos

Socializando 225

solicitação de proposta 75

sua visão 181

Superando Obstáculos 44

• T •

tagarelas, características dos, 234

tapete vermelho, abrindo, 133

taxa do agente, por pessoas talentosas de fama nacional, 120

táxis, propaganda no topo de, 155

TC (termo de confidencialidade), 290

tecnologia, utilizando, 21, 22

tela, para divulgação desenfreada, 161

telas no saguão de espera, em cinemas, 166

telefones celulares, como bastiões da privacidade, 236

Televisão 251

Tráfego 37

tratamento VIP 132

Twitter 235

• U •

uma Acrobacia Coesiva 105

um Anúncio 181

Um A Um 12

única alternativa disponível 129

Unidade de Relações Públicas 253

urgência, rádio e televisão dependendo de, 251

URL (Localizador Universal de Recursos), 213

URLs alternativas, redirecionando a partir de, 214

Usando o computador 124

usuário principal, de um produto ou serviço, 41

• V •

validação, acompanhando o seu caminho até a, 322

variação do tema 180

vencedores, selecionando em uma competição, 211

visão, definida, 201

visão geral do conteúdo, de publicações, 248

viscosidade, web sites com 215

vizinhanças locais, empresas tentando alcançar, 166

vizinhos, sendo legal com, 114

• W •

web designer, selecionando, 66, 198

Web Design For Dummies (Lopuck), 209

Web Marketing For Dummies (Zimmerman), 209, 222

websites das agências 75

WE TV, procurando por prima-donas, 119

whois, busca por, 212

whorepresents.com 120

widget de marca, criando para o Facebook, 228

• Z •

Z-card 96